公路路堑边坡建设管理与技术

乔　翔　刘庆元　刘小飞　著

人民交通出版社股份有限公司
北　京

内 容 提 要

本书紧紧围绕公路路堑边坡工程建设专业基础和技术管理，在系统性阐述公路路堑边坡的勘察设计、风险评估、施工组织、动态变更、信息化监测、项目业主管理技术的基础上，结合广东（含华南）高速公路近十年来的路堑边坡建设实践与管理经验，总结提炼出典型地层岩性对路堑边坡稳定性的影响机理、公路路堑边坡的常见病害及致灾机理、公路路堑边坡项目业主建设管理方法与技术要点等，创造性提出了大型不良地质辨识与评估方法。内容丰富，理论与实践相结合，可操作性强，对路堑边坡工程处治具有较强的指导作用。

本书可供从事边坡工程或相关专业的科研人员参考，也可作为边坡工程技术管理人员和现场技术实践人员的参考书。

图书在版编目（CIP）数据

公路路堑边坡建设管理与技术 / 乔翔，刘庆元，刘小飞著. — 北京：人民交通出版社股份有限公司，2022.3

ISBN 978-7-114-17219-9

Ⅰ.①公… Ⅱ.①乔… ②刘… ③刘… Ⅲ.①道路工程—路堑—边坡—工程项目管理 Ⅳ.①U416.1

中国版本图书馆 CIP 数据核字（2021）第 256185 号

Gonglu Luqian Bianpo Jianshe Guanli yu Jishu

书 名：公路路堑边坡建设管理与技术
著 作 者：乔 翔 刘庆元 刘小飞
责任编辑：郭晓旭
责任校对：孙国靖 卢 弦
责任印制：刘高彤
出版发行：人民交通出版社股份有限公司
地 址：（100011）北京市朝阳区安定门外外馆斜街3号
网 址：http://www.ccpcl.com.cn
销售电话：（010）59757973
总 经 销：人民交通出版社股份有限公司发行部
经 销：各地新华书店
印 刷：北京市密东印刷有限公司
开 本：787×1092 1/16
印 张：17
字 数：407千
版 次：2022年3月 第1版
印 次：2022年3月 第1次印刷
书 号：ISBN 978-7-114-17219-9
定 价：108.00元

PREFACE | 前言

近年来，随着我国经济的持续快速发展，基础设施建设也得到大规模推进，尤其是高等级公路建设取得显著成就。据《2019 年交通运输行业发展统计公报》数据，截至 2019 年底，全国公路总里程 501.25 万公里，比 2018 年增加 16.60 万公里。公路密度 52.21 公里/百平方公里，二级及以上等级公路里程 67.20 万公里，高速公路里程 14.96 万公里，国家高速公路里程 10.86 万公里。年末国道里程 36.61 万公里，省道里程 37.48 万公里。农村公路里程 420.05 万公里，其中县道里程 58.03 万公里，乡道里程 119.82 万公里，村道里程 242.20 万公里。

2018 年 7 月 31 日，中央政治局会议指出"把补短板作为当前深化供给侧结构性改革的重点任务，加大基础设施领域补短板的力度"；2018 年 10 月 31 日，国务院办公厅印发《关于保持基础设施领域补短板力度的指导意见》，要求"聚焦关键领域和薄弱环节，保持基础设施领域补短板力度，进一步完善基础设施和公共服务，提升基础设施供给质量"。2019 年 9 月，中共中央国务院印发《交通强国建设纲要》，明确"到 2020 年，完成决胜全面建成小康社会交通建设任务和‘十三五’现代综合交通运输体系发展规划各项任务，为交通强国建设奠定坚实基础。从2021年到本世纪中叶，分两个阶段推进交通强国建设；到2035年，基本建成交通强国。”由此可见，未来很长一段时间内，我国的公路建设仍是方兴未艾。

我国是一个多山地丘陵国家，占比近70%，随着城市中心群的辐射能力提升，公路建设将逐渐向周边区域延伸，将建设相当数量的山区公路，不可避免遇到大量的路堑边坡工程。路堑边坡工程是一项以工程地质、岩土工程、结构工程和信息工程为主的多专业综合的土木工程分支，具有复杂性、隐蔽性、多变性等特点。经过多年的实践与研究，路堑边坡工程在变形机理、稳定性分析、病害处治措施等方面均取得了丰硕的成果，并在公路、铁路、水电、采矿和建筑等行业成功建造了大量的路堑边坡。

同时，在路堑边坡建设和公路运营期间，也发生了大量的变形失稳，给人民群众生命财产和交通安全带来巨大威胁。据分析，当前公路路堑边坡建设管理中仍在五个方面存在局限性：一是地质勘察精度不高，突出表现在大型不良地质的早期识别与评估工作严重不足，以及复杂区域地质勘察全面性不强，引起边坡地质条件分析偏差，导致边坡设计针对性不够，造成边坡设计失误。二是边坡专业设计水平参差不齐，在边坡破坏模式、变形规模及稳定性分析等机理方面把握不准，复杂边坡设计质量不高，且存在加固措施过于保守等问题。三是施工过程组织实施不当，尤其是工序、工艺不当，造成边坡加固不及时，或者是工程质量存在缺陷，最终导致边坡发生变形失稳病害。四是边坡安全储备不足以抵抗外界干扰作用而失去平衡，尤其是受地震、台风暴雨等极端因素作用，边坡稳定性在短时间内急剧下降，导致边坡发生变形失稳病害。五是边坡建设及运营期间管理不当、监管不到位，对早期问题重视不够、处治不及时，也在一定程度上导致边坡变形加剧，变更规模增大。这些问题在工程界普遍存在，也是边坡发生变形病害的主要原因，不但构成极大安全威胁，也造成时间、经济上的重大损失，亟待系统性有效解决。

本书基于广东（含华南）高速公路近十年来的建设管理经验，特别是在广东省南粤交通投资建设有限公司1600多公里高速公路勘察设计、建设、运营养护管理的基础上总结提升而成。旨在总结已有的建设管理经验，同时也希望可以对上面提到的五点问题提供一定的解决思路，以供有需要的同行借鉴参考。

本书主要围绕路堑边坡工程建设专业基础和技术管理展开，第一章概述公路路堑边坡工程建设技术的发展历程和主要成就、边坡稳定性主要分析方法、路堑边坡变形病害类型及作用机理等基础知识。第二章结合南粤公司工程管理实际，提出了项目业主在路堑边坡建设管理与技术管理中的方法与措施。第三章～第六章阐述了公路路堑边坡的勘察设计、风险评估、施工组织、动态变更与信息化监测等专业技术，系统介绍了基于地表形态场的大型不良地质辨识与评估方法(编者首创)，边坡勘察流程与方法，边坡设计技巧与管理，边坡风险识别，评估方法与对策，边坡工程施工关键技术、动态变更与管理、施工期频发问题机理分析与对策，边坡信息自动化监测技术等，基本涵盖了边坡建设期的成套先进技术。第七章结合工程实践典型案例，分类介绍了古滑坡、堆积层、煤系地层、顺层边坡、破碎岩质边坡以及厚层风化土质边坡等典型复杂边坡的变形失稳模式、破坏机理及处治技术。

全书在专业技术体系方面按照边坡生命周期进行整理，理论与实践相结合，可操作性强；在技术管理方面重在介绍项目业主监督管理的技术要点、关键环节与实施程序和措施，对于保障技术体系的贯彻落实具有较强的指导作用。

本书的编写得到许多单位和专家的大力支持，尤其是中铁西北科学研究院有限公司的王恭先前辈，生前多次给编者授课、解答疑惑、现场指导，编者对王老表示最崇高的感激和致谢！特别需要致谢的还有广东省交通运输厅、广东省交通集团有限公司的各有关领导及其提出的大量的专业指导意见，感谢广东省南粤交通投资建设有限公司各项目的大力支持；感谢中铁科学研究院有限公司的王建松、廖小平、聂彪、黄波、沈简以及相关专业单位的王成中、黄喆等专家和技术工作者提供的多方指导和鼎力相助。

由于编者水平所限，书中难免存在一些不足，敬请读者批评指正。

二〇二一年三月

CONTENTS | 目录 |

Chapter 第一章 01

公路边坡概论

第一节　公路边坡建设技术发展简史

一　边坡概念及起源

自然界中斜坡随处可见,随着人类社会的发展,在各类工程建设中也存在由于工程需要而进行开挖或填筑形成的斜坡。最早,在露天矿开采中,为挖取地下资源而人为开挖形成了斜坡,斜坡由此构成了采矿区的边界,因而把这些构成边界的坡称为“边坡”。至此,边坡一词逐渐被其他行业所接受并得到广泛应用。

《建筑边坡工程技术规范》(GB 50330—2013)中明确“在建筑场地及其周边,由于建筑工程和市政工程开挖或填筑施工所形成的人工边坡和对建(构)筑物安全或稳定有不利影响的自然斜坡。本规范中简称边坡”。而在公路工程专业,对于边坡的概念则没有再次明确,但习惯上对上述规范进行了补充,纳入了人工边坡,即在公路工程中有自然边坡与人工填筑的边坡,而非纯自然坡。

边坡分类有以下几种方式:

(1)按成因分类,可分为人工边坡和自然边坡;

(2)按地层岩性分类,可分为土质边坡和岩质边坡等;

(3)按使用年限分类,可分为永久性边坡和临时性边坡;

(4)按稳定性分类,可分为稳定边坡与不稳定边坡等;

(5)按公路位置分类,可分为上边坡、下边坡、路外边坡等。

为论述方便并与书名相对应,本书中所提“边坡”均指公路路堑边坡,即公路的“上边坡”工程。

二　国外公路边坡建设发展历程简介

1. 理论方法研究发展历程

目前,国内外对边坡稳定性的分析已有较成熟的理论和方法。早在100多年前,就有了库伦抗剪强度理论和静力平衡理论。自1916年彼德森(K. P. Pettersson)和胡尔顿(S. Hut tin)提出了最初瑞典圆弧法以后,开创了极限平衡法分析边坡稳定的先河,此后,瑞典学者费兰纽斯(W. Fellenius)将最初的瑞典圆弧法推广到兼有摩擦力和黏结力的土体稳定计算中,并初步探索了最危险滑弧位置的变化规律,即瑞典圆弧法(最简单的条分法)。20世纪30—40年代,很多学者对瑞典圆弧法的基本假定进行了修改和补充,提出了新的计算方法,使之更加符合实际情况，如毕肖普(Bishop)法、简布(Janus)法、普遍条分法、王复来法、沙尔玛法等。随着现代科技的发展，计算机的广泛应用，世界各地水利水电、交通、能源等基础设施建设也对技术提出了更高的需求，对边坡稳定性评价的方法也不断更新。20 世纪 80 年代以来，边坡稳定性研究的理论与方法更加成熟，可以利用计算机或半定量地模拟边坡开挖至破坏的全过程。一些新理论、新方法、新技术诸如破坏概率分析方法、信息论方法、模糊数学、灰色理论、损伤断裂力学理论、神经网络模型、数据库与专家系统和计算机仿真技术等被引入边坡稳定性研究，为定量评价和预测岩质边坡稳定性开辟了更为广阔的前景，边坡稳定性研究已步入系统工程分析研究阶段。

从边坡工程研究发展历程可见，边坡稳定性研究发展的过程，同时又是一个边坡稳定性分析方法不断发展的过程。新的边坡稳定性分析方法不断出现，旧的方法又不断改进，且逐步由定性向定量、半定量方向发展。总之边坡稳定性分析归纳起来主要有：定性分析、定量分析、半定量分析、非确定分析。

从边坡稳定性研究的发展阶段看，边坡稳定性研究与人类活动的迫切需要和相关学科的迅速发展密切相关，大致经历了以下三个阶段：

(1)20 世纪初至 50 年代。这一时期，边坡稳定性评价几乎属于土力学范畴，稳定性计算建立在刚体极限平衡的基础上，工程类比法是边坡设计的主要依据。这一阶段可称为定性研究阶段。

(2)20 世纪 60—70 年代。这一时期，边坡稳定性研究理论和方法有了较大发展，人们开始意识到边坡失稳破坏是累进性变形破坏过程，有着明显的时间效应，边坡稳定性研究进入力学机制和内部作用研究阶段。在边坡稳定性计算分析方面，基本沿两种途径进行：一种是以刚体极限平衡理论为基础，利用数学分析法或图解法，求得安全系数或类似安全系数的概念来进行定量评价(如结构分析法、块体理论等)；另一种途径是以有限元法、边界元法或离散元法分析计算边坡内部变形特征和应力状态，给出直观形象的评价结果。

(3)20 世纪 80 年代至今。随着时间的延续，边坡稳定性研究的理论和方法更加成熟，人们利用计算机定量或半定量模拟边坡开挖至破坏的全过程。70 年代后期，蒙特卡罗模拟技术应用于边坡稳定性评价，出现了边坡稳定破坏概率分析方法。鉴于边坡稳定中存在许多不确定因素，近年来国内外出现了诸多把研究非确定性问题的方法以及系统论、信息论等新方法、新理论应用于边坡工程的理论和方法，如灰色模型预测法、模糊判别法、可靠度分析、非线性动力学模型方法、神经网络方法等，使得对边坡系统复杂性的认识更加深入，并取得了一定成果，边坡稳定性研究已步入系统工程分析研究阶段。

在边坡稳定性分析的传统方法中，极限平衡法是工程界广泛应用的定量分析方法。Felonious 于 1972 年首先提出这种方法的雏形，Jorgensen、Janus、Spencer、Redlined、陈祖煜等许多学者随之进行了一系列的改进和完善，经过 70 多年的发展，已积累了丰富的经验。该法以边坡岩体破坏为标准，进行力和力矩的平衡分析，求出在极限状态下的稳定安全系数，并找出最危险滑裂面的位置。近年来，又发展了边坡稳定分析的塑性力学上限解和下限解以及三维极限分析方法。但由于方法本身没有考虑岩土体的变形与应力，也不能反映岩块在发生相对位移条件下相互作用力的变化，因而无法分析边坡变形破坏的发生、发展过程和作用机理。而有限单元法是解决这个问题的数值分析方法之一，是研究破坏机理和进行加固方案优化设计的重要手段。

早在1943年，数学家 Courant 在分析扭转问题时就提出有限单元法的概念，直到1956年，Turner 等才第一次将它用于计算飞机结构的应力，此后在土木工程中也得到了应用和发展。1960年以后，随着计算机的广泛应用和发展，有限单元法的发展速度显著加快，由线性发展到高度非线性和大变形问题；应用范围由弹性力学平面问题扩展到空间问题、板壳问题，由静力平衡问题扩展到稳定问题、动力问题和波动问题；分析对象从弹性材料扩展到塑性、黏弹性、黏塑性和复合材料等，从固体力学扩展到流体力学、传热学等连续介质力学领域；在工程分析中，也从分析和校核扩展到优化设计并和计算机辅助设计技术相结合，已成为广泛应用的数值分析工具。

此外，近几年出现的主要针对岩土介质的数值分析方法还有边界单元法、离散元法、块体理论、非连续变形分析、刚体有限元法等。不同数值方法的结合和混合，目前正显示其相互互补的应用前景，如有限元与边界元的混合，有限元与离散元的混合等。

边坡变形破坏机理的研究对于变形分析预测、加固措施的选择和施工方案的确定有着重要意义。边坡稳定分析的各种分析方法都有其优缺点，目前工程界大多以刚体极限平衡法为主流，兼有多种方法的综合应用。将数值计算与现场检测信息等资料结合起来，进行动态比对和修正，可使模拟计算更吻合实际情况，保证计算结果的可靠性和可信度，从而更好地进行动态分析和预测。

2. 支挡结构发展历程

19世纪中叶，欧美国家已开始了边坡失稳灾害防治的研究，但受限于对边坡失稳的性质和变化规律认识不深，只能尽量避免大的削坡刷方，防止大规模的高边坡出现；只对小型边坡采取削坡减载、反压，以及采用抗滑挡土坡进行治理。直到第二次世界大战后，随着各国经济的发展和国土开发利用，遇到的边坡越来越多，用人为支挡工程治理边坡灾害才真正开始，50年来有了较大的发展和提高，一些大型的高边坡已采用支挡工程来治理。支挡工程的发展大致可分为以下三个阶段：

(1)20世纪50年代前。这一时期的治理工程以地表和地下排水工程为主，抗滑支挡工程主要是挡土墙。

(2)20世纪60—70年代。这一时期在以排水工程和抗滑挡土墙为主的同时，大力开发应用抗滑桩工程，以解决抗滑挡土墙施工中的困难。欧美国家和苏联多用钻孔钢筋混凝土灌注桩，直径1.0~1.5m，深20~30m；日本则多采用钻孔钢管桩，钻孔直径400~550mm，深20~30m，孔中放入直径318.5~457.2mm、壁厚10~40mm的钢管，钢管内外注入混凝土或水泥砂浆；为了增加桩的抗剪能力和改善群桩受力，国外常将两排或三排桩顶用承台连接，形成刚架受力，也有少数用打入桩的。20世纪70年代后期，日本开始应用直径1.5~3.5m的挖孔抗滑桩。

(3)20世纪80年代至今。工程实践中，在小直径抗滑桩应用的同时，为治理大型高边坡，大直径挖孔抗滑桩开始使用。与此同时，锚索工程也开始在滑坡防治中被大量使用，或与抗滑桩联合使用，或锚索单独使用(加反力梁或锚墩)，单根锚索承受的拉力达500~3000kN，其长度一般为30~60m，最长可达120m。由于锚索工程不开挖坡体，又能机械化施工，所以目前被广泛应用。

我国对边坡失稳灾害的系统研究和治理起步较晚，最早可追溯于20世纪50年代初。随着治理经验的积累，逐步总结出了绕避、排水、支挡、减重、反压等治理边坡灾害的原则和方法，其发展过程基本上与国外同步，也分为以下三个阶段：

（1）20世纪50—60年代。这一时期主要学习苏联经验，在治理边坡灾害中首先考虑地表和地下排水工程，如地面截、排水沟，地下截水盲沟、盲洞，支撑渗沟等，辅以减重、反压和支挡工程，而支挡工程主要是各种形式的挡土坡。但重力式抗滑挡土墙治理大型边坡、大型高边坡常常工程量浩大，施工困难，虽然总结了“分段跳槽开挖基坑”的施工经验，有时还会造成边坡加速滑动，危及施工安全。

（2）20世纪60—70年代。这一时期曾成功应用支撑盲沟＋小型抗滑挡土墙，疏水的同时又能支挡边坡，但也面临深盲沟施工开挖极易坍塌等问题。为解决抗滑挡土墙基坑开挖的困难，20世纪60年代中期，在成昆铁路建设过程中，成功运用大截面开挖钢筋（或钢轨）混凝土抗滑桩。由于该抗滑桩抗滑能力大，对边坡体扰动小，且施工方便，很快在铁路滑坡治理中被广泛应用，在治理大、中型滑坡中几乎取代了抗滑挡土坡，抗滑桩被喻为治理滑坡的“重型武器”，使治理大型高边坡有了可能。20世纪70年代中后期，在深入研究抗滑桩的受力状态和设计理论的同时，又研究开发了排架桩、刚架桩、椅式桩坡等新的结构形式，改变了抗滑桩的受力状态，节省圬工和钢材。但由于其施工要求高于单桩，至今应用不广。

（3）20世纪80年代至今。随着锚索技术的发展，在边坡防治中开始大量采用锚索工程，由于锚索系用高强度钢丝束锚固于滑体下的滑床中，抗拉力大，预应力锚索变一般支挡结构物的被动受力为主动受力，对滑体扰动小，又能机械化施工，所以在工程界得到大量推广应用。目前锚索的应用有两种情况：一是锚索与抗滑桩联合形成“锚索抗滑桩”；二是用锚索单独稳定滑坡，即在滑坡体上设置若干排锚索，锚固于滑动面以下的稳定地层中，地面用梁或墩作反力装置，给滑体施加预应力来稳定滑坡。

近年来，由锚杆—树根桩组成的复合挡土结构在边坡加固工程中也得到了较好的应用。从形式上看，复合挡土结构是双排桩门架式挡土结构和拉锚杆式挡土结构的综合，具有两者的优点：横向刚度大，侧向变形小，支护深度深；通过桩顶横梁将每一组树根桩和锚杆联系起来，从而使在横向（滑坡滑动方向）和纵向（竖直滑动方向）都具有较大空间效应，结构整体受力条件好，可以充分发挥结构和土体的共同作用，发挥土体的自稳能力等。

三　国内公路边坡建设发展主要成就及典型工程简介

随着国民经济的不断增长，我国的公路建设事业得到了空前的发展，但我国幅员辽阔，地理条件复杂，随着公路建设的进一步发展，越来越多的高速公路进入山区和丘陵地带，其复杂的环境地质地貌特征给高速公路建设带来一系列难题。

山区公路边坡多以岩质边坡为主，在山区修建高等级公路时，不可避免会遇到深挖高边坡。公路边坡打破了原有的地理地质环境，极易诱发滑坡、崩塌等地质灾害。因此合理设计边坡，避免造成危害，就显得很有必要。下面简介几个典型的工程。

1. 川藏公路二郎山1号滑坡

1997年7月3日，经过长时间连绵阴雨后又普降暴雨的二郎山地区，洪水泛滥、河水猛涨。位于二郎山隧道东、西两口的龙胆溪泥石流、和平沟泥石流相继爆发，并最终诱发国道318线KZ729～KZ732段多处产生坡体病害。其中KZ729+920～KZ730+425段险情最为突出，其间除260m公路整体严重下沉与滑移外，近600m公路范围内的安全运营受到严重威胁，这就是当时备受交通部关注的川藏公路二郎山1号滑坡，亦称K2730滑坡。

该区属龙门山中、高山区，滑坡地面平均坡度约43°，滑坡滑床岩性为志留系罗惹坪组下段灰绿及灰黑色中、厚层状钙质泥岩(S_{21})；组成坡体的物质主要为上述被扰动基岩岩体参与的崩坡积物(Q^{al+dl})和冲洪坡积物(Q^{al+pl})。

整治工程措施主要有预应力锚索抗滑桩、普通抗滑桩、预应力锚索框架、锚杆框架、锚墩、挂网喷浆、植被护坡、河岸防冲坡脚挡墙、地面排水和地下仰斜排水孔等。该滑坡已得到有效治理。

2. 京珠高速公路(粤境南段)K108滑坡

京珠高速公路(粤境南段)K108滑坡位于韶关市西郊武江区西联镇甘棠自然村，与G323国道毗邻。工点里程K108+211～K108+466，全长255m。该工程于1998年7月开工，在施工过程中，因左侧边坡发生多次较大滑动变形，历经多次变更设计和更换施工单位，工程进度一直滞后于京珠高速公路粤境南段其他各标段，成为南段的“老大难”和“卡脖子”工程。2001年12月恢复施工，2003年3月10日竣工，2003年4月3日与京珠高速公路粤境北段同步建成通车，整个工点施工前后历时4年半。

该工点属低山丘陵剥蚀地貌，原地表为红土化残坡积层覆盖，植被良好，山顶面高程152.4m，地形北高南低；自然坡10°～20°，路线在斜坡中下部位通过，路线走向113°(SE67°)，路面设计高程约94m，边坡最大高度约58m。工点位于区域芙蓉山向斜的西翼，被一系列断层错断，c_{1ds}地层出露不全，区域芙蓉—龙归逆断层斜穿该路段，断裂带宽20m左右，产状160°∠68°，与路线呈44°左右交角。边坡区内类似向斜的储水盆地构成了边坡岩体的储水构造，地下水丰富，主要来源为基岩张节理裂隙水与断层带水。

该滑坡属于构造破碎带的基岩滑坡，分布有多层滑动面，工程治理措施为：①保留了原有锚索抗滑桩；②在二级平台增加一排普通抗滑桩；③在滑坡体的后部增加截排水隧洞；④坡面进行锚杆框架植草防护处理；⑤刷方减载，在半坡桩桩顶平台进行刷方，以减小作用在抗滑桩上的滑坡推力；⑥完成二级平台普通抗滑桩施工后，在开挖一级边坡时桩的变形较大，分析原因是桩前侧向承载力不足，又增加了竖向钢花管注浆和刷方减载；⑦坡面排水。

3. 元磨高速公路K294+650段顺层岩石滑坡

该滑坡位于云南省墨江县西南元磨高速公路K294+300～+650段上行线边坡，于2001年6—7月发生滑动。在此之前，由于修建高速公路开挖路基边坡，切断了砂泥岩互层而形成滑坡，又错误地放缓边坡进行卸载，造成滑坡进一步发展，后缘裂缝拉开0.2～0.8m，下错1～2m，中部形成多级小台阶及张拉裂缝，前部护面墙推挤破坏。据当时勘察，共形成了2个滑坡和1个潜在变形体,体积达$19.3\times10^4m^3$。同年10月份,由于持续降雨,滑坡还未来得及治理,又在原范围基础上向后及两侧不断发展扩大近一倍而形成后级牵引滑坡,裂缝继续贯通,将以上2个滑坡和1个潜在变形体演变成一个大滑坡。为进一步查明发展后的滑坡范围、深度及前后级滑坡间关系,针对性开展了工程地质补充勘察。根据补勘结果,该滑坡在平面上呈"三角形",滑坡体垂直线路方向长264m,沿线路方向宽305m,滑体厚4.5~15.0m,总体积达$36.0\times10^4m^3$,属牵引式顺层岩石滑坡。采用"截排水工程+锚索抗滑桩+普通抗滑桩+锚索框架"工程措施进行了治理。目前滑坡已稳定,治理效果良好,这充分说明分级支挡与截、排水相结合的综合治理方案是正确的。

4. 重庆市奉云高速公路肖家包滑坡

重庆市奉(节)云(阳)高速公路位于兰峡库区,长江北岸,地形地质条件复杂,为地质灾害易发区域。肖家包滑坡为切层岩石滑坡,影响高速公路里程为RK97+780~RK98+0100。该段路线以挖方路基的形式从滑坡中前部通过,边坡高24m。2006年初开始进行边坡开挖,2006年12月,自然山坡上出现100余米长的拉张裂缝,立即进行地质勘察和深孔位移监测,确为老滑坡局部复活,并设计了减载和抗滑桩支挡工程。但由于认识上的不同,有人认为岩层反倾,不可能产生滑坡,因此工程未能及时实施,边坡继续向下开挖。至2007年5月3日,滑坡发生了整体大滑动,后壁下错约20m,并向山上牵引扩大,路基开挖面被抬高约1m,裂缝纵横。根据大滑动后的情况,设计了刷方减载、两排抗滑桩和锚索框架及排水等工程措施,增加了大量投资。在治理工程施工中,依据"动态设计,信息化施工"原则,根据开挖揭露的地质及变形情况对工程措施进行了优化调整。治理工程完成后,已经历7年时间未出现新的变形,表明治理工程是成功的。

5. 十天高速公路K403高边坡变形治理

十天高速公路K403高边坡位于陕西省汉中市勉县武侯镇七里沟村南,里程K403+240~K403+430。原施工图设计该边坡最高为四级,坡率均为1:0.75,单级坡高10m,平台宽度为3m,坡面防护形式为锚杆框架。当边坡开挖至三级时(自上而下开挖,支护工程尚未实施),坡顶线外出现1处裂缝,距坡顶线1~33m,线状不规则,宽5~15cm,长度约为200m。其中K403+240~K403+310段裂缝靠近坡口线,K403+310~K403+440段裂缝在坡口线以外。

边坡裂缝出现后,设计单位进行现场调查并做出变更设计,2010年9月,对K403+310~K403+430段进行刷坡,在挖至五级坡脚时,上部边坡发生了滑塌,坡口线外约15m出现了宽20~40cm的裂缝并下错,最大错台高度约1m,坡体两侧出现不同程度的错台裂缝,不得不补充勘察,再次变更设计。

滑坡形成机理为:

(1)该段边坡为在一老错落体前缘挖方,老错落体的产生是由于区域性断裂带中的软弱片岩十分破碎,次级断层发育,在河流下切过程中斜坡变陡而发生。老错落体上部岩石经历长期的风化作用,有较厚的残积层;下部由于错落挤压,岩体基本呈全~强风化状态,这是边坡失稳的不良地质基础。

(2)随着边坡开挖,削弱坡体支撑,先出现了H1滑坡。因有多个软弱带,可以推测边坡继续向下开挖到路基面，会出现类似的多级滑坡剪出口，形成多级错落转化的滑坡。在开挖的一级坡面上可见错落带出露，仅仅是在大里程一侧错落带上翘至一级平台高度。这也是 K403 + 220 ~ K403 + 320 段边坡很低，开挖后就发生滑动的原因。

对滑坡采取抗滑桩支挡，对整体边坡采取预加固措施，并在滑坡周界 5m 以外设置截水沟拦截坡面水，在边坡平台设置排水沟，形成统一的排水系统。综合来看，补充勘察后，对坡体结构、变形性质和机理有了较清楚的认识，并采取了预加固措施施工顺利完成，运营多年以来坡体稳定。

第二节　边坡变形及稳定性分析

边坡变形及稳定性的分析方法很多，也是国内外众多学者热衷研究的问题，概括起来主要有定性和定量方法，其中定性的方法主要有工程类比法和赤平投影法，定量的方法主要有刚体极限平衡法和数值分析法等。

一　工程类比法

工程类比法是指把所要研究的边坡与已取得勘察资料、建筑经验、地质条件类似的已完工程边坡进行对照，并做出工程地质评价的方法，又称工程地质比拟法。主要是对已有边坡的岩性、结构、自然环境、变形主导因素和发育阶段等做全面分析，并与拟建边坡做出相似性的比较，用以评价拟建边坡的稳定性和发展趋势。例如：从失稳边坡与稳定边坡在地貌上不同的特征来判断边坡的演变和稳定性；从边坡的结构和作用等因素的组合来判断边坡稳定性的变化趋向等。

1. 边坡稳定条件形态对比法

稳定边坡形态要素一般有以下规律性，对于待分析的边坡可以与之相比较并定性地初步判断该边坡是否稳定。

(1) 自然斜坡的外形受地质结构、岩性、气候条件、地下水赋存状况、坡向等多因素影响。由于重力因素的作用，通常稳定的高边坡要比稳定的低边坡平缓。

(2) 影响边坡的重力、岩性、岩体结构构造、气候条件、坡向相同时，人工边坡较自然斜坡可维持较陡的坡度。

(3) 研究表明，同一种斜坡调查所得稳定自然边坡的高度 H 和坡面投影长度 L 存在幂函数关系[式(1-1)]，若将 H 及 L 绘于双对数坐标纸上，可得到一条截距为 a、斜率为 b 的直线。对于不同斜坡调查的结果所绘制的各直线有会聚的趋势，如图 1-1 所示。根据经验，该会聚点坐标为 $H = 3050\text{m}$，$L = 22800\text{m}$。

$$H = abL \tag{1-1}$$

式中：H——自然斜坡高度（m）；

L——自然斜坡坡面投影长度（m）；

a、b——常数，与不同类型边坡有关。

2. 边坡失稳条件对比法

通过对拟建边坡进行长期观测和与邻近同类边坡的相似性对比，结合边坡出现的对稳定性有影响的下列不利地质条件（失稳因素），确定这些不利条件对边坡稳定影响的程度，做出边坡稳定性判断。

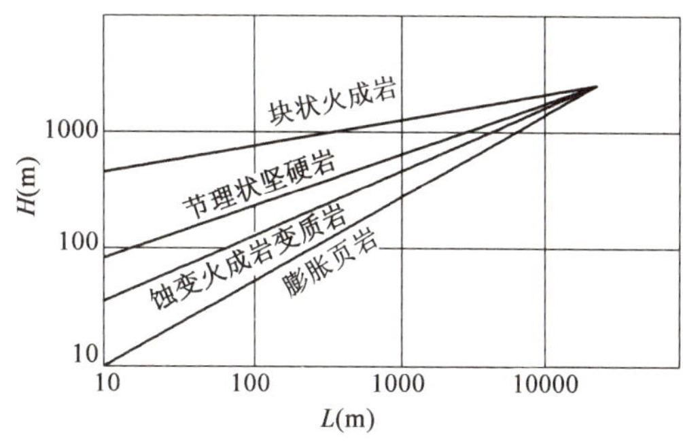

图 1-1　斜坡坡度、坡面长度经验会聚点示意图

（1）边坡及其邻近地段滑坡、崩塌、陷穴等不良地质现象；

（2）岩质边坡中的泥岩、页岩等易风化、软化岩层或软硬交互的不利岩层组合；

（3）土质边坡中网状裂隙发育，有软弱夹层，或边坡体由膨胀岩土层组成；

（4）软弱结构面与坡面倾向一致，或交角小于45°且结构面倾角小于坡角，或基岩面倾向坡外且倾角较大，即边坡存在外倾结构面；

（5）地层渗透性差异大，地下水不弱透水层或在基岩面上积聚流动，断层及裂隙中有承压水漏出；

（6）坡上有漏水，水流冲刷坡脚或因河水位急剧升降引起岸坡内动水压力的强烈作用；

（7）边坡处于强震区或邻近地段采用大爆破施工。

3. 工程方案类比法

经比较，工况相同的边坡采用相同的工程方案，不同的工况采用不同的工程方案，这是类比法的结论。世上没有完全相同的边坡，只有类比出不同与相同才能决定采用什么样的工程方案。这种方法是较早使用也是最快速决策的一种方法，当然如果成熟的样本是经过其他方法校核过的，相对比较的工程就会更准确。

不论怎么说，这种类比法与现代定性算法相比较还是相对粗糙的。

二　赤平投影法

赤平投影法是岩质边坡稳定性评价的常用方法。它既可以确定边坡上的结构面（包括边坡临空面）的空间组合关系，给出边坡上可能不稳定结构体的几何形态、规模大小，以及它们的空间位置和分布，也可以确定不稳定结构体的可能变形位移方向，做出边坡稳定条件的分析和稳定性状态的初步评价。若结合结构面的强度条件和边坡上的作用力，还可以进行边坡稳定性的分析计算，求出其稳定性系数的数值。

大量工程地质实践表明，岩体在自重力和工程力作用下发生的破坏，主要是由于结构面切割构成的结构体沿结构面发生剪切位移或拉开，或发生了整体的累积变形和破裂。因此，岩体的稳定性主要取决于以下几点：①结构面的物理力学性质及其空间分布位置和组合关系；②结构体的物理力学性质及其立体形式;③作用于岩体上的作用力(包括岩体自重力和工程作用力等)的大小和作用方向。前两项构成岩体本身的结构和强度,它是岩体发生变形破坏的内因和物质基础。因此,在对工程岩体的稳定性进行分析评价时,首先必须对岩体的结构进行正确的分析。

1.滑动方向的分析

层状结构边坡或其他的单滑动面边坡在纯自重作用的情况下,沿滑动面倾斜方向的滑移势能最大,即自重力在滑动面倾斜方向上的滑动分力最大。因此,对于单滑面边坡,滑动面的倾斜方向就是它的滑移方向。

当边坡受两个相交的结构面切割时,构成的可能滑移体多数是楔形体。它们在自重力作用下的滑移方向,一般是由两个结构面的组合交线的倾斜方向控制,但也有例外。下面是根据结构面赤平极射投影图判断这类边坡滑移方向的一般方法。

在赤平极射投影图上作出边坡面和两个结构面 J_1、J_2 的投影,绘出两结构面的倾向线 AO 和 BO,以及两结构面的组合交线 IO,则边坡的滑动方向有下列几种情况:

①当两结构面的组合交线 IO 位于它们的倾向线 AO 和 BO 的中间时,IO 的倾斜方向即滑移体的滑动方向。这时,两结构面都是滑动面,如图 1-2a)所示。

②当两结构面的组合交线 IO 与某一结构面的倾向线重合时,即 IO 与结构面 J_2 的倾向线 BO 重合。IO 的倾斜方向也代表滑移体的滑动方向。但此时结构面 J_2 为主要滑动面,而结构面 J_1 为次要滑动面,如图 1-2b)所示。

③当两结构面的组合交线 IO 位于它们的倾向线 AO 和 BO 的一边时,则位于三者中间的那条倾向线的倾斜方向为滑移体的滑动方向。如图 1-2c)所示,结构面 J_1 的倾向线 AO 为滑动方向。这时,滑移体为只沿结构面 J_1 滑动的单滑面滑移体,结构面 J_2 在这里只起侧向切割面作用。

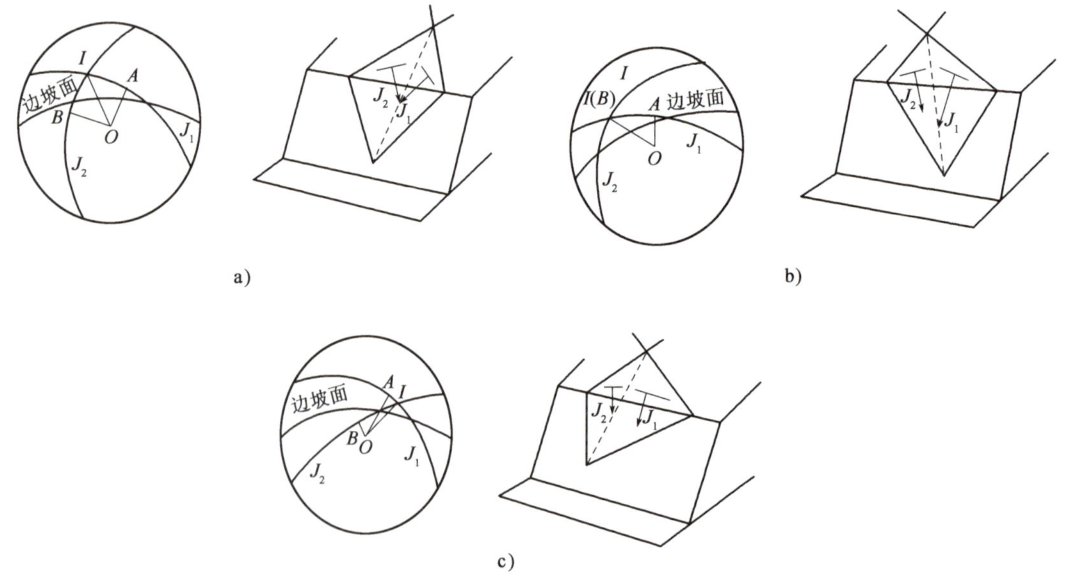

图 1-2　楔形体滑动方向分析图

2. 滑动的可能性与稳定边坡角的初步判断

根据边坡岩体结构分析，可以初步判断边坡产生滑动的可能性和做出稳定边坡坡角的推断，即初步确定一个稳定边坡角。根据岩体结构分析推断出的稳定边坡角有以下两个作用：一是在边坡不高、地质条件比较简单的情况下，推断的稳定边坡角可以直接作为工程边坡设计的依据；二是在边坡较高、地质条件比较复杂的情况下，推断的稳定边坡角可以作为进行力学分析计算的基础，确定一个真正安全经济的边坡角。

(1)层状结构边坡的稳定条件分析

图 1-3 表示在层面(或其他结构面)走向与边坡面走向一致的条件下，层状结构边坡稳定条件的分析，可分为以下 4 种情况：

①不稳定条件。层面与边坡面的倾向相同，并且层面的倾角 β 比边坡面的倾角 α 缓($\beta < \alpha$)，如图 1-3a)所示，边坡处于不稳定状态。

②基本稳定条件。如图 1-3b)所示，层面的倾角等于边坡角($\beta = \alpha$)，沿层面不易出现滑动现象，边坡是基本稳定的，这种情况下的边坡角，就是从岩体结构分析的观点推断得到的稳定边坡角。

③稳定条件。如图 1-3c)所示，层面的倾角大于边坡角($\beta > \alpha$)，边坡处于更稳定状态。在这种情况下，边坡角可以提高到图上虚线 AB 的位置，使 $\alpha = \beta$，才是比较经济合理的边坡角。

④最稳定条件。如图 1-3d)所示，当层面与边坡面的倾向相反，即层面倾向坡内时，无论层面的倾角陡或缓，对于滑动破坏而言，边坡都处于最稳定状态。

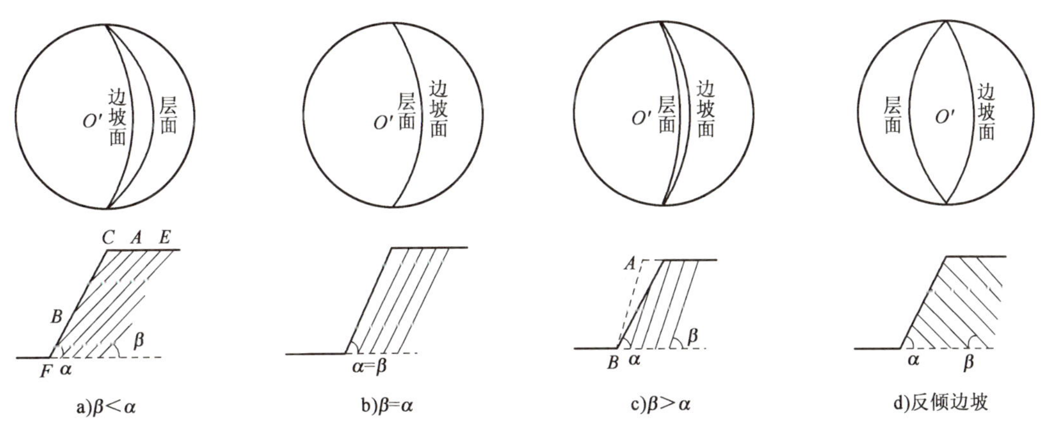

图 1-3　层状结构边坡稳定条件分析图

但从变形角度来看，反倾向边坡也可能发生变形，尤其是陡反倾，有可能诱发边坡倾倒变形破坏；另外，薄层软岩层面反倾时，也可能发生切层破坏。

(2)双滑面边坡的稳定条件分析

图 1-4 表示由两个结构面组合切割构成的双滑面边坡的稳定条件分析，可分为以下 5 种情况：

①不稳定条件。如图 1-4a)所示，两结构面 J_1、J_2 的投影大圆的交点为 I，位于开挖边坡面 S_e 的投影大圆与自然边坡面 S_n 的投影大圆之间，也就是两结构面的组合线的倾角比开挖坡面

的倾角缓，而比自然边坡面的倾角陡。当组合交线 IO 在边坡面和坡顶面上都有出露时，边坡处于不稳定状态。如图 1-4a）所示的剖面图，画斜线的阴影部分为可能不稳定体。

②较不稳定条件。如图 1-4b）所示，两结构面 J_1 和 J_2 的投影大圆的交点为 I，位于自然边坡面 S_n 的投影大圆的外侧，说明两结构面的组合交线虽然较开挖边坡面平缓，但它在坡顶面上没有露点。因此，在坡顶面上没有纵向（边坡走向）切割面的情况下，边坡能处于稳定状态。如果存在纵向切割面，则边坡易产生滑动。

③基本稳定条件。如图 1-4c）所示，两结构面 J_1 和 J_2 的投影大圆的交点 I 位于开挖边坡面 S_e 的投影大圆上，说明两结构面的组合交线 IO 的倾角等于边坡开挖面的倾角，边坡处于基本稳定状态。这时的开挖边坡角，就是根据岩体结构分析推断的稳定边坡角。

④稳定条件。如图 1-4d）所示，两结构面 J_1 和 J_2 的投影大圆的交点 I 位于开挖边坡面 S_e 的投影大圆的内侧，因而两结构面的组合交线 IO 的倾角比边坡开挖面的倾角陡，边坡处于更稳定状态。

⑤最稳定条件。如图 1-4e）所示，两结构面 J_1 和 J_2 的投影大圆的交点 I 位于开挖边坡面 S_e 的投影大圆的相对的半圆内，说明两结构面的组合交线 IO 倾向坡内，边坡处于最稳定状态。

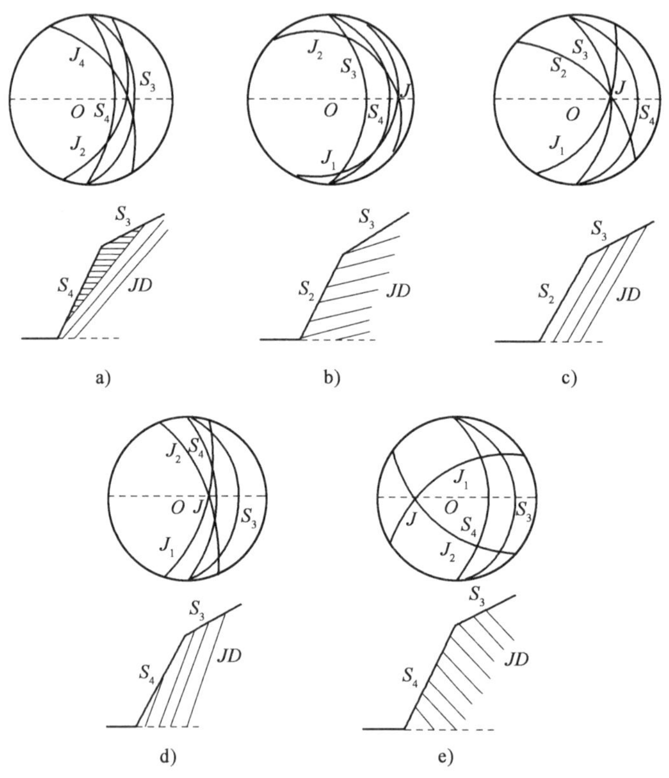

图 1-4　双滑面边坡的稳定条件分析图

为了明显起见，图 1-4 表示的是两结构面的组合交线的倾向方位与边坡面的倾向方位一致的特殊情况。实际上，在结构面的组合交线的倾向方位与边坡面的倾向方位不同时，边坡稳定条件的分析判断也与图 1-4 完全相同。也就是说，在绘有结构面和边坡面的赤平极射投影图上，可以根据结构面投影大圆的交点的位置，做出边坡稳定状态的初步判断。

(3)多组结构面条件下稳定边坡角的初步确定

在实际工程中,岩体往往存在许多组结构面,并且它们在力学性质、规模大小、延展性、充填性等方面常不同。对于这种多组结构面切割条件下的边坡,尽管结构面的组合形式比较复杂,也可以根据结构面的不同组合,用赤平极射投影方法对各组组合交线逐一分析,确定可能的失稳面。

应当指出的是,在以上关于边坡稳定条件的分析和稳定边坡角的推断中,没有考虑结构面(滑动面)的抗剪强度,即假定其 c、φ 均很小,因而一律把滑动面以上的岩体当不稳定体对待,这是偏于安全的。在滑动面的倾角比较陡的情况下问题不大。滑动面的倾角越是平缓,这种分析就会越显出不合理。同时,这些分析只考虑了岩体结构(结构面产状)这一单一条件,而实际边坡的稳定或破坏总是许多因素综合作用的结果,它们是比较复杂的。因此,“赤平投影法”作为边坡稳定性研究只是一个初步和基础的概念与方法。

三 刚体极限平衡法

极限平衡法是当前国内外应用最广泛的边坡稳定性分析方法,它是传统边坡稳定性分析方法的代表。极限平衡法是在已知滑面上对边坡进行静力平衡计算,从而求出边坡稳定安全系数。极限平衡法必须事先确定滑面的位置与形状,其划定的方法较多,比较典型的有瑞典圆弧法、条分法、简化 Bishop 法、不平衡推力法和岩层楔形体分析法。下面简单介绍工程上常用的简化 Bishop 法、不平衡推力法和岩层楔形体分析法。

1. 简化 Bishop 法

为了提高计算精度,Bishop 于 1955 年提出了一种考虑条块间侧面力的土坡稳定性分析方法,称为 Bishop 法,其基本原理分析如图 1-5 所示。

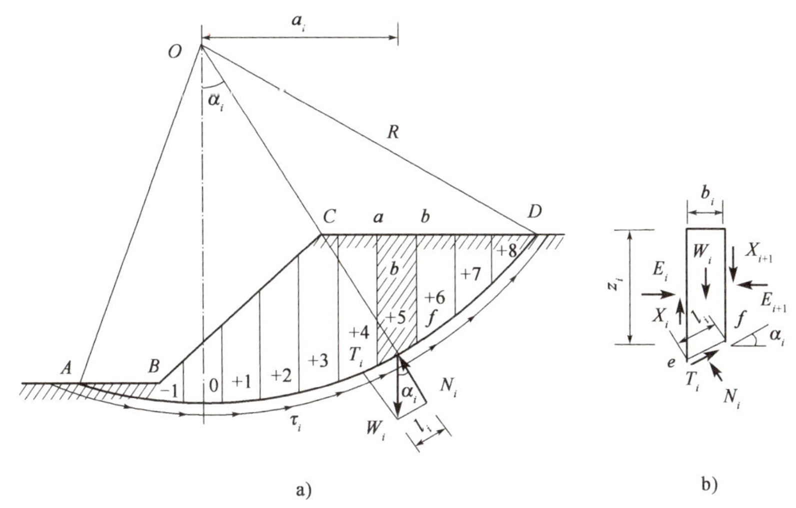

图 1-5　条分法基本原理与条块受力分析图

在图 1-5 中，从圆弧滑动体内取出土条 i 进行分析。作用在条块 i 上的力，除了重力 W_i 外，滑面上有切向力 T_i 和法向力 N_i，条块的侧面分别作用有法向力 E_i、E_i+1 和切向力 X_i、X_i+1。假设土条处于静力平衡状态，根据竖向力的平衡条件，则有：

$$N_i\cos\alpha_i = W_i + \Delta X_i - T_i\sin\alpha_i \tag{1-2}$$

根据满足土坡稳定安全系数 F_s 的极限平衡条件，有：

$$T_i = \frac{T_{fi}}{F_s} = \frac{c_i l_i + N_i\tan\varphi_i}{F_s} \tag{1-3}$$

式中：T_{fi}——滑面的切向力极限值。

将式(1-3)代入式(1-2)中，整理后得：

$$N_i = \frac{1}{m_{\alpha i}}\left(W_i + \Delta X_i - \frac{c_i l_i}{F_s}\sin\alpha_i\right) \tag{1-4}$$

其中，$m_{\alpha i} = \cos\alpha_i + \sin\alpha_i\tan\varphi_i/F_s$。

考虑整个滑动土体的整体力矩平衡条件，则各个土条的作用力对圆心的力矩之和为零。这时条块之间的力 E_i 和 X_i 成对出现，大小相等，方向相反，相互抵消，对圆心不产生力矩。滑面上的正压力 N_i 通过圆心，也不产生力矩。因此，只有重力 W_i 和滑面上的切向力 T_i 对圆心产生力矩。由圆心力矩平衡条件得到：

$$\sum_{i=1}^{n} W_i R\sin\alpha_i = \sum_{i=1}^{n} T_i R \tag{1-5}$$

则稳定性系数为：

$$F_s = \frac{\sum \frac{1}{m_{\alpha i}}\left[c_i b_i + (W_i + \Delta X_i)\tan\varphi_i\right]}{\sum W_i\sin\alpha_i} \tag{1-6}$$

这就是应用 Bishop 法计算土坡安全系数 F_s 的一般公式。式中的 $\Delta X_i = X_{i+1} - X_i$，仍然是未知量。如果不引进其他的简化假定，式(1-6)仍然不能求解。Bishop 进一步假定 $\Delta X_i = 0$，实际上也就是认为条块间只有水平作用力 E_i 而不存在切向作用力 X_i。则式(1-6)进一步简化为：

$$F_s = \frac{\sum \frac{1}{m_{\alpha i}}(c_i b_i + W_i\tan\varphi_i)}{\sum W_i\sin\alpha_i} \tag{1-7}$$

此式称为简化的 Bishop 公式。式中的参数 $m_{\alpha i}$ 包含安全系数 F_s，因此不能直接求出土坡的安全系数 F_s。而需要采用试算的方法，迭代求算 F_s 值。

当采用有效应力分析法时，土条的抗剪强度参数为 c_i' 和 φ_i'；计算土条自重 W_i 时，土条在地下水位线以下部分应取饱和重度计算，考虑孔隙水压力 u_i 的作用，$N_i' = N_i - u_i l_i$，则式(1-7)修改为：

$$F_s = \frac{\sum \frac{1}{m_{\alpha i}'}\left[c_i' b_i + (W_i + u_i l_i)\tan\varphi_i'\right]}{\sum W_i'\sin\alpha_i} \tag{1-8}$$

其中，$m_{\alpha i}' = \cos\alpha_i + \sin\alpha_i\tan\varphi_i'/F_s$。

2. 不平衡推力法

不平衡推力法是我国工业与民用建筑、交通运输和地质等部门在核算滑坡稳定性时使用非常广泛的方法。其适用于任意形状,假定条间力与上一条块底面平行,根据力的平衡条件逐条块向下推求,直到最后一个条块的推力,其值为零。

按折线滑面将滑动土体分成 n 个条块,如图 1-6 所示。对任一土条,根据垂直与平行土条底面方向力的平衡,有:

$$\begin{cases}\overline{N}_i - W_i\cos\alpha_i - P_{i-1}\sin(\alpha_{i-1}-\alpha_i)=0\\ \overline{T}_i + P_i - W_i\sin\alpha_i - P_{i-1}\cos(\alpha_{i-1}-\alpha_i)=0\end{cases} \tag{1-9}$$

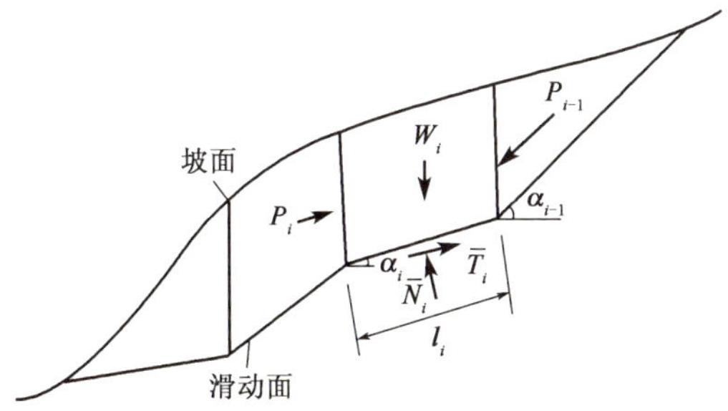

图 1-6　不平衡推力法示意图

同样,根据安全系数的定义和莫尔—库伦破坏准则,有:

$$\overline{T}_i = \frac{c_i l_i + \overline{N}_i\tan\varphi_i}{F_s} \tag{1-10}$$

联合式(1-9)和式(1-10)求解,消除$\overline{T}_i$、$\overline{N}_i$,可得如下计算公式:

$$P_i = W_i\sin\alpha_i - \left(\frac{c_i l_i + W_i\cos\alpha_i\tan\varphi_i}{F_s}\right) + P_{i-1}\psi_i \tag{1-11}$$

式中 ψ_i 称为传递系数,用下式表示:

$$\psi_i = \cos(\alpha_{i-1}-\alpha_i) - \frac{\tan\varphi_i}{F_s}\sin(\alpha_{i-1}-\alpha_i) \tag{1-12}$$

在应用不平衡推力法计算具体问题时,先假设 $F_s=1$,然后从坡顶第一条开始逐条向下推求 P_i,直至求出最后一条的推力 P_n,P_n 必须为零,否则要重新假定 F_s。进行试算,直至 P_n 为零。此时的 F_s 即为该边坡的安全系数。

为了使计算更加简化,工程单位常将式(1-12)简化为:

$$P_i = F_s W_i\sin\alpha_i - (c_i l_i + W_i\cos\alpha_i\tan\varphi_i) + P_{i-1}\psi_i \tag{1-13}$$

式中传递系数 ψ_i 改用下式计算:

$$\psi_i = \cos(\alpha_{i-1}-\alpha_i) - \tan\varphi_i\sin(\alpha_{i-1}-\alpha_i) \tag{1-14}$$

值得注意的是:式(1-13)是式(1-11)的近似计算公式,它只能用于计算 $F_s\approx1$ 条件下的边坡稳定安全系数,否则会造成较大的误差。

采用不平衡推力法计算安全系数时，抗剪强度指标 c、φ 的值可根据土的性质及当地经验，采用试验和滑坡反算相结合的方法确定。另外，因为土条之间不能承受拉力，所以任何土条的推力 P_i 如果为负值，则此 P_i 不再向下传递，而对下一土条取 P_i-1 为零。此法也常用来根据设定的安全系数反推各土条和最后一土条承受的推力大小，以便确定是否需要和如何设置挡土结构物。

3. 岩层楔形体分析法

当边坡共轭节理发育且控制边坡稳定性时，其破坏模式即为楔形体失稳。工程上节理裂隙面控制边坡稳定性的多为楔形体破坏，其稳定性计算是一个比较复杂的问题。

如图 1-7 所示，可能滑动体 $ABCD$ 实际上是一个以 $\triangle ABC$ 为底面的倒置的三棱锥体。假定坡顶面为一水平面，$\triangle ABD$ 和 $\triangle BCD$ 为两个可能滑面，其倾向相反，倾角分别为 β_1 和 β_2，它们的交线 BD 的倾角为 β，坡面角为 α，坡高为 H。

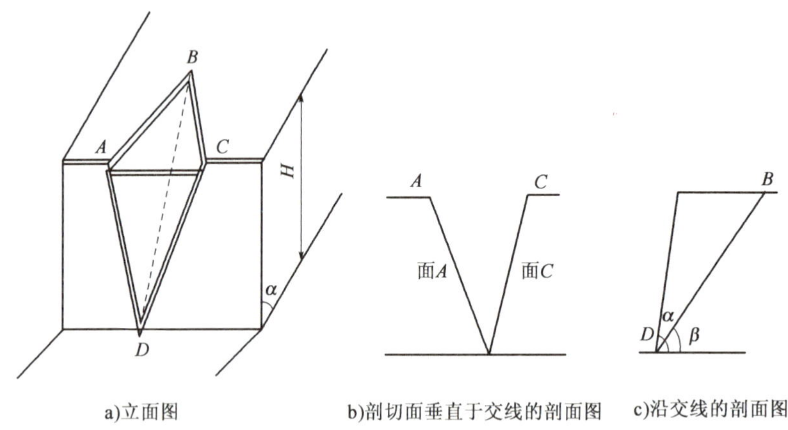

图 1-7　楔形体滑动模型及稳定性计算图

假设可能滑动体沿交线 BD 滑动，滑出点为 D。在仅考虑滑动岩体自重 G 的作用时，计算边坡稳定性安全系数 F_s 的基本思路为：首先将滑体自重 G 分解为垂直于交线 BD 的分量 N 和平行于交线的分量（滑动力 $G\sin\beta$），然后将垂直分量 N 投影到两个滑面的法线方向，求得作用于滑面上的法向力 N_1 和 N_2，最后求得抗滑力及稳定性安全系数。

根据以上思路，则可能滑动体的滑动力为 $G\sin\beta$，垂直于交线的分量为 $N=G\cos\beta$［图 1-8a)］。将 $G\cos\beta$ 投影到 $\triangle ABD$ 和 $\triangle BCD$ 面的法线方向上，得作用于两滑面上的法向力［图 1-8b)］为：

$$\begin{cases} N_1=\dfrac{N\sin\theta_2}{\sin(\theta_1+\theta_2)}=\dfrac{G\cos\beta\sin\theta_2}{\sin(\theta_1+\theta_2)} \\ N_2=\dfrac{N\sin\theta_1}{\sin(\theta_1+\theta_2)}=\dfrac{G\cos\beta\sin\theta_1}{\sin(\theta_1+\theta_2)} \end{cases} \tag{1-15}$$

式中：θ_1、θ_2——与两滑面法向的夹角。

设 c_1、c_2 及 φ_1、φ_2 分别为滑面 $\triangle ABD$ 和 $\triangle BCD$ 的黏聚力和内摩擦角，则两滑面的抗滑力 T' 为：

$$T' = N_1\tan\varphi_1 + N_2\tan\varphi_2 + c_1 S_{\triangle ABC} + c_2 S_{\triangle BCD} \tag{1-16}$$

边坡稳定性安全系数 F_s 为：

$$\begin{cases} F_s = \dfrac{N_1\tan\varphi_1 + N_2\tan\varphi_2 + c_1 S_{\triangle ABD} + c_2 S_{\triangle BCD}}{G\sin\beta} \\ G = \dfrac{1}{3}\rho g H S_{\triangle ABC} \end{cases} \tag{1-17}$$

式中：$S_{\triangle ABD}$、$S_{\triangle BCD}$——滑面△ABD 和△BCD 的面积。

将式(1-15)中的 N_1 和 N_2 代入式(1-17)中，即可求得边坡的稳定系数。在以上计算中，如何求得滑面的交线倾角及滑面法线与 N 的夹角 θ_1 和 θ_2 等参数是很关键的，这几个参数通常可通过赤平投影及实体比例投影等图解法或用三角几何方法予以求解。

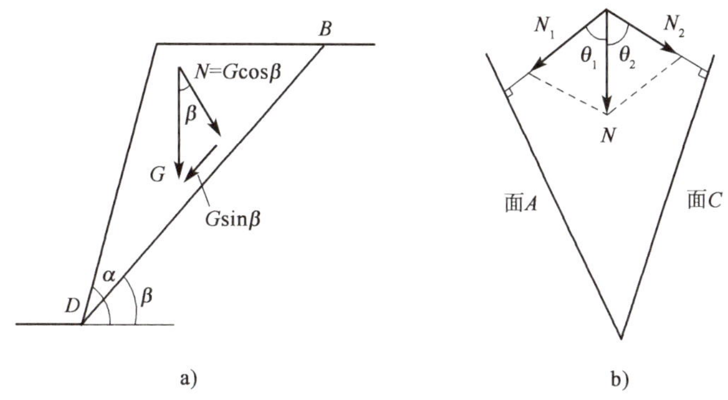

图 1-8 楔形体滑动力分析图

四 数值分析法

边坡稳定性分析应遵循以定性分析为基础，以定量计算为重要辅助手段，进行综合评价的原则。在推求稳定系数时通常能合理假定滑裂面形状时可采用传统分析方法，但由于传统分析方法是建立在极限平衡理论基础上的各种稳定性分析方法，没有考虑岩土体内部的应力应变关系，无法分析边坡破坏的发生和发展过程，无法考虑变形对边坡稳定的影响，无法考虑岩土体与支挡结构的共同作用及其变形协调。因此，当边坡破坏机制复杂或边坡分析需要考虑应力变形时，宜结合数值分析法进行分析。目前，基于数值分析的边坡稳定性分析方法主要有：有限单元法(FEM)、快速拉格朗日法(FLAC 法)、离散元法(DEM)等，另外也出现了非确定性的分析方法——可靠度法及与计算智能相结合的智能分析方法等新方法。

数值分析方法能考虑岩土应力应变关系，比极限平衡法更为精确合理，而且能够考虑岩土体与支挡结构的共同作用及其变形协调，目前主要用于大型或巨型滑坡分析计算，采用成熟的软件来实现，如 FEM、ADINA、ANSYS、FLAC 等。此类方法相对要求外业资料与试验资料丰富，一般用于重大工程或特殊工程，在公路边坡中应用相对较少，此处不多做展开。

第三节　边坡病害与破坏类型及机理

公路边坡不仅有不同的表现形式,也有不同的破坏与病害形式,为便于后续分析,在此对边坡病害与破坏的类型及机理进行简单的论述。

一　边坡变形类型

1. 坡表破坏

边坡坡表破坏指边坡浅表层发生的开裂变形、物质流失以及剥离搬运等病害,常见的有风化剥落、坡表冲刷等。风化剥落指坡面裸露的岩体在物理风化和水理作用下逐渐演变成碎屑物质剥离底层岩面而形成坠落的病害现象,硬质岩剥落较缓慢,而软质岩则相对较严重。坡表冲刷指土质边坡或严重风化的软质岩石边坡,在地表径流的冲蚀、冲刷作用下,被冲刷成冲沟或冲坑的病害,典型坡表破坏照片见图1-9。

图1-9　坡表破坏

一般情况下,该类病害主要是因坡表封闭不良、表层岩土体风化或在连续降雨气候条件下发生,多在局部呈单点或离散分布,规模较小,危害性较低,可引起坡脚排水沟淤塞,破坏坡表植被,影响景观等。

2. 溜坍

溜坍是指坡面土体经连续集中降雨后,边坡表层岩土体强度软化,在动静水压等作用下沿某些沟槽溜滑并坍移堆积于坡脚的病害现象(图1-10),一般具塑流性质。形成溜坍的条件有三个方面:一是坡表渗透性较好;二是岩土体具有亲水性,遇水软化;三是具有一定的连续降雨时间和降雨量。

图 1-10 边坡溜坍

溜坍变形一般厚度不大，但破坏面积较大，不但破坏坡表植被，影响景观；而且溜坍后的坡面岩土体裸露，易诱发边坡进一步发生变形失稳病害；轻则堵塞侧沟，严重时将掩盖线路，中断行车。

3. 坍塌

坍塌指在外力或重力作用下，因边坡岩土体超过自身的强度极限或坡脚软化削弱支撑，致使边坡部分岩土崩解、坍落，并散堆于坡脚的坡体病害现象。坍塌发生于土质或类土质边坡，坡度中等(20°~50°)，多由降雨触发。当缓坡段发生坍塌时，表现为整体呈流塑状的坍滑现象(图 1-11)。

图 1-11 边坡坍塌

坍塌规模一般变化范围较大，小的几十方，大的可达数千方，坡体失稳厚度多为数米，危害性较大，除了坍塌体自身产生的破坏以外，还受坍塌体牵引影响，有可能进一步诱发周边相邻区域坡体失稳，甚至还会引起更深厚的变形失稳。轻则破坏坡脚排水系统及其他构筑物，重则掩埋线路，中断交通。

4. 崩塌

崩塌指较陡斜坡上的部分岩土体在重力作用下突然脱离母体崩落、滚动、堆积在坡脚(或沟谷)的地质现象(图1-12)。一般发生在陡坡(多大于50°)或陡倾张性结构面发育贯通边坡区域,尤其在雨季,坡体饱水后,结构面或土体强度软化降低,极易诱发崩塌病害发生。通常大小不等,零乱无序的岩块(土块)呈锥状堆积在坡脚的堆积物称崩积物,也称岩堆。根据形成机理,崩塌可以分为滑移型崩塌、倾倒型崩塌和错断式崩塌三种类型。按照体积,崩塌可分为小型崩塌、中型崩塌和大型崩塌,见表1-1。

图1-12 边坡崩塌

公路崩塌规模分类标准

表1-1

类型	小型崩塌	中型崩塌	大型崩塌
体积 V(m³)	$V\leqslant500$	$500<V\leqslant5000$	$V\geqslant5000$

崩塌发生规模不一,小型崩塌几十方,大型崩塌数万方甚至更大,一般具有突发性,冲击力大,破坏力强,危害性大,严重情况下可导致车毁人亡、道路中断或坡脚河流堰塞等重大事故。

5. 溃屈

溃屈指岩层倾角与坡角大致相近时,坡脚岩层因剪切变形而呈鼓起状,同时在坡面产生层面拉裂、脱层等顺层滑动现象(图1-13)。溃屈破坏主要发育在等坡顺倾层状岩石边坡中,其形成机理为:在重力和其他荷载作用下,边坡岩体各点的应力状态不断变化,最主要的有两点:一是最大主应力平行于坡面;二是在坡脚处上缘形成应力集中。薄层状岩层沿层间挤压张开,沿岩层方向发生差异性层间错动,在累积效应作用下,在坡体后缘出现一系列顺层错动的拉裂缝,并在层间出现局部的陷落带。在坡面临空条件较好时,剪切位移受软弱层面强度控制;当坡脚无临空条件时,差异性层间错动受阻,表现为坡脚上部岩层弯曲隆起变形。

溃屈病害发生的条件是:薄层岩层产状与坡向同向且岩层倾角与坡角相近。一般情况下变形规模不大,具有明显变形前兆,但不及时处理,一旦发生对坡脚构筑物和道路交通危害性也较大。

6. 错落

错落指陡崖、陡坎、陡坡因坡脚受冲刷或人工开挖而被压缩,坡体沿一些近似垂直的破裂面发生整体下落位移,以垂直下错为主的变形现象(图1-14)。它的特征是垂直位移量大于水平位移量，错落体比较完整，大体上保持了原来的结构和产状。错落体在形态上呈阶梯状，常常只有一级，多级的较少。它们的后缘为几乎垂直的（多大于70°左右）错落崖或错落坎。错落坎附近，有大致与它平行的较顺直的裂缝，错落体的底部有挤压鼓包等现象。

图1-13　边坡溃屈工程照片

图1-14　边坡错落工程

形成错落的条件主要有几个方面：一是地貌条件，错落主要出现在山区峡谷河道两侧受到强烈侧蚀的部位。发生错落的地面坡度一般大于35°～40°，其上部山坡可以相对平缓，不足40°。二是地质条件，错落主要发生在黏结力较大的地层或坚硬岩层组成的陡崖或陡坡上常有大断层、大节理的地方，特别是两组构造线相交处最容易发生。另外在以断层相接触的或层理十分发育的岩层中，都易于错落的形成。少数也可以出现在松散物质组成的陡坡上。错落破裂面倾角较大，多为45°～70°。据研究统计，均质岩土体坡角 θ、内摩擦角 φ 和错落破裂面的角度 α 的经验关系式为 $\alpha=(\theta+\varphi)/2$，错落面的角度还受断层、大节理等构造面所控制。

错落的触发因素为：一是边坡下部支撑力量不足，如河流下切侧蚀或波浪强烈击撞，或人工开挖路堑，造成隐伏的倾斜软弱面下端处于临空状态；二是错动面附近有水流活动，润滑性增加使摩擦阻力减小，削弱坡体支撑力；另外地震或大爆破的震动也可引起错落。

一般情况下，错落体规模较大，具有突发性，破坏性很强，冲击破坏、掩埋坡脚构筑物及其他设施，尤其受降雨气候叠加影响，可进一步发生错落体滑坡或泥石流，对路面交通及工程本身具有毁灭性灾害。

7. 滑坡

滑坡是指斜坡上的部分岩土体由于各种原因在重力作用下沿一定的贯通软弱面(或软弱带)整体地向下滑动并以水平运动为主的坡体地质病害现象(图1-15)。滑坡的分类标准很多,常用的有以下几种标准:

图1-15 边坡滑坡工程照片

(1)按物质成分划分为土质滑坡(堆积土滑坡、膨胀土滑坡、黄土滑坡、填土滑坡)和岩质滑坡(破碎岩体滑坡、层状岩体滑坡、块状岩体滑坡)。

(2)按滑坡的动力特征划分为推移式滑坡和牵引式滑坡。

(3)按形成原因划分为工程滑坡和自然滑坡。

(4)按滑体厚度划分为浅层滑坡(<6m)、中层滑坡(6~20m)、厚层滑坡(>20m)。

(5)按滑坡发生时间划分为新滑坡(新近发生)、老滑坡(全新世以来发生)和古滑坡(全新世以前发生)。

(6)按滑体体积划分为小型滑坡、中型滑坡、大型滑坡和巨型滑坡,根据《公路滑坡防治设计规范》(JTG/T 3334—2018),对应标准见表1-2。

公路滑坡规模分类标准 表1-2

滑坡类型	滑坡体积($\times 10^4 m^3$)
小型滑坡	≤4.0
中型滑坡	4.0~30.0
大型滑坡	30.0~100.0
巨型滑坡	≥100.0

典型滑坡一般具有滑体、滑面(带)、滑床、滑坡周界、滑坡出口、滑坡后壁、滑坡台阶、滑坡舌以及滑坡裂缝等基本要素,具体如下:

滑坡体:指滑坡的整个滑动部分,简称滑体。

滑动面:指滑坡体沿下伏不动的岩、土体下滑的分界面,简称滑面。滑动面一般呈光滑镜面,多有擦痕。其形状在均质土中多为弧线或曲线状;在堆积土中多呈折线或直线与曲线组合状,在岩石滑坡中呈直线、折线或与曲线组合状。

滑床:指滑坡体滑动时所依附的下伏不动的岩、土体,简称滑床。

滑坡周界:指滑坡体和周围不动的岩、土体在平面上的分界线。

滑坡出口:滑动面最下端与原地面相交而剪出的破裂口称滑坡剪出口,简称滑坡出口。在滑坡大滑动之前它表现为地面隆起、翘出、错出,或建筑物被挤压或剪切变形,大滑动之后常被埋入滑坡体之下。

滑坡壁:指滑坡体后缘与不动的山体脱离开后,暴露在外面的形似壁状的分界面。高度为数米至数十米,特大型滑坡也有高百米以上者,坡度多为55°~80°(近地表段呈直立状),似壁状,故称为滑坡壁。在平面上它多呈圈椅状(环谷状、马蹄状),岩体滑坡中也有呈直线或折线状。

滑坡台阶:指滑坡体滑动时,由于因上下各段岩土体滑动速度差异,在滑坡体表面形成台阶状的错落台阶。滑坡台阶是滑坡的一个典型地貌特征,尤其是沿弧形面旋转滑动的滑坡。

滑坡洼地:指滑动时滑坡体与滑坡壁间拉开,形成的沟槽或中间低四周高的封闭洼地。

滑坡舌:指滑坡前缘形如舌状的凸出部分,简称滑舌。

滑坡鼓丘:指由于滑动面反翘或滑坡体前缘受阻而隆起的一条或数条丘状土垅。

另外,滑坡变形特征主要有拉张裂缝、剪切裂缝、羽状裂缝、鼓胀裂缝、放射裂缝、牵引裂缝和滑坡主轴。

拉张裂缝:位于滑体上部因滑坡体下滑而牵引张开的长度为数十米至数百米、方向与滑坡壁吻合或大致平行的裂缝称为拉张裂缝,其中与主滑坡壁重合的一条裂缝称为主裂缝。

剪切裂缝:位于滑坡中下部的两侧,因滑坡体与两侧不动体间发生剪切而形成的裂缝叫做剪切裂缝。它形成滑坡的两侧边界。

羽状裂缝:在滑坡体两侧剪切裂缝尚未贯通前,因动体与不动体间相对位移形成的呈羽状(雁行状)排列的张裂缝称为羽状裂缝。

鼓胀裂缝:滑坡体下部因下滑受阻挤压隆起形成鼓丘,在其上形成垂直滑动方向的裂缝,叫做鼓胀裂缝。

放射裂缝:滑坡体下部因下滑受阻而形成的顺滑动方向的裂缝,在滑坡主轴部位大致平行滑动方向,两侧呈放射状(扇形状)展布。在滑坡大滑动前,它先于鼓胀裂缝和滑坡剪出口出现,是抗滑段受挤压的标志。滑坡滑动后滑体向两侧扩展也可形成张裂缝,在舌部呈放射状分布,故称为放射状张裂缝或扇形张裂缝。

牵引裂缝:滑坡上部位于主滑壁以外因失去侧向支撑而形成的尚未滑动的断续裂缝,称为牵引裂缝。它预示着滑坡可能扩大或主滑壁可能坍塌的范围。

滑坡主轴:滑坡体上滑动速度相对最快的纵向线叫主滑线,也称为滑坡主轴。它代表滑坡整体滑动的方向,可为直线、折线或曲线,位于滑体后缘最高点与前缘滑坡舌最远点的连线上,在该断面上滑坡体一般最厚,且滑坡推力最大。

一般滑坡的发生过程可分为四个阶段:蠕滑、间歇式滑动、加速滑动和挤密固结。蠕滑阶段是部分主滑段发生滑移,表现为后缘拉裂、前缘挤压变形。间歇式滑动阶段是滑面岩土体不断被剪切破坏的过程,发生滑移的滑面范围逐渐增大,表现为后缘裂缝进一步发展、有时还会产生牵引裂缝,侧界裂缝断续出现,前缘有鼓胀或松弛变形现象,甚至部分区段剪出口形成。加速滑动阶段是滑面基本贯通,滑坡整体发生连续快速滑移,其特征是后缘裂缝、周界裂缝和前缘剪出口基本闭合，变形规模持续加大。挤密固结阶段指滑坡整体滑移至洼地或受阻后，达到临时平衡状态，在后部岩土体挤压及上部岩土体重力作用下，随着时间的推移，滑体缓慢渗水挤密、滑床也逐渐固结的过程。

滑坡治理需在前两个阶段完成，一旦发生整体加速滑动，将可能摧毁线路，掩埋村庄，堵塞河道，对线路及下游设施将酿成严重灾害。

二　公路边坡常见病害

公路边坡实质是岩土边坡与工程结构的综合体，在营运期间，随着时间的推移，在内因和外因各种因素影响下，将发生工程结构损伤、破坏和坡体变形失稳等病害，其病害有的与上面谈到的边坡变形相一致，有的是由其导致的工程与应用障碍，现将常见病害统计分类如下。

1. 排水系统淤塞或破坏

坡表松散物质或浅表变形体在重力和地表径流作用下，搬运至高程相对较低的截水沟、平台或坡脚排水沟，并沉淀在沟底，淤塞排水系统，不但减小过水断面，而且形成低洼区段，长期积水，当沟底或沟壁封闭不严或有裂缝时，导致大量积水下渗进入坡体，削弱排水工程。

另外，受坡体局部变形或沟底地基沉降变形等影响，沟身也会相应发生反射变形裂缝，多表现为沿纵向开裂、横向垂向错断或水平向挤压开裂以及斜向剪切裂缝等变形，致使沟内水流大量渗入坡体，降低甚至破坏排水功能。排水系统常见病害见图1-16。

图1-16　边坡边沟病害

排水系统受损或破坏后，大量表水下渗进入坡体，抬高坡体静水压力，增大地下水动水压力，并软化坡体岩土体，降低其强度，触发多因素同步作用，不利于边坡稳定。实践统计资料表明，水害是边坡变形最主要的影响因素之一。

2. 危岩掉块落石

当工程边坡坡面及坡顶以上自然山坡岩溶、破碎岩体、差异风化发育或分布有岩堆时，在重力、基底掏空及其他自然营力作用下，部分岩块脱离基部母体向下翻滚或坠落（图1-17）。

危岩掉块落石的发生条件包括内因和外因:内因是陡峭的边坡地貌、构造破碎带规模较大、岩体张性节理发育贯通或岩块与周边岩土体强度差异显著;外因有风化作用、大气降雨、震动作用以及上部加载等。

图 1-17　边坡危岩掉块落石

单个落石破坏作用有限,触发安全事故具有偶然性,但对坡脚、路面构筑物和设施造成冲击破坏;当坡面发生多点尤其是某一区域密集掉块落石时,由于冲击作用较强,分布范围和密度均较大,破坏性大,危害性强,不但对下部构筑物和设施形成毁灭性破坏,而且还容易诱发严重安全事故。

3. 局部滑塌

局部滑塌是指边坡上局部浅层岩(土)体滑落的情况。随着时间的推移,坡体应力调整逐渐完成,边坡防护加固措施受各种因素影响效果减弱,以及风化、水化、重力等自然营力作用,或者其他外界不利作用等,尤其是地下水反复浸泡、排泄作用,导致岩层裂隙面进一步发展贯通,或者土体强度降低,逐渐削弱边坡抗滑支挡能力,在坡面某一区域发生局部滑塌(图 1-18)。

图 1-18　边坡局部滑塌

局部滑塌多发生在断层带、褶皱轴部、不利结构面发育、亲水性地层、地表洼地或汇水区域以及工程结构支挡加固性能降效明显等部位。

一般情况下，局部滑塌规模不一，小型的多在单级坡面范围内，体积数方至数百方，主要表现为坡面浅表层岩土体滑塌并堆积于该级坡脚至平台一线。大型的可延伸至两、三级坡面范围，体积数百方至数千方，变形周期相对较长一些，早期主要表现为上部沿坡顶至平台一线开裂、下部在坡脚至距离坡脚2～3m一线鼓胀变形甚至局部剪出，并伴随有工程结构受损变形等特点。

4. 楔形体破坏

岩质边坡中受前期构造作用共轭节理（俗称“X”节理）发育时，岩体被切割成楔形体，在卸荷松弛、重力、震动以及其他外界因素作用下，沿着这两个或多个面发生滑移。其滑移方向沿着这两个或所有结构面的组合交线方向，且该交线的倾角缓于边坡坡角，并在坡面出露。

楔形体破坏是岩质边坡最常见的破坏模式之一（图1-19），力学机理比较复杂，破坏规模与岩块抗剪强度、岩体破碎程度、裂隙面延伸范围以及底部与共轭节理切割的顺坡向结构特征（类型、发育程度、结合程度、性质、产状以及充填物质成分等）有关，一般体积从几方至几千方不等，多发生在边坡较陡、构造带或岩层破碎、结构面发育或岩层软硬相间、坡面裸露或加固不足等部位。由于楔形体破坏具有突发性特性，且发生部位多为陡峭岩质坡面，具有一定的隐蔽性，冲击破坏下部构筑物乃至掩埋，危害性极大。

图1-19　边坡楔形体破坏

5. 工程结构损伤

边坡工程措施在营运期间，由于坡体应力调整、地表水及地下水反复变化、徐变以及其他因素的影响，尤其是在抵抗边坡滑移变形的过程中，工程结构往往会受到不同程度的影响、损伤（图1-20），并表现出不同的变形特征，在一定程度上影响边坡的正常安全营运。

（1）工作环境破坏。在风化作用、重力作用、地表径流冲刷等作用下，岩体风化程度加剧，如泥页岩、板岩等地层，或者岩块松动翻转，改变工程结构工作环境甚至受力状态，致使工程结构发生不同程度的损伤，严重时可能出现剪切裂缝。如锚固结构梁底脱空、抗滑桩桩前土体松动失稳、挡墙墙后土体陷落、隆起、开裂变形等。

图 1-20　边坡工程结构损伤

(2)部分功能受限。受材质、质量等内因或水作用、维修不及时等外因作用,影响某些工程结构部分功能效果正常运行,削弱对边坡的加固效果。如排水孔材质老化、淤塞,挡墙墙后回填不密实或基底长期浸水软化等。

(3)应力超限引起的结构变形。对于自身无法稳定、需要工程措施提供抗力的边坡,其主体结构大多处于高应力状态,在坡体风化加剧、强度降低、地下水浸泡等不利因素作用下,局部下滑荷载超过工程结构容许应力,导致工程结构应力超限,并在结构应力集中部位出现鼓胀、剪切、断裂等裂缝。如锚固结构反力梁开裂、挡墙错开或纵向开裂、抗滑桩桩身开裂变形等。

(4)结构破坏。在坡体稳定状态持续恶化条件下,支挡加固措施承受的荷载将超过其结构极限承载力,导致工程结构破坏。如锚索外锚头崩裂、梁体下错,挡墙等圬工结构剪断垮塌等。

(5)其他。在一些边坡主体为亲水性强烈的地层中,或者边坡风化厚度极大的条件下,地层变化、结构徐变等原因也会明显影响工程措施的作用效果。如泥页岩、板岩、泥灰岩等地层边坡,在地表径流和地下水作用下,浅层岩层快速风化,致使锚固结构基底压缩变形增大,预应力损失;挡墙基底及墙前地层强度降低,抗力减弱。另外,在一些锚固地层强度较低的边坡,随着时间的推移,锚固段与孔周地层之间因徐变作用显著降低其预应力。

局部或非主体工程结构损伤时,一般对边坡营运安全影响不大,主要诱发局部小规模病害,及时修复即可。但对于主体工程受损或较大范围工程结构受损时,有可能各个击破、连锁反应,酿成大规模边坡病害,因此需全面检查评估,及时进行必要的补强加固处理。

6. 坡体开裂变形

边坡局部或整体下滑力超过抗滑支挡荷载时,将发生失稳变形。一般岩质边坡变形特征不明显,多表现为节理裂隙张开新鲜、岩体呈区域或带状松弛变形、突然集中渗水等特征;土质边坡则过程相对缓慢,多表现为后部拉张或下错开裂、下部渗水严重、鼓胀变形、局部剪出等特征,变形严重时两侧还会出现剪切裂缝,伴随工程结构明显下错、开裂、推移、挤压等变形。由于圬工结构相对弹性较低、脆性较大,坡体变形时会先在圬工结构上形成反射裂缝,然后随着变形发展才在土体上逐渐发育裂缝(图 1-21)。

图 1-21　边坡开裂变形

通常情况下，坡体开裂变形发展过程为：坡面鼓胀或松弛变形 → 圬工结构（急流槽、排水沟及其他浆砌体）鼓胀、开裂变形 → 坡面渗水 → 上部拉张或下错开裂（多为坡口线或平台及以下 2～4m 范围）→ 下部坡面松弛、鼓胀或局部剪出（多为平台外侧坡脚及以上 2～3m 范围）→ 工程结构变形规模、变形范围扩大 → 剪出口范围延伸、上部裂缝加剧并向两侧延伸、有时伴随继续向上牵引裂缝出现 → 裂缝基本贯通、临界失稳。

坡体开裂变形范围、规模及特征在一定程度上反映了边坡的稳定状态。边坡一旦开裂变形，开裂部分岩土体破坏，而且加剧地表水沿裂缝下渗进入坡体，均将增大坡体下滑力，不利于边坡稳定。

7. 整体滑动

边坡区域前期地质构造作用强烈、地层岩性较差、工程措施大面积受损或主体结构破坏，以及遭受较严重外界不利因素影响时，有可能诱发边坡发生整体失稳变形乃至发生整体滑坡。其主要特征包括：后缘形成陡坎，前缘（多在坡脚附近）剪出、隆起反翘、推移或挤压坡脚构筑物甚至在支挡结构顶部反翘剪出，两侧周界裂缝断续出现及至基本贯通，坡体中部发育多种形态的裂缝，伴随局部滑塌变形，工程结构因位于变形体内（俗称“坐船”）发生平移或较大范围严重变形破坏，坡脚及坡面渗水严重等（图 1-22）。

图 1-22　边坡整体滑动

边坡整体滑动的规模有几种类型：一是纵向上基本贯穿整个边坡或者中间主体范围、后缘在工程边坡范围内破坏；二是纵向上基本贯穿整个边坡或者中间主体范围、后缘在坡口线一点，也就是整个工程边坡滑动；三是纵向上基本贯穿整个边坡或者中间主体范围、后缘在坡口线以上自然山坡，属于自然坡体整体滑坡。

营运期边坡一旦发生整体滑坡，不但造成生态破坏，还将掩埋、破坏坡脚和路面一切构筑物、设施及车辆人员，甚至推移路基下滑，危害性极大，应尽力提早采取有效措施予以抑制。

8. 泥石流

边坡发生泥石流病害主要有主动形成或被动受害两种形式。第一种是当边坡岩土体主要为风化土层或破碎岩层夹风化土层时，在大暴雨季节发生滑坡，滑坡物质将被表水稀释并随表水快速搬运，形成泥石流。第二种是边坡上部自然冲沟发生泥石流，流经边坡范围形成破坏，与边坡所处的环境条件、区域地质条件有关，并在一定的外界触发条件作用下发生。近年来，受极端气候条件影响，华南地区小型泥石流病害时有发生，不容忽视。对应泥石流孕育的地形地貌、物质来源和水源三个条件，边坡区域具有潜在泥石流危害的特征主要有下述几个方面。

环境条件：工程边坡坡顶上部多依附高大自然山体，具有较大汇水面积，自然冲沟发育，延绵长度较长，沿途支沟发育，主沟沟顶多三面环山，上游沟谷深切，岸坡陡峭，且纵坡也较陡，多呈 V 形断面；至中下游工程边坡坡顶附近相对较缓，多呈 U 形断面。

地质基础：冲沟沿线地质构造复杂、断层褶皱发育；岩层结构松散、软弱、易于风化、节理发育或软硬相间成层；顺坡向陡倾结构面发育贯通，表层风化程度较高或岩层极破碎；崩塌、错落、滑坡等不良地质发育。

触发因素：泥石流的主要触发因素是短时集中强降雨或长时间连续降雨，造成地表水土流失、岸坡失稳；形成山洪，侵蚀岸坡下部诱发饱水后的岸坡崩塌、滑坡，掏蚀沟底，携带大量泥沙、石块等碎屑物质形成泥石流。另外，人类活动，如破坏地表植被，采矿、弃渣等均可能为泥石流提供物质来源。

病害特征：泥石流形成时间较短，具有突发性；在沟谷里奔泻而下，流速快；搬运能力极强，可搬运数十方巨型岩块；体量大，固体物质体积往往可达数万至数百万方；破坏力极强，几乎可毁灭地表一切设施，常常给人类生命财产造成重大损失。

后期影响：泥石流发生后，将造成诸多不利，一是坡面植被破坏，裸露坡面物质松散；二是前期失稳的岸坡多处于临界稳定状态，稍有影响就会继续失稳；三是各坡体变形周边牵引区也将逐渐失稳，致使后期发生的坡体变形规模显著增大；四是原来各崩塌滑动体发生时间先后不一致，但后期在强降雨气候作用下，将可能引起大范围快速集中变形失稳，给泥石流集中提供大量物源；五是缓坡段沟谷仍残留有大量松散物质，一旦再次受到山洪作用，也将汇入泥石流。概括起来，就是若再次受到山洪影响，将可能形成更大规模的泥石流。

公路典型泥石流病害见图 1-23。

图 1-23　泥石流

三　边坡病害机理

公路边坡稳定是保证其正常营运的前提，也是贯穿边坡勘察设计、建设施工与营运期维养的最终目标。边坡发生变形病害的实质是坡体力系的不平衡，微观上是岩土体承受荷载超过其极限强度，宏观上表现为下滑力超过抗滑力。影响边坡稳定性的因素很多，作用机理也非常复杂，往往是多因素交叉影响。综合国内外研究成果，影响边坡稳定性的主要影响因素有：①地形地貌条件、地质构造作用、地层岩性工程性质、结构面特征、水文地质作用等内在因素；②边坡形态、工程措施设计及实施等人类工程活动；③大气降雨、地震、风化作用等自然营力作用。

（一）内在因素

1. 地形地貌

地形地貌是自然界地质作用的结果，反映了各地质体当前特定时期的平衡状态。地形地貌对边坡变形的影响，首先是当前平衡状态的反演，即形成当前地形地貌的机理，并在此基础上分析其对边坡稳定性的影响；其次是现状地形地貌后期对边坡稳定性的影响。

（1）典型不良地质地貌。公路边坡多为开挖自然山体形成，典型不良地质包括古滑坡、堆积体、错落体、岩溶、崩塌等。

古滑坡地貌主要有八大特征：一是圈椅地貌，即背后靠山，并有明显陡坡地段，左右两侧为两条山梁，中间围出一块缓坡地，外形像圈椅的地貌；二是坡面杂乱无规则，分布有“醉汉林”“马刀树”现象，地表散落较多块碎石；三是双沟同源地貌，沟间距离约数十米至数百米，沟源相连呈钳形，沟间山坡多呈上、下陡而中部缓的鼻形斜坡地形；四是自然坡底河岸为圆顺的凹岸，突然有一小部分向河床中凸出，且凸出地段杂乱堆积大块孤石；五是坡体岩土体有扰动或翻转现象，岩层产状与后部陡坎以上以及两侧沟谷以外基岩不一致，但周围基岩产状基本相符，或者局部范围新老地层倒置；六是舒缓状坡体上分布有积水洼地，在陡坎坡脚与缓坡或台地交界区域，形成大小不等的四周高、中间低的封闭洼地，形成积水坑甚至湖泊；七是坡体前缘有泉水渗出，在斜坡下部陡坡地段大致沿等高线连续分布串珠状渗水点或泉眼；八是坡脚临空面或依附下部陡坡临空面，连续平行发育多个规模不一的滑坡，形成滑坡群。地形古滑坡地貌见图1-24。

堆积体地貌指山间洼地坡洪积或沟口冲洪积形成的洪积扇地貌，平面上多呈三角形，上游窄，下游宽，自然坡度一般不超过10°，呈舒缓状，断口剖面上可见明显的分层现象。

错落体地貌在形态上呈阶梯状，常常只有一级，多级的较少。它们的后缘为几乎垂直的（大于70°）错落崖或错落坎，高达数米或数十米。错落坎附近，有大致与它平行的较顺直的裂缝，错落体的基部有挤压鼓包等现象，尤其是底部有河流沟谷经过时，呈明显的舌状突出地貌，典型堆积体地貌见图1-25。

图1-24　古滑坡

图1-25　堆积体

溶蚀地貌分为地表溶蚀地貌和地下溶蚀地貌，地表溶蚀地貌包括漏斗、落水洞、溶沟、溶蚀洼地、石芽、峰丛、峰林、孤峰等；地下溶蚀地貌包括溶洞、地下暗河、石笋、石钟乳等，边坡开挖中遇到最多的是溶洞，包括充填型、半充填型和空洞型。

崩塌多发生在自然山坡陡峭或富水地段，单个或零星少数几个多揭示岩层结构面发育或土体强度较低；而发育连续多个崩塌体则表明该区域可能为不良地质。

（2）显著影响坡体稳定性地貌。除了前述典型不良地质地貌，还有一些其他显著影响边坡稳定性的地貌特征。第一类是边坡开挖改变了原有微地貌，形成潜在不利影响的典型地貌：① 坡口线上游附近分布小型洼地，后期易积水下渗进入坡体；② 坡顶较大范围平缓地貌，揭示岩土体强度可能较低，边坡开挖后应力调整周期较长，存在潜在变形可能；③ 坡口线上游附近分布有断层崖或较大规模断层带、褶皱轴隆丘（与线路近似同向），边坡开挖后削弱抗力，后期受表水下渗影响极易诱发变形病害。第二类是本来就对边坡存在不利作用的地貌：① 坡脚侵蚀：边坡下部有河流经过且高差不大，若河流呈凹岸通过，受水流冲刷易产生滑坡，尤其当凹岸部位分布有不耐冲刷的软弱岩层或土体时，造成河岸坍塌，牵引坡体产生滑动。② 陡坡临空：边坡下部自然边坡较陡，风化层较厚或者陡倾节理发育时，在风化、剥蚀及重力作用下，将改变自然坡体的稳定性，进而影响其上工程边坡。

2. 地质构造

地质构造对边坡稳定性的影响程度非常大，尤其在一些大型及巨型滑坡病害中，几乎起到控制性作用。断层面、节理面、断层物质、褶曲轴部和两翼的倾斜面、不整合面，以及倾角较陡、与坡向相同、走向与路线交角小于45°的基岩层面，都容易构成滑坡的滑动面。这里主要分析断层、褶皱两种构造对边坡稳定性的影响机理。

断层对边坡的影响，主要表现为区域断裂带范围内的坡体变形、断层带对坡脚的软化作用、断层带对坡体的切割作用、构造带形成坡体软弱夹层以及断层裂隙水的作用等。

区域构造带。区域构造作用强烈、规模大，延伸范围广，多数十至数百甚至上千公里，断裂带宽数十米至数十公里。构造带内岩层破碎，节理发育，多分布有构造糜棱岩、构造角砾岩或断层泥。带内物质结构松散，风化程度高，强度低，开挖边坡极易变形失稳，多发生大规模整体性滑坡。另外，由于区域构造带中岩体破碎，崩坡积作用强烈，沿断层带也会有大量堆积土滑坡产生。

断层带对坡脚的软化作用。当边坡坡脚附近发育有与线路近平行断层带时，因断层带岩土体结构松散、强度较低且多富水，在边坡开挖形成临空面后，改变原有地基应力场，断层带压缩变形增大，可能导致坡体上部产生拉张应力增大，产生拉裂缝脱离底部形成滑坡；或者坡脚压缩变形过大，诱发边坡整体下错形成溃屈破坏[图1-26a)]。

断层带对坡体的切割作用。当断层带呈陡倾产状、与线路方向近平行或小角度斜交且分布在边坡中后部时，断层将边坡切割为上下两部分，靠近坡脚部分，断层面相当于边坡后缘拉裂缝，显著增大坡体下滑力，易诱发边坡失稳[图1-26b)]。

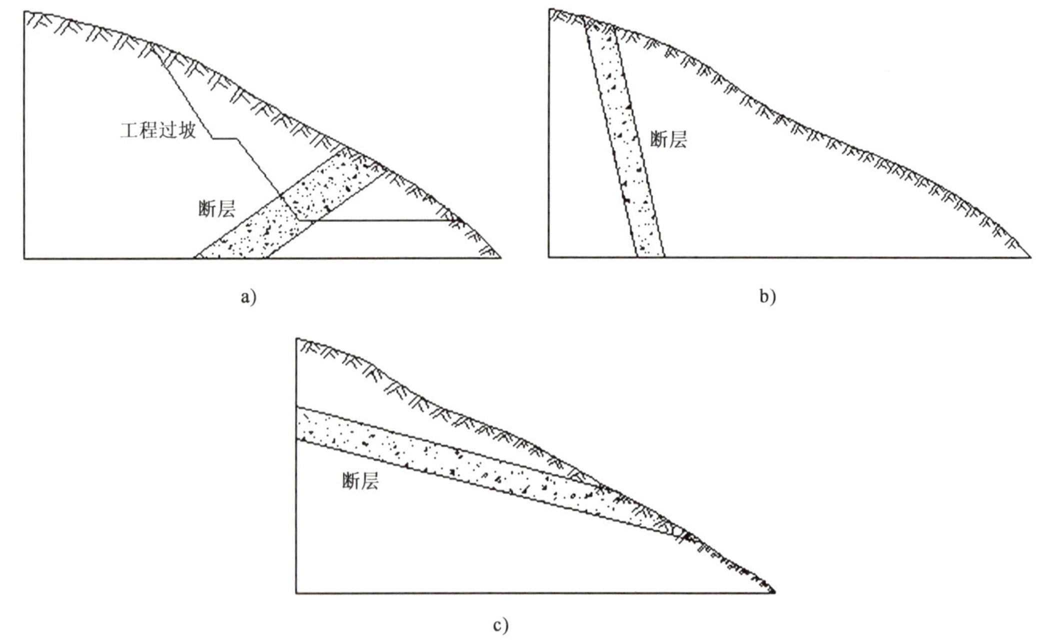

图1-26　断层对边坡稳定性的影响关系示意图

断层软弱夹层:当断层倾向与坡向相同或小角度斜交,呈缓坡至中等程度倾角(一般十几度至四十度左右),尤其是断层富水或发育有断层泥时,断层带在坡体内形成软弱夹层,边坡极易依附于该软弱夹层形成滑动面,导致边坡变形失稳[图1-26c)]。

断层对边坡的影响见图1-26。

断层裂隙水的作用。断层带内岩层破碎,结构松散,空隙率大,在坡体内形成断开面,易成为地下水的富集区和排泄通道,也会对边坡稳定性产生不利影响。

褶皱是地壳上一种常见的地质构造,规模相差悬殊,大的绵延几公里甚至数百公里,小的却只有几米甚至更小。褶皱规模及其边坡相对关系决定对边坡稳定性的影响程度,一般宽度超过单级坡高的褶皱就会明显对边坡不利。褶皱主要分为轴部破碎岩土体的影响和两翼岩层顺层滑动。

褶皱轴部:褶皱轴部岩层受弯曲作用最强烈,裂隙密集发育,岩层为碎裂状甚至碎屑状。相对来说,背斜轴部主要是岩层破碎松散、强度较低,构成软弱岩层边坡,导致边坡稳定性较差;向斜轴部还会富水,其风化程度更重,多伴有泥化作用,对边坡稳定性极为不利。

褶皱翼部:由于形成褶皱的变形面绝大多数是沉积岩的层理面、变质岩的劈理面、片理面、岩浆岩的原生流面以及岩层和岩体中的延续贯通节理面、断层面或不整合面,当褶皱走向与线路相近或小角度斜交时,若褶皱翼倾向与边坡同向,褶皱变形面将顺坡向,极易形成顺层滑坡。

工程实践中复式褶皱比单个褶曲更普遍,需现场根据褶皱的产状、形态、物质成分、地下水发育情况等综合分析,合理评估其边坡稳定性的影响。

3. 地层岩性

地层岩性对边坡稳定性的影响程度与岩体矿物成分、胶结类型、坚硬程度以及风化程度有关。一般情况下,石英、长石、辉石等正方体或长主体晶体矿物成分含量越高,岩层越坚硬,强度越高,抗风化能力也越强,对边坡稳定有利;而含有高岭石、伊利石、绿泥石、滑石等矿物成分的多为易滑岩性;泥质胶结的岩体强度较低,抗风化能力较弱;风化程度越高,风化土层厚度越大,越不利于边坡稳定。

据国内外学者研究成果,产生滑坡的地层岩性可以归纳为以下十大岩组:① 黏性土岩组;② 黄土岩组;③ 堆积土岩组;④ 砂砾泥岩岩组;⑤ 砂页岩岩组(包括含煤层的砂页岩);⑥ 碳酸盐岩岩组;⑦ 变质岩岩组;⑧ 侵入岩岩组;⑨ 火山岩岩组;⑩ 构造破碎岩岩组。在该十大岩组中,黏性土岩组、黄土岩组、堆积土岩组、砂页岩岩组、变质岩岩组和构造破碎岩岩组比较易于产生滑坡,其他岩组在适宜条件下,也可以产生滑坡。常见易滑地层有:煤层、页岩、泥岩、板岩、泥灰岩、千枚岩、滑石片岩、云母片岩等。

上述岩组坡体中有可能形成贯通滑动面的情况大体有三种:

(1)构成坡体的物质在垂直方向上,上部为渗透性较好的风化程度较高的覆盖层,下部为风化程度较低、强度相对较高的隔水层,从而在相对隔水层附近形成富水层。

(2)构成坡体的岩体中存着先期地质作用形成的相对不透水的岩层或相对软弱的结构面,前者如砂页岩岩组中的页岩层面和砂砾泥岩岩组中的泥岩层面,后者如常见于各种沉积岩中的层间错动面或软弱夹层。

(3)由于岩性本身比较软弱,或者风化程度较高,坡脚处因应力集中首先破坏,而后按渐进破坏机制,塑性区逐步发展,最终导致边坡变形失稳。

4.结构面

结构面是岩质边坡稳定性的主要影响因素之一,包括原生结构面(如岩层层面)、次生结构面(如卸荷裂隙、风化裂隙、风化夹层、泥化夹层等)、构造面(如断层面、节理面和劈理面等);按力学性质可分为压性结构面(也称挤压面)、张性结构面(也称张裂面)、扭性结构面(也称扭裂面)、压扭面和张扭面。结构面的特征包括性质、规模、产状、发育程度(组数、间距)、延伸长度、粗糙度、闭合程度、充填物和侧壁强度等。

结构面诱发的边坡破坏面为折线形,其对边坡稳定性的影响主要概括为以下四个方面。

(1)层面。层面影响边坡稳定性的主要问题就是顺层滑坡,由层面诱发的多为大型滑坡:一种是单斜岩体中的顺层滑动;另一种就是软弱岩层中近水平地层的大型岩土体滑动。

(2)构造面。构造面的力学性质与其发育特征有关,尤其是产状、发育程度、闭合程度和充填状态,决定其对边坡稳定性的影响程度。其一是顺坡向贯通发育结构面诱发边坡失稳;其二是共轭节理诱发岩质边坡楔形体破坏;其三是多组不利结构面组合,尤其是上部陡倾结构面、下部顺坡向中等角度倾斜结构面、两侧共轭结构面组合,极易诱发坡体失稳。

(3)软弱夹层。软弱夹层在岩层内呈连续分布和透镜体分布两类,后者对边坡稳定性影响较小。连续分布的软弱夹层呈陡倾状时,主要对坡体进行分割,影响边坡完整性,降低切割体与坡体基部的黏结荷载,从而降低边坡稳定性;另外,当软弱夹层在岩层中呈中等~缓倾倾角且与坡向相近或小角度斜交时,则易诱发依附于软弱夹层滑动的边坡失稳。

(4)结构面组合。边坡岩层内发育层面、构造面及软弱夹层等多种结构面时,边坡将沿着最不利组合面变形失稳,破坏规模逐渐向其他不利组合面发展,形成渐进式破坏。

5.水文地质

水文地质也是影响边坡稳定性的主要因素之一,其对边坡稳定性的影响分为地表水作用和地下水作用,地表水是地下水的主要补给途径之一,地下水是影响边坡稳定的主要因素。

(1)地表水

边坡地表水主要是冲刷、剥蚀、搬运作用,与流量、流速有关。上部汇水面积越大、排泄条件越差的边坡,受表水作用越强烈。地表水的作用主要有四种形式:一是地表水呈集中股流,直接对坡面形成冲刷,破坏表层绿化防护,引起坡表水土流失,坡面岩土体暴露;并掏蚀结构物基底岩土体致使结构物基底脱空,削弱其支挡加固效果。二是地表水漫流,浸泡并软化浅表岩土体,降低浅表岩土体强突;另外表水漫流增大坡面过水面积,延长排泄时间,大幅增加下渗量。三是坡顶低洼地带易形成积水坑,增大坡顶荷载,软化积水坑周边及下部岩土体强度,也加剧表水下渗量。四是坡表长期经受表水漫流或冲刷作用,将加速岩土体风化,并被地表水携带流失。

(2)地下水

地下水影响边坡稳定性体现在三个方面。

①降低岩土体强度。土质边坡饱水后,土体软化、强度降低,尤其是土体富含亲水性强烈的矿物,如高岭土、伊利石等,还会发生水化作用,强度大幅降低(据有关研究成果表明,最大

降幅达60%～70%)；岩质边坡浸水后一方面加剧风化作用，另一方面结构面强度也会显著降低。岩土体强度降低，削弱坡体抗滑力，降低了边坡稳定性，这一点是水文地质影响边坡稳定性的主要原因。

②抬高净水压力。地表水下渗进入坡体后，一般地下水径流距离大、排泄时间长，即坡体内地表补给量大于排泄量，导致坡体内地下水含量快速上升，地下水位迅速抬高，静水压力随之增大，导致坡体下滑力增大，降低边坡稳定性。静水压力的计算方法见图1-27和式(1-18)。

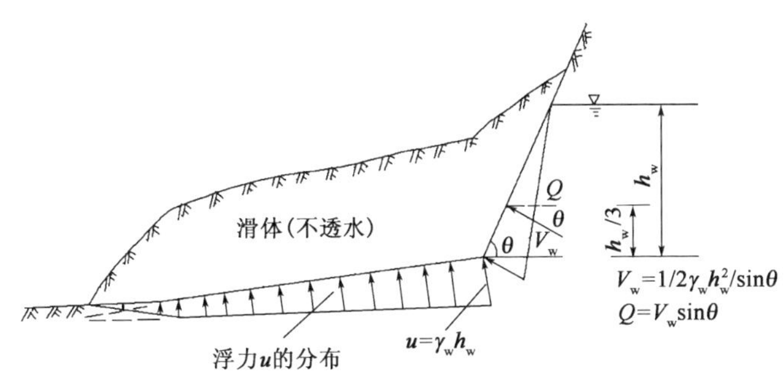

图1-27　坡体静水压力计算方法示意图

$$V_m = \frac{1}{2}\gamma_w h_w^2 / \sin\theta \tag{1-18}$$

式中：V_w——坡体内静水压力(kN/m)，作用于潜在滑面以上$\frac{1}{3}h_w$处；

γ_w——水的重度(kN/m³)；

h_w——边坡潜在滑面后缘处地下水位与滑面之间的高差(m)；

θ——边坡潜在后缘破裂面与水平面之间的夹角(°)。

③增大动水压力。地下水补给后在坡体内径流会形成动水压力，从而增大坡体下滑力，不利于边坡稳定。动水压力的大小为潜在变形体浸水体积的水沿地下水力坡度向出口移动所产生的水动压力，其计算方法见图1-28和式(1-19)。

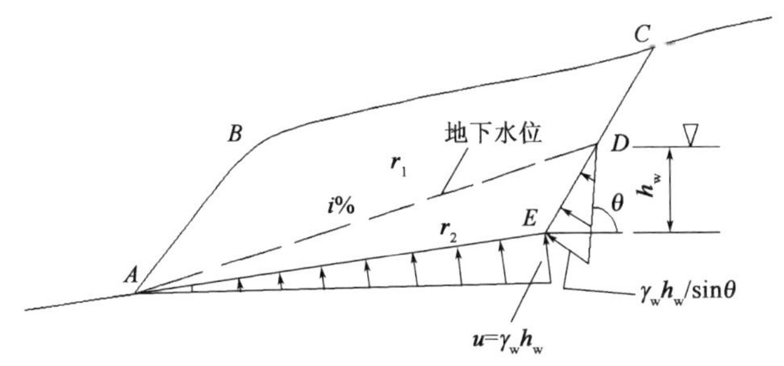

图1-28　坡体动水压力计算方法示意图

$$D_w = A_w \gamma_w i \tag{1-19}$$

式中：D_w——坡体内动水压力(kN/m)；

A_w——坡体潜在滑面与地下水位线之间包含的面积(m²)；

i——地下水水力坡度。

(二)人类工程活动

1. 坡体特征

工程边坡是对自然山体开挖后形成的切坡,其形态、规模与坡形坡率也对边坡稳定性有直接的影响。

(1)坡体形态

工程边坡坡体形态主要与公路平曲线有关,有些也与现场其他要求有关。坡体形态主要有直线坡、凸形坡、凹形坡、S形坡和折线坡五类。由于一般情况下边坡中间高、两侧低,故中间区域岩土体应力值更大。

直线坡或近似直线坡是工程界最普遍的坡体形态,断面方向上坡面临空,两侧岩土体正常黏结,中间区域高应力值也正常降低。凸形坡增大边坡临空面,且中间高应力区域临空面更大,坡面原有岩土体高应力值快速下降,综合表现为削弱坡体抗力。凹形坡也增大边坡临空面,但中间高应力区受两侧约束,故其高应力值降低幅度最小。折线坡不但增大边坡临空面,而且在转折点形成应力集中,故在转折点处岩土体原有应力降低幅度最大。S形坡则视所在区域坡形,其对边坡稳定性影响程度相应发生变化。

(2)坡高坡向

边坡高度对坡体稳定性的影响比较直观,显然边坡越高,其岩土体原有应力值越高,开挖形成临空面后,坡面岩土体水平应力值下降为0,故削弱边坡抗力幅度也越大,越不利于边坡稳定。

坡向对边坡的影响主要体现在其与岩层结构面的相互关系,坡向与层面或规模较大的贯通结构面倾向相同或相近,则不利于边坡稳定。这一点多利用在选线阶段,尽量将线路布置在山体与层面或大规模贯通结构面反向的一侧,避免诱发大范围顺层滑坡。

(3)坡形坡率

坡形坡率是影响工程边坡稳定性的一个重要因素,边坡坡率越陡,稳定性越差。理论上讲,当边坡足够缓,其坡度小于坡体岩土体内摩擦角时,边坡将处于稳定状态,然而,这种方案势必造成工程建设占用大量土体,浪费国土资源。故风化岩层边坡多采用能维持边坡临时稳定的坡率,长期稳定则借助工程措施提高其抗滑力。

工程边坡多采用台阶型,根据岩土体强度坡级高度多采用6m、8m、10m,极软弱岩也有采用4m(煤炭或全风化页岩),微风化则多采用12m、15m;平台多采用1~3m宽。但是,当边坡高度过大时,边坡中部合适位置采取6m宽以上的宽平台,可实现部分乃至全部卸荷的功能,显著提高边坡稳定性。

2. 工序、工艺不当

《公路路基设计规范》(JTG D30—2015)规定:"稳定性差的深路堑(土质挖方边坡高度大于20m或岩石挖方边坡高度大于30m的路堑)边坡应采用分层开挖、分层防护、坡脚预加固技术"。在工程实践中,部分地质条件复杂、稳定性差的边坡未能严格执行开挖与防护加固相匹配的工艺,连续开挖多级边坡,边坡防护加固工程尚未实施,导致开挖高度过大,边坡失稳(工程实例见图1-29)。

图1-29　边坡过度开挖引发失稳变形

3. 排水不及时

边坡开挖前没有实施坡顶截水沟或没有形成完善的截水系统,开挖过程中没有及时施作平台或坡脚排水沟,或者营运期排水系统开裂破坏后未能及时修复,致使表水从开挖后的裸露坡面漫流至开挖坡脚并形成积水坑,大量渗入开挖坡脚,降低边坡岩土体强度、软化坡脚,诱发边坡失稳(工程实例见图1-30)。

图1-30　边坡排水不及时引发坡体失稳

4. 工程方案不合理

由于地质勘察资料不全、边坡破坏模式分析不当或者对坡体岩土体工程性质掌握不透,致使工程措施与岩土体不适应或者结构尺寸不合适,如富水风化土层中大量采用预应力锚索,锚索锚固段未进入稳定地层,抗滑桩锚固段深入滑面以下深度不足等,工程无效或者随着时间推移逐渐失效,边坡将因抗滑力不足而变形失稳(图1-31)。

5. 工程质量缺陷

由于主观或客观原因导致工程质量存在缺陷,且未采取有效措施予以弥补,削弱工程支挡加固效果，如抗滑桩钢材用量不足或强度不足，挡墙强度不足或厚度不够，锚固工程长度不足、注浆不饱满等，均可能诱发边坡变形失稳（图1-32）。

图1-31 边坡支挡加固措施不合理导致变形失稳

图1-32 边坡工程质量缺陷

6. 工程措施实施进度错乱

边坡开挖后，防护加固工程实施进度缓慢，或者各工序之间脱节严重，如坡面绿化封闭迟迟不开工，锚固工程钻孔缓慢或者锚筋体制安后拖延几天才注浆，圬工基坑开挖后实施缓慢等，影响工程措施及时发挥封水、抗滑支挡作用，致使边坡变形失稳（图1-33）。

7. 工程措施覆盖范围不足

为节省与控制投资，因工程措施覆盖范围不足引发的局部变形失稳在实践中占有相当大的比例，工程实践中常见有三种形式：第一种是中间区域因稳定性计算未考虑边坡上部局部稳定性而导致未设置有效加固措施；第二种是中间区域中下部坡面因对岩层工程性质分析不当或潜在隐患认识不足，导致两侧支挡加固措施在该区域未布置；第三种则是支挡加固措施向边坡两侧区域延伸范围不够（图1-34）。

图 1-33　边坡加固措施滞后引发坡体变形

图 1-34　边坡加固工程覆盖范围不足引发边坡变形

8. 其他

在公路运营过程中，养护不及时、寻查不到位等也是诱发工程病害的主要原因，具体工程实践中还有一些不当措施也容易诱发边坡变形失稳，如坡脚掏土开挖，坡顶或平台堆载以及平台兼做重车临时通道，坡顶或坡脚附近修筑临时水池等，产生坡体地下水含量增大，岩土体软化、强度降低，坡脚软化，下滑力增大、抗滑力减小等效应，不利于边坡稳定（图 1-35）。

a)平台堆载

b)坡脚开挖

图 1-35　不当措施引发坡体变形

(三)自然营力

1. 大气降雨

大气降雨对边坡的破坏表现为两种方式:第一种是直接破坏,大气降雨形成地表径流,冲刷坡表,首先产生浅表破坏,在坡面形成沟壑,在表水不断作用下,坡表沟壑逐渐加深加宽,进而相互切割,导致边坡发生规模不一的滑塌。第二种是间接破坏,大气降雨导致大量表水下渗,对坡体产生不利影响。大气降雨常用一定时期内的降雨量(如年降雨量、某次连续降雨量等)和短时降雨强度(如24h降雨量、2h降雨量及30min降雨量等)两个指标进行量化。对边坡的影响还与坡顶汇水面积、排泄条件、坡顶地貌、坡体物质组成、坡形坡率、边坡排水能力等有关。

2. 地震

地震对边坡稳定性的影响主要是在地震横波和纵波作用下,导致边坡开裂、塌陷、岩土体强度降低、地下水压力增大,短时大幅降低边坡抗滑力,形成大规模突发性滑坡灾害。

地震作用引起土体内部孔隙水压力上升,一般地震历时几秒至几十秒,短时间内,地震产生水压力来不及消散,降低了土体中的有效应力。同时,土体含水率的增大还会削弱黏聚力 c 和内摩擦角 φ,从而降低土体抗剪强度。

水平地震力由地震横波引起,造成土体内部第三主应力降低,使得应力莫尔圆更接近破坏状,于玉贞等通过离心模型试验研究砂土边坡地震动力响应,取得成果为:在地震输入作用下,边坡的动力响应自下而上逐渐放大;边坡上部响应大于底部,靠近边坡斜面的响应大于内部。

竖向地震力由地震波中的纵波引起,竖向地震力增大了第一主应力,导致了土体强度的降低,造成土坡的失稳破坏。

3. 风化作用

自然界的风化作用对边坡的破坏作用也较强,对于风化速度极快的页岩、泥岩、板岩等软弱岩层在风化作用下,岩层快速风化成土状,强度急剧降低,严重影响边坡稳定性。边坡加固工程在自然条件下,随着时间的推移,因材料腐蚀、地下水引排通道阻塞等降低工程处治效果,也对边坡稳定性产生明显不利影响。边坡下部河流冲刷侵蚀、水库水位骤升骤降,溶蚀发育地带边坡坡体内地下溶洞持续发展,边坡侧坡崩塌、滑塌,以及破碎岩质边坡温度变化引起的裂隙发展等,都会对边坡稳定性产生一定影响。

Chapter 第二章 02

公路路堑边坡业主建设管理

第一节　业主在边坡工程管理中的位置及作用

一　业主管理职责

建设单位是指建筑工程的投资方或投资委托方,也称为业主单位或项目业主,是建设项目管理的主体,承担着实现投资、进度、安全、质量和绿色等管理目标的责任,也是协调勘察、设计、监理和施工方的指挥枢纽。业主单位在项目建设中的主要管理职责包括八个方面:

1. 投资控制

投资控制就是在建设工程项目的投资决策阶段、设计阶段、招标阶段、施工阶段以及竣工决算阶段,项目业主依据相关规定,把建设工程投资控制在批准的或既定的限额内,使建设工程投资成本在每一阶段都处于最合理状态,随时纠正发生的偏差,以保证在建设工程中合理使用人力、物力、财力,取得理想的投资效益、社会效益和项目投资管理目标的实现。

2. 安全管理

安全管理就是严格贯彻《建设工程安全生产法律法规》以及其他国家有关安全生产的法律、法规及规程,通过组建安全管理机构,建立安全管理体系,制定安全管理制度、安全管理保障措施和应急预案等,明确安全管理职责,落实"安全第一、预防为主、综合治理"的安全生产方针,实现安全生产目标。

3. 质量控制

项目业主遵循《建设工程质量管理条例》等相关标准规范,通过制定质量方针、建立质量目标和标准,并在工程项目生命周期内持续使用质量计划、质量控制、质量保证和质量改进等措施来落实质量方针的执行,确保质量目标的实现。建设工程质量管理主要包括质量管理组织机构和职责、质量控制标准和措施、质量工程保障措施和质量事故处理办法等,工程实践中,质量控制多采用 PDCA 循环法,即计划 Pian、实施(Do)、检查(Check)和处置(Action)四个阶段组成的循环。

4. 进度控制

建设工程项目进度控制是工程项目管理中投资、进度、质量三大控制要素中的主要控制因素。项目业主进度控制的任务是在充分调研评估的基础上,合理编制进度计划系统,并据此管控项目各阶段进度目标的实现,以及过程中的纠偏处理,以保证项目整体进度目标。

5. 绿色管理

项目业主绿色管理的目的是严格执行“绿水青山就是金山银山”的总体理念，结合《中华人民共和国环境保护法》《中华人民共和国环境影响评价法》《建设项目环境保护管理条例》《建设项目竣工环境保护验收管理办法》等法规文件，有效控制环境污染和生态破坏，保护环境资源，保障员工身体健康，促进社会经济的持续发展。工程上绿色管理多实行“三同时”管理制度——建设项目(包括新建、改建、扩建和技术改造等项目)中防治污染、生态保护的设施，应当与主体工程同时设计、同时施工、同时投产使用。

6. 合同管理

建设工程合同管理是对工程项目中相关合同的策划、签订、履行、变更、索赔和争议的管理。项目业主应依法制定合规合同规范文本，明确合同内容、适用范围、各方责任与义务、变更与违约处理等，加强合同管理工作对于承包商以及业主都具有重要的意义。有效的合同管理是促进参与工程建设各方全面履行合同约定的义务，确保建设目标实现(质量、投资、工期等)的重要手段。

7. 信息管理

信息管理是指在建设工程项目管理中，充分利用新技术、大数据平台和先进通信技术，项目业主在各个阶段广泛应用信息技术、开发信息资源，以促进建设工程项目管理水平不断提高的过程。信息管理包括法律、法规和部门规章信息、自然条件信息、工程总体信息、施工信息和项目管理信息等的收集、编制、应用和归档。项目信息化的特征主要有信息收集自动化、信息存储电子化、信息交换网络化、信息检索工具化和信息利用科学化。项目管理信息化的意义表现为可以加快项目信息交流的速度、实现项目信息共享和协同工作、实现项目信息的及时采集、项目信息海量存储和分析、促进项目风险管理水平的提高等。

8. 组织协调

项目业主是项目建设管理的主体责任单位，也是参加各方的核心纽带，为保障各项工作顺利推进，不仅协调内部参建各单位、还要协调各上级主管部门与地方有关单位，及时掌握行业动态与行业要求，明确各方责权利，协调各方的积极性，调动并发挥各方力量，及时有效处理各种问题，对于工程建设目标的实现具有重要的保障性作用。项目业主的组织内部协调主要依据合同展开，采用的方法主要有会议协调法、交谈协调法、书面协调法、访问协调法和情况介绍法等。

二　业主对于边坡工程管理的目的与任务

边坡工程是以工程地质和水文地质为基础，通过岩土工程与结构工程等紧密结合的复杂系统，具有复杂性、隐蔽性和不确定性。大量工程实践证明，边坡工程的成功与否不仅与技术工作的质量密切相关，更与项目业主技术管理的成效息息相关，一般情况下，业主重视了，质量就会保证，业主不重视，质量很难保证。业主管理的重点体现在以下六个方面。

(1)合规性。边坡工程的现场实物工作和室内技术工作的依据、程序、方法与成果符合国家标准、规范、规程以及行业和地方补充规定,更要与设计相符。在这一方面,更注重工序与工艺的合规性,包括工序验收与检查,工艺方法等要求必须与设计相符,是管理的重点。

(2)完整性。边坡工程包括前期地质勘察、设计以及建设施工、营运维养,每个阶段都应按工作计划完成全部实物工作,形成规范的完整阶段性技术成果,设计基础资料(特别是地质与试验资料的真实性)的齐全与完整是方案保证的前提,尤其是高边坡要达到一坡一图深度,并在此基础上形成边坡工程全过程成果的完整性。

(3)专业性。目前有关边坡工程的标准、规范、规程以及补充规定难以全部覆盖边坡个性特征,而且勘察设计人员与施工技术人员在技术素养上也存在差异,需要业主方正确选择、调用合格的专业技术人员,并制定科学的程序、专业的方法,开展边坡的相关技术工作。

(4)合理性。边坡工程设计方案的影响因素较多,包括客观的场区地形地貌、地质条件、气象,主观的线路平纵位置、材料工艺等,一般具有几套可行方案,业主方应在充分考虑稳定性、耐久性、经济性、可行性以及生态协调性的基础上,综合比选确定方案。合理性中还同时包含了工期、造价、安全等因素。

(5)系统性。边坡工程自勘察设计、施工到营运管养,涉及专业多,从业人员复杂,经历周期长,而且过程中往往还会多次出现问题,为了保证边坡全周期技术工作的连续性,提高应对问题的科学性,业主方应建立规范的程序,保证边坡工程技术工作的系统性。

(6)及时性。边坡特别是重点边坡与不稳定边坡,工序验收、监测、处治、养护的及时性是保证边坡稳定与安全的前提,所有边坡工作相关人员特别是业主管理人员应重视,人员及时到位、及时传达与处理相关信息、及时提交相关成果、及时完成相关工程、及时排水等,都是边坡处治的关键环节。

为了实现工程建设项目的各项目标,项目业主需要在工程建设各个阶段采取有力措施,保证工程措施到位,保证工程质量。重点是组织措施、管理措施、经济措施、技术措施,其中最重要的是组织措施,最基础的是技术措施。技术措施贯穿于工程项目建设全过程,对建设项目投资、进度、安全、质量和绿色五大目标均有着直接的决定性作用。项目业主在技术管理工作中具有主导地位,在边坡技术管理方面承担的任务主要包括技术资料的审查、技术方案的变更、技术问题的处理和技术工作的总结四个方面。

(1)技术资料的审查。勘察设计阶段的地质调绘、初测初勘外业验收、定测详勘报告、施工图设计等技术文件的审查前,应由项目业主自行组织内部审查(特别是地质与边坡相关资料),再由相关职能管理部门审查。技术资料的审查一般采取专家评审会形式实施,充分利用外部邀请专家的专业技术和工程经验,排查潜在问题,降低风险,优化方案。

(2)技术方案的变更。由于地质、总体、专业能力等各种因素的制约,公路边坡在施工期间会发生变更,需要项目业主根据变更规模对应的管理权限分级组织评审会、合理确定技术方案。技术方案的重点是把握基础资料是否翔实、变更依据是否充分、理论分析是否正确、变更方案是否合理,从而实现对技术方案变更的全面管控。

(3)技术问题的处理。在工程项目建设各阶段,都会出现不同的技术问题,作为管理核心方,项目业主需要及时对出现的问题进行调查分析、科学处理,否则不但影响工作效率,而且可能引发较大的安全质量问题或经济损失。技术问题处理可根据问题复杂程度,采取专题会形式，也可内部讨论决策。

(4)技术工作的总结。在项目建设每一阶段以及全部竣工结束后，项目业主应及时组织参加各方开展阶段总结或竣工总结，对阶段工作或整个项目的建设过程进行问题剖析，总结经验，并深刻反思，提出合理化建议，形成系统的技术总结资料，便于为项目的营运管理提供依据，也为其他类似工程项目提供有益的参考指导。技术总结一般应包括文字材料、设计图件以及现场影像资料，分别以纸质文件和电子文件存档。

三 业主技术管理要求

真实性、全面性、客观性、科学性是技术工作的生命。项目业主在建设全过程中，通过规范并加强技术管理工作，提升项目技术精确性，可在技术方案的合理性和经济性、风险评估和可控性、现场工作的可行性和安全性等方面起到显著的提升作用，也为项目的顺利实施奠定良好的基础。概括起来，项目业主技术管理的作用表现在以下几个方面：

1. 技术工作的规范性

项目业主在工程建设项目的各阶段，依据相关法律法规、标准规范以及规程规定的要求，结合实际情况，通过管理制度，将强制性条文贯彻落实并加以细化，运用到项目建设各阶段参建各方的技术管理，从而规范技术工作，也是提升项目建设管理整体效率的前提。

2. 技术资料的真实性

公路边坡大量的基础技术资料来自现场实物工作，如地质调绘、勘探、物探、试验等，项目业主通过过程监督，加强对技术资料信息源头的管控，并在相关技术分析工作中严格把关，务求立足基础资料的全面、真实应用，从而一方面保证了基础资料的真实性，另一方面也确保了项目技术工程真实才用了基础资料。

3. 技术方案的精确性

公路边坡的设计方案具有多样性，不同的专业技术人员可能提供不同的设计方案，另外，对现场实际情况了解程度和基础资料分析是否全面客观，直接影响设计方案的质量。项目业主通过组织相关技术专家或专业技术人员开展评审会、专题会等专业研讨工作，对现场调查、机理分析、方案对策方面进行全面审查或评审，紧密立足实际，博采众家之长，从可靠性、经济性、可行性和协调性等方面综合比较并予以完善，提高了技术方案的针对性和精确性。

4. 技术问题处理的科学性

在项目建设过程中，会遇到各种技术问题，如地质差异、坡体变形、施工困难等，若不及时处理，不但耽误工期，甚至可能诱发安全、质量事故，造成经济损失。项目业主基于项目建设的规范管理和相关信息的综合评判，必要时借助外部专业技术人员的力量，可在全面、专业、客观的前提下研究制定技术问题的处理方法，有效弥补其他参加单位建议意见的局限性，为技术问题处理的科学性提供有力的保障。

5. 技术创新的先进性

工程实践是推动技术创新的主要源泉和动力，项目业主在完善方案、解决技术问题的过程中，通过多种渠道了解专业领域最新技术成果，并在此基础上改进完善，不断推广新技术、新材料、新结构和新工艺的实践应用，形成创新成果，在提高项目技术工作质量的同时，也实现了技术创新的先进性。

6. 技术风险的可控性

工程建设项目的技术风险贯穿于全过程，重点是工程设计文件、工程施工方案、工程物资和工程机械等方面。项目业主运用技术纠偏措施的关键是两个方面，一是能提出多个不同的技术方案；二是对不同的技术方案进行技术经济分析。项目业主在工程建设各个阶段全程深入参与，全面把握各阶段工作中的不足之处，一方面在下阶段的工作中及时解决，另一方面形成重点跟踪技术专题，在施工阶段动态解决，从而实现了对技术风险的全面主动掌控，有效防范技术风险可能引发的事故，也为保证工程项目的顺利建设提供强有力的支持和保障。

7. 技术成果的系统性

工程项目的建设全过程都离不开技术工作，项目业主在项目建设的各阶段，指导、督促参加各方按照规范要求，及时编制、汇集技术资料，然后按照规定程序进行评审、验收、归档技术资料。

项目业主的核心纽带地位和严格规范技术管理，可充分保证工程建设项目技术成果的真实、准确、齐全、系统。

第二节　业主管理的方法与措施

项目业主是工程项目管理的核心，按照项目参建各方的职责范围，分工负责，并监督、检验各方完成情况。技术管理系统是工程项目全面管理系统中一个重要分支，其管理结构也有三种：第一种是传统的点对点结构，即管理结构各责任人对各部门或各参建单位发出指令，这种结构可能导致每一个部门或单位收到多个指令源，有时会影响指令执行效果。第二种是线性结构，即按分管权限建立逐级管理系统，这种结构每个部门或单位只有一个指令源，但指令路径过长，时效性不佳。第三种是矩阵结构，这是近年来使用较多的管理结构，根据职责分工设纵向和横向部门，指令源两个，可有效提高工作效率，加快各项技术指令贯彻落实。

业主技术管理工作的主要任务，是运用管理的职能与科学的方法，去促进技术工作的开展与落实，在工程项目建设的全过程中严格按照既定的技术政策、法规和上级主管部门有关技术工作的指标与决定，科学地组织各项技术工作，建立良好的技术秩序，保证整个项目建设过程符合技术规范、规程，符合专业技术科学化、客观化的要求，以高质量实现项目建设的目标。从而使技术与经济、质量与进度、生产与技术达到辩证的统一。

技术管理作用突出表现为两个方面，一是保证工程项目建设能规范、科学、专业化要求，确保各参建单位各项工作按计划开展；二是提高工作人员技术工作效率，提前有效防范各种风险，确保安全生产，保证项目建设质量，并可降低工程成本，提高经济效益和社会效益。

公路边坡技术管理包括基本管理架构和过程专业化管理。基本管理架构主要是技术管理程序的确定，参考项目建设阶段划分标准，边坡工程过程专业化管理可分为勘察设计管理和施工管理以及养护管理（由于篇幅所限，养护管理未列入本书内容）。

一 技术管理程序

技术管理程序是明确技术管理制度执行的途径，应在技术管理制度中予以完善。建设一套有条不紊、分工明确、职责清晰的技术管理程序，是技术管理制度能否贯彻执行的基石，也是项目建设有序推进的有力保障。工程建设项目业主技术管理程序涵盖建设方、勘察设计方、监理方、施工方以及其他参建单位，主要由技术准备、技术实施和成果整理三大阶段相关程序组成。技术准备包括制定技术管理制度、明确技术标准和确定技术工作方案三项工作，技术实施包括技术监督、技术变更和技术问题处理三个方面，成果整理则主要由技术资料整理验收和档案管理两大板块。

（1）制定管理制度。主要是明确边坡管理各方工作范围、工作内容、工作目标、工作期限、工作职责，重点明确工序验收管理并明确相关质量与时间要求，同时明确权力与职责，并在各方进场后开展工作前以文件下发，作为重要的技术工作依据。原则上所有技术管理制度应在一定范围内征求反馈意见、集体讨论、修改完善后才能发布。

（2）明确技术标准。就是依据边坡工程建设要求，在各项工作开工前明确各阶段技术标准与要求、检测方法、质量目标等，由此明确后续各项工作的技术要求，确保工程按照预期目标整体推进。

（3）工作方案的编制与评审。一般技术工作方案由承担单位负责完成，如业主单位负责项目技术管理指南、勘察设计单位负责勘察设计工作大纲与专项勘察方案、监理单位负责完成监理工作规划和大纲、施工单位负责完成施工组织设计等，经内部审核审定后，再由业主方组织相应的审查会进行评审验收。只有经过有效评审验收的技术方案才具有效力，并作为具体技术工作开展的依据。

（4）技术监督管理。就是在项目建设的各个阶段，由相关技术管理责任人监督、检查工程所有技术工作是否严格依照规范规程和管理制度开展，对不符合要求行为或成果的及时督促改正，确保技术线路的严格执行和技术目标的实现。

（5）技术变更管理。由于地质的复杂性，在边坡工程建设实施过程中，有时会出现各种无法预见的偏差，从而引起方案变更。项目业主对变更的管理，重在检查基础工作是否真实、全面，变更依据是否充分，变更分析是否正确，变更方案是否合理，变更手续是否完善等，通过对技术变更实施系统性的管理，尽力提升变更质量。

（6）技术问题处理。针对项目建设过程中出现的各类技术问题，项目业主应理清各方职责，分清各方任务，组织相关参建方，从方案、材料、结构、工艺、资源等方面综合考虑，尽快完成问题处理方案和措施，及早有效解决问题。

(7)成果管理。技术管理成果包括实物和资料,是最终评定工程项目的依据。实物形式的有测量控制桩、钻探岩芯及工程实体,实物完成后应明确责任人,加强保护,并形成影像资料。技术资料种类繁多,各参建单位均需按照职责分工完成相应的技术资料的整理工作,所有技术资料应有有效的签证盖章,否则无效。技术资料应与项目建设实体工作同步完成,严禁提前编制虚假资料或事后补充资料。每一工序工作完成后,都应及时将完整、准确、系统的技术文件资料按类别进行整理、类存档,满足档案管理要求。

二 勘察设计管理

边坡工程勘察设计是源头,也是整个边坡生命周期的关键环节,关系到边坡工程的安全、造价和景观。在因果关系上,勘察成果决定设计准确度,而设计方案又指导勘察工作。项目业主边坡工程勘察设计管理是一个复杂的系统工程,具有全局化、系统化、专业化特性,需要建立管理机构,制定管理制度,明确管理程序,调动各方资源,规范工作行为,审核成果质量,切实提高并保证边坡工程勘察设计质量。

勘察设计工作是设计单位的事,而对设计单位的管理与要求则是业主的事,不同的管理与不同的要求,设计单位提交的设计成果肯定是不一样的。

1.明确目标,创新理念

项目初期,立足科技进步水平和国内外公路建设先进技术、成功经验,结合公路整体项目的建设理念,明确边坡工程的建设目标,如安全目标、经济目标、进度目标、绿色目标等,进而确立边坡工程的设计理念。在科技、经济等快速发展的支撑下,边坡工程当前比较先进的理念中有信息化、智能化、绿色环保、美丽、安全等内容。

如:信息化与智能化就是夯建信息平台,及时更新信息,科学利用与分析数据,高效得到合理的结果,并及时制定对策与快速执行。边坡工程兼具复杂多变性和隐蔽性,当前的勘察技术难以全面查清坡体地质条件,势必影响设计方案,为此,信息收集的全面性与更新的及时性、分析的科学性等具有重要地位。

边坡工程信息化与智能化管理具体表现为四个阶段。首先是掌握国内外边坡理论新成果与建设新技术,解决复杂问题的先进方法等。第二是全面分析拟建项目边坡工程的特点,如地形、工程地质与水文地质条件、沿线建筑与历史、自然资源等,合理选定边坡工程基础信息的采集与分析处理,包括地质调查、勘察成果等信息的采集、整理、分析、应用,边坡破坏模式分析、稳定性计算,工程措施的布置范围、结构设计等,最终确定边坡方案。第三是在施工管理阶段采用信息化管理,包括自动监测、施工信息录入统计等,及时采集、分析新信息,动态采取对策。第四是养护阶段信息与智能化,在确保完善各建设阶段信息收集、分析、运用的基础上,根据边坡工程的使用情况及时完善养护工程。

再如:绿色的核心就是环保、生态协调。边坡工程应全过程贯彻绿色理念,业主重点从合理性、经济性、协调性三个方面加强管理。合理性的管理范围包括边坡规模与数量合理、坡形坡率设计合理、防护加固措施得当以及土石方基本平衡等。经济性是边坡的坡形坡率与防护加固设计方案应综合比选优化，达到最佳经济性。协调性的管理范围则有景观协调性、土石方利用协调性、水土保持协调性以及建筑材料供应与运输的便利性、施工工艺的便捷性等。

2. 加强地质选线

公路工程初步设计阶段的主要任务之一就是选择线路走廊带，多因素多方案综合比选后合理确定线位。公路选线的控制要素很多，其中有一条是地质选线，但近些年来这方面有弱化的趋势，变成了口号，当然也付出了代价。我们这里从边坡工程的角度讲，在公路设计阶段要切实加强地质选线工作，尽量减少因地质基础薄弱引起的工程病害和引起工期延长、造价增高。

在地质选线环节的技术管理包括大型不良地质排查和沿线工程地质特性评估。首先，通过开展沿线地质调查和专项勘察，排查大型古(老)滑坡、堆积体、错落体和大范围岩溶等大规模不良地质体，经验证后应合理绕避。其次，边坡工程还应尽量避免通过大范围易滑地层，尤其是煤系地层、岩层顺层和区域构造带，有条件的应坚决绕避，实在困难的也应尽量减少边坡高度和范围。第三，边坡工程应结合公路整体设计，尽量减少高填深挖规模，避免边坡工程引发次生灾害。

3. 引入专业单位提升技术水平

边坡工程特有的复杂性和差异性，当前相关规范难以全面覆盖，而且公路勘察设计技术人员自身也存在差异性，为提高边坡勘察设计质量，宜引入专业单位，自初步设计开始，系统性开展边坡技术咨询与地勘监理工作。

边坡技术咨询工作主要任务，一是复核必要的地质调绘，复核并完善边坡勘察方案，客观评估边坡地质条件，排查大型不良地质，协助做好地质选线工作；二是比选边坡设计方案，包括边坡工程坡形坡率与防护加固方案比选等。

地勘监理的主要任务则是监督、保证勘察单位严格按照规范和工作大纲要求完成地质勘察工作，提交可靠的试验资料，协调勘察过程中出现的问题，审核地质勘察成果，确保边坡地质勘察工作质量。

边坡工程技术咨询与地勘监理既可合并实施，也可独立开展。

4. 落实施工图阶段工点审查

业主方在施工图审查阶段应严格边坡工程工点审查管理。一般情况下，除了高边坡应按一坡一图进行工点设计外，对于不良地质或地质条件极差的工点，如堆积体、煤系地层、高液限土等地带的普通边坡，以及周边有重要建(构)筑物的边坡(如坡顶附近有建筑物，隧道进出口边坡)等，还有高陡山体下部切坡的边坡，也宜按照工点设计要求进行一坡一图设计。

专业咨询单位基于边坡设计资料，按并行设计的标准逐坡初审，包括边坡潜在破坏模式和变形规模复核、坡形坡率优化、稳定性分析计算与防护加固方案比选等，提出咨询建议，形成咨询报告。然后由业主单位组织召开边坡工程专题评审会，邀请不少于 3 名行业知名专家，对咨询报告逐个工点进行评审，提出评审意见，然后根据评审意见修编咨询报告，设计单位再根据修编后的咨询报告修编设计资料，达到提升边坡设计成果质量的目的。

5. 强化边坡工程勘察设计细节管理

边坡工程勘察方面，重点控制地质调绘范围、地质调查点数量和分布、线位偏离后的补充勘察、勘探断面数量、位置以及勘察孔的布置等，尤其是对于复杂场地未完成的勘探孔，应在具备条件时尽快补充探勘，并对勘察成果进行分析，复核设计资料，必要时及时进行设计变更。

边坡工程设计方面，一是加强理论基础管理，包括滑面形态分析、滑面岩土参数选取，以及稳定性计算结果与临近既有边坡工程的工程类比分析等；二是检查方案比选的全面性，重点核查边坡工程大挖方、陡坡强加固与正常刷方、合理防护加固相结合的多种方案比选等；三是加强边坡排水工程设计的管理，地表排水系统的畅通性与泄洪性能，以及地下水引排设施的形式、布置方式等；四是确保坡表绿化防护的协调性与耐久性，绿化防护的结构类型、物种选择与环境的适应性等。

对于公路边坡勘察设计以及变更管理，业主重点监管现场工作实施和审查技术成果，根据边坡建设流程，边坡的勘察设计与动态变更管理中，业主需重点审核（检查）内容如下：

一是加强边坡实地调查与记录，确保勘察设计单位在调查范围、调查内容、调查手段和调查记录方面达到要求。

二是力求勘察方案合理，包括勘察范围、勘察手段、勘察断面、勘探孔位及孔深等，达到基本摸清边坡地质条件的要求。

三是监督勘察工作按照批复方案如实实施，从而保证勘察工作的完整性和真实性；另外，根据中间勘察信息，必要时应及时调整、完善勘察方案并在现场实施完成。

四是审查勘察成果是否真实、齐全、客观，勘察资料整理是否规范，以便为设计提供翔实的地质基础资料。

五是审查设计方案是否合理，应根据项目规模和复杂程度，合理采取内审和专家评审会方式开展，从边坡变形机理、岩土力学指标选取、稳定性分析计算、方案设计工程结构甚至可靠性、经济性、可操作性等方面综合考虑，认真收集、分析专家意见，因地制宜，科学决策。

三 施工管理

边坡工程施工是设计意图的体现过程，也是技术管理最为复杂的阶段，主要包括施工准备阶段管理和施工过程管理。

1. 施工准备阶段管理

业主方在边坡工程施工准备阶段的技术管理工作是基础工作，对于规范技术管理程序、贯彻设计意图、顺利推进边坡建设具有重要意义。首先建议业主完善边坡施工管理的相关制度与方法，特别是明确权力与职责，而其他具体工作内容主要体现在以下几个方面：

一是建立边坡管理台账，根据各边坡的风险等级和复杂程度，划分管理等级，制定分类管理对策，跟踪边坡动态情况，实现对边坡工程施工的系统管理。

二是开展边坡补充勘察，对勘察设计阶段未完成的勘探任务，指导、监督勘察单位及时组织开展补勘工作，并根据勘察成果，督促设计单位复核边坡设计。

三是实施地形复测，组织设计、施工单位交接测量控制桩，监督施工单位开展地形复测，并对地形明显存在差异的工点，要求设计单位及时进行设计修编。

四是督导技术交底，督导设计、监理和施工单位召开设计技术交底会议，既让边坡参建单位明白设计意图和技术要求，也督促设计单位对设计资料不完善之处进行更正。

五是督导相关单位开展边坡安全风险评估工作，完成边坡安全风险等级划分工作。

六是督导完成施工组织审查，明确边坡施工技术线路和施工工艺，保障边坡安全顺利施工，保证工程质量。

2. 施工过程管理

边坡工程施工过程技术管理是一个漫长而复杂的系统，总体上，业主应以专业技术为支撑，融入管理的全局性与前瞻性，在严格执行批复的施工组织设计的同时，还需制定各工序验收方法及标准，更应及时处理现场各种突发问题。

(1) 严格按照经审查的施工图方案和施工组织开展施工。业主代表和监理工程师采取旁站、巡检、抽检等方式，监督施工方严格按图施工、规范施工，及时发现并纠正不当行为，尽量避免因工序、工艺不当引发边坡变形病害问题。

(2) 实行边坡工程首件验收制度。分别对土质及类土质边坡、岩质边坡的开挖、不同防护加固类型进行首件验收。首件验收由监理单位组织，业主参与，明确管理程序、施工工序、施工工艺、质量标准和监管措施等，形成规范的技术指南并在全项目范围内推广使用。

(3) 紧跟现场实施进度，及时更新边坡动态管理台账。通过边坡台账系统性信息化管理，业主可清晰所有边坡当前进度、下部计划、现场困难以及技术问题，便于面向实际有效解决问题，比对工作计划目标，及时纠偏。

(4) 关键工序与重点工艺管控。一是地质条件较差、地形复杂、周边分布有重要建(构)筑物以及边坡自稳性较差的边坡，严格执行开挖一级、防护一级的原则。二是严格落实“排水先行”施工理念，地表排水系统务必与边坡开挖同步实施，加强施工过程临时排水设施。三是严控第一级边坡开挖条件许可制度，第一级边坡开挖对整个边坡的稳定性影响程度最高，破坏性也最大，对于稳定性差或危害性大的重点复杂边坡，必须在全部完成上部防护加固主体工程并待其发挥效果后，方可开挖第一级边坡。四是加强岩质边坡爆破工艺管理，严控单次爆破当量和单孔用药量，尽量避免大规模爆破，实在无法避免时，也应在充分论证、确保安全的基础上，单孔用药量不能超过200kg。五是强化抗滑桩施工安全管理，重点检查井口截排水是否完善，井口保护以及升降装置是否稳定可靠，施工设备是否检验标定、性能是否稳定，开工前是否检测井内有害气体，护壁是否存在开裂变形现象，井内支撑是否有松动现象，是否超前探测井内地下水，井内抽水设施是否准备充分等。

(5) 加强隐蔽工程质量管控。边坡加固工程多为隐蔽工程，如抗滑桩、预应力锚索(杆)、微型桩或钢花管注浆等，可采取新工艺、过程监督、仪器检测等方法，加强施工质量管理，提高质量水平。如抗滑桩一般采取埋管声测和应变检测的方法检测桩身完整性，防止断桩事故，桩身长度与混凝土强度可采取钻孔抽芯法。注浆可采用流量计或智能注浆泵实时监测注浆压力和注浆量。预应力锚索(杆)、微型桩或钢花管注浆长度可采用锚索(杆)质量检测仪，通过小应变进行检测。

(6) 加强边坡安全巡查与监测管理。边坡施工过程中，根据边坡规模和风险等级，采取常规安全巡查与专业监测相结合的方法进行安全管控。对于风险等级为Ⅰ、Ⅱ级的边坡，多采取人工巡查与简易观测;对于风险等级为Ⅲ级及以上的边坡,应采取专业监测与人工巡查相结合的方法。人工安全巡查范围顶部一般情况下应延伸至坡顶以上15m,当坡体顶部开裂变形后,还应延伸至自然山顶或连续长陡坡地带,两侧应越过工程边坡侧界5~10m或到达自然沟谷中心,下部一般为开挖面,特殊情况还应巡查至路基对侧坡顶。人工巡查的项目主要是地表、坡面和平台的变形情况,以及圬工结构的损伤与变形情况。专业监测的内容主要有地表位移和沉降、坡体深部位移、地下水位、锚索应力、结构内力和土压力等。

边坡安全监测能及时掌握边坡变形情况,提前预警,是保障安全施工的前提。业主对边坡监测的管控,一是审查监测方案的合理性,包括工点选择、监测项目、监测断面布置、监测点设置、监测频率及应急方案等;二是加强过程监督,确保监测工作按要求真实实施;三是全面掌握监测成果,及时调查分析监测预警信息,并采取有效应对措施,消除报警,保障边坡施工顺利进行。

(7)及时完善信息化施工与动态变更。信息化施工与设计动态变更是应对边坡复杂多变性、隐蔽性的有效对策,是大量边坡建设成功经验的总结。边坡施工动态信息主要包括开挖坡面揭示的工程地质和水文地质条件、边坡开挖与防护加固进度、排水设施完成状况以及现场施工质量水平等。边坡施工动态信息的采集周期一般不大于7d,并在每开挖完成一级边坡时完成信息采集工作,特殊情况下,如监测预警、边坡变形等,应立即进行现场调查、信息采集。

动态变更是在全面、客观、科学分析施工信息的基础上开展的应对策略。通常情况下,启动动态变更的条件包括:一是实际揭露的坡体地质条件与设计资料差异较大,明显改变边坡稳定性;二是边坡发生整体或局部变形;三是监测预警;四是施工条件或施工环境发生变化等。动态变更一般由业主发出通知,设计单位或专业咨询单位牵头执行。具体实施程序为,首先是设计单位或专业咨询单位在现场调查的基础上,必要时应开展补充勘察工作,进一步查清坡体工程地质与水文地质条件,然后结合补勘成果、变形特征和监测数据,科学分析边坡潜在病害性质、规模及其作用机理,提交动态设计变更方案;第二步是业主方按照变更权限,由对应管理部门组织召开变更方案评审会,形成评审意见;最后由设计单位根据评审意见修编、完善动态变更设计,交付施工单位组织实施。

四 技术创新

边坡工程建设是一个多专业交叉、空间和时间跨度都很大的一个系统工程,在项目建设过程中,项目业主应注重技术水平提升,推动技术发展,通过不断解决技术难题,一方面不断实践新技术,另一方面又不断推动技术进步。当今社会正处于信息大爆炸、多学科交叉、科技快速进步的时期,新技术、新结构、新工艺和新材料不断推陈出新,也对项目业主的技术管理工作提出更高的要求。专业技术素质的提升应着重注意四个方面:一是学习并熟练掌握现行技术规范;二是学习先进的技术管理经验;三是鼓励技术创新,从工程实践中激发创新灵感,并及时将可靠的创新成果应用到实践中去;四是加强技术资料的搜集和管理,及时总结经验教训。

推动技术工作有序发展,还需对技术人员进行培训、锻炼,真正实现人在项目上,心在技术上,及时发现问题、解决问题,应做到以下几点:一是做到脑勤。要做好技术管理工作,就必须勤于思考,善于总结分析,将书面技术资料与现场紧密结合,增强技术适应性。二是要做到腿勤。技术人员的工作和现场是密不可分的，要勤跑现场，深入调查，随时掌握现场实际情况，及时分析和判断潜在问题，并尽快制定预防和纠正措施，做到防微杜渐，把技术风险消灭在萌芽之中。三是要做到嘴勤。技术人员的专业技术素质参差不齐，对技术的理解都有各自的不同之处，要在工作中勤于请教，多方交流，取长补短，提升技术工作的全面性。四是要做到手勤。对于一些复杂的技术问题，要勤于查阅资料，勤于动手分析，并勤于记录成果，从而有利于快速提升自己的专业素质，也有助于现场技术工作的处理。

技术创新的形式多种多样，主要有以下几种：一是新技术的引进、试验研究与实践；二是工程实践中的新结构、新工艺改进；三是新材料的试验与应用；四是基础理论的创新、实践与完善。项目业主应及时督促相关参建方整理创新成果，形成知识产权，不断提升项目自身的技术品质，也可为行业进步作出贡献。

公路边坡工程项目业主技术管理流程图见图2-1。

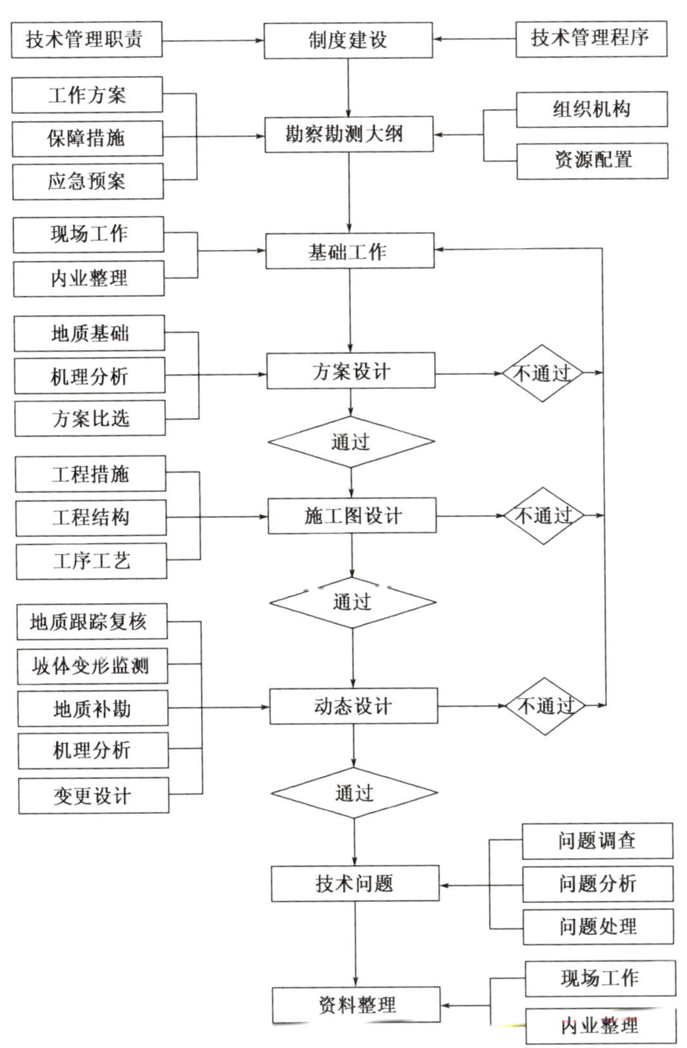

图2-1　公路边坡工程项目业主技术管理流程图

第三节　公路边坡重点环节管理

公路边坡与公路整体相互影响，一方面受线位线型控制，同时又对线位线型具有重要影响作用，另外还与桥梁、隧道在一定程度上相互代替。决定边坡设计的是总体设计，公路线位、线型对边坡的设计方案具有控制性作用，线位决定边坡位置，线型控制坡脚高程，对边坡坡体规模起到控制性作用。总之，从边坡工程角度讲，没有边坡最优，小边坡、稳定边坡为上，高边坡为差，特殊地质的高边坡最差。

为此，精心设计的总体线路包括平面和纵面线型，对于优化边坡方案具有重大意义。其次，高边坡也反作用于线路，占用土地指标、土石方平衡、边坡工程造价等因素对线路设计产生较大影响，尤其是一些大规模不良地质体，修建边坡可能导致大规模滑坡病害，大多需要线路绕避。第三，在一些地形地质复杂区段，高填方路堤与桥梁、深路堑与隧道方案之间会各有优劣，需充分比较后才能确定。

边坡建设的技术管理应在遵循安全、耐久、生态、经济、美观的前提下，重点把握系统化、专业化、全周期的特性。系统性包括两个层次，一是公路边坡应有机融入线路整体系统，设计理念、风格应与主体一致，在确保边坡稳定安全的前提下，与前后区段、周边环境和谐过渡；另外路堑各项技术工作应组成完整的系统，即现场调查、勘察工作支撑设计工作，设计工作指导施工工作，施工工作反馈于设计与管理工作，最终形成合格乃至优质的边坡工程产品。

专业化是公路边坡最重要的特性，决定边坡工程的成败与质量，包括以下三个方面：一是专业基础知识，从事公路边坡勘察设计与评估咨询工作的技术人员，应有扎实的工程地质、岩土工程和工程结构等专业知识，其余管理、施工人员也应有一定的专业基础和工程经验；二是专业调查与分析能力，从事公路边坡工程的技术人员，均应有现场调查能力，身处现场，需要明白调查目的、任务和方法，调查哪里，调查什么，怎么调查，并能根据调查结果形成初步分析判断，一般初步判断存在多种可能性，需要依据后续工作进行排除或论证；三是专业应用能力，即如何根据环境、地质甚至变形等相关资料分析边坡潜在破坏模式、变形机理和稳定状态，由此提出有效的可能方案，并了解各种方案的优劣特性，而且还能查清现场问题的本质，制定有效的解决方案。

公路边坡的全周期技术管理是技术工作连续性的保障，尤其对那些不良地质发育或地质条件复杂多变区段的边坡，前期勘察工作很难全面查清坡体地质条件，在一定程度上影响设计，需要自勘察设计阶段开始，对该类重要工点针对性建立全生命周期技术工作纲要，指导并加强过程跟踪与执行，结合边坡开挖揭示的地质条件动态调整、完善设计方案，实现边坡安全稳定、经济合理的目标。

在公路边坡建设过程中，项目业主技术管理工作应超前谋划，统筹安排，专项专管，充分调动勘察设计单位技术资源，借鉴专业单位及外围专家技术优势，监督施工单位落实设计意图，重点管理以下几个关键环节。

1. 勘察设计技术管理

勘察设计是公路边坡工程的基础，勘察质量决定坡体地质条件的了解程度，由此决定设计方案的精度。业主重点监管现场工作实施和审查技术成果，并对以下每项技术工作进行严格审查把关。

2. 专业咨询技术管理

开展专业咨询是公路边坡工程整体质量提升的重要途径，在山区地质复杂区域，公路边坡数量多，地质条件多变，坡体破坏模式各异，变形机理更是各有不同，为突出公路边坡个性化设计，提高边坡设计质量，同时克服业主专业人员不足的问题，减少后期边坡变形病害和工程变更，工程实践中常常引入专业单位对公路边坡开展专业咨询工作。为此，项目业主需要充分做好以下四个方面的技术管理工作。

第一是选择专业咨询单位时，应从公司资质范围与能力、人员技术素质、工程实践经验等方面严格把关，优先考虑熟悉本地区地质条件、工程专业经验丰富的技术人员。

第二是现场技术工作方法与管理，专业咨询技术人员应能在收集有关资料、现场调查分析的基础上，对每个边坡的勘察方案提出具体完善意见，包括勘察范围、勘察内容、勘察手段、勘察断面及钻孔数量、位置等，并能根据勘察中间成果及时发现地质异常情况，补充必要勘察工作，便于进一步摸清坡体地质条件。咨询单位的现场工作一方面需保持独立性，另一方面还需与项目业主、勘察设计单位及时交流沟通，重要节点工作可联合实施。

第三是技术分析与内业整理，专业咨询人员应认真仔细对照核查勘察资料是否齐全、正确，重点是不良地质、岩层结构面产状、岩芯软弱夹层、地下水等信息是否记录完整、分析合理；然后依据勘察资料，逐坡复核设计文件中地质基础资料是否与勘察资料一致，边坡潜在破坏模式是否合适，逐坡开展稳定性分析计算工作，并与设计资料进行对比，找出差异之处，分析其原因，最后比较设计方案是否合理，提出咨询建议。

最后是技术成果评审，项目业主应邀请一定数量的专家，组织召开公路边坡咨询设计评审会，将勘察设计资料与咨询资料同步对比评审。对于咨询与设计意见一致的，听取评审专家是否有改进完善意见；对于咨询与设计之间存在分歧的，应充分听取双方理由，在此基础上结合现场实际情况、工程地质条件和地区工程经验，进行研讨、完善，形成最终意见。对于复杂边坡，勘察设计阶段难以全部确定设计方案的边坡，也应重点关注，在施工过程中加强跟踪复核，及时动态完善。

3. 风险评估技术管理

对公路边坡开展风险评估，一方面可进一步核查勘察工作的充分性、设计资料的完整性，另一方面也能深入分析工程措施的全面性、施工工艺的适应性和施工过程的安全性，即可促进设计文件、施工组织等技术资料的质量提升，又能提前对边坡建设过程的重要风险进行预警、防范。项目业主应根据管理权限，亲自组织或监督施工监理单位组织召开专题评审会，重点审查评估依据和评估方法，由此判断评估结论是否合理，评估建议是否合适。经评审通过的公路边坡风险评估报告应作为后续工作的指导文件和现场工作依据，切实做好边坡的风险防控管理与实施工作。

4. 动态变更管理

动态变更是公路边坡工程完善设计、防范风险、确保工程建设成功的重要环节，也是实施主动技术管理的具体途径之一。动态变更工作的质量，直接关系边坡设计变更的成功与否，对工程经济、安全、进度等目标均产生较大甚至重大影响，为此，项目业主应将边坡动态变更设计管理作为边坡施工过程中最重要的任务来抓。

5. 施工现场技术管理

项目业主对施工现场的技术管理，主要是对各参建单位的落实管理，即施工的规范性、准确性、及时性要求及安全、质量要求的落实，同时针对现场出现的技术问题提出的建议处理方案合理性的审查。

Chapter 第三章 03

公路路堑边坡勘察设计

第一节　公路边坡典型破坏模式

公路边坡在建设及营运期间，可能出现各种各样的病害，如施工期间坡表冲刷后沟槽遍布、坡面流泥、坡顶或坡面松动岩块坠落、坡体开裂变形、发生规模不宜的滑塌或滑坡等，营运期间工程结构开裂变形、排水沟沉陷或错段、局部滑塌甚至整体滑移等，其机理既与坡体结构有关，也与人为因素和外部环境因素作用有联系。我们在第一章中就边坡破坏形式做过总的论述，无论是已发生破坏、还是可能发生破坏，勘察设计的目的总的来说就是要保证（可能）失稳边坡的安全可靠，这样我们有必要再梳理一下边坡的破坏方式及已成熟的加固方法，然后在中间寻找我们可用的有效方法。

从边坡变形规模分类，与第一章的分类又有所不同，可归纳为掉块落石、浅表冲刷、中等厚度的块体失稳和中等厚度～厚层的整体失稳四大类。

一　掉块落石

掉块落石是指坡体上由于节理、风化等形成的小型土块或岩石等分离体在重力、冰劈、根劈或其他外力的作用下从坡顶或坡面掉落的病害现象，多见于坡顶风化岩块、坡面松动岩块以及球状风化核等，如图 3-1 所示。

图 3-1　掉块落石病害

掉块落石所指不仅是落石，同时也包括土石混杂与部分土体掉落。一般多发生于以下四种情况：一是自然岩体陡倾节理发育的硬质岩区，在自然风化和岩块重力作用下，裂隙不断张开，岩块与母体间的联系不断被削弱，当无法抵抗岩块重力荷载时，便会发生岩块脱离母体掉落。二是工程坡面在爆破开挖过程中，受爆破震动影响，岩层节理裂隙张开，表面松动岩块在重力作用下发生坠落。三是一些差异风化地层，如花岗岩球状风化或岩溶发育区，因岩块周边为风化土层，压缩性大，强度低，受外界震动或大气降雨影响，岩块周边支撑作用被削弱，当无法抵抗岩块重力分力作用时,就会导致岩块翻滚坠落。四是强风化特别是块状风化地层或堆积层的局部塌落。

二 浅表冲刷

浅表冲刷指坡面风化土体在坡面径流或暴雨的冲刷作用下部分土体被搬运,伴随产生坡面沟壑或泥石流失的现象(规模较大时可能产生坡面泥石流)。对于石英砂岩、中粗粒花岗岩等风化后的砂性土,表现为坡面冲刷形成多道深浅不一的沟壑,严重时还会形成落水洞;对于黏粒和粉粒含量较高的粉质黏土,往往容易形成坡面流泥,如图 3-2 所示。

图 3-2 浅表冲刷病害

华南地区雨季长,年降雨量大,尤其是台风暴雨季节,雨强和雨量都较大,坡表漫流并在短时内形成汇流,对坡表冲刷作用较强,一方面是对建设期的坡表形成破坏,如花岗岩全风化或残积层坡表形成众多小沟壑,局部形成落水洞,黏粒含量较高的泥质粉砂岩、灰岩等风化层坡面则会形成泥流下滑;另一方面也对营运期坡表有明显不利作用,如浅表溜坍、锚固工程格梁梁底掏空等。该类病害短时间内对边坡整体稳定性影响不大,但日积月累也会逐渐发展扩大呈局部滑塌体。

三 块体失稳

边坡块体失稳主要是指边坡发生中等规模的失稳变形现象。其可进一步细分为:崩塌与坍塌,如图 3-3 所示。

四 整体失稳

边坡整体失稳主要是指边坡发生大规模的失稳变形现象,一般变形范围超过坡面一半以上、中厚层及以上厚度的滑坡。

a)边坡崩塌

b)边坡坍塌

图 3-3　典型公路边坡崩塌坍塌灾害

边坡滑坡是边坡上的部分岩土体由于各种原因在重力作用下沿一定的软弱面(或软弱带)整体向下滑动并以水平运动为主的坡体地质病害现象,见图 3-4。滑坡是公路边坡一种主要破坏模式,一般土质滑坡具有渐变性,多经历蠕滑、间歇式滑动、加速滑动三个变形阶段,而岩体滑坡则往往具有突发性,在变形积累到一定程度时突然发生整体滑动。边坡整体滑坡是危害性最大的病害类型之一,轻则掩埋路面、阻塞交通,重则破坏坡脚建(构)筑物甚至淤塞河道、掩埋村庄等,在公路建设中需要及早有效治理,尽量抑制滑坡变形发展,以防引发大规模灾害事故。

图 3-4　边坡滑坡病害

第二节　公路边坡处治技术

经过多年的实践,公路边坡针对不同的破坏形式有着不同的成熟处治方法,这些方法从环保理念上分可分为生态法与工程法,从加固作用上分可分为坡表处治、加固工程、支挡工程等。

随着环保的要求越来越高,生态法越来越被重视,相比之下,采取工程加固措施,对减轻坡面修建初期的不稳定性和侵蚀效果较好,作用显著。然而,随着时间的推移、岩石的风化、混凝土的老化、钢筋的腐蚀,强度降低,效果也越来越差。而采用生态防护则恰恰相反,开始时的作用弱,但随着植物的生长、繁殖,强度增加,对减轻坡面不稳定性和侵蚀的作用会越来越大。除此之外,植被护坡还有一个显著的优点,它能够恢复因工程建设所破坏的生态环境。因此,在能保证边坡稳定前提下,宜尽量采用生态防护。

下文从加固作用的分类上对公路边坡加固方法进行分述。

一 坡表防护

1. 浅表冲刷

一般情况下,为了防止边坡坡面浅表冲刷和风化剥落病害,通常是根据边坡类型、物质和坡率等确定防护工程措施。冲刷剥落病害常用防护工程措施如表 3-1 所示。

冲刷剥落病害常用防护工程措施　　表 3-1

边坡类型	防护类别	防护措施	常见坡率	物质组成	备　注
土质边坡	植草防护	铺草皮	1:1.5	坡洪积层	
		喷播植草	1:1.25	坡残积层	
		三维网植草	1:1	残积层、全风化	
	骨架防护	浆砌片石骨架植草	1:1	坡残积、全风化	
		预制块骨架植草	1:1		
	片石护坡防护	浆砌片石护坡	1:1	坡残积、全风化砂土状强风化层	也适用于破碎岩石
		干砌片石护坡	1:1		
岩质边坡	护面墙防护	孔窗式护面墙	1:0.75	碎块状强风化层、弱风化层	用于土质边坡,坡率适当放缓
		等截面护面墙	1:0.75		
		变截面护面墙	1:0.5		
	喷浆防护	素喷防护	1:0.25	微风化层	在土质边坡病害的应急抢险时也经常采用
			1:0.5	弱风化层	
		挂网喷浆防护	1:0.5	弱风化层	
			1:0.75	碎块状强风化	
		锚喷联合支护	1:0.5	弱风化层	
			1:0.75	碎块状强风化	
	岩面植草防护	厚层基材喷播植草	1:0.75	砂土状强风化层	
		混凝土框格植草	1:0.75	砂土状强风化层	中六棱块或砂袋植草

对于土质边坡,主要防止边坡产生坡面冲刷病害,常采用植草防护、骨架防护和片石护坡防护等工程措施。

对于岩质边坡，主要防止边坡产生风化剥落病害，常采用护面墙防护、喷浆防护和岩面植草防护等工程措施。

坡面浅表防护的原理就是采用绿化或圬工工程，对坡面进行封闭，有效防止或减少表水入渗，减缓坡表岩土体风化速度，保持岩土体强度基本维持正常水平，并通过防护工程的重力反压、整体强度甚至浅层加固等作用，改善边坡浅表层岩土体稳定程度。

绿化防护主要是坡表封闭功能，具有造价低廉、环保美观的优点；而圬工防护不但可封闭坡面，还能对边坡浅层岩土体实施必要的加固，可明显改善边坡浅层稳定性能，但造价相对较高，环保效果也略差一些。

2. 掉块落石

一般来说，掉块落石可采用挂网喷锚和柔性防护网进行防治，其工作原理都是通过在坡体内植入适当长度的锚杆（多为2m左右），然后对坡面采用整体防护结构（喷射砼或柔性网）进行封闭，并将该整体防护结构通过锚杆固定在坡面岩土体上，从而将坡表防护结构与岩土体联结为整体，加强坡表岩土体整体性，提高其稳定性。挂网喷锚防护为全封闭防护，对掉块落石的防护效果较好，但不适用于地下水较发育的边坡，且其景观效果较差，近年来在高等级道路边坡工程建设中较少采用。柔性防护网适用于具有浅表层岩土体变形滑动、危岩落石等潜在地质灾害的土质和岩石边坡的防护加固，是在一定条件下替代传统喷射混凝土、浆砌片石护坡的一种新技术，具有环保、美观、适应各种复杂地形等突出优势，已在边坡防护中得到了广泛应用。

柔性防护网分为主动防护网和被动防护网两种，主动防护网是采用高强度钢丝格栅覆盖边坡，通过钢筋锚杆来固定（一般按梅花形布置，根据需要施加一定的预应力），从而防止边坡掉块落石的一种柔性防护方法，如图3-5所示。

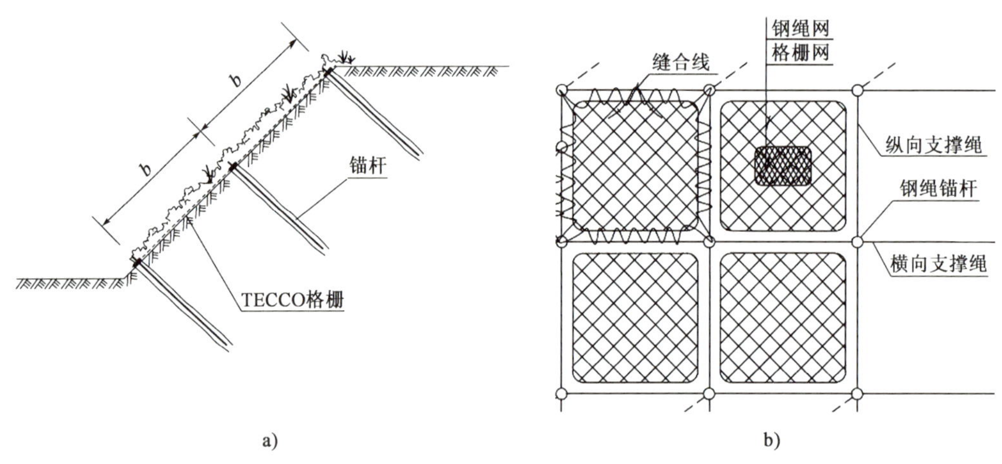

图3-5　主动防护网示意图

被动防护网是基于拦挡掉块落石的目的而设计，它由钢丝绳网或环形网（需拦截小块落石时附加一层铁丝格栅）、固定系统（锚杆、拦锚绳、基座和支撑绳）、减压环和钢柱等四个主要部分构成，如图3-6所示。

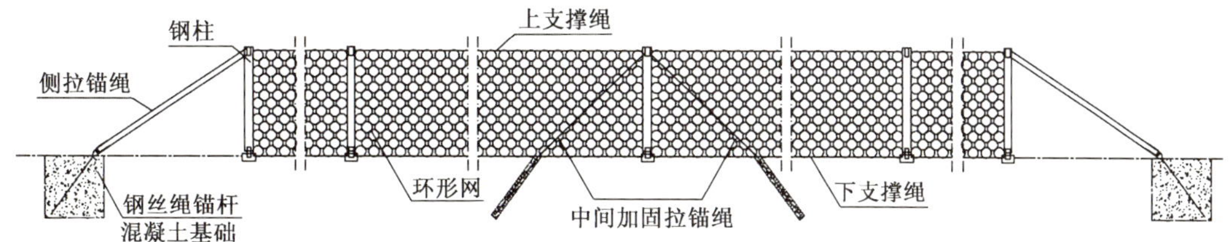

图 3-6　被动防护网示意图

除采用挂网喷锚和柔性防护网外，还应视坡体潜在变形体的深度，并结合其他防护加固措施进行综合处治。

（1）对顺倾层状边坡引起的掉块落石，不宜放缓边坡，应对层面产状采用锚索框架、锚杆框架、钢锚管注浆甚至抗滑桩等方案综合比选进行防护加固。

（2）对反倾层状边坡引起的掉块落石，应针对倾向临空贯通结构面采用多种支撑结构综合比选进行防护加固。

（3）对破碎岩石边坡引起的掉块落石，可放缓坡率，采用钢锚管注浆结合锚杆框架进行防护加固。

二　加固工程

公路边坡的加固工程技术是基于边坡工程地质条件、开挖卸荷作用、变形破坏机理和潜在变形规模及危害程度等研究的基础上，结合其稳定性分析与评估结论，对特定边坡工程对象进行加固处治。公路边坡的加固工程有广义和狭义之分，广义加固工程是指所有为提高边坡稳定性而实施的工程措施，包含有减小坡体下滑力的措施，如刷方减重、排水措施等，和增大坡体抗滑力的措施，如重力支挡、注浆加固、锚固工程和抗滑桩工程等。狭义加固工程则是指通过改善岩土体结构、提高其强度，从而提高坡体稳定性的工程措施，主要有石灰桩和注浆加固等。

石灰桩是以生石灰为主要固化剂与粉煤灰或火山灰、炉渣、矿渣、黏性土等掺合料按一定的比例均匀混合后，在桩孔中经机械或人工分层振压或夯实所形成的密实桩体。为提高桩身强度，还可掺加石膏、水泥等外加剂。一般多用在膨胀土或富水黏土岩边坡中浅层加固，采用竖向和斜向相结合的方式布置。石灰桩具有显著的经济性，但其加固深度和加固能力均有限，使用寿命也不长。

公路边坡注浆加固一方面提高边坡岩土体强度，增加岩土密实程度，减小其渗透性，从而减少表水下渗，提高边坡稳定程度；另一方面提高滑带土的抗剪强度，减小坡体下滑力。注浆加固按压力大小可分为低压充填注浆（一般孔口注浆压力不大于 0.8MPa）、中压挤密注浆（一般孔口注浆压力为 0.8～2.0MPa）和高压劈裂注浆（一般孔口注浆压力大于 2.0MPa）；按浆液材料可分为水泥浆注浆、水泥砂浆注浆和化学浆液注浆；按注浆方式可分为孔底注浆和花管注浆。

工程上应用比较普遍的主要是钢花管注浆，一般采用无缝钢管加工而成，孔口段 2～5m 以下开始加工孔眼形成花管。根据加固范围和荷载，在坡面或平台以多排竖向或斜向布置，管中心间距多控制在 0.50 ~ 3.0m 之间,钢花管底部应穿过对应滑动面 5m 以上。注浆钢花管具有布置灵活、就地取材、实施快速便捷等优点,典型钢花管注浆结构图见图 3-7。

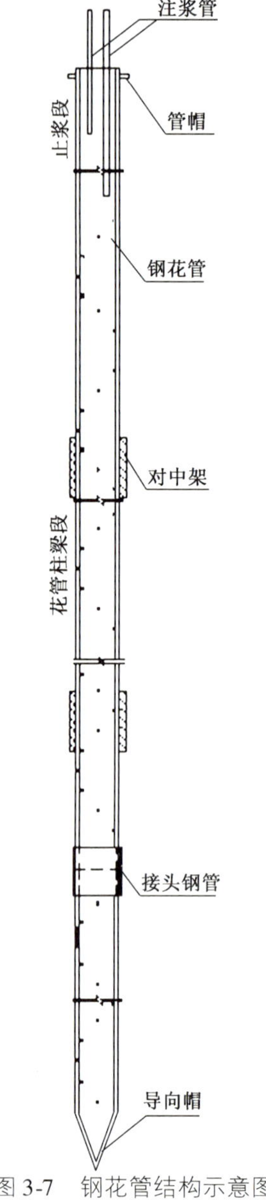

图 3-7　钢花管结构示意图

三 锚固工程

锚固工程是通过埋设在地层中的锚筋体,将结构物与地层紧紧地联锁在一起,依赖锚筋体与周围地层的抗剪强度传递结构物的拉力使地层得到加固,以保持结构物和岩土体的稳定。根据受力方式可分为预应力锚固工程和非预应力锚固工程;根据锚筋材料可分为预应力锚索和预应力锚杆,近年还成功研制 BFRP(玄武岩纤维筋)筋材等;根据反力结构形式可分为锚固格梁、锚固竖梁、锚垫墩等。

工程上主要应用预应力锚索和非预应力锚杆两种结构。非预应力锚杆为被动型加固措施,一般采用三级 HRB400 或四级 HRB500 螺纹钢制作,长度不宜超过 15m,多用于边坡中~浅层安全储备,预防岩层松弛、块体松动和边坡固脚等作用。其优点是造价较低、利于生态环保、便捷实施,不足是提供加固荷载水平较低,加固边坡规模偏小。

预应力锚索为主动型加固措施,采用高强度低松弛钢绞线作为锚筋材料,目前有全长黏结型和无黏结型两种钢绞线。根据锚固段受力结构可分为普通拉力型预应力锚索、普通压力型预应力锚索、拉力分散型预应力锚索、压力分散型预应力锚索、拉压复合型预应力锚索和全长黏结型预应力锚索,各种结构特点分述如下。

1. 普通拉力型预应力锚索

普通拉力型预应力锚索典型结构及锚固段应力分布图如图 3-8、图 3-9 所示。该种预应力锚索的主要特点是锚固段钢绞线裸露以提供与注浆体之间足够的黏结强度,张拉段钢绞线设置防腐隔离结构以保证在张拉荷载作用下自由变形。目前主要有两种制作方法,第一种就是直接采用普通高强度低松弛钢绞线加工,然后在张拉段涂刷防腐剂并外套波纹管形成隔离结构;第二种直接采用高强度低松弛无黏结钢绞线加工,然后在锚固段剥除 PE 套并清洗干净油脂层。相对比较而言,后一种方法更有利于张拉段的防腐,但其成本相对要高一些。

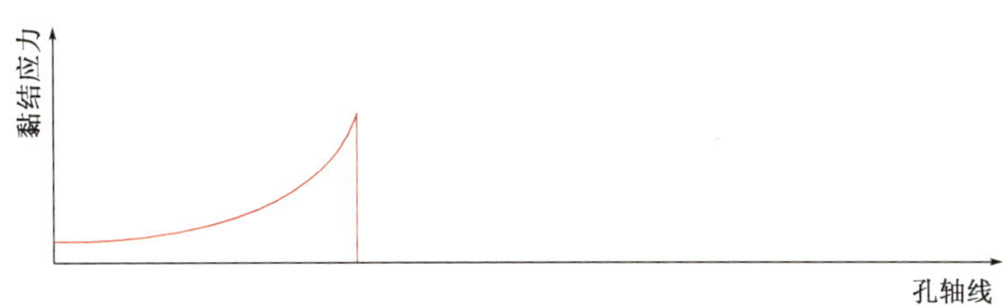

图 3-8 拉力型预应力锚索注浆体与孔壁黏结应力分布曲线

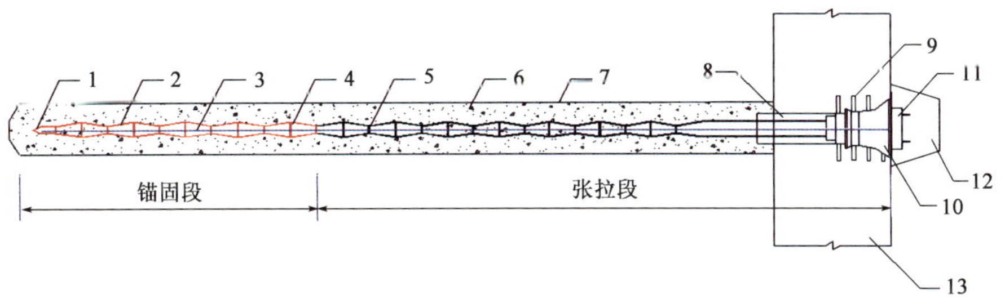

图 3-9 拉力型预应力锚索结构示意图

1-导向帽;2-钢绞线;3-注浆管;4-扩张环;5-紧箍环;6-注浆体;7-孔壁;8-隔离套管;9-螺旋筋;10-锚垫板;11-锚具;12-锚头防腐结构物;13-反力结构物

普通拉力型预应力锚索的作用机理是张拉荷载通过张拉段传递至锚固段,并由锚固段锚索与注浆体之间的黏结应力平衡,同时该部分应力通过注浆体传递至其与孔壁地层之间的黏结应力,张拉荷载取决于锚固段锚索与注浆体之间的黏结强度和注浆体与孔壁地层之间黏结强度两者中的较小值。另外，为了提高黏结效果，在锚固段设置扩张环和紧箍环以使锚索呈枣核状。

拉力型预应力锚索的缺陷主要有两个方面：一是张拉段与锚固段的接触界面处应力值最大，容易导致该处注浆体出现张拉裂缝，为地下水的渗入提供通路，防腐性能差；二是张拉荷载需要全部由反力结构承担，受反力结构下地基强度影响，张拉荷载大小受孔口段地层强度的制约影响明显。

2. 普通压力型预应力锚索

普通压力型预应力锚索典型结构及锚固段应力分布图如图 3-10、图 3-11 所示。该种预应力锚索的主要特点是钢绞线全长段都设置防腐隔离结构，在孔底位置加设承载体。目前主要也有两种制作方法，第一种就是直接采用普通高强度低松弛钢绞线加工，然后在全长段涂刷防腐剂并外套波纹管形成隔离结构；第二种直接采用高强度低松弛无黏结钢绞线加工。相比较而言，后一种方法更有利于张拉段的防腐，质量保证措施较好，但其成本相对要高一些。

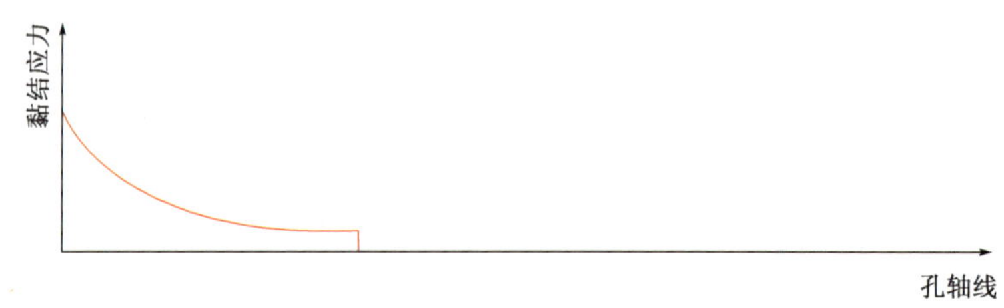

图 3-10　压力型预应力锚索注浆体与孔壁黏结应力分布曲线

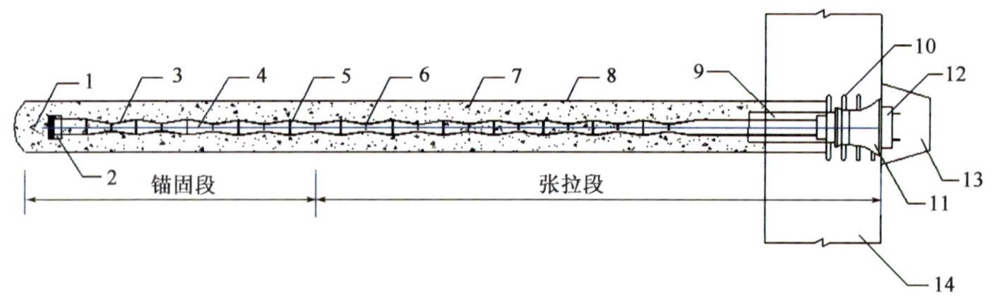

图 3-11　压力型预应力锚索结构示意图

1-导向帽；2-承载体；3-钢绞线；4-注浆管；5-扩张环；6-紧箍环；7-注浆体；8-孔壁；9-隔离套管；10-螺旋筋；11-锚垫板；12-锚具；13-锚头防腐结构物；14-反力结构物

普通压力型预应力锚索的作用机理是张拉荷载由钢绞线直接传递至孔底承载体，由承载体施加在锚固段注浆体上的压力来平衡，同时该压力通过注浆体传递至其与孔壁地层之间的黏结应力，张拉荷载取决于注浆体的抗压强度和注浆体与孔壁地层之间黏结强度两者中的较小值。与普通拉力型预应力锚索结构一样，为了提高黏结效果，全长段设置扩张环和紧箍环以使锚索呈枣核状。

较之普通拉力型预应力锚索，压力型预应力锚索的锚固段的注浆体受压，不易开裂，但其缺陷主要有三个方面：一是孔底承载体与注浆体接触界面处应力值最大，但实际该段孔内沉渣很难清理干净，可能导致该处注浆体出现压缩裂缝，防腐性能较差；二是钢绞线与承载体联结部位应力过于集中，容易诱发该处联结发生突然失效；三是张拉荷载需要全部由反力结构承担，张拉荷载水平受孔口段地层的强度制约影响明显。

3. 拉力分散型预应力锚索

传统的拉力型和压力型预应力锚索均属单孔单一锚固体系，在一个钻孔中只有一个统一的张拉段长度和锚固段长度，在张拉荷载作用下，会出现严重的应力集中现象。在多数情况下，随着张拉荷载的增大，在黏结应力传递至锚固段最远端之前，钢绞线与注浆体或注浆体与孔壁地层高应力界面处会发生黏结效应逐渐弱化或脱开的现象，从而大大降低了地层强度的利用率。

为了改进传统的锚固段集中荷载作用模式，随后研制出了单孔复合锚固体系（SBMA 法）。即在同一钻孔中设置多个单元，每个单元均有自己的张拉段和锚固段，从而能将张拉荷载的集中力分散为若干个较小的力分别作用于不同的锚固段上，导致在相同的张拉荷载作用下，其锚固段上的黏结应力值大大减小且分布也较均匀，能较大幅度地提高锚固段地层强度的利用率。目前研制成功的单孔复合锚固体系主要有三种结构形式：拉力分散型预应力锚索、压力分散型预应力锚索和拉压复合型预应力锚索。

拉力分散型预应力锚索典型结构及锚固段应力分布图如图 3-12、图 3-13 所示。该种预应力锚索的主要特点是将每束锚索分成多个单元，每个单元的钢绞线根数相同，并将锚固段也按相同的单元数分段，自孔底端开始逐渐按分段增加锚固段单元，即孔底段设置一个单元的锚固段，紧邻段设置两个单元的锚固段，依次类推。所有单元的锚固段钢绞线裸露，而张拉段则都设置防腐隔离结构。该类锚索目前主要有两种制作方法，第一种就是直接采用普通高强度低松弛钢绞线加工，然后在张拉段涂刷防腐剂并外套波纹管形成隔离结构；第二种直接采用高强度低松弛无黏结钢绞线加工，然后在锚固段剥除 PE 套并清洗干净油脂层。其中后一种加工方法能有效保证锚索的防腐质量，但其成本相对要高一些。

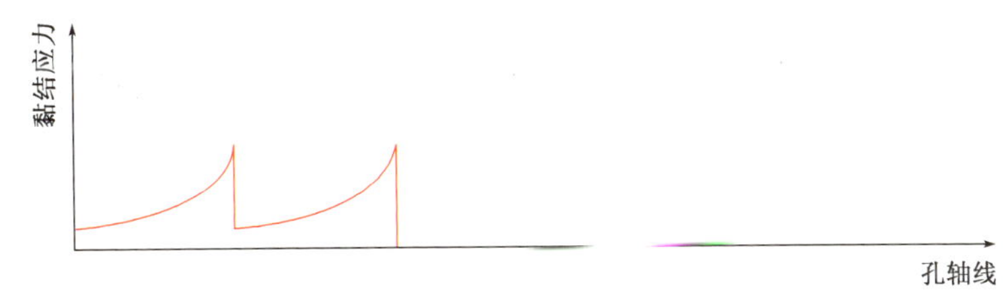

图 3-12　拉力分散型预应力锚索注浆体与孔壁黏结应力分布曲线

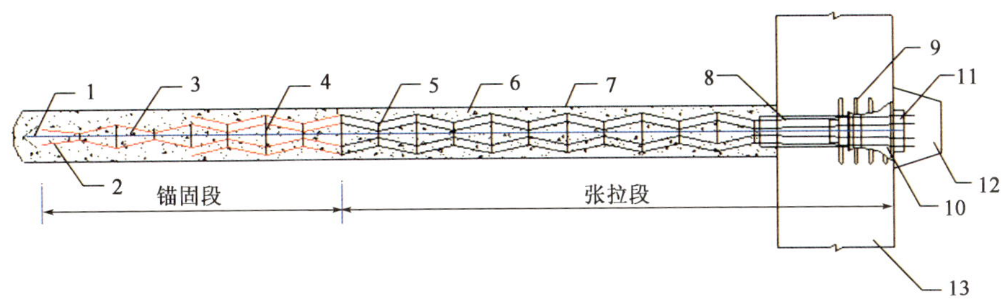

图 3-13　拉力分散型预应力锚索结构示意图

1-导向帽；2-钢绞线；3-注浆管；4-扩张环；5-紧箍环；6-注浆体；7-孔壁；8-隔离套管；9-螺旋筋；10 锚垫板；11 锚具；12-锚头防腐结构物；13 反力结构物

拉力分散型预应力锚索的作用机理是每个单元的张拉荷载分别由该单元的张拉段钢绞线

传递至锚固段，并由锚固段锚索与注浆体之间的黏结应力平衡，同时该部分应力通过注浆体传递至其与孔壁地层之间的黏结应力，张拉荷载取决于锚固段锚索与注浆体之间的黏结强度和注浆体与孔壁地层之间黏结强度两者中的较小值。该类锚索张拉工艺可采用分单元张拉或整体张拉，按整体张拉工艺施工时，需提前按各单元张拉段的自由伸长变形差进行补偿张拉。另外，为了提高黏结效果，在锚索全长段设置扩张环和紧箍环以使锚索呈枣核状。

拉力分散型预应力锚索的优点是能将张拉荷载分解为多个单元，分别由不同的锚固段单元进行平衡，能显著降低张拉段与锚固段界面处的应力峰值，并使锚固段的应力趋于比较均匀的分布模式，从而能提高地层强度和钢绞线材料强度的利用率。其缺陷主要是张拉荷载需要全部由反力结构承担，张拉荷载水平受孔口段地层的强度制约影响明显。

4. 压力分散型预应力锚索

压力分散型预应力锚索典型结构及锚固段应力分布图如图 3-14、图 3-15 所示。该种预应力锚索的主要特点是将每束锚索分成多个单元，每个单元的钢绞线根数相同，并将锚固段也按相同的单元数分段，自孔底端开始逐渐按分段增加锚固段单元，即孔底段设置一个单元的锚固段，紧邻段设置两个单元的锚固段，依次类推。所有单元的锚固段和张拉段钢绞线都设置防腐隔离结构。该类锚索目前主要有两种制作方法，第一种就是直接采用普通高强度低松弛钢绞线加工，然后在全长段涂刷防腐剂并外套波纹管形成隔离结构，再在端部通过高压挤压钢质套筒，使之与钢绞线紧密联结在一起，最后安装钢质承载体并组装锚索；第二种直接采用高强度低松弛无黏结钢绞线加工，然后在端部通过高压挤压钢质套筒，使之与钢绞线紧密联结在一起，最后安装钢质承载体并组装锚索。其中后一种加工方法能有效保证锚索的防腐质量，但其成本相对要高一些。

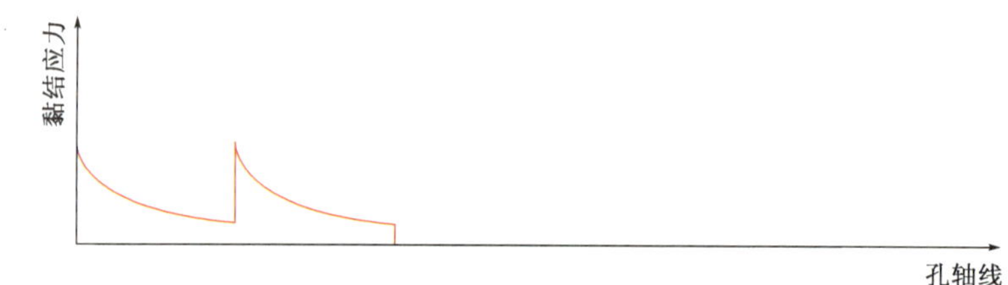

图 3-14　压力分散型预应力锚索注浆体与孔壁黏结应力分布曲线

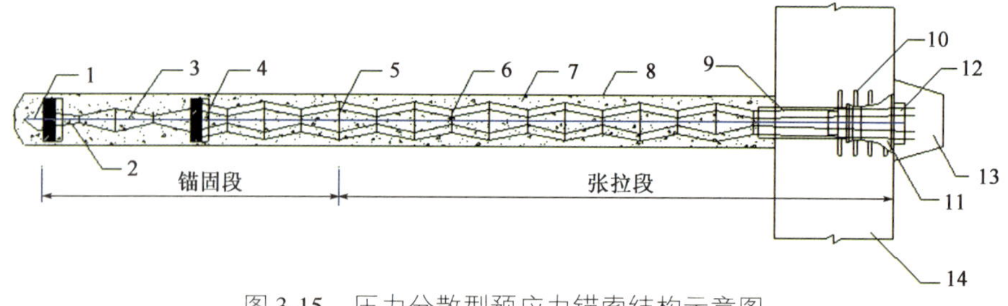

图 3-15　压力分散型预应力锚索结构示意图

1-导向帽；2-钢绞线；3-注浆管；4-承载体；5-扩张环；6-紧箍环；7-注浆体；8-孔壁；9-隔离套管；10-螺旋筋；11-锚垫板；12-锚具；13-锚头防腐结构物；14-反力结构物

压力分散型预应力锚索的作用机理是每个单元的张拉荷载分别由该单元的钢绞线（包括

张拉段和锚固段)传递至端部承载体,并由承载体与注浆体之间的压应力平衡,同时该部分压应力通过注浆体传递至其与孔壁地层之间的黏结应力,张拉荷载取决于承载体自身的抗剪强度、钢绞线与承载体的联结强度、端部注浆体的抗压强度和注浆体与孔壁地层之间黏结强度等四者中的较小值。该类锚索张拉工艺可采用分单元张拉或整体张拉,按整体张拉工艺施工时,需提前按各单元张拉段的自由伸长变形差进行补偿张拉。另外,为了提高黏结效果,在锚索全长段设置扩张环和紧箍环以使锚索呈枣核状。

同样,压力分散型预应力锚索的优点是能将张拉荷载分解为多个单元,分别由不同的锚固段单元进行平衡,能显著降低锚固段的应力峰值,使锚固段的应力趋于比较均匀的分布模式,从而能提高地层强度和钢绞线材料强度的利用率。其缺陷主要有两个方面:一是端部承载体与钢绞线联结要求较高,防腐处理要求较严,并且孔底段注浆体强度受沉渣影响,在该处容易诱发突发事故,二是张拉荷载需要全部由反力结构承担,张拉荷载水平受孔口段地层的强度制约影响明显。

5. 拉压复合型预应力锚索

拉压复合型预应力锚索典型结构及锚固段应力分布图如图 3-16、图 3-17 所示。该种预应力锚索的主要特点是将每束锚索分成多个单元,每个单元的钢绞线根数相同,并将锚固段也按相同的单元数分段,自孔底端开始逐渐按分段增加锚固段单元,即孔底段设置一个单元的锚固段,紧邻段设置两个单元的锚固段,依次类推。所有单元的锚固段钢绞线裸露,而张拉段则都设置防腐隔离结构。该类锚索目前主要有两种制作方法,第一种就是直接采用普通高强度低松弛钢绞线加工,然后在张拉段涂刷防腐剂并外套波纹管形成隔离结构,再在端部通过高压挤压钢质套筒,使之与钢绞线紧密联结在一起,最后安装钢质承载体并组装锚索;第二种是直接采用高强度低松弛无黏结钢绞线加工,然后在锚固段剥除 PE 套并清洗干净油脂层,再在端部通过高压挤压钢质套筒,使之与钢绞线紧密联结在一起,最后安装钢质承载体并组装锚索。其中后一种加工方法能有效保证锚索的防腐质量,但其成本相对要高一些。

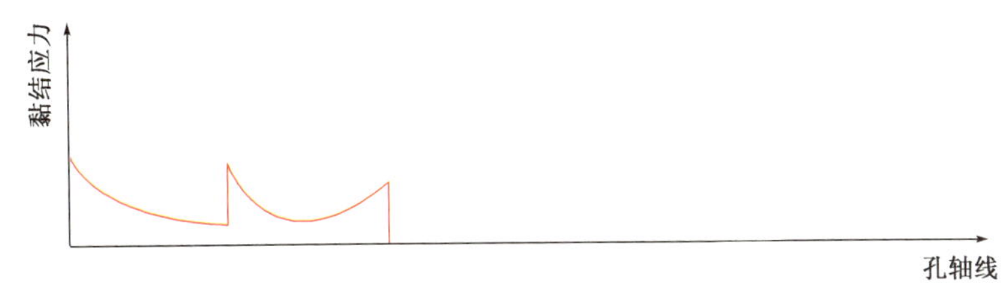

图 3-16　拉压复合型预应力锚索注浆体与孔壁黏结应力分布曲线

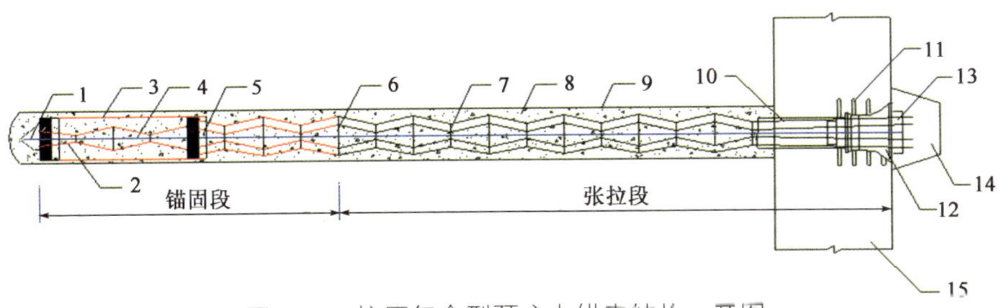

图 3-17　拉压复合型预应力锚索结构示意图

1-导向帽;2-钢绞线;3-弹性连接件;4-注浆管;5-承载体;6-扩张环;7-紧箍环;8-注浆;9-孔壁;10-隔离套管;11-螺旋筋;12-锚垫板;13-锚具;14-锚头防腐结构物;15-反力结构物

拉压复合型预应力锚索的作用机理是每个单元的张拉荷载分别由该单元的张拉段钢绞线传递至锚固段,在锚固段范围内,一部分张拉荷载由裸露的钢绞线与注浆体之间的黏结强度来平衡;另一部分张拉荷载则由承载体与注浆体之间的压应力平衡,所有提供张拉荷载的平衡荷载均通过注浆体传递至其与孔壁地层之间的黏结应力,张拉荷载取决于承载体自身的抗剪强度、钢绞线与承载体的联结强度、端部注浆体的抗压强度、钢绞线和注浆体之间的黏结强度和注浆体与孔壁地层之间黏结强度等五者中的对应权重分配的较小值。该类锚索张拉工艺可采用分单元张拉或整体张拉,按整体张拉工艺施工时,需提前按各单元张拉段的自由伸长变形差进行补偿张拉。另外,为了提高黏结效果,在锚索全长段设置扩张环和紧箍环以使锚索呈枣核状。

拉压复合型锚索的关键是可移动挤压套移动量的设计,它决定钢绞线拉力在锚固段拉压部分的分配比例,如果挤压套不能移动,锚索的拉力绝大部分由承压板对注浆体的压力承担,拉力部分只承担很小的力;相反,如果挤压套移动量过大,承压板受力很小,甚至成为拉力型锚索。因此,必须在有代表性的岩(土)体内作出锚固段拉力—位移曲线,由于锚固段的拉伸变形和压缩变形一般情况下是不同的,所以还必须作出锚固段的压力—位移曲线。根据这两条曲线设计可移动挤压套的允许位移,达到锚固段拉压部分合理分担锚索拉力的目的。

拉压复合型预应力锚索的优点是能将张拉荷载分解为多个单元,分别由不同的锚固段单元进行平衡,并且在每个单元内均有拉应力区和压应力区,较之前面所有预应力锚索结构,能显著降低锚固段的应力峰值,使锚固段的应力趋于比较均匀的分布模式,从而能提高地层强度和钢绞线材料强度的利用率。其缺陷主要是只改善锚固段结构,而张拉荷载需要全部由反力结构承担,张拉荷载水平受孔口段地层的强度制约影响明显。

6. 全长黏结型预应力锚索

上述所有预应力锚索结构均是一次注浆完成,即锚固段和自由段一起注浆,并通过张拉实现对岩土层的锚固加固。该类型预应力锚索在运营期间,因张拉段地层强度较低,蠕变量较大而容易引起张拉荷载的损失。针对该类问题,发展提出了全长黏结型预应力锚索。

全长黏结型锚索的实质是锚固段结构形式不限(目前应用的主要为普通拉力型的锚固段结构),而自由段全部采用裸露钢绞线结构,并在锚固段和张拉段之间设置注浆隔离装置。先对锚固段进行注浆,要求浆液不能溢出到张拉段,待锚固段浆液体凝固并满足强度要求后,对预应力锚索进行张拉,然后再通过预留的注浆管对张拉段进行注浆。该类型预应力锚索实质与桥梁预应力锚索后张法机理一样,三峡船闸预应力锚索几乎全部采用该种结构。

全长黏结型预应力锚索的优点是能有效防止预应力锚索的突发破坏和张拉荷载的后期损失,其缺陷主要有两个方面:一是注浆分两次进行,不但周期较长,而且对张拉段和锚固段之间的隔离装置要求较高;二是一旦反力结构取消或失效,因张拉段类似于普通拉力型锚固段受力模式,而且张拉段地层强度较低,容易被锚固段的反向荷载形成的高应力逐步破坏,从而导致预应力锚索失效。

预应力锚索是当前应用广泛的一种边坡加固措施,可根据坡体滑面深度灵活调节锚索长度, 根据锚固段地层设置不同锚固荷载,适用于边坡各种变形规模的处治。一般要求锚固段进入碎块状强风化～微风化岩层，特殊情况下，锚固段地层强度较低时，应采取劈裂注浆等辅助措施提高锚固荷载。预应力锚索具有加固荷载大、布置灵活、造价较低、施工便捷、利于生态环保等特点，不足之处是锚索抗剪性能较差，防腐要求较高，加固硬质破碎岩石需结合抗剪工程共同作用，另外软弱地层条件下预应力损失速度较快、损失程度较大，影响边坡加固效果。

四 支挡工程

支挡工程是一种传统的边坡加固技术，针对边坡变形体规模大小，分别可采取不同支挡结构。当滑坡下滑力巨大，或者地层软弱难以达到锚固条件时，多采用支挡工程处治边坡变形病害。对于滑面浅、规模小的滑坡可选择砌石圬工或混凝土重力式挡墙；对于滑面深、体积大的滑坡，为了避免在抗滑段开挖挡墙基坑可能引起滑坡进一步发展，可采用抗滑桩作为支挡结构物；对于陡滑面滑坡，因下滑力大，施工难度高，技术经济均不合理，宜采用预应力锚索抗滑桩或抗滑明洞并填土反压。

1. 路堑挡墙工程

路堑挡墙是指支承山坡土体、防止土体变形失稳的构造物，其材料一般常用浆砌或干砌块石、现浇混凝土等，在早期中小型滑坡防治中曾广泛应用。按照结构形式，可分为重力式挡墙、衡重式挡墙、扶壁式挡墙等。在挡土墙横断面中，与被支承土体直接接触的部位称为墙背；与墙背相对的、临空的部位称为墙面；与地基直接接触的部位称为基底；与基底相对的、墙的顶面称为墙顶；基底的前端称为墙趾；基底的后端称为墙踵。

路堑挡墙多设置在边坡坡脚，基底应位于稳定地层，且满足承载力要求，当地基承载力无法满足要求时，应采取换填或扩大基础处理。路堑挡墙具有结构简单、就地取材、造价低廉、施工便捷等优点，但在一定程度上景观效果一般，现在多被非预应力锚杆格梁代替。

2. 微型桩工程

微型桩一般是指桩径不大于100mm、长细比大于30、桩长不大于30m的钻孔灌注桩。桩体主要由压力灌注水泥（砂）浆或细石混凝土与加筋材料所组成，根据其受力需求加筋材料可为钢筋、钢棒、钢管或型钢等。微型桩多用于加固中型滑坡，一般桩底应穿过滑面以下一定深度，通常强风化岩层不少于8m，中风化岩层不少于5m，微风化地层不少于3m。微型桩布置灵活，即可在工程坡面或平台上设置，也可在自然边坡上布置；可根据工程需要做成垂直的或者是倾斜的，岩层边坡可以设置为单根或桩群，风化土层边坡应设置成微型桩群，微型桩顶还需采用冠梁联结。微型桩工程实例照片见图3-18。

近年来微型桩应用越来越广泛，具有坡体扰动小、利于生态环保、施工便捷快速、注浆水泥终凝后快速发挥作用的特点，不过在黏土岩风化地层中由于岩土层渗透系数小，浆液扩散效果不佳，其性价比不高。

图 3-18 微型桩施工

3. 抗滑桩工程

抗滑桩是将桩插入滑动面(带)以下的稳定地层中利用稳定地层岩土的锚固作用以平衡滑坡推力稳定滑坡的一种结构物,也称锚固桩。抗滑桩适用范围较广,不同地层岩性浅层和中厚层的滑坡均可适用,是一种抗滑处理的主要措施。对于大型滑坡,尤其是大型古滑坡和堆积体滑坡、大规模顺层滑坡等,滑坡范围广、滑距长、厚度大,滑带岩土抗剪强度低,滑坡下滑力巨大,多为一千多至几千千牛,常规加固、锚固和支挡工程无法提供足够抗滑荷载,绝大多数需采用抗滑桩进行治理。

抗滑桩的种类按截面形式可分为方桩(矩形截面)和圆桩(圆形截面),按结构形式可分为单桩和排架桩,按成孔方式可分为人工挖孔桩和机制桩。一般人工挖孔桩截面大,能提供大吨位抗滑荷载,材料利用率高,造价相对较低,但施工过程有一定的安全风险;机制桩受机械设备限制,桩截面直径一般不超过300cm,施工安全快捷,但材料利用率相对较低,造价较高。

抗滑桩的主要设计步骤为:

(1)首先查清滑坡的原因、性质、范围、厚度,分析滑坡的稳定状态、发展趋势。

(2)根据滑坡地质横断面及滑动面处岩土的抗剪强度指标,计算滑坡推力。

(3)根据地形、地质及施工条件等确定设桩的位置和范围。

(4)根据滑坡推力大小、地形及地层性质,拟定桩长、锚固深度、桩截面尺寸及桩间距。

(5)确定桩的计算宽度,并根据滑体的地层性质,选定地基系数。

(6)根据桩底的边界条件采用相应的公式计算桩身各截面的变位、内力及侧应力等,并计算最大剪力、弯矩及其部位。

(7)校核地基强度。若桩身作用于地基的弹性应力超过地层容许值或者小于容许值过多时,则应调整桩的埋深,或桩的截面尺寸,或桩的间距,重新计算,直至符合要求为止。

(8)根据计算的结果,绘制桩身的剪力图和弯矩图。

(9)对钢筋混凝土桩,据以进行配筋设计。

抗滑桩一般应设置在滑坡前缘抗滑段滑体较薄处以充分利用抗滑段的抗滑力减小作用在桩上的滑坡推力,减小桩的截面和埋深,降低工程造价,并应垂直滑坡的主滑方向成排布设。对大型滑坡,当一排桩的抗滑力不足以平衡滑坡推力时,可布设两排或三排。抗滑桩埋入地层以下深度，按一般经验，软质岩层中锚固深度为设计桩长的三分之一且不小于 8m；硬质岩中为设计桩长的四分之一且不小于 5m；土质滑床中为设计桩长的二分之一且不小于 10m。

抗滑桩工程施工实例见图 3-19。

a)人工挖孔桩

b)旋挖桩

图 3-19 抗滑桩施工

五 排水工程

水害是影响边坡稳定性最普遍、最重要的因素之一，完善的排水工程一方面可提高边坡稳定性，另一方面还能减少水对边坡的浮力作用，因此，容易实施且见效快的地表排水工程对任何一个边坡的治理都是不可缺少的。排水工程包括地表排水工程和地下排水工程。

1. 地表排水工程

地表排水的目的是把边坡区以上山坡来水截排不使其流入边坡区，把边坡区内的降水及地下水露头（如：泉眼）等通过人工沟渠尽快排出边坡区，减少其对边坡稳定的影响。

地表排水系统包括边坡区以外的山坡截水沟、边坡区的排水沟及自然沟的疏通和铺砌等，形成一个统一的排水网络。边坡区以外的山坡截水沟应布设在边坡堑顶线以外处，其断面尺寸取决于汇水面积、地面土质和坡度、植被情况和当地的年降雨量和集中暴雨量。排水沟纵坡一般不小于 2%，陡坡地段设置跌水或急流槽。泉眼的引排，多采用明沟与盲（暗）沟相结合的方式引入就近的排水沟。自然沟是历史上已形成的排水通道，要充分利用，其沟岸坍塌、堵塞段应进行疏通，使排水顺畅。

地表排水除了上面提到的永久性排水工程，还有施工期临时排水工程，特别是针对降水较多地区的地表开裂、基坑开挖等，一定要做好临时防排水工程。临时防排水工程主要有封闭裂缝、遮盖坡面、疏导排水、基坑抽水等措施。

2. 地下排水工程

地下排水工程是治理边坡的主要措施之一，特别是地下水发育的大型滑坡，地下排水工程应是优先考虑的措施。地下排水工程主要截断了补给滑面（带）的水源，降低地下水位，减少滑带土的孔隙水压力，提高其抗剪强度，从而增大边坡的稳定性，因而可减少甚至取消支挡加固工程，节约投资。

地下排水工程依据不同边坡的地下水分布和补给情况，常用的措施有：截水盲沟、截水盲（隧）洞、仰斜孔群排水、垂直钻孔群排水、井点抽水、虹吸排水、支撑盲沟等。

当补给边（滑）坡的地下水主要来自边（滑）坡区以上的山坡时，可在边（滑）坡区以上山坡垂直地下水流方向布设截水盲沟（或盲洞）截断地下水。盲沟底部应设置在滑面（带）以下的隔水地层中，并应浆砌不使其漏水。

仰斜钻孔群排水是在地下水比较发育的边（滑）坡上部或前缘施工若干个向上仰斜5～10°的钻孔将水排出，以降低边（滑）坡的地下水位，减少滑带土孔隙水压力，提高其强度、增加边（滑）坡稳定性。

垂直钻孔群排水是在边（滑）坡中上部地下水分布比较集中的地区通过钻机布设若干个竖向钻孔，孔底伸入到滑面（带）以下的稳定地层，由孔群集水并降低地下水位，孔中积水用泵抽出地面用明沟排走。

井点抽水基本原理同垂直钻孔群排水，只是不是机械成孔，而是人工挖井。

虹吸排水是利用虹吸管的真空原理及进水口和出水口的大气压差将浅层地下水字流排出地表的一种方法。

支撑盲沟是以支撑山体滑动为主，兼排除滑坡地下水、疏干滑体的作用。支撑盲沟的深度取决于滑坡滑动面埋深及滑体含水情况，一般为数米至12m为宜。支撑盲沟的底部应放在滑动面以下不小于0.5m的稳定地层中，防止滑带向下发展而使盲沟破坏或“坐船”。

边坡上常用的地表排水沟和仰斜排水孔见图3-20。

a)地表排水沟

b)仰斜排水孔

图3-20　边坡常见排水工程

第三节　典型地层岩性对边坡稳定性的影响

岩石按成因分为岩浆岩（火成岩）、沉积岩和变质岩三大类，均在我国广泛分布。由于成岩机理、成岩环境和矿物成分的差异，不同岩性工程性质差异也较大，在边坡建设过程中也表现出不同的作用机理和影响程度。掌握常见地层岩性对边坡稳定性的影响类型和作用机理，对于合理处治边坡具有重要指导作用。

一 岩浆岩

岩浆岩又称火成岩，是由岩浆喷出地表或侵入地壳过程中，由于热量散失，逐渐冷却凝固所形成的岩石，约占地壳总体积的65%。岩浆岩有陆相喷发和海相喷发，一般火山熔岩地区具有典型的火山地貌景观，主要由火山锥、火山湖、熔岩台地组成。下面重点介绍分布范围较广的花岗岩、凝灰岩、流纹岩和玄武岩等地层公路边坡的工程特性。

1.花岗岩

分布最广泛，早元古期、中元古期、晚元古期、加里东期、华力西期、印支期、燕山期早期和晚期、喜马拉雅期均有喷出花岗岩。花岗岩矿物成分主要为石英、长石和云母，颜色多为浅黄、浅红和灰白色，按结构构造，可分为细粒花岗岩、中粒花岗岩、粗粒花岗岩、斑状花岗岩、似斑状花岗岩等，属坚硬岩。

花岗岩地层对公路边坡工程稳定性的影响主要为五个方面：

一是贯通结构面。花岗岩的结构面包括成岩过程的原生节理、后期构造节理以及风化节理，尤其前两种节理对边坡影响性较大。一般花岗岩地层结构面较发育，应认真实地全面调查，分清控制结构面或其组合，便于摸清边坡破坏机理，对症施策。

二是厚层风化。华南地区地质构造作用和风化作用剧烈，花岗岩风化层厚度大部分均较厚，全风化层局部深达几十米甚至上百米。厚层风化一方面是岩土体强度较低，公路边坡开挖后松弛变形大，易失稳；另一方面是风化土层中多分布有贯通裂隙泥质风化带，强度极低，润滑性强，易形成滑面诱发边坡失稳。

三是基岩顶面形态。花岗岩风化程度不同，渗透性差异较大，故在基岩顶面一带易形成富水带，当基岩顶面呈与坡向一致的斜坡时，风化层极易沿基岩顶面发生类似顺层状滑坡变形。

四是差异风化。花岗岩差异风化也称球状风化，是花岗岩体受地质应力作用形成裂隙，将岩体分割成不等的较大岩块，然后在受限空间内发生热胀冷缩和亲水性黏土矿物膨胀收缩作用而形成。华南地区尤其是粤东闽南一带，花岗岩球状风化极发育，一方面风化核周边土体结构松软，强度较低，导致风化核容易失去支撑发生滚石、落实病害，另一方面因风化层物质成分不均匀，孤石移动后易导致土体沉陷、滑移，破坏岩土体整体性，发生滑塌变形。

五是构造蚀变特性。花岗岩成岩过程中，岩浆活动为花岗岩体蚀变提供了基础，表现形式主要为长石的高岭土、蒙脱石化，钾长石黏土化，斜长石绢云母化，黑云母绿泥石化等。不同程度的蚀变，对边坡工程稳定性的影响不同，轻微蚀变岩石岩体强度明显降低，中等至强烈蚀变岩石边坡开挖暴露后就会产生膨胀、崩解和泥化等现象。

六是岩性接触带。花岗岩是深层喷出岩，岩浆高温对周边岩体灼烧，导致一定范围的岩体发生变质作用，而且岩浆冷却后因热胀冷缩作用产生温度裂缝，在后期因地下水和风化作用，形成风化破碎带，夹泥化变质矿物，易诱发边坡变形失稳。

2. 凝灰岩

凝灰岩一般由火山碎屑或者火山喷发残留物物质沉积组成，通常情况不会混入其他岩类碎屑物质，经常具有明显的凝灰质结构或角砾结构，火山碎屑成分多以玄武岩碎屑、长石类矿物、玻璃质碎屑、硅质碎屑或铁质碎屑为主。一般凝灰岩层理较差，不会有斜层理；各种几何形态碎屑都有，晶体有爆碎痕迹，即晶屑，而且大小较杂；多与火山角砾岩、火山集块岩、沉凝灰岩、凝灰质灰岩等构成火山喷发韵律。

凝灰岩质软，遇水容易软化崩解。暴露情况下，抗风化能力远低于玄武岩。在工程性质上，凝灰岩是类似于沉积岩的火山岩，对公路边坡具有较明显的影响有不利结构面或其组合、风化产物受水作用两大方面。

(1)不利结构面或其组合。受成岩环境、地质构造和风化作用影响，凝灰岩的结构面有凝结层理、节理裂隙面和风化基岩顶面，其凝结层理对岩层稳定性影响较大，而且经常控制岩层风化，故凝灰岩的凝结层理和风化基岩面类似沉积岩层面，对边坡稳定性影响很大，也较易发生顺层滑动变形。另外，由于凝灰岩含有较多长石类矿物，风化后多含泥质成分，凝灰岩夹层具有明显的泥化特征，充填于节理裂隙面间，导致公路边坡开挖后，极易受不利节理裂隙面或其组合控制，发生一定规模的坡体变形失稳。

(2)凝灰岩残积土受水作用。凝灰岩遇水会软化、崩解，工程特性较差，主要表现为：

①强度低。根本原因在于凝灰岩的成岩作用差，或者后期变化使其强度降低，承载能力差，抗剪强度低。

②变形模量小。堆载、卸载、地震等外界影响下，易产生较大的沉陷或不均匀变形。

③水理性质差。凝灰岩遇水易软化、崩解，含水量变化时易出现明显的膨胀或收缩现象。

④流变效应明显，长期强度低，因此凝灰岩高边坡长期稳定性较差。

含水率和干湿循环对凝灰岩残积土的结构具有显著的影响，凝灰岩残积土的抗剪强度随含水率的增大而减小，当含水率较大时，土体抗剪强度随含水率的增大变化速率明显变小，且在接近残余含水率时，土体的抗剪强度变化幅度较大。凝灰岩残积土边坡在降雨入渗等吸湿条件下，残积土含水量不断增大，增大滑动土体的剪应力，雨水软化岩土体，润滑滑动面，同时雨水入渗也会降低岩土体的抗剪强度和基质吸力，凝灰岩本身具有遇水崩解、软化特性，土体抗剪强度不断减小，边坡的安全稳定性系数相应减小，导致边坡变形失稳。

3. 流纹岩

流纹岩矿物成分与花岗岩相同，多为灰色、粉红色或砖红色，有斑状结构和流纹状结构。流纹岩的成因主要有：①玄武质岩浆或其他岩浆的分离结晶作用形成；②由于地壳岩石深部熔融作用形成；③岩浆混合与分离结晶作用的共同作用；④岩浆房内的热重力扩散分异作用。

流纹岩对公路边坡的影响体现在两个方面：一是流纹结构，受成岩环境影响，流纹纹理面具有似层状特征，胶结相对较弱，抗风化能力也相对较差，易形成软弱面，影响边坡稳定；二是风化层，流纹岩风化后含有热蚀变矿物的黏性土层，遇水润滑性明显，强度较低，很容易引发边坡变形失稳。

4. 玄武岩

玄武岩是一种基性喷出岩，由火山喷发出的岩浆在地表冷却后凝固而成的一种致密状或泡沫状结构的岩石，玄武岩包括熔结凝灰岩、凝灰熔岩和熔岩三类，是火山岩从火山岩碎屑相向熔岩相逐渐过渡的。熔结凝灰岩中以火山灰为主，浆屑呈假流纹产出；凝灰熔岩火山灰含量少以熔岩为主；熔岩相对结构致密，常出现气孔、杏仁、流纹等构造。玄武岩主要呈黑色和灰色，也有黑褐色、暗紫色和灰绿色。中～强风化玄武岩强度较高，耐久性好，不过一般节理较多，具脆性。当玄武岩风化程度不高时，公路边坡稳定性较好，其对边坡稳定性的影响主要是基岩顶面和风化残积土。对于基岩顶面形态对坡体稳定性的影响，与前述花岗岩类似，此处不再赘述，主要对玄武岩残积土的特性进行简要阐述。

玄武岩残积土是由玄武岩经过长期缓慢的风化分解与风化作用形成，黏土矿物以高岭石类为主，具有高孔隙率、低密度、高液限的物理特性。其风化程度、厚度及性质与气候、地形、新构造运动和水文地质条件等因素有关。在大气降雨作用下，玄武岩残积土的浅层土体含水率增长速率较快，上部及深部土体更易达到饱和，致使力学性质明显劣化，同时颗粒间胶质容易发生脱水老化，导致结构强度减损，从而显著影响坡体稳定性。

二　沉积岩

沉积岩是由岩石、矿物在内外力作用下破碎成碎屑物质后，再经水流、风吹和冰川等的搬运，堆积在大陆低洼地带或海洋，再经胶结、压密等成岩作用而成的岩石，其形成过程受地理环境和大地构造格局的制约。古地理对沉积岩形成的影响主要是陆地和海洋、盆地外和盆地内的沉积环境。大地构造对沉积岩的形成及变化具有明显特征：一是在陆内造山带形成山前粗碎屑砾岩层序；二是在陆内断陷盆地、洼地和山前拗陷盆地，可形成湖泊、干盐湖或湖沼沉积；三是在稳定大陆块上，常形成厚度不大的砂质岩或碳酸盐岩组合；四是在大陆与火山岛弧之间或弧后海沟一带，可形成厚度很大而且包含火山岩和火山碎屑岩的韵律层状沉积岩；五是在大陆架到深海的斜坡带形成滑塌堆积岩或混杂岩等。沉积岩的主要特征是具有层理，根据层厚可划分为薄层、中厚层、厚层和巨厚层。典型的沉积岩有砂岩、灰岩、泥岩、页岩和砾岩等，下面分别对这几种岩性的工程特性加以介绍。

1. 砂岩和粉砂岩

砂岩主要由砂粒胶结而成，其中粒度为2～0.0625mm的砂粒含量大于50%，主要矿物成分是石英和长石；砂岩按矿物类型可分为石英砂岩、长石砂岩和岩屑砂岩。粉砂岩主要由粉砂碎屑组成，粉砂碎屑的粒径大小在0.0625～0.0039mm之间。砂岩和粉砂岩胶结物类型有硅质、钙质、铁质和泥质，硅质和铁质胶结的砂岩致密坚硬，钙质胶结次之，泥质胶结一般比较松软。

砂岩颗粒较粗，岩质坚硬，岩体工程性质较好，对公路边坡稳定性的影响主要是顺层、不利节理面组合和风化覆盖层。

砂岩顺层边坡主要看层间闭合程度及层面是否填充泥质夹层，当层面结合致密、层间无充填物时，一般不易发生顺层滑动。反之，当层间夹杂泥质充填物，或者砂岩夹有软弱夹层（包括软弱岩性和砂岩风化层）时，则在边坡开挖后易发生顺层滑动。另外，中厚层和薄层砂岩受成岩环境影响，一般泥质成分较高，强度相对较低，也较易发生顺层滑坡。工程实践中，单一砂岩地层很少见，多与粉砂岩、泥岩、页岩等互层或夹层形式存在，故极易在边坡施工期发生顺层滑坡。

砂岩地层边坡稳定性主要受层面控制，但是即使层面对坡体稳定性有利，当不利结构面发育时，也会导致边坡变形失稳，具体受裂隙面或其组合产状、贯通性、闭合程度以及充填情况等因素控制，根据具体情况加以分析判断。

砂岩风化覆盖层强度低，渗透性相对较高，与花岗岩等类似，易在基岩顶面形成富水带而影响边坡稳定，此处不再多述。

另外，泥质粉砂岩因含有较多泥质成分，风化速度较快，具有一定的亲水性，岩性较软，工程性质远远差于砂岩和粉砂岩，几乎岩层产状与坡向一致时均会发生顺层滑动，因此在实践中应引起高度重视。

2. 砾岩

砾岩是颗粒直径大于2mm的碎屑，经过搬运、沉积、压实、胶结而形成的岩石，粗碎屑含量大于30%。绝大部分砾岩由粒度相差悬殊的岩屑组成，砾石或角砾大者可达1m以上，填隙物颗粒也相对比较粗，具有大型斜层理和递变层理构造。砾岩的胶结类型、成岩时代和构造作用对边坡稳定性影响较大。

工程上多见砾岩为钙质胶结和泥质胶结。对于泥质胶结，由于胶结强度低，遇水后易软化，故对边坡稳定性不利。由于砾岩是搬运物质重新沉积而成，当地质年代较近时，如第三系和白垩系，砾岩固结时间不够长，因此颗粒间胶结尚不充分，导致岩体强度较低，也不利于边坡稳定。砾岩地层经历构造作用强烈时，因其颗粒不均匀，细小颗粒风化速度较快，致使粗颗粒大多呈散粒状，现场粗看与堆积层极为相似，岩土体黏结强度较低，整体性较差，公路边坡开挖后受卸荷松弛影响或大气降雨作用，很容易导致边坡变形失稳。

3. 灰岩（泥灰岩、炭质灰岩）

灰岩俗称石灰岩，为碳酸盐岩，矿物成分主要为方解石，其他成分包括黏土矿物、石英粉砂、铁质微粒、海绿石、有机质等。灰岩结构比较复杂，有碎屑结构和晶粒结构两种。碎屑结构多由颗粒、泥晶基质和亮晶胶结物构成。颗粒又称粒屑，主要有内碎屑、生物碎屑和鲕粒等。灰岩在每个地质时代都有沉积，各个地质构造发展阶段都有分布，按矿物成分划分，灰岩可分为硅质灰岩、黏土质灰岩和白云质灰岩三种。

黏土质灰岩根据主矿物和次矿物的含量，可细分为泥质灰岩、炭质灰岩，其次要矿物泥质、炭质含量为25%～50%，而泥灰岩是指介于黏土岩与碳酸盐岩之间的过渡类型，由粉砂及泥级碳酸盐与黏土矿物混合组成的一种松、软、易碎的较新的沉积岩。

灰岩、泥灰岩的工程性质一方面与颗粒大小、矿物成分有关，另一方面也与胶结物质有关，工程上对边坡稳定性影响明显的有层面产状、节理裂隙或其组合、岩溶及风化层。

顺层边坡。对于硅质和白云质石灰岩，一般灰岩呈块状或巨厚状时且层间闭合致密时不易发生顺层滑动，当灰层为中厚层～薄层或者夹有软弱夹层时，一旦层面与坡向一致，很容易发生顺层滑坡。而对于黏土质灰岩，即使层厚很多，也会发生顺层滑动。

不利节理裂隙面或其组合。受构造作用或风化影响，灰岩内长大贯通节理裂隙面或其组合不利坡向，尤其是裂隙面内泥质充填时，也对边坡稳定性影响较大。

岩溶。灰岩为可溶盐，华南地区年降雨量大，地下水丰富，绝大部分灰岩都会发育不同程度的岩溶。岩溶对公路边坡稳定性的影响主要有三种方式：第一是溶洞坍塌，即溶洞无充填或半充填时，边坡开挖后破坏土拱效应，在重力作用下洞周岩体骨架被破坏，致使溶洞坍塌，引发坡体局部变形失稳。第二种是边坡开挖后，处于边坡下部的岩溶带由三向应力状态改变为临空面无侧限状态，压缩变形增大，引起边坡后部受拉，形成拉裂缝，导致边坡变形失稳。第三种是溶洞充填物松散、富水、软弱，强度很低，边坡开挖后无法自稳，从而导致边坡变形失稳。

炭质灰岩和泥质灰岩本身泥质、炭质物质含量较高，胶结力较弱，岩体强度低，开挖暴露后风化速度极快；另外亲水性强，遇水软化、水化作用强烈，短时间内大幅降低岩体强度，该类地层也属于广义的煤系地层，对公路边坡稳定性极为不利。

灰岩风化物多为红黏土，具有表面收缩、弱膨胀性、裂隙发育、中～高压缩性、抗剪强度低等特点，相当比例为高液限土，工程性质较差，公路边坡开挖后在卸荷松弛、重力作用以及大气降雨影响下，极易诱发边坡变形失稳。

4. 泥岩、页岩

泥岩和页岩是弱固结的黏土经过中等程度的后生作用（如挤压作用、脱水作用、重结晶作用及胶结作用等）固结而成，泥岩成分与构造和页岩相似，主要由黏土矿物，如水云母、高岭石、蒙脱石等组成，泥岩层理不明显，质地松软，固结程度较页岩弱，重结晶不明显；页岩具有薄页状或薄片层状的节理。

泥岩、页岩均属于黏土岩，岩性软弱，强度低，易产生压缩变形，抗风化能力较低，遇水后具有膨胀、崩解等特性。泥岩、页岩地层或具有泥岩、页岩基层的地层，修建公路边坡时，具有极大不利作用：一是受层面控制易产生大规模顺层滑坡，泥岩、页岩强度极低，尤其是炭质页岩、炭质泥岩，顺层滑面倾角可低至5°～7°，牵引范围极大，一般超过100m，华南境内部分边坡可达500m以上。二是坡体含有全～强风化泥岩、页岩夹层时，作为软弱夹层，边坡开挖后，也较易形成滑面，致使边坡变形失稳。三是亲水性极强，风化速度极快，开挖暴露或受水浸泡后，迅速软化，伴水化变质作用，强度急剧降低，大幅降低边坡稳定性。炭质页岩、炭质泥岩属于煤系地层，工程上也多将泥岩、页岩地层归纳为广义的煤系地层。

三 变质岩

变质岩主要包括加里东期区域动力变质岩带，加里东期递增动热变质岩带，加里东期～印支期递增叠加动热变质岩带，华力西期～印支期区域动力变质岩带，燕山期递增动热变质岩带等五种类型，分布范围较广，典型的地层有片岩、板岩和千枚岩。

1. 片岩（云母片岩、绿泥石片岩、滑石片岩、角闪石片岩）

片岩是常见的区域变质岩石，其特征是厚度较薄、有片理构造，原岩已全部重结晶，主要矿物以片状云母和粒状石英、长石为主，一般为鳞片变晶结构、纤状变晶结构和斑状变晶结构。片岩属于软岩，由于成岩时变质程度深、层理面发育，具有遇水容易软化、强度折损较快、抗风化能力较弱等特点。片岩的工程性质介于粉砂岩和泥岩之间，有点类似于泥质粉砂岩。片岩的类型主要取决于原岩类型，也与经历的温度压力条件密切相关，主要有云母片岩类、绿片岩类、镁质片岩类、滑石片岩、闪石片岩类等。

云母石英片岩变质程度相对较浅，矿物组成以石英和云母为主，呈细粒鳞片粒状变晶结构，显微片状构造，云母定向排列尤为明显，为岩石强度各向异性的主要控制因素。而绿泥石片岩、滑石片岩和角闪石片岩变质程度较深，富含绿泥石、滑石和普通角闪石（与泥灰岩相近），为易滑软弱夹层。

片岩由于岩石经过变质作用重结晶，岩块较为坚硬，片理面的风化要强于岩石的整体风化，岩质片岩公路边坡工程潜在破坏模式主要有三类：第一类是片里面或贯通节理面发生顺层变形破坏；第二类是不利结构面组合形成块体失稳破坏；第三类是陡反倾结构面的折断破坏，因片岩岩体厚度较薄，强度较低，边坡开挖后岩层发生弯曲而折断破坏。

片岩风化后，其全风化和残积层工程性质较差，强度低，亲水性强，遇水软化、崩解，尤其当富含绿泥石、滑石等矿物时，饱水情况下强度极低，形成滑面可低至4°～5°，对边坡稳定性极为不利，该类地层往往容易发生大型甚至巨型滑坡病害。

2. 板岩

板岩是一种以泥质和粉砂质成分为主的板状劈理发育的浅变质岩，具有板状结构，基本没有重结晶的岩石，含铁的为红色或黄色；含碳质的为黑色或灰色。板岩为极软岩，其工程性质与泥岩、片岩和页岩类似，对公路边坡的不利影响也表现为顺层滑动、不利结构面或其组合切割、基岩顶面滑动以及风化、水作用等。

板岩以及泥岩、片岩、页岩主要岩层特征见表3-2。

泥岩、板岩、片岩和页岩特征一览表　　表3-2

名称	岩层特征
泥岩	1. 岩层厚，一般为数厘米至1m以上； 2. 具有层状构造； 3. 属于沉积岩，由泥巴及黏土沉积固化而成； 4. 主要为水云母、高岭石、蒙脱石等黏土矿物，其次为石英、长石、云母、绿帘石、绿泥石、有机质等
板岩	1. 岩层较厚，一般在1cm以上； 2. 具有板状构造； 3. 属于浅变质岩，以矿物颗粒或隐晶质为主，基本没有重结晶； 4. 原岩为泥质、粉质或中酸性凝灰岩，主要为泥质物和部分绢云母、绿泥石等
片岩	1. 岩层较薄，厚度一般为10～0.2mm； 2. 具有片状结构、片理构造； 3. 属于变质岩，变质程度较高，几乎所有原岩都已重结晶； 4. 颗粒粗大，其颗粒结构主要为石英和长石，由片状、柱状和粒状矿物组成，一般为鳞片变晶结构、纤状变晶结构和斑状变晶结构

续上表

名称	岩层特征
页岩	1. 岩层很薄，厚度一般小于0.2mm； 2. 具有页片结构、页理构造，具有薄页状或薄片层状的节理； 3. 属于沉积岩，由泥质沉淀物经沉积压力和温度成岩作用固结而成； 4. 主要为黏土，混杂有石英、长石的碎屑和其他化学物质

3. 千枚岩

千枚岩是具有千枚状构造的较浅变质岩，比板岩（一般为变余结构）变质程度高，比片岩（变晶结构）低，原岩多为泥质岩石、粉砂岩及中、酸性凝灰岩等，经区域低温动力变质作用或区域动力热流变质作用形成。变质程度介于板岩和片岩之间。主要矿物成分为绢云母、绿泥石和石英，可含少量长石及碳质、铁质等物质，片理面上可见绢丝光泽。千枚岩的主要类型：绢云千枚岩、绿泥千枚岩、石英千枚岩、钙质千枚岩、炭质千枚岩等。

千枚岩呈薄层状岩体结构，片理面发育，具各向异性特征，在干湿交替环境下强度劣化效应明显。千枚岩地层影响公路边坡稳定性的机理主要有顺层滑动、陡倾（包括顺倾和反倾）结构面的溃屈、倾倒破坏、不利结构面或其组合条件下的块体失稳以及亲水性引起的岩层水化软化、崩解引起的边坡变形失稳等。此处只对陡倾结构面的溃屈、倾倒破坏简述，其余变形机理同前述地层岩性。

在千枚岩地层公路边坡开挖过程中，在自重应力场作用下，斜坡浅表层岩体开始发生弯曲变形，位移增量较明显部位集中在坡脚，坡脚岩体受上部岩体的强烈挤压，发生弯曲变形，层面张开，层间发育楔形张裂缝，坡体上部发育横向拉裂缝。随着弯曲程度的增大，切层楔形张裂缝增多，局部岩层发生折断，逐渐形成一断续的弯曲折段带。最终弯曲倾倒岩层沿弯曲折断带发生强烈的剪切破坏，前缘岩体剪出，后缘竖向裂缝发育为陷落带，变形破坏模式由前述的弯曲拉裂转化为滑移拉裂。在坡体变形过程中，坡脚首先发生弯曲倾倒失稳，坡脚的倾倒失稳对上部斜坡具有卸荷和临空效应，不利于上部斜坡的稳定，牵引上部斜坡变形失稳，进而形成多级失稳。在工程实践中，千枚岩公路边坡往往不仅仅只受重力作用，还会伴随大气降雨引起的表水和地下水作用，将进一步导致暴露的坡表岩层风化加剧、亲水软化崩解，强度急剧降低，加速坡体变形。

第四节　公路边坡勘察

边坡勘察是设计的基础，其成果直接影响边坡设计质量。公路边坡勘察一般采用地质调查、测绘、钻探、物探及试验等综合方法，尽可能查清边坡场区地形地貌、工程地质条件和水文地质条件，分析边坡破坏模式，从而为边坡设计提供地质资料。我国疆域辽阔，各种地质构造十分复杂，尤其是大部分丘陵和山区经历了加里东褶皱构造运动、印支运动、燕山运动、喜马拉雅运动等重大地质构造运动，地质条件复杂多变；而且岩土工程离散性强，差异性突出，同一个边坡范围内的不同区域岩土力学指标往往差异很大。为此，目前工程上采用的以点代线、以线代面的网状勘察技术的精度，与边坡地质条件复杂程度、勘探网密度和技术人员的专业水平密切相关。

一 不同设计阶段边坡勘察的主要任务和技术要求

公路边坡工程勘察设计与线路整体同步进行，其勘察设计阶段也经历工程可行性研究、初步勘察设计、详细勘察设计阶段，但由于其特殊性，边坡建设期或营运期发生变形病害后，还需开展专项补充勘察。不同设计阶段，边坡勘察任务不同，勘察技术要点也有区别。

1. 工程可行性研究阶段的边坡勘察

工程可行性研究阶段（简称工可阶段）边坡勘察的主要任务是以资料收集和工程地质调绘为主，辅以必要的勘探手段，了解边坡场区地形地貌、地层岩性、地质构造、水文地质条件、地震动参数、不良地质和特殊性岩土的类型、性质、分布范围、成因及发育规律。对于具有古滑坡地貌或新近发生过大型滑坡的地段，还应按照滑坡专业勘察要求完成下列工作内容：

（1）搜集遥感图像、航拍卫片以及地方志等资料，走访当地群众，了解当地滑坡史和易滑地层分布情况。

（2）调查滑坡地貌形态及其演变过程，以及滑坡范围的已有建筑物、树木等变形情况，了解滑坡分布位置及周围坡体之间的稳定关系，圈定滑坡形态要素及周界。调查滑坡区的地下水分布情况，泉水出露地点及流量，以及湿地的分布情况。

（3）初步查明滑坡周界范围、滑动面（带）位置、滑动面（带）岩土性质，以及滑坡变形历史与现状。

（4）初步判定滑坡稳定状况及其发展趋势，评价滑坡对公路工程危害程度。

工可阶段边坡勘察主要是了解区域构造对边坡的宏观影响，结构面的总体发育规律，地层岩性的工程性质；不良地质的发育程度、发育规模、形成机理及其对边坡的影响；特殊性岩土（主要是高液限土、花岗岩残积土和人工填土）的分布范围、厚度及工程性质等。

2. 初步勘察

公路边坡工程初步勘察的主要任务有：

（1）基本查明边坡场区地形地貌、地层岩性、地质构造、水文地质条件。包括地形地貌的成因、类型、分布、形态特征、横向坡度、斜坡的自然稳定状况和地表植被情况；地层岩性、接触关系、岩石的风化程度、边坡的岩体类型、胶结程度和结构类型；地质构造类型、性质、规模、产状及与边坡关系；层理、节理、断裂、软弱夹层等结构面的产状、规模、倾向路基的情况；覆盖层的厚度、土质类型、地层结构、含水状态、胶结程度和密实度；覆盖层下伏基岩岩性及其组合情况、风化程度、基岩顶面的形态特征及起伏变化情况。

（2）基本查清不良地质和特殊性岩土的成因、类型、性质和分布范围，重点对影响线路方案的大型不良地质，如古滑坡、堆积扇、错落体、岩溶等，沿线逐段进行排查、评估。各类典型不良地质及特殊性岩土主要工作内容如下：

滑坡：初勘阶段滑坡勘察应基本查明公路沿线滑坡及潜在滑坡的位置与周界范围、滑坡裂缝、滑坡擦痕、滑坡台阶、滑坡壁、滑坡鼓丘、滑坡洼地等滑坡要素的分布位置和发育情况，查明滑坡体组成物质、厚度，分级、分块和分层情况，滑动面（带）位置、形状、物质组成及物理力学性质，滑坡体变形情况及滑坡历史等；查明滑坡体内地下水含水层分布状态、补给来源、各含水层间的水力联系、泉水出露及湿地分布情况；搜集当地滑坡的勘察、设计资料和治理经验，分析滑坡形成原因及诱发条件，评价滑坡稳定状态、发展趋势及对公路工程危害程度，提出路线绕避方案或滑坡防治技术措施的建议。

危岩、崩塌与岩堆：除了地形地貌的类型及形态特征，气象、水文和地震动参数资料外，还应基本查清危岩、崩塌和岩堆的分布范围、类型、规模、稳定性及与边坡关系；地层岩性、软质岩与硬质岩的分布情况、岩石的风化程度；地质构造特征，节理、层理、断裂等结构面的产状、规模、结合程度，边坡岩体的结构类型和完整性等。

泥石流：圈定分水岭及泥石流形成和影响区域，除了搜集、调查地形地貌、地层岩性、地质构造、水文地质条件、地震、气象和水文地质外，还应调查走访当地泥石流防治经验与工程类型；基本查清泥石流的类型、分布、规模、成因、发生的时间及频率；泥石流沟谷的横断面形态、沟槽宽度、纵坡和汇水面积；泥石流形成区、流通区不良地质的发育情况及固体的物质来源与储量；泥石流堆积物的分布范围、物质成分、数量和粒径组成以及地表植被情况。

岩溶：岩溶对公路边坡的影响因素主要是岩溶水、充填物及溶蚀带风化岩土体，因此需基本查清岩溶地貌的成因、类型、规模、形态特征、分布范围；褶皱、断裂、节理的类型、规模、性质、分布范围和产状；岩溶发育与地层岩性、地质构造、水文地质条件及新构造运动的关系；覆盖层的成因、类型、分布、厚度、土质名称、地层结构；基岩的岩性、地质年代、地层层序、分布范围、埋深和岩面起伏变化情况；地表水与地下水的水力联系，地表水的消水位置、地下水的类型、分布、富水程度、埋藏条件、水位变化及运动规律。

高液限土：基本查清高液限土的分布范围、厚度、含水状况、主要矿物成分、物理力学性质等。

花岗岩残积土：基本查清花岗岩残积土的分布、厚度、物质组成、土质类型、岩土的物理力学性质；地层结构、软弱夹层或风化裂隙位置、规模、产状及球状风化体（孤石）的发育情况；下伏基岩的岩性、岩石的破碎程度及基岩顶面形态特征、产状；地下水的类型、埋深等。

填土：基本查清地表形态特征和沟谷发育情况；填土的分布范围、厚度、物质组成、颗粒级配、密实程度、均匀性、渗透性和物理力学性质；下伏原状地层的岩性、风化程度、接触面形态特征；地下水的类型、埋深、水位及其变化幅度、地表水和地下水的腐蚀性等。

红黏土：基本查清红黏土的类型、分布范围、厚度、含水状态、土体结构、物理力学性质；地表变形特征、分布及成因，裂隙的密度、深度、延伸方向及发育规律；地下水的类型、埋深、水质及水位变化情况；坡面冲刷、剥落、滑坡、土洞等不良地质的发育情况等。

（3）基本查清边坡区段地质结构，有无控制边坡稳定的外倾结构面，工程项目实施有无诱发或加剧不良地质的可能性，重点是查清有无大范围顺层边坡或单点规模大、难度高、造价高的控制性顺层边坡。

（4）基本查清岩、土的物理力学性质，控制边坡稳定的结构面的抗剪强度。

(5)基本查清地下水和地表水发育情况；地下水的类型、分布、径流、出露位置、流量、动态特征、腐蚀性及对边坡稳定的影响。

边坡初步勘察以工程地质调绘为主，勘探测试为辅。一般情况下工程地质调绘的比例尺为1:10000，调绘范围宜至分水岭，或同时满足路线中心线两侧均不小于边坡高度的5倍，两侧应越过自然冲沟沟中心。当坡后自然山体高陡时，应调查至自然山体连续平顺陡坡段。当地形起伏剧烈或地质条件复杂时，调绘比例尺应放大至1:2000，原则上高差或宽度超过2m的微地貌均应调查齐全。

原则上每个深挖公路边坡应至少布置一个勘探断面，每个断面不少于2个钻孔，边坡范围内分布有自然冲沟时，其余每条山脊宜补充一个勘探断面，每个断面1~3个钻孔。对于普通公路边坡，当地质构造作用强烈、不良地质发育、地质岩性极软或地质条件极其复杂时，应参照深挖公路标准布置勘探断面，其余普通公路边坡可根据地质条件与路基勘察结合一起实施。

当边坡处于区域地质构造带范围内或边坡场区地质构造作用强烈，边坡岩性为页岩、泥岩、板岩和煤系地层等极软岩地层、发育较大规模不良地质时，应开展专题研究，加强勘察工作。

3. 详细勘察

详细勘察应在确定的路线上，依据初步设计的边坡范围，充分利用初勘取得的地质资料，采用以钻探、测试为主，调绘、物探、简易勘探等手段为辅的综合勘察方法，查明边坡的工程地质条件。

详勘阶段应对边坡做更全面更深入的地质调绘，当线路中心线偏离初步设计线位超过50m时，应重新对边坡全面开展边坡地质调绘工作；当详勘线位与初步设计基本一致或只做微调时，也应复核初勘阶段地质调绘成果，复核点数不少于10%。对于地形复杂、行走不便的边坡，宜结合无人机拍摄照片，然后再重点区域实地调绘。

详勘阶段的地质勘探原则上将最高断面作为最不利控制断面，该断面勘探点数不少于3个，其中钻孔不少于2个。结合广东省交通系统研究成果，公路边坡详勘阶段的勘察断面和勘探点布置原则如下：

(1)地形平缓或工程地质条件简单时横断面间距一般为70~100m，每个断面布置钻孔不少于2个。

(2)地形较平缓或工程地质条件较复杂时横断面间距一般为50~70m，每个断面钻孔数量不宜少于3个。

(3)地形起伏剧烈或工程地质条件复杂时横断面间距一般为30~50m，视断面长度，每个断面钻孔数量不宜小于3孔或4孔。

(4)对于滑坡区段，沿主滑方向主勘探断面，小型滑坡不应少于1条，勘探点间距宜为20.0~40.0m，中型滑坡不应少于2条，勘探点间距宜为30.0~50.0m，大型滑坡不应少于3条，勘探点间距宜为30.0~60.0m，巨型滑坡勘探断面应结合滑坡特点分区、分条布设充足的勘探断面，确保各分级、分块滑坡体上勘探点的有效控制。另外，垂直主滑方向的勘探断面，小型滑坡不应少于1条，中型滑坡不应少于2条，大型或巨型滑坡不应少于3条。

(5)于初勘阶段开展专题研究的大型复杂边坡，详勘阶段也应结合确定后的线位，充分比较线位平纵曲线微调的比较方案，并在此基础上结合结构物的设置，适当扩大勘探范围和勘探数量，增加必要的钻孔形成工程地质横断面和纵断面，提高地质勘察精度。

4. 专项补充勘察

对于下述几种情形应开展边坡专项补充勘察：

(1)边坡开挖后揭示地质条件与原设计差异非常明显且不利于边坡稳定；

(2)边坡地质条件极其复杂且明显容易诱发边坡大范围失稳；

(3)边坡已经发生较大规模甚至整体变形；

(4)边坡变形性质严重、潜在危害性较高及以上等级。

边坡专项补充勘察应在开展全面充分地质调查、大比例尺地形测绘(多为1:500)以及变形特征调查的基础上，合理制定勘察方案，并在钻探过程中及时动态调整，务求主断面位置正确、控制范围足够，辅助断面设置合理，能与主断面形成有效覆盖网；勘探点点位合适、点数合理、深度满足要求，达到全面掌控、突出重点的目的。

边坡专项补充勘察工作，首先是现场地质信息的跟踪、分析务必及时、专业。勘察设计阶段受各种因素制约，可能存在范围不足、精度不高、漏判误判等现象，随着边坡工程建设的启动，微地貌、小规模地质构造甚至地下水等各种信息不断被揭露，因此，应及时搜集、整理、分析这些信息，一旦发现可能诱发边坡大规模变形病害的特征，或者边坡已经发生较大范围变形，原勘察资料不足时，应及时加强跟踪或快速启动专项补充勘察工作。其次，边坡专项补充勘察的地质调查应结合1:500地形图开展，宜现场实地采用无人机对边坡区域进行全貌拍摄，便于合理确定调查范围，除满足勘察设计阶段的要求外，必要时还应向周边延伸。第三，调查范围内的微地貌、地质露头、地下水、变形裂缝等特征应采用追索法，在平面图上详细填充、记录地质调查资料。第四，依据调查成果，确定边坡变形或潜在变形主轴方向，初步分析变形模式、变形规模和作用机理，在此基础上制定补充钻探、坑槽探、物探、试验等综合勘探方案。第五，加强勘探过程中的资料分析，成果应与现场情况吻合，必要时及时调整完善。

二 公路边坡勘察的流程

公路边坡勘察属于设计前期基础性工作，是由项目建设单位、勘察设计单位甚至其他专业单位共同参与并由勘察设计单位实施的专业技术工作，其流程组织直接影响成果质量。公路边坡勘察主要包括资料收集与综合分析、编制勘察大纲、勘测、勘察以及成果整理与验收五个步骤。

资料收集与综合分析。收集资料主要包括文献资料、地质图件、工程地质勘察报告、航拍照片、卫星照片以及其他资料，用于初步了解边坡所在地区的地理、地形地貌、区域地质、区域水文地质、地质作用、地质现象、地震、气象、人文工程活动及地方建设规划等。对收集的资料进行综合分析与研判解释是一个很重要的步骤，它可以初步掌握边坡场区的主要概要性特征，如区域地质构造发育程度及与边坡的关系；地貌形态特征，各地质单元形成原因和条件；工程地质条件概况和特点，地层层序、厚度、时代、成因及其分布情况；岩性、风化破碎程度及风化层大致厚度；土石类别、工程性质及对工程的影响等。对收集资料采用工程地质力学或工程类比方法进行整理、分析，进而推测可能存在的主要工程地质问题，并通过对此类问题的研究、分析和工程经验的消化、吸收，提高勘察设计工作方案的针对性和成果的科学性，使边坡勘察设计工作具有一定的前瞻性、系统性，提高了工作效率和工作质量。

编制勘察大纲。公路边坡勘察大纲是在充分收集、整理分析边坡相关资料后，为了明确勘察任务和技术要求、合理制定工作计划、指导现场勘察工作顺利开展而编制的技术文件。勘察大纲的主要内容包括项目概况、执行的技术标准、自然地理和工程地质概况、勘察技术方案、组织机构、人员职责及资源配置、质量管理措施、安全管理和环境保护措施、进度计划、资料成果内容及形式以及其他需要说明的问题等。勘察大纲应经建设业主方（或授权机构）审核批复后方可实施。除了专项补充勘察独立实施以外，公路边坡的勘察工作包含在线路整体勘察工作中。当现场地质条件、设计方案调整、勘察要求等发生变化时，勘察大纲应根据变化情况及时进行调整，并报业主（或授权机构）审查备案。

勘测。勘测是边坡勘察现场工作的第一步，有时可与现场地质调绘结合进行，主要目的是精确测设公路边坡场区地形地貌、地物及主要地质信息并将其形成基础图件，不同边坡、不同阶段，公路边坡的勘测技术要求也有所不同。公路边坡初测、定测多利用数字地面模型或航测像片（比例尺一般为 1∶2000～1∶10000）进行平面图转化。初测阶段地形测绘选用 1∶2000 或 1∶1000 比例尺，重点注意测量范围、基本等高距、平面及高程坐标系统，采用全站仪或 GPS－RTK 实测，内业采用计算机辅助成图，要求地物地貌特征图形清晰，精度符合技术要求。定测阶段地形测绘采用 1∶2000 或 1∶1000 比例尺，利用初测成果资料，认真核对现场地形和初测地形图，测图范围应满足设计要求，当发现地形、地物有误或遗漏及其他问题时，应即时安排修测、补测和重测。公路边坡断面测量一般采用全站仪法或经纬仪视距法、GPS-RTK 法、精细数字高程模型等方法进行测量，比例尺为 1∶500、1∶200，断面测点布置应合理，能控制地形、地质条件的变化，反映横向地面的起伏变化。

勘察。勘察是在基本完成勘测工作、形成基础图件之后开展的，有时勘察也可与勘测交叉进行。公路边坡勘察的目的是为了尽可能查清边坡的工程地质条件、水文地质条件及初步评估边坡建设的影响，常用的勘察方法手段有：工程地质调绘、物探、钻探、挖探、简易勘探、原位测试、水文地质勘察与测试、室内试验、专题研究等，根据边坡规模、地质条件等针对性组合选用。初步勘察阶段应基本查清公路边坡的工程地质条件及初步评估拟建边坡与周边环境之间的相互影响，重点查清对路线方案有较大影响的地质构造带和对路线方案有较大影响的不良地质现象，查明其性质、范围及规模等，明确其对路线方案的影响程度。当路线走廊带存在无法避绕的重大不良地质现象时，宜在初勘阶段即展开专题研究工作。详细勘察阶段应对公路边坡的初勘成果进行复核，并结合工程措施与结构设计进一步加强勘察工作，对于地质条件及其复杂的边坡，还应提供相关跟踪工作建议。

成果整理与验收。边坡勘察成果主要包括勘测成果和勘察成果，勘测成果主要包括平面图、横断面图、纵断面图、不良地质和特殊性岩土调查表等；勘察成果主要包括公路边坡工点工程地质勘察报告文字说明、工程地质平面图、工程地质横断面图、工程地质纵断面图、勘探孔柱状图、岩土及水质试验报告、物探成果报告等。公路边坡勘测工作并入公路主体分阶段组织外业验收，包括初测外业验收和定测外业验收，一般初测外业验收由当地交通行政主管部门组织，定测外业验收由建设主管部门（业主）组织，并向当地交通行政管理部门报备。边坡工程地质勘察外业验收可随同公路主体进行，也可单独作为专项进行。验收时，由勘察单位提出外业验收申请，建设主管部门（或业主）对外业验收申请进行审查，同意后组织外业验收。完成勘察大纲规定的全部外业工作，整理的工程地质勘察报告和附图、附表齐全，通过外业验收，并根据验收意见进行了相应的补充和完善后，勘察单位向建设主管部门（业主）提出评审申请，建设主管部门（业主）对申请报告进行审查、评审。只有通过评审合格的勘察资料才能用于边坡设计。

三 边坡主要勘察方法

1. 工程地质调绘

公路边坡工程地质调绘是通过现场实地调查获取相关信息，按地貌形态对组成坡体的地层和岩性、结构和构造、地下水分布及变化、变形或潜在变形范围等的分析判断，一般采用追索法或穿越法。

公路边坡工程地质调绘范围是否足够很重要，关系到对边坡整体性的把握程度，范围不足很容易引起误判。一般情况下，地形较简单时，后部宜至自然地貌分水岭；当自然地形为连续平顺坡度时，可按距离线路中心线不小于边坡高度的 5 ~ 10 倍控制；当地形复杂时，应加大调绘范围，需延伸至自然相对缓坡段后的连续陡坡段 30 ~ 50m。两侧应越过深长自然冲沟沟中心，现场应注意识别一些浅沟、小支沟，不能作为调绘边界。下部至自然坡脚或山体前缘谷底，当线位较高、下部自然边坡较高且经复核无不良地质现象时，可按照距离线路中心线不小于边坡高度的 5 倍控制。

调绘时主要是对边坡工点所在场区的地表微地貌特征、重要地质现象及地质点进行现场鉴定、描述和测量；边坡工程地质调绘包括拟建边坡的切坡位置、堑顶自然山坡地形地貌、边坡周边地表水和地下水等。野外观测除作好地质记录外，并对典型地质点或地质现象进行拍照，当发生病害时需结合调查结果确定已发边坡病害的性质、影响并进行简要分析。

现场调绘内容包括以下几个方面：

（1）拟建边坡所在场区的地形地貌，包括自然山体形态、山脊的走向、坡面形态、坡向、坡形、坡度、陡坎及负地形等微地貌特征、植被情况、地表物质成分等；地表沟系发育特征、沟谷规模、断面形态、岸坡坡度、径流条件，地表水、地下水与大气降水的关系；拟建边坡的切坡位置、走向、坡向、坡形、坡高。

（2）边坡的地层岩性、岩体结构与产状，软硬岩组合与分布，岩石风化破碎程度与卸荷带，软弱破碎带、层间错动在坡体上的展布特征及其含水情况。

（3）各类结构面调查，包括褶皱、断层、节理、劈理等的性质、产状、组合延伸状况、发育程度、分布位置、影响范围及其与临空面的关系等。

（4）地下水的出露地点和形式、补给、径流和排泄条件，井、泉、水塘、湿地的位置、类型、水位、流量及季节性变化情况。

(5)当边坡已发生变形(滑坡、坍塌或崩塌等病害)时,裂缝的分布位置、性质、形状、宽度、深度、延伸长度、充填情况,以及裂缝产生的时间和变化情况及其与人类工程活动的关系。

2. 钻探

钻探是在充分地质调绘基础上,为了揭示坡体地层岩性、岩体结构、地质构造和地下水的垂向分布情况,从立体上查清坡体地质条件,按勘察大纲规定的断面和勘探点位置进行的钻孔取芯及地质鉴定、编录工作,钻探应与物探、原位测试、取样试验等工作密切配合,提高钻孔综合利用率。公路边坡钻探的技术要求主要包括孔位偏差、岩芯取芯率、孔深、地质鉴定编录和取样试验。

钻孔设计位置与实际位置允许偏差应根据勘察阶段、场地和工程情况确定,《公路工程地质勘察规范》(JTG C20—2011)规定边坡勘探点定位误差:平面位置允许偏差 ±0.1m,孔口高程误差不应大于0.01m。因现场障碍、征地等原因无法按设计位置钻孔时,经设计单位和建设单位批准后可调整钻孔孔位,或者在不影响设计的前提下,待工程开工前及时补钻,并将补勘地质资料及时修编至地质勘察报告。

不同的地层,岩芯采取率要求也不同。一般完整岩层中不宜小于90%,在强风化岩层中不宜小于65%,黏性土层中不宜小于85%,砂类土层中不宜小于65%,破碎岩层、碎石土层中不宜小于50%,断层破碎带原则上按强风化岩层标准要求,并尽量提高岩芯采集率。岩芯采集率与钻探工艺有关,通常条件下多采用开水钻进,当坡体岩体极软、变形机理复杂或已经发生滑动变形时,应严格控制钻进回次,至预估的滑动面(带)以上5m或发现滑动面(带)迹象时,必须采用干钻、无泵反循环钻进或双层岩芯管方法进行钻进,控制回次进尺,回次进尺不得大于0.3m,并及时检查岩芯,以尽量揭示真实地层信息并确定滑动面位置。

公路边坡钻孔孔深原则上应进入了连续中风化岩层5~8m或微风化岩层3~5m;当裂隙发育、岩层破碎时,钻孔应钻至路基高程以下3m或深度不小于35m;对于风化深度极大难以钻至风化岩层的,一般以坡脚点路基面以下8~10m为起点,向坡体内作9°~12°仰斜坡度线(地层越软弱,角度越小),钻孔宜钻至该坡度线3~5m;对于大型巨厚层古滑坡体,钻孔深度宜钻至最下层滑动面以下5~8m,或以河床高程作为控制点作5°~10°仰斜坡度线,钻孔钻至该坡度线以下3~8m。按前述原则钻孔深度超过60m时,应综合分析边坡潜在破坏范围、模式、规模,并结合钻进过程中的实际情况适当调整。

钻孔过程中,岩芯采集后,应将岩芯在现场按从上到下、从左到右顺序放入岩芯盒。每回次钻进采集的岩芯均需填写岩芯卡片,标明工点名称、钻孔编号、岩芯采集的深度、岩芯采集率、钻进回次编号和必要的地质描述。然后进行详细地质鉴定编录,编录描述是以钻探岩芯为依据、以《公路工程地质勘察规范》为准绳,以实事求是的态度、科学的方法,客观详细地反映岩芯的真实特性,描述语言须简明扼要、主次分明。岩芯应留存每箱和全孔岩芯彩色照片。

岩石描述内容应包括:地质年代、岩石名称、风化程度、颜色、主要矿物、结构、构造、岩芯完整程度、坚硬程度。对沉积岩应着重描述沉积物的颗粒大小、形状、胶结物成分和胶结程度以及软弱夹层，如页岩、泥岩、石膏、煤层、泥炭等，对岩浆岩和变质岩应着重描述矿物结晶大小、结晶程度。如强风化粉砂岩地质编录实例：黄褐色，粉粒结构，钙质胶结，层状构造。裂隙很发育，岩芯极破碎，以块状为主，局部夹土状，岩质极软，手可掰断，锤击声哑。

碎石类土应描述颜色、颗粒级配、颗粒形状、碎石成分、风化程度、充填物的类型、充填程度和密实度，充填物的性质、物质成分、充填程度等。砂类土应描述颜色、颗粒级配、颗粒形状、矿物成分、黏粒含量、湿度和密实度、夹杂物等。粉土应描述颜色、湿度、密实度、夹杂物、摇震反应、光泽反应、干强度、韧性等。黏性土应描述颜色、状态、夹杂物、光泽反应、干强度、韧性、黏性、土层结构等。特殊性土除应描述上述相应土类规定的内容外，尚应描述其特殊成分和特殊性质。有机质土应描述颜色、状态、气味、有机质含量及其分解情况、夹杂物质量等特征，根据有机质物含量可进一步划分出淤泥、淤泥质土、淤泥质砂、泥炭等。填土应描述颜色、物质组分、硬质物含量、密实程度、各类杂物的含量、大概堆填成因、时代。根据物质组分和成因特点可进一步分为素填土、杂填土、填筑土、冲填土。

边坡钻进过程中，应着重注意以下异常情况，并在钻进过程中应随时观察钻速和回水颜色，尽量减少冲洗液量，准确判断开始位置和结束位置，且应穿过该异常带一定深度方可停钻。

(1)钻进过程中明显塌孔、缩孔、卡钻、空洞、漏浆位置；

(2)钻进过程中明显涌水、渗水位置；

(3)岩芯中富水带、软弱夹层位置；

(4)岩层段岩芯采集率突然降低、岩芯柱存在断口无新鲜断开面、软硬岩性明显差异区段。

通常情况下，上述异常带大多为边坡滑动带或潜在滑动带。

钻探过程中，应分层采取代表性岩、土、水试样，进行岩土物理力学性质试验和水质分析，每层取样数量不得少于 3 组。对于高边坡，在地表以下或路基设计高程以下 1.5m 深度必须采取试样，以下每间隔 2.0m 取一组试样。粉土、黏性土应取原状样，在 0 ~ 10m 的深度范围内，取样间距为 1.0m，10m 以下，取样间距为 1.5m，且变层应立即取样；砂土、碎石土可取扰动样，取样后应随即作动力触探试验。砂土、碎石土的取样间距一般为 2.0m，变层应立即取样，层厚大于 5m 时，可在上、中、下取样。对于滑坡或边坡发生变形后的补勘，还应在滑动面(带)采取原状样，确实无法取得原状样时，可制作重塑土试样，一般按天然含水量制备。对于地质条件极其复杂或大型不良地质体，根据相关研究成果，一般滑带土多在含水量达塑限至液限状态下破坏，为了尽可能模拟滑动面(带)或潜在滑面(带)岩土体的真实情况，宜分别制作硬塑、中塑、软塑、饱水几种状态对应含水量的试样，实际多取含水量为 $I_p + \frac{I_e - I_p}{4}$、$I_p + \frac{I_e - I_p}{2}$、$I_p + \frac{3}{4}(I_e - I_p)$、$I_e$。

现场取样后，应及时进行室内试验，当勘察现场距离试验室较远时，应对试样进行密闭封装，然后在包装盒外面放置缓冲保护材料，以防运输途中水分蒸发、颠簸破坏。原则上试样封装保护期不能超过两周，保护期限超过两周的，应按重塑土进行试验。

边坡工程岩土物理力学试验内容见表 3-3。

公路边坡工程岩土室内测试项目表 表3-3

测试项目		粉土、黏性土	砂土	碎石土
颗粒分析(D)		△	○	○
天然含水率(w)	%	○	△	△
质量密度(ρ)	g/cm^3	○	△	△
塑限(w_p)	%	○		
液限(w_L)	%	○		
剪切试验(c、φ)	kPa、°	○	○	○

注:"○"为必做项目;"△"为选做项目。

对于滑坡工程(包括未变形的古滑坡和工程滑坡),岩土物理力学试验内容见表3-4。

滑坡室内测试项目表 表3-4

试验项目		符号	单位	滑坡体	滑动面	支挡工程
颗粒分析			%	△	△	△
天然含水率		w	%	○	○	○
质量密度		ρ	g/cm^3	△	△	△
液限		w_L	%	○	○	○
塑限		w_p	%	○	○	○
压缩系数		$a_{0.1-0.2}$	MPa^{-1}			△
剪切试验	直剪试验	c、φ		△		○
	滑面重合剪切试验	c、φ			○	
	重塑土剪切试验	c、φ			○	
	岩石抗压试验					△
	岩石抗剪试验					△

注:1."○"为必做项目;"△"为选做项目。
2.直剪试验可结合滑动条件、岩土性质选择快剪、固结快剪和残余强度试验。

岩土室内试验数据应按规范进行统计分析处理后才能作为试验指标,数据处理应符合下列规定:

(1)岩土参数应按工程地质单元或层位进行统计,并综合考虑下列因素评价其可靠性和适用性:

a.取样和试验方法及其他因素对试验结果的影响。

b.不同测试方法所得结果的分析比较。

c.测试结果的离散程度及其原因分析。

d.岩土参数的测试方法与计算模型的匹配性。

(2)岩土参数应分类汇总,参与统计的数据应分析离散原因,剔除异常数据。

(3)岩土参数统计应符合下列要求:

a.岩土参数应按同类地质条件和相同层位进行统计。

b.参加统计的测试数据个数不应少于6个。

c. 平均值f_m、标准差σ和变异系数δ应分别按下式计算：

$$f_m = \frac{\sum_{i=1}^{n} f_i}{n} \tag{3-1}$$

$$\sigma = \left[\frac{1}{n-1}\left(\sum_{n-1}^{n} f_i^2 - nf_m^2\right)\right]^{\frac{1}{2}} \tag{3-2}$$

$$\delta = \frac{\sigma}{f_m} \tag{3-3}$$

式中：f_i——岩土参数测试值；

n——同类地质条件和同层位测试的数据个数。

d. 岩土参数的标准值f_k应按下式计算：

$$f_k = \psi \cdot f_m \tag{3-4}$$

式中：ψ——统计修正系数，正负号按不利组合确定。

3. 物探

当边坡场区地质构造作用强烈，不良地质发育或地质条件复杂，尤其是坡体构造发育、岩体破碎、风化层厚度较大、地下水丰富时，应进行地质物探，以补充钻探工作。目前工程上常用的物探方法主要有电磁法、地震波法、高密度及超高密度电法和地质雷达。各种物探方法的工作基本原理和应用范围见表3-5。

开始物探工作前，应结合现场地形、地球物理条件和勘探的目的，进行相关试验，以了解、掌握工作区的地球物理条件，选择仪器参数及观察系数等，确定完成工程地质任务的可能性及采取的基本方法。试验资料要及时整理，解释并得出结论，试验结束后要写出试验总结，试验结果是物探生产成果的一部分。物探过程中遇到物探记录质量变差时，应进行重新试验，选定新的仪器或改变工作方法，以求改善记录的质量。物探成果的解释应与其他勘探资料相互对比，综合分析，并有钻探加以印证。物探应提供现场原始记录、物探解释图、照片等。

四 不良地质评估

此处所指不良地质主要是自然斜坡不良地质，整体或局部受自然甚至人工改造，赋存于原有地形下的大地既有地质情况，在勘察阶段进行评估与判定。不良地质作用是指由地球内力或外力产生的对工程可能造成危害的地质作用，其引发的地质灾害危及人身、财产、工程或环境的安全。华南地区地质构造作用强烈，断裂、褶皱发育，岩层裂隙发育；而且自然环境雨量丰沛，温度高，风化作用剧烈，不良地质现象发育。对边坡工程影响较大的不良地质主要有滑坡、崩塌、岩堆、泥石流。各种不良地质周边一般存在地质突变或差异周界，该边界所切割的地质体即为不良地质体，包括平面范围和深度。主要不良地质体的规模按体积划分为巨型、大型、中型和小型四类，具体标准见表3-6。

物探方法工作原理、应用范围及适用条件一览表

表 3-5

物探方法			利用参数	基本原理	应用范围	适用条件
电法勘探	直流电法	电测深法	电阻率	以地下岩土的电阻率、电磁场、极化率及介电常数等物理场为基础，借助物探仪器测量上述物理场的天然或人工场中，空间与时间的变化规律，结合已知地质资料通过分析和研究，推断出地下一定深度范围内，地质体的分布特性及水文地质条件	1. 探测覆盖层、古河床、古墓，寻找砂卵砾石层； 2. 探测隐伏地质构造，如不同岩性陡立接触带、岩脉、断层带； 3. 探测滑坡体的滑动面； 4. 探测岩溶、地下暗河及人为坑洞； 5. 在第四系地层中和基岩断裂带及岩溶发育区寻找含水层富水带，划分咸淡水界线，测潜水流向、流速，测水库漏水点； 6. 测量电力、通信线路等的大地导电率； 7. 工程质量检测及探查地下管线	1. 探测对象与围岩有明显电性差异； 2. 探测对象直径 D 与埋深 H 比≥0.2； 3. 信噪比(S/N)大于3； 4. 单井充电法测潜水流向、流速，要求潜水深度小于50m；自然电场法测流向，要求潜水深度小于15m，水流坡度要大；用充电法探测暗河长度应大于埋藏深度的3倍； 5. 交流电磁法适用于接地困难，存在高屏蔽的地区、地段； 6. 地质雷达探测的地质体间，介电常数应有一定差异
		电剖面法				
		高密度电法				
		自然电场法	自然电位差			
		充电法	电位			
		激发极化法	极化率/衰减时/衰减度			
	电磁波法	EH-4	导电性/导磁性			
		CSAMT				
		瞬变电磁法				
		甚低频电磁法				
		地质雷达	介电常数			
		管线探测	人工或天然电磁场			
弹性波法	地震勘探	折射波法	岩土的纵波速、横波速、面波速	利用人工或天然激发的地震波、声波在岩土层中传播产生的发射、折射及瑞雷波变频测深的特性，以研究地下地质体的几何形态及岩土体的物理力学参数	1. 探测地质构造； 2. 探测覆盖层厚度、断层破碎带、滑动面、潜水位等； 3. 探测岩体动弹性模量等； 4. 探测地脉动卓越周期、桩基及建筑物基础探查； 5. 测定岩体完整性系数	1. 折射波法：应满足 $v_2 > v_1$，岩层视倾角与临界角之和小于90°； 2. 发射波法：应满足 $v_1\rho_1 \neq v_2\rho_2$，低层倾角3°～5°时最有利
		反射波法				
		瑞雷波法				
	超声波法					
	场地波速测试					
	地脉动测试		卓越周期			

续上表

物探方法	利用参数	基本原理	应用范围	适用条件
重力勘探	重力加速度	测定地球重力异常分布变化，分析地下地质情况	探测区域地质构造、深部断层；微加重力仪器探测大溶洞	探测地质体与围岩有明显密度(重力或磁)差异；探测对象规模与埋深比要足够大
磁法勘探	磁场强度/磁化强度	量测地磁场变化	探测岩浆岩体界线、断层带，地下管线、考古	
放射性勘探	岩土的 γ、α 射线的活度，测氡	测定岩土的天然或人工放射性 γ 活度及氡、钍衰变物的异常	探寻基岩裂隙水、断层带，测土湿度、密度、环境监测	探测对象与围岩有放射性差异，所探对象埋深浅
地温勘探	地温	测定地质体的温度异常、差异，或测定地表地温与深部地温的变化情况	划定有地温异常的深大断裂位置；研究地表与深部地温的变化规律	地质体间有温度差异，或在深钻孔中测定地温变化的情况
井下物探：电测井	电阻率	用仪器观测钻井及井间岩土物理差异所引起的天然或人工物理场变化规律，以研究井壁和井周空间地质构造，测定岩土自然状态下物理力学和水文地质参数	划分软弱夹层、风化层厚度；测断裂带、岩溶位置；测井中出水位置及水文地质参数；测岩土物理力学参数；监测地下水污染，核处理场地选址	电测井和无线电波透视及声波测井，应在有泥浆(水)无套管的孔中进行，水文测井应在无套管或有滤管经洗井后的清水井中进行
放射性测井	放射性活动			
水文测井	电阻率			
单孔声波探测	岩土波速			
跨孔声波探测	岩土波速			
声波及超声成像测井	岩土弹性波速			
孔间电磁波透射法	导电性或导磁性			
孔间地震波透射	岩土波速			
钻孔技术测量	井斜井温井径			

注：各种物探方法的解释均存在多解性，因此物探资料的解释必须有已知的地质资料为依据。针对某一个勘测对象最好开展综合物探，能有效地排除物探成果的多解性，提高物探成果的解释精度与准确性。

公路不良地质体的体积分类　表 3-6

规模类型	滑坡($\times 10^4 m^3$)	崩塌($\times 10^2 m^3$)	泥石流($\times 10^4 m^3$)
巨型	≥100	—	>100
大型	30~100	>50	10~100
中型	4~30	5~50	5~10
小型	≤4	≤5	≤5

不同规模的不良地质体对边坡的影响程度不同，实践中，大型及巨型不良地质体隐蔽性极强，前期辨识难度极大，导致不少公路边坡修建在大型及巨型不良地质体范围内，在建设过程中诱发不良地质体发生大规模变形，产生大规模变更，不但酿造极大安全威胁，而且造成严重经济损失。近年来高速公路因在大型或巨型不良地质体范围内修建公路边坡的工程实例有：某高速 K101 大型古滑坡(滑坡体积超过 100 万 m^3，治理费用超过 10000 万元，1998 年)、某高速东坪大型古滑坡(滑坡体积超过 50 万 m^3，治理费用约 3500 万元，2000 年)、某高速 K112 巨型滑坡(滑坡体积超过 300 万 m^3，治理费用 12000 万元，2016 年)、某高速八尺门互通大型古滑坡(滑坡体积超过 100 m^3，治理费用约 500 万元，2001 年)、某高速箭丰尾巨型古滑坡(滑坡体积超过 500 万 m^3，治理费用约 16000 万元，2010 年)、某高速张家坪滑坡、某高速白河互通区滑坡等。

(一)不良地质评估的目的

不良地质评估的目的主要是及早发现、及早识别，客观评估，科学应对，为地质选线提供依据，避免后期大规模变更，引发安全事故、经济损失，概括起来包括三个方面：

(1)全面排查，及早辨识。通过卫片、航片、大范围地形图及实地调查等手段，从地形、地物、形变等表观特征排查潜在大型不良地质范围，并结合必要的地质验证手段，辨识大型不良地质，防止遗漏。

(2)指导勘察。针对每个大型不良地质的特点，在全面、专业的地质调查的基础上，制定科学的综合勘察方案，基本查清不良地质性质、范围、规模和作用机理，用以指导相关技术工作。

(3)科学评估与决策。通过定性、定量相结合的方法，分析不良地质体当前自然稳定程度及工程建设对其影响程度与其对工程的危害程度，便于科学制定对策。

(二)不良地质辨识与评估的方法

关于不良地质的辨识与评估技术，目前国内外学者研究的较少，比较系统全面的有我国“滑坡泰斗”之称的徐邦栋老先生提出的“轮廓勘察法”，该方法基于地质力学概念，将工程措施与地质相结合，采用定性方法对不良地质进行评估分析。

笔者在大量学习前人和国内外学者研究成果的基础上，结合二十多年的研究、实践成果，提出了地表形态场理论，并根据该理论，形成了定性分析与定量计算相结合的系统方法，可明显提高大中型不良地质体的早期辨识能力和评估精度。下面分别进行介绍。

1. “地质轮廓法”简介

“地质轮廓法”的核心就是将当前地域地形、构造格局、软弱环节相结合，采用地质力学定性分析，在此基础上进行评估，提出科学对策的综合方法。概括起来，该方法的主要内容为：

当前的地形地貌，是组成当地山体的岩土受到地质构造作用力成山；后又多次受到对山体产生作用的地质构造作用力，以及成山至今的地震、气候，包括人类活动等长期作用的结果。根据地形地貌的形成，特别是从当地河谷的发育和演变，从谷坡的变形至破坏过程留下的形迹等，找到病害生成的部位、破坏的范围、今后可能发展的趋势。然后按照“病害体的变形至破坏过程和现象的不同”划分病害类型，分别找出其与组成山体的岩土结构和构造格局之间的关系；并从中确定其向临空面变形至破坏的主、次要条件，结合以重力为主和不同时期（病害发育不同阶段）的主、次要作用因素（包括长期和短期的作用因素）；最后针对病害生成的条件、病因和病害当前所处的发展阶段，按现有的条件提出一些可行的防治方案和工程措施进行比选。

“地质轮廓法”主要实施方法为：

（1）从宏观地形、地貌上寻找形成当地山体成山至今的构造格局：

①在大范围调查基础上，结合既有区域地质构造资料，在宏观地形上找出当地的构造格局；

②以边坡周边范围内地形为主找出边坡所在山体与山体病害有关的构造格局；

③从工点微地貌形态（主要指变形形迹）找山坡病害当前所处的稳定阶段、规模和可能的发展。

（2）从组成山坡岩土的岩性分布调查生成病害的类型、性质、所在部位，分析其可能发展的范围：

①地层岩性是组成山坡的材料，也是确定山坡病害发育与否及类型的基础，结合必要的地质勘探，基本查清边坡区域山体的地层岩性分布情况；

②从组成山坡地层岩性在成因上及相对软弱岩土的分布规律，找其与山坡病害之间的关系；

③从各类软弱环节处岩土的不同变形规律及其与相关围岩破坏的关系中，找山坡病害的类型、性质、规模、转化和可能发展的范围。

（3）从组成山坡岩土的结构构造找当地山体成山至今的力学地质构造裂面并进行坡体分析。

（4）综合分析当地各种地质条件和环境条件找地下水的分布与变化，进一步完善山坡病害定性的分心工作。

2. 地表形态场的理论基础

不良地质，尤其是大型不良地质的辨识与评估需要一个过程，需要技术素养、专业视野，一般经历地形地貌排查、变形特征分析和地质条件验证三个过程，为此，笔者提出了地表形态场理论，用以指导大型不良地质的辨识与评估。

地表形态场理论提出的基础：① 忽略宇宙星系运动对地质体形态变化的影响，即地球按照静态考虑;② 任何划分为相对独立的地质单元体,至少存在一个相对平衡状态,且每个平衡状态对应一种表观形态;③ 自然界中静止完整的地质单元体都处于平衡状态;④ 地质体具有形变能,只有克服形变能后才能破坏平衡状态。

基于前述基础,则任何一个地质单元体,其自然地表形态均对应一种平衡状态,在与外部因子发生关系后,先继续保持该平衡状态通过微观形变形成形变能;在外界因子持续加强作用下,逐渐完全克服地质体形变能,致使其失去平衡状态发生显著形态改变甚至部分剥离,该种地质体地表形态所具有的平衡态对应的形变能量即为地表形态场。

地表形态场实质是多个能量场在地质体上的叠加效应,包括静态的地表梯度场、构造应力场和岩土体强度场,以及外界干扰或人工活动形成的动态变化的外界能量场,按照对应的判定准则,分析地质体的风险状态,由此辨识、评估不良地质。

地表梯度场指地表坡度的空间分布流,是地表形态变化的主要指标,反映了地表起伏变化程度及空间分布状态,在一定程度上揭示了前期地质构造作用以及地质体形变的痕迹。按照库伦理论,土体内摩擦角为 φ 时,主动破坏角为 $45° + \frac{\varphi}{2}$,而岩土体自然休止角 $\theta \leqslant \varphi$,实际上自然界岩土体内摩擦角 φ 一般不超过 35°,也就是说斜坡滑动后形成的陡坎梯度明显大于土体自然休止角,形成明显的地表形态特征。另外,岩质边坡因滑动、崩塌依附顺坡向结构面脱离母岩时,分离面角度也明显大于运动块体的平衡角,这些都会在自然地表形态上具有陡缓变化的特征。

构造应力场是岩土体被构造带、结构面切割后的主应力的空间分布流,一方面控制地质体的力学特性的空间分布规律,另一方面在地表形态的基础上进一步反映了地质体的地表以下的空间形变规律,是构成地质体工程特性的关键静态场之一。

岩土体强度场是地质体在地层岩性和地下水的影响下,其强度(主要是抗剪强度)的空间分布特性,实质是地质体的力学特性的空间分布,控制着地质体的整个变形,也是构成地质体工程特性的关键静态场之一,是辨识、评估不良地质的关键指标。

3. 大型不良地质的辨识方法

大型不良地质的辨识就是根据地表形态场理论,采集或利用场区既有地形资料,开展系列计算分析、现场调查、技术验证等工作,达到排除或验证不良地质并初步判定其平面范围的工作。大型不良地质的辨识按以下步骤进行:

(1)通过卫片、航拍照片或人工实测形成的图件,按一定密度解析地表点位坐标,然后生成场区地表三维模型。

(2)在场区地表按大地坐标方向或拟建公路相对坐标方向,以固定步距(步距不宜超过5m)计算单元面积平均梯度,从而形成场区地表梯度场,在三维模型上用云图表示。

(3)对地表梯度云图进行解析,也就是对地表梯度场进行范数计算,按范数大小进行分级,一般划分标准不宜小于 5°,建立分集,然后计算各分集内各单元片区的连续性或离散性,形成各梯度分集的区域分布数据库。

(4)按一定区域面积及形态标准对梯度分区进行筛选,对符合选定条件的区域分别计算其相邻区域的梯度变化率,也就是地表形态曲率,形成梯度、区域、曲率三个联合标准,对场区进行排查,初步圈定疑似大型不良地质范围。

(5)现场实地调查,进行大型不良地质表观特征符合性验证。主要包括形态特征、物质特征和地质表观特征匹配三方面工作。首先对场区宏观地表特征形态,如连续大陡壁、陡坎与平缓台阶地貌、大范围舒缓地貌、山间圈椅状负地形、河谷舌状突出地貌、大面积地表裸露或大范围分布崩塌体等进行实地调查,详细调查陡坎连续性、坡度、高度、是否有擦痕等。第二是坡表植被生长情况调查,如是否有"马刀树""醉汉林",是否集中生长喜水性植物等;第三是坡表物质情况,如是否大量分布块碎石土、是否堆积松散等;第四是坡表水系分布,如是否有"双沟同源"现象、深切沟谷及支沟分布情况及断面特征、坡脚河谷冲刷、侵蚀特征等;第五是地下水出露情况,如泉眼分布特征、坡面是否分布有小水池、坡面集中渗水及长期渗水特征等。第六是地质表观特征信息调查,包括地质构造(断层、褶皱)、岩层结构面(层面、节理面)产状调查,重点注意结构面产状变化规律,场区后部、底部、两侧及疑似范围以内各代表区域的岩层层面产状情况,分析其产状变化是否与构造作用有关,当与构造作用无关且在疑似不良地质范围内发生明显层面翻转,且周边区域层面产状基本一致时,该区域很有可能前期发生整体变形。最后就是根据调查记录,整理分析现场调查特征信息,并与不良地质特征进行符合性匹配,对疑似不良地质进行符合性验证,排除或初步验证大型不良地质。

(6)纵深必要的地质条件验证。经表观特征符合性验证或者部分符合后,仍存在一定怀疑,需要进一步查证的,则需要进行纵深地质条件验证。根据疑似不良地质范围和现场条件,一般以物探为主、勘探为辅。物探多采用高密度电法或超高密度电法和地震波法,前者主要探测地下水或软弱岩层分布情况,后者则多用来探测构造破碎带分布情况。勘探主要采用挖探与钻探相结合,挖探以坑探、槽探为主,多布置在疑似不良地质体前缘或后部,重点查清古老滑动面;钻探多布置2~3钻孔,基本了解坡体地层分布情况,重点查清软岩地层、软弱夹层、断层破碎带、富水带、古老滑动面(若有)等分布情况。地质条件验证工作中,古老滑动面是不良地质最直接最有力的证据,其次是软弱岩层、软弱带、富水带连续分布,也在一定程度印证存在不良地质作用的可能。

(7)确定大型不良地质体。根据现场实地调查资料和地层勘察资料,地形地貌地物、工程地质条件和水文地质条件多方面匹配印证后,就可以基本确定大型不良地质体的范围、规模,从而实现了大型不良地质的辨识。

4.大型不良地质的勘察

一般情况下,工程上应尽早对代行不良地质进行辨识,然后综合比较分析,尽量采取绕避方式。但是,有时受地形条件限制,绕避难度角度,或者受技术手段、专业能力以及现场复杂性等多种因素制约,导致工程建设期间发生变形后才认清大型不良地质,这些都需要对大型不良地质进行专项勘察。

大型不良地质专项勘察包括地质调查、勘探和物探。地质调查前,先根据地表形态场圈定的范围,前后延伸不少于100m,两侧不少于200~500m;然后制定调查线路,开始时可设置为"Φ"形,即不良地质周边和主轴,加密成网状调查线路,重点加密陡缓过渡地貌、沟谷地带、基岩露头、地下水集中出露区域和变形裂缝区域;最后沿坡脚向两侧延伸,调查是否发育断层或褶皱、坡脚剖面上的地层岩性及物质成分、岩层产状和节理面产状等。为了提高调查精度,原则上周界每个方向不少于 3 个调查点,不良地质体范围内每 $30 \times 30m^2$ 不能少于 1 个调查点,不良地质体范围以外,后部不能少于 3 个调查点,两侧各不少于 2 个调查点。

在现场全面调查的基础上,结合梯度场分析结果,初步确定大型不良地质的范围、变形方向,提前制定专项勘察方案,包括钻探方案和物探方案。一般情况下,钻探主轴断面应与变形方向基本一致,变形体范围内按 30 ~ 70m 间距布置钻孔,且数量不宜少于 3 个,后部在距离不良地质体边界 15 ~ 30m 布置一个钻孔,前缘边界不清晰时还需在河谷阶地上布置一个钻孔;辅助断面一般布置在主轴断面两侧,距离 30 ~ 60m,也可沿山脊或支沟布置,只在不良地质范围以内布置钻孔,位置原则上与主轴断面对应组成纵断面。后缘钻孔应钻入中风化岩层不少于 5 ~ 8m,前部钻孔应钻入中风化岩层不少于 3 ~ 5m 或低于河床高程 3 ~ 5m,中间钻孔原则应进入中风化岩层 3 ~ 5m 或强风化岩层 5 ~ 8m,当风化层或破碎带厚度极大时,原则上自河床或谷底为起点作 5° ~ 7°仰斜坡度线,钻孔钻至该坡度线以下 3 ~ 5m 为宜。大型不良地质应采用无泵反循环钻进或双层岩芯管方法进行干钻,提高岩芯采集率,认真观察,查找古老滑动面(有时存在多层古老滑动面),记录其擦痕方向、滑面倾角及物质成分等。

钻孔完成后,应及时按规定取样、封装、试验;另外,对于地下水位丰富的部位,还应利用钻孔进行抽水试验,一般每个大型不良地质体抽水试验孔不宜少于 3 个。

物探方案主要包括物探方法、物探线布置等,一般多采用地震波法、高密度电法或超高密度电法,复杂时两种方法同时使用。物探测线一般与勘探断面重合,并根据需要适当加密,形成网状测线,网格密度不宜大于 $50m \times 50m$。物探主要查清坡体软弱地层、破碎带和地下水分布范围,重点查明是否存在古老滑动面、连续贯通软弱夹层等。

5. 大型不良地质的评估

辨识大型不良地质并进行专项勘察后,应根据工程需要对其进行评估。评估工作包括四种状态评估,一是当前状态自稳性评估,二是最不利自然营力条件下的稳定性评估,三是拟建边坡建设过程中的稳定性评估,四是边坡营运期的稳定性评估。

大型不良地质的现状评估,是根据前期变形部位及其他的表观特征信息,结合地质条件,依据力学机理,反演其当前最可能的状态的过程。其特征部位主要表现为:

(1)地表变形及裂缝:是否存在早期变形裂缝,老裂缝新近是否有发展,是否产生新裂缝,以及裂缝位置、形态、规模、性质等。若有新近变形特征,则揭示不良地质当前处于变形状态。

(2)台坎下错阶梯数量及新鲜程度:各级台坎是否发育多级下错台阶,或者各级台坎新鲜程度不一致,则表明前期发生过多级多次变形;当前是否有新鲜面,一旦发现新近形成的台阶,则证明不良地质体仍处在变形过程中。

(3)前缘密实度:若不良地质前缘呈密实状态,则表明该不良地质稳定时间较久,当前处于固结状态;若前缘结构松散,则表明该不良地质最近发生过变形,当前处于变形或临界稳定状态。

(4)坡表物质新鲜程度:当坡表较多块石存在新鲜表面或碎石土呈松散新鲜状态时,证明不良地质新近发生变形;另外,由块石周边的包裹程度也可揭示其稳定状态,当块石埋入碎石土较多时,表明不良地质近期无明显变形。

(5)沟槽出口区段以及陡倾临空面一带是否存在明显变形特征,如鼓胀、开裂甚至局部滑塌等,根据变形规模及特征可推测局部不稳还是整体或较大范围的变形。

根据上述特征形态,可定性为失稳变形(蠕滑变形和加速变形)、临界稳定(间歇式变形阶段临界稳定和变形停止后的临界稳定)和基本稳定三种状态,并在此基础上结合具体情况合理对稳定系数进行赋值,赋值范围参见表3-7。

大型不良地质地表特征对应稳定系数一览表　　表3-7

序号	变形阶段	表观特征	稳定系数 K	细部特征
1	加速变形	不良地质体后缘下错、周边新鲜裂缝基本贯通	0.90~0.95	前缘贯通、侧界基本贯通:0.90~0.92; 前缘基本贯通、侧界断续:0.92~0.95
2	蠕滑变形	不良地质体后缘下错、前缘断续变形或多处局部鼓胀、开裂、滑塌	0.95~0.99	初期蠕滑变形:0.98~0.99; 反复蠕滑变形:0.95~0.98
3	临界稳定	不良地质体局部产生新鲜裂缝或前缘具有明显变形特征	0.99~1.05	间歇式临界稳定:0.99~1.02; 变形停止后的临界稳定:1.02~1.05
4	基本稳定	不良地质体仅有局部变形迹象或明显古老变形特征或基本很难发现古老变形迹象	1.05~1.15	可辨别明显变形特征:1.05~1.10; 几乎无明显古老变形迹象:1.10~1.15

根据前述成果,分析大型不良地质形成机理及潜在失稳模式,包括变形范围、变形深度、滑面形态等,然后选用合适的理论计算方法,如刚体极限平衡法、强度折减法或数值分析方法,根据稳定系数反算滑面岩土体强度指标 c、φ。

大型不良地质在最不利自然营力条件下的稳定性评估,是指根据工程再现频率确定的最不利环境影响程度,如地震烈度、大气降雨的雨量和雨强等。一般地震作用按地震动峰值加速度影响的水平荷载作用,而大气降雨的影响则采用岩土指标软化系数进行调整。通常黏土岩风化层软化系数较大,强度折算系数多为0.75~0.85,硬质岩风化层软化系数相对较小,强度折算系数多为0.85~0.95,然后计算其稳定系数。

大型不良地质体上拟建边坡建设过程中的稳定性评价,主要是分析边坡开挖中,在支挡加固工程未实施或未能有效发挥作用前,边坡临时稳定性的问题。由于大型不良地质的特殊性、工程脆弱性,一旦边坡开挖过程中诱发坡体发生变形,极有可能快速牵引发展,形成不良地质大规模变形。因此大型不良地质体上公路边坡工程,在严格控制分级开挖、分级防护加固的基础上,应分别计算每级边坡开挖完成后对应的稳定程度,必要时还应考虑最不利组合工况条件下的稳定性,一旦其稳定系数 $K<1.05$ 时,应采取有效措施,如半级开挖、半级防护加固或者提前预加固措施等,始终保证施工过程所有状态下边坡稳定系数 $K\geqslant 1.05$。

大型不良地质体上边坡工程建造完成后,在营运期间因地基应力场的调整、工程结构应力应变的调整以及不良地质体对外界干扰的响应特性等多方面的影响,仍有诱发边坡失稳变形的风险。为此,对于大型不良地质体上修建的公路边坡,应采取有效的长期监测措施,如地表位移监测、深部位移监测、裂缝监测、结构应力监测等,并结合定期或不定期的检查、维养,及时掌握边坡营运性状。当边坡监测指标出现异常或现场检查发现边坡发生变形时,应立即开展全面专业调查,再根据有关表观特征和监测数据,科学评估其影响程度,合理分析边坡稳定程度,然后采取针对性有效应对措施:早期局部变形或仅有变形迹象时,可在加强排水和日常维养的基础上，加强监测；当变形较严重或发展速度较快时，应根据分析计算结果及时采取适度的补强加固措施。

五 勘察管理

公路边坡的勘察质量直接决定设计质量，也对边坡建设的成败产生重大影响，因此，在公路边坡勘察期间，实施规范的监督管理很有必要。一般情况下，边坡勘察主要由建设方直接管理，行业行政主管部门和质量监督部门执行监督管理，特殊情况下，建设方也可委托专业技术单位实施咨询管理。管理内容主要包括安全、质量、技术、进度、造价、成果等方面，贯穿整个边坡建设过程。

边坡勘察安全管理，涉及面较广，包括交通安全、运输安全、机械操作安全、特殊气候安全和外界生物侵扰安全等。由于边坡勘察主要在自然山坡里开展，上山陡峭道路、毒蛇毒虫、特殊分泌植物、雷电等安全隐患较普遍，需要针对每个边坡工点提前制定应对、防范措施，并对所有人进行安全培训、安全交底，明确安全责任人，全过程监督、检查、整改，尽量防患于未然。

边坡勘察质量管理，影响着整个勘察工作的效果，具有极其重要的地位。质量管理包括勘察方案质量、勘察实施质量和成果整理分析质量。对于勘察方案的质量管理，重点核查地质调查范围是否足够、调查内容是否齐全、采用技术标准是否合适；勘探孔数量及布置是否合适，钻孔深度是否合理，室内试验及水文试验是否满足要求；物探方法是否得当，物探测线是否合理等。对于勘察实施质量的管理，包括是否严格按照不低于勘察方案的要求执行地质调查工作且未遗漏重要特征点的调查工作；是否按照要求布置钻孔（数量和孔位），钻孔深度是否达到终孔要求，钻进方法是否正确，岩芯采集率是否满足要求，岩芯保管是否符合要求，岩芯编录是否专业、正确，试验取样、密封、运输、试验是否符合有关规定，复杂工点是否开展水文试验；物探是否按勘察方案执行；勘察工作过程中的问题是否有效解决处理等。勘察成果整理分析资料，主要是现场记录是否真实，文字、图件、表格、影像等资料是否齐全，成果分析是否完整、正确，结论是否可信等。

边坡勘察技术管理，是保证边坡勘察质量的基础性工作。边坡勘察技术工作是一个不断修正、不断完善的过程，总体上可分为地质调绘、初步勘察、不良地质评估、详细勘察和专项勘察五个阶段，各阶段的勘察技术管理有共同之处，侧重点也有所不同。地质调绘阶段的技术管理，主要是审查调查工作方案是否与现场紧密联系、调查部位是否合适、调查点数量和密度是否满足要求、有关测试方法是否专业无误、调查记录是否真实准确齐全、成果整理分析是否证据充分、推断合理？初步勘察阶段时，重点把握边坡勘察的共性原则和个性方案，共性原则包括管理制度、勘察方法和手段、工作量布置、钻孔终孔标准、物探适用条件等；个性方案则为具体的断面布置、孔位设置、试验内容、地质编录、地质图件（平面图、横断面和纵断面图）整理、地质条件评估分析等。不良地质评估主要抓住地表特征调查与匹配、地质参数采集与分析、地层岩性工程特性分析、评判准则的选择、理论分析的依据与方法等，一般遵从从严把关、逐条匹配、严谨排查、科学分析的原则，尽力提高大型不良地质的辨识与评估精度。详细勘察阶段的技术管理，是对初步勘察的深入细化，一方面着重加强对初勘工作手段、内容和数量等方面不足的补充，另一方面则应结合边坡工程拟设计措施开展针对性勘察工作，包括勘察内容、方法、工作量、技术标准、验收标准等，确保完成详勘任务、实现详勘目标。专项勘察实质是前述四个阶段的综合，适用于初勘或详勘阶段的大型不良地质勘察、边坡建设或营运期发生较大规模变形后的补充勘察，技术管理除了与前述四项相同之处以外，还应加强大比例尺地形实测、变形裂缝追踪测量、必要的专业监测、变形机理的证据收集与分析等技术工作。

边坡勘察进度管理，实质是资源投入的问题。重点抓好人员数量素质、仪器设备数量性能、生产组织科学有序、后勤保障及时充分等方面，并能及时协调处理解决现场突发问题，则进度基本能够得到保障。

边坡勘察造价管理，主要是勘察工作的必要性和有效性问题，也是勘察技术成果和质量成果的体现。为此，立足边坡工点实际情况，提前制定针对性勘察方案，严格监督现场认真执行，务求达到勘察目的；另外，规范履行合同管理，确保勘察费用依据充足。

边坡勘察成果管理，是关系勘察工作质量的关键性工作。成果管理包括现场记录是否真实、调查及量测数据是否正确、地质证据采集是否充分、内业资料内容是否齐全、是否如实反映实际情况、分析方法是否得当、成果结论是否可信、资料归档是否规范等。一般每个勘察阶段的成果都应通过评审会的方式予以验收，只有通过验收的成果才能应用于下阶段工作。

第五节　公路边坡设计

一　设计原则

1. 安全第一、质量保证

公路边坡的防护直接影响到公路交通的安全，目前，我国公路的防护工作主要是由边坡起防护作用，对自然灾害和人为因素造成的公路塌方等起到较好的防护作用，对公路交通设施的安全顺畅运行及车辆通行安全，起着巨大作用。因此，在设计公路边坡时，首先要考虑的是边坡的质量问题，要在保证边坡防护设施自身的质量过硬的情况下，考虑防护设施起到的安全作用，要以防护的安全系数作为设计的首要考虑因素。要从设计上保证公路边坡防护设施的防护质量，以安全作为防护的第一要素，确保边坡的防护工程能在实际中起到防护作用。

2. 落实理念，因地制宜

随着公路交通设施的进一步完善，公路建设管理理念要求越来越高，公路穿越范围越来越广，所处的地形地貌多样化，因此给公路边坡防护设计带来诸多复杂问题。理念的落实在不同的地方因为地质情况差异、气候不同、环境差别，公路边坡所面临的防护问题也就多种多样，因此在边坡防护设计时，必须因地制宜地落实理念，在充分了解工程所在地区的地理和环境及气候等具体情况下，对公路边坡所面临的各种潜在隐患进行预测，进而根据防护需要，设计出与其相匹配的防护手段。

3. 多种防护相结合，防护措施相协调

由于地理环境的复杂，在公路穿行的同一区域内可能会在很小的范围内出现多种地质情况和地形差异，因此在相近的边坡上，或者同一边坡的不同区段上，就有可能处于多方面的考虑，采取多种防护措施。因此，在防护设计时必须考虑这一情况，在设计时必须根据实际环境和施工情况考虑防护措施间的协调。公路边坡防护是一项复杂的工程，需要多种防护措施和手段相结合才能真正地对公路起到防护作用，才能设计出合理科学的防护方案。

4. 突出“减载、固脚、强腰、排水、绿化”相结合的原则，同时要求便于施工

(1)公路边坡根据其使用年限和保护对象的重要性，确保安全可靠。

(2)技术合理性。利用一切地形条件、地质条件，因地制宜地采取工程措施。

(3)公路边坡设计配置完善的地表和地下排水系统，减少水对边坡稳定的影响。

(4)重视社会人文因素。工程措施和施工顺序安排应兼顾当地居民生活关系与风俗，尽量不影响当地居民的正常生活。

(5)高边坡防护采用一坡一图设计，并加强设计阶段安全性、稳定性验算。

在进行深挖路基时，应充分考虑边坡加固技术的可靠性及其经济性，研究比较其工程方案时应从设计、施工、运营等方面做全面考虑比选，以综合经济效益和社会效益为目标，通过技术经济比选确定最优方案。

二 公路边坡设计流程

公路边坡设计与线路主体工程同步进行，并受线路总体方案控制，也分为初步设计和施工图设计，但又有其自身特色。总体上边坡设计主要为地质分析法，由于坡体地质条件的隐蔽性、复杂多变性，往往需要在施工过程中执行动态设计。尽管各阶段设计任务及要求略有区别，但从边坡全周期设计程序上，大致可将公路边坡设计步骤归纳总结如下。

1. 收集资料

结合现场调查、走访，收集地方规划以及项目区域环境、气象、水文、地质资料、地质灾害、基础建设和地材资源等资料，为边坡设计提供地震、降雨、植被绿化等设计参数，并尽可能收集既有工程成功经验及相关参数，便于因地制宜、就地取材，尽量实现方案的合理化。

2. 主体工程特性匹配分析(土石方平衡、通道、场地)

公路边坡只是公路工程的一部分，因此边坡方案也应综合考虑与线路主体工程的匹配，土石方平衡对边坡坡形坡率设计有重要影响，应按区段分类统计，指导边坡设计。隧道进出口、桥头区段以及桥梁预制场等重要建(构)筑物附近的边坡一旦变形，危害性极大，而且边坡工

期也在一定程度上影响建(构)筑物的工期,该部分边坡设计宜适当提高安全系数,并且应能安全快速实施。

3. 地质条件分析

地质条件包括工程地质和水文地质条件,是公路边坡设计的基础,也是最重要的依据。设计应全面分析勘察资料,真实采用勘察资料。首先核查不良地质、地质构造、地层岩性、结构面产状、地下水等资料是否齐全。然后分析影响边坡稳定性的主要因素,如顺层或贯通顺倾结构面、不利结构面组合、不利基岩面、软弱岩性或厚层风化等,据此确定边坡的破坏模式。

4. 滑面或潜在滑面分析

根据坡体地质条件、坡体结构和破坏模式,分析边坡滑面或潜在滑面可能依附的地质结构,如层面、软弱夹层、结构面、基岩顶面、断层破碎带、富水夹层、深部变形显著突变点等,由此确定滑面或潜在滑面的位置、形态及对应范围,在工程地质横断面上形成完整的变形范围。

5. 稳定性分析计算

根据上述滑面或潜在滑面,采用指标反算法、工程类比法、试验测试法等方法,合理确定滑带土物理力学指标,分别计算正常工况和暴雨工况(年降雨量较小且地震烈度较高区域,则按地震工况)条件下各层滑面对应的剩余下滑力,取最大值作为设计依据。计算暴雨工况时,滑带土力学指标一般应进行折减,根据工程经验,极软岩折减系数为0.80~0.85,软岩折减系数为0.85~0.90,硬质岩折减系数为0.90~0.95。

6. 坡形坡率设计

综合考虑地形条件、地质条件、土石方平衡和工程造价等因素,合理设计坡形坡率。坡形坡率设计是一个不断修改完善的过程,先根据地质条件确定坡率范围,再结合地形条件和土石方平衡因素选择坡率和平台宽度,最后根据工程造价进行优化,确定坡形坡率,特殊情况下还需要结合工程措施的调整相应调整坡形坡率。

7. 工程措施设计

工程措施设计包括方案设计和平面布置,先进行方案设计,然后再根据坡体特征进行平面布置。坡形坡率确定后,根据计算剩余下滑力和地质条件合理匹配工程措施。一般小型变形体以轻型支挡或防护结合排水措施为主,中型变形体以加固工程、锚固工程或小截面抗滑桩与排水措施相结合为主,大型变形体则多采用大截面抗滑桩、锚固工程以及综合排水措施相结合的措施。平面布置包括布置范围和布置方式,即各坡级设置什么工程措施,布置范围多大,横向和竖向间距多少。

8. 工程结构设计

工程结构设计是对工程措施设计的细化完善,重点是截面、长度或深度、强度设计。要求结构长度能穿过控制滑面,满足坡体加固深度要求。截面、结构强度应与设计荷载相匹配,避免加固荷载不足导致边坡发生变形病害,或者安全储备过度造成浪费。

9. 施工组织设计

施工图设计和动态设计文件应包含施工组织设计，主要是工序、工艺要求和施工技术参数，以保证工程安全顺利实施，达到设计标准。尤其对于不良地质或地质复杂、边坡施工过程稳定性不足、外界干扰作用强烈的边坡，应针对边坡潜在风险提出有效的防范应对措施，如富水煤系地层必要时分段开挖半级加固后再开挖下半级、支挡工程间隔施工等。

三 潜在滑面类型

（一）土质及类土质边坡

土质边坡一般可近似看成均质体，按照莫尔—库伦（Mohr-Coulomb）强度理论，边坡滑动实质是土体强度发生破坏，其滑动面近似为圆弧形，可采用作图法或软件搜索法确定。

土质边坡圆弧滑动面的理论基础及作图方法如下：

（1）理论基础

坡面如图3-21a）所示，坡面任意点 A 处于单向应力状态，其上的 σ_c 为大主应力。当单元体剪应力达到土体抗剪强度时就发生破坏，其潜在滑面一般通过坡脚。破坏面与大主应力作用方向即坡面夹角为：

$$\theta = 45° - \frac{\varphi}{2} \tag{3-5}$$

（2）作图方法

土质边坡圆弧滑面也可采用作图法确定滑面，作图步骤如下（图3-22）：

①根据公式(3-5)求出 θ，作直线 $BB' \perp BC$，过 B 作 BC' 与 BB' 成 θ 夹角；

②在 BC 上任取点 M，作 MT 与铅垂线成 θ 夹角，交 BC' 于 G 点；

③过点 A 作 AK 与坡面线 AB 成 θ 角；

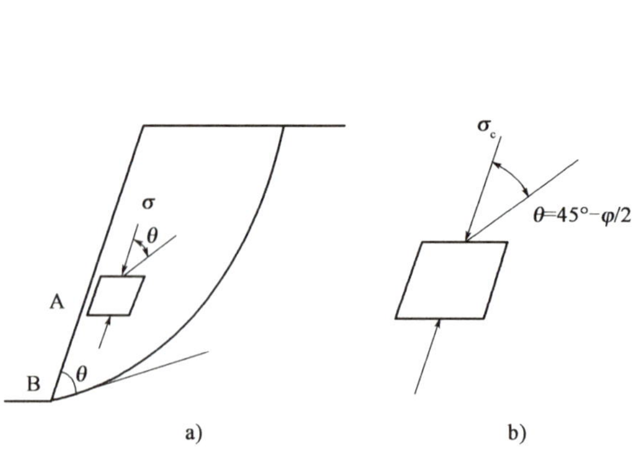

图3-21 土质边坡破坏面与坡面关系图

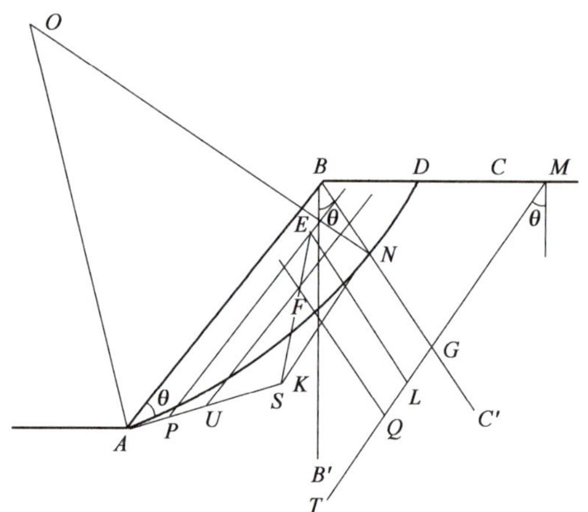

图3-22 作图法确定潜在滑面

④在 AK 与 MT 上，分别从 A 点和 G 点起，以任意等长 a 取线段 AP、PU 和 GL、LQ；

⑤分别过点 P、U 作 AB 平行线，过 L、Q 作 BC'平行线，交 E 和 F 点，连 EF 交 AK 于点 S；

⑥过点 S 作 MT 的平行线交 BC'于 N；

⑦过点 A 作 AK 的垂线，过点 N 作 SN 的垂线，交于 O 点。以 O 为圆心，以 OA 为半径作圆弧 AN，交 BC 于 D。AND 就是潜在滑动面。

目前成熟的软件如 Geo-slope、SLOPE/W、ANSYS、FLAC3D、Slide 等，各有所长，均能较好解决工程实践中的滑面搜索与计算问题。

(二)岩质边坡

岩质边坡的滑面或潜在滑面一般多依附优势面发展。优势面指的是控制岩质边坡变形的主要结构面，具有形成时间新、胶结较差、性质软弱、导水、富水而对岩土工程稳定性和地下水赋存起着控制作用的特点。一般情况下，我们把二元（土石混合）结构边坡也归到岩质边坡，一并分析，只有特殊情况时把二者分开分析、合并处治。岩质边坡易诱发形成滑面的优势面主要有以下几种类型。

1. 层面

岩层层面是指岩层之间的交界面。岩层层面与岩层成因和环境有关，与岩层层理存在一定联系。岩层层理是指岩层中物质的成分、颗粒大小、形状和颜色在垂直方向发生改变时产生的纹理。常见于大多数沉积岩和一些火山岩中，沉积岩中的层理的形成可能是沉积物结构和成分的变化或者沉积间歇、沉积季节的变化所致。火山碎屑物在其爆发和降落过程中，由于重力、颗粒大小和风的影响，成岩时也会形成具有分选性的层理。如果火山碎屑物落在湖泊或海洋中，则可形成类似于沉积岩的层理。岩层层理按其形态可分为平行层理、波状层理、斜层理和块状层理。

受成岩机理和后期地质作用影响，层面具有贯通性好、胶结作用较弱、强度较低、闭合性不佳的特点。层面的产状要素包括走向、倾向和倾角（真倾角、视倾角）。根据岩层层面与边坡之间的空间几何关系以及层面的倾角、岩层厚度、物理力学性质，其对边坡稳定性的影响特性总体上可划分为如下几类：

第一类，边坡坡向与岩层倾向基本一致或小角度斜交，层面倾角大于边坡坡角时，全风化或半岩半土状强风化岩层边坡易发生崩塌型破坏，且岩层厚度越薄越易发生；碎块状强风化及中风化岩层一般不易发生变形。

第二类，边坡坡向与岩层倾向基本一致或小角度斜交，层面倾角小于边坡坡角，尤其是层面倾角在 15°～35°（根据岩层及层面强度该范围存在一定调整）之间时，极易诱发边坡发生顺层滑动，危害性极大。若倾角较缓，一般情况下多对边坡稳定性影响较小，但对于软弱地层仍可能会诱发边坡顺层滑动。

第三类，边坡坡向与岩层倾向反向时，一般情况下层面对边坡的稳定性影响较小，但层面处于陡倾状态时，也可能诱发倾倒性破坏，岩层厚度越薄、强度越低，越易诱发。

第四类，边坡坡向与岩层倾向近垂直或大角度斜交时，层面自身对边坡稳定性的影响较小，其对边坡稳定性的影响需要根据层面与其他结构面的组合来分析判断。

2. 贯通发育节理面

岩层的节理包括原生节理和次生节理两大类,原生节理是指成岩过程中形成的节理;次生节理是指岩石成岩后形成的节理,包括非构造节理(如风化节理)和构造节理。构造节理是所有节理中最常见的,它根据力学性质又可分两类:张节理和剪切节理。张节理是岩石受张应力形成的裂隙,产状不稳定,往往延伸不远即消失;节理面粗糙不平,呈弯曲状或锯齿状;裂隙呈开口状或楔形;一般很少构成裂隙密集带。剪切节理是岩石受切应力形成的裂隙,产状较稳定,沿走向和倾向延伸较远;节理面平直、光滑;裂隙面常有擦痕或摩擦镜面;裂隙多呈闭合状;一般情况下易于形成裂隙密集带。沿最大切应力方向发育的细而密集的剪切节理,称为"劈理"。

通常,以节理与岩层的产状要素的关系而划分为四种节理:

(1)走向节理:节理的走向与岩层的走向一致或大体一致。

(2)倾向节理:节理的走向大致与岩层的走向垂直,即与岩层的倾向一致。

(3)斜向节理:节理的走向与岩层的走向既非平行,亦非垂直,而是斜交。

(4)顺层节理:节理面大致平行于岩层层面。

节理的延伸长度、闭合程度、节理面的粗糙度、节理裂隙的充填物质成分是单组节理工程性质的主要影响因素。通常情况下,节理延伸长度越长,对边坡的稳定性越不利;节理面闭合性越好,对岩土体的影响越低,反之张开距离越大,对岩土体的强度降低越显著;节理面越光滑,越不利于岩土体稳定;节理裂隙充填物质泥质或黏粒含量越高,越不利于岩土体稳定性。

岩层节理对边坡稳定性的影响多为组合节理或与层面及其他结构面形成组合面的作用。组合面的复合产状与坡向的空间关系决定其影响程度。组合面的影响特征如下:

(1)持平投影图中倾向与坡向同在半球的结构面均参与结构面组合,且倾向与坡向夹角最大的两组结构面控制变形体的边界。

(2)共轭节理面主要诱发边坡发生楔形体破坏,且节理面为破坏面。

(3)同向或小角度斜交但倾角不同的结构面组成边坡岩土体折线形破坏面,且倾角较陡的结构面位于倾角较缓结构面的上游侧。

(4)与坡向反向但倾角近似陡立(通常不小于70°)的节理面也较易发生倾倒变形,多发生在变形体后缘拉张变形段。

3. 软弱夹层

软弱夹层,广义是指岩体中那些性质软弱、有一定厚度的软弱结构面或软弱带,成因上有原生沉积的、火山碎屑的、沉积变质的、层间错动和断裂破碎的、次生充填的及地下水泥化的等。狭义软弱夹层是指坚硬岩层之间所夹的力学强度低、泥炭质含量高、遇水易软化、厚度较薄、延伸较远的软弱岩层。通常情况下,软弱夹层的厚度比相邻岩层的小,力学强度和变形模量也较低,软弱夹层的厚度,层面的起伏差和粗糙度,对其力学性能影响较大。工程实践中,典型的易滑软弱夹层主要包括以下几种类型:

(1)黏土及粉质黏土层。黏土及粉质黏土层主要由冲洪积、坡洪积、坡残积形成,时间较短,结构较松散,渗透系数也较大,具有强度较低、易饱水润滑等不利特征。

(2)泥岩。在浸水或饱水条件下,易于软化,且风化速度显著加剧,强度降低幅度较大,一方面是泥岩的层面、构造裂面易形成连续软弱面，另一方面是泥岩风化物强度很低，在其他岩层内形成相对软弱层。

(3)页岩。页岩具有薄页状或薄片层状的节理，工程性质与泥岩相似，但因其层厚更薄，风化和水化影响也更显著。通常情况下，在相同条件下，页岩地层较之泥岩更不利于坡体稳定。

(4)泥质粉砂岩。泥质粉砂岩主要由粉砂、黏土矿物和胶结物组成，工程上没细分泥质粉砂岩（粉砂含量>50%，黏土矿物含量25%～50%）和粉砂质泥岩（粉砂含量25%～50%，黏土矿物含量>50%），而统称泥质粉砂岩，实质两者成分基本相同，只是黏土矿物含量差异。该类地层工程性质介于砂岩和泥岩之间，受地质构造和风化作用及地下水影响，多表现为软弱地层或形成砂岩地层的软弱夹层。

(5)泥灰岩及炭质灰岩。泥灰岩是介于黏土岩与碳酸盐岩之间的过渡类型沉积岩，由黏土和碳酸盐微粒组成，呈微粒状或泥状结构。炭质灰岩的炭质含量介于25%～50%、主体碳酸盐>50%。由于黏土矿物和含炭物质的存在，该类岩层同样具有风化速度快、强度低、遇水软化甚至泥化等特征，易形成软弱夹层。

(6)煤系地层。煤系地层指含有煤炭、炭质泥岩、炭质页岩、炭质灰岩等含碳极软岩与砂岩、砂砾岩、泥岩、灰岩等沉积岩组成的岩层组合。工程性质极差，具有岩层软、强度低、抗风化能力差、遇水软化、活化变质等特性，是典型的易滑地层。

(7)构造破碎带夹层。在构造破碎带内，由于长期地下水渗流作用，在变质、风化、微颗粒搬运与沉积等作用下，沿着某一近水平向贯通裂隙面或地下水通道往往会形成一层薄层泥化夹层，厚约几毫米至几厘米不等，工程性质极差，对边坡稳定性影响很大。

(8)溶洞充填物。在岩溶发育区域，由于风化、机械磨损、重力作用及水力搬运等作用，在溶腔内沉积形成溶洞充填物。溶洞充填物具有成分复杂、结构疏松、饱水、强度低等特征，工程性质较差。当溶洞规模较小，骨架对岩土体强度起主要作用时，溶洞充填物仅诱发局部变形病害；当溶洞规模较大或多个溶洞连续呈水平向分布时，骨架对岩土体强度影响较低，易诱发边坡变形。

(9)泥化夹层。泥化夹层指软弱夹层受层间错动地质构造作用及地下水改造作用后被泥化的部分，其工程性质主要与天然含水量、粒度特征、比表面、抗剪强度和地质赋存状态有关。一般情况下，天然含水量越高，泥化程度越深；黏粒含量越高，或者比表面越大，亲水性越强，工程性质越差。

4. 基岩风化面

岩层的风化程度对边坡的稳定性影响明显，岩石特征（节理、层理和孔隙的分布状况以及矿物粒度）、气候和地形条件是控制岩石风化的主要因素。风化作用一方面是降低岩土体强度，另一方面就是风化界限，中风化与强风化岩层界面以及强风化与全风化岩层界面一带强度均差异较大，是容易诱发边坡变形的主要基岩风化面。基岩风化面的空间形态、物理性质和坡面相对关系是影响边坡稳定性的三大关键因素。

空间形态是基岩风化面的埋深、延伸范围、产状和平整度，风化深度越大，延伸范围越广，坡体潜在变形范围也越大；倾角越大，越易发生上覆岩土层失稳变形；基岩面越光滑平整，越不利于边坡稳定。

物理性质包括基岩面附近岩土层的物理性质和上下岩土层物理力学指标的差异。由于风化作用影响,岩体结构甚至矿物成分都会发生变化,而且在节理发育或风化作用强烈区域,还会伴随局部岩土体发生相对位移变化,均导致基岩面附近岩土层物理力学指标显著降低。岩层风化程度不同,其物理力学指标存在明显差异,一般情况下,风化程度越高,物理力学指标越低,对边坡稳定性越不利。

基岩风化面与坡面的空间相对关系对边坡稳定性的影响类似于层面,其倾向与坡向同向或小角度斜交时对边坡稳定性影响较大,具体影响范围和影响程度视倾角而变化。

5. 岩层破碎带

破碎带也称碎裂带,包括断层破碎带和裂隙密集带。断层破碎带就是受前期地质构造作用,在断层面(带)附近形成的具有一定宽度和延伸长度的由岩石碎块、碎石和黏土物质组成的破碎条带地段,按其形成时的受力状况,可分为压性、扭性和张性三种。断层破碎带主要由断面充填物和派生裂缝组成;在不同性质的地层中,断层破碎带的发育结构不同、发育规模不同,断层破碎带的宽度也不同。裂隙密集带一般多由矿物或风化物质充填,呈网状脉络,大致相当于断裂带。

岩层破碎带一般具有结构较松散、风化程度高、含泥质矿物多、物质成分复杂、富水或潮湿等特征,部分还会夹杂有次棱角状或具有一定磨圆度的砾石、碎石胶结,呈半成岩状态。其完整性、强度、自稳性等物理及力学特性均较差,工程性质主要与破碎带规模(宽度、厚度、延伸长度)、物质成分、含水性以及破碎带产状与边坡坡向之间的关系有关。

通常情况下,破碎带规模较大时,易在破碎带范围内发生滑坡变形,滑面多依附泥化夹层或结构面。当破碎带规模较小时,总体上可分为以下几种情况:第一种,破碎带呈竖向发育,且与坡向近似垂直,此时破碎带主要起分割作用,若在坡体中上部发育,一般多为边坡变形体后缘,若在边坡坡脚附近,则多为剪出口附近。第二种,破碎带呈竖向发育,且与坡向斜交或近似平行,此时破碎带主要控制变形体侧界。第三种,破碎带呈水平向发育,呈夹层分布在岩层中,则破碎带易与层面或节理面等形成组合折线形滑动面。

6. 富水或相对富水层

由于岩性差异、风化程度差异或地质构造作用等原因,在岩土层中某一界面渗透系数存在显著差异时,就会形成富水或相对富水层(带)。一般情况下,该富水或相对富水层(带)具有一定规模,沿地下水径流方向延伸较长,垂直于径流方向则与岩层完整性、结构面空间分布形态、岩层风化程度等有关,厚度则与岩层结构、地下水补给量和渗透性有关。富水或相对富水层(带)对坡体的不利作用主要表现在以下三个方面:

(1)加剧风化作用。由于长期富水,岩层发生物理风化和化学风化,并且水对风化具有催化作用,加速岩层风化,降低该富水层强度,形成软弱夹层。

(2)泥化作用。对于一些亲水性矿化含量较高的岩层,如泥岩、页岩、泥灰岩及含碳质岩层中,长期浸水或饱水后,将发生泥化作用,并依附层面或贯通节理面形成泥化夹层。

(3)润滑作用。由于地下水的存在,致使富水或相对富水层(带)与相邻的岩层界面的摩擦系数降低,易形成贯通软弱面。

四 坡形坡率

边坡的坡形坡率设计是一个不断比较、完善的过程。首先,应保证边坡开始加固前的临时稳定系数不小于1.05,以保证边坡建设期间的临时稳定;其次,坡形坡率设计应尽量满足线路主体土石方平衡;第三,边坡坡形坡率设计应综合比选土石方工程与防护加固工程的总造价,在实施难度基本相近的条件下实现经济最优化;第四,边坡坡形坡率设计还应考虑景观协调和生态防护的适应性。

边坡横断面形式应根据边坡岩土的自然属性、边坡高度、岩层产状、岩石破碎及松散程度及加固防护措施等综合考虑,灵活自然、因地制宜、顺势而为、不采用单一的坡度,使边坡外形与周围地形地貌融为一体。下面只给出正常情况下的建议值,供参考使用。

1. 土质、类土质边坡以及强风化软质岩路段

(1)边坡高度$H\leq10m$按1:1.00~1:1.25一坡到顶。

(2)边坡高度$10m<H<20m$者,按二级设坡,一级1:1,二级1:1.25,一级边坡高10m,平台宽2m并设平台截水沟,碎落台宽2m。

(3)边坡高度$20m<H<40m$者,按三级设坡,一、二级边坡高各8m或10m,一级坡率1:1~1:1.25,二~三级坡1:1.25,边坡平台及碎落台宽各2m,并设平台截水沟。

(4)边坡高度$H>40m$,坡率按1:1~1:1.5设计,在中上部设置6~10m宽平台(结合废方),并设平台截水沟。

(5)岩性软弱(如泥质岩类)、受构造影响强烈路段、地形陡峻者,采用锚杆进行加固。坡积土路段边坡采用锚索加固。

(6)局部路段分布高液限土,结合工程经验,一般坡率不陡于1:1.5,平台宽度不小于3m,如地形陡峻,放坡不经济,需采用锚杆等加固,同时加强排水措施。

(7)坡高大于20m边坡进行稳定性验算后确定边坡坡率及加固模式。

2. 中风化以上软质岩边坡

(1)边坡高度$H\leq13m$按1:1一坡到顶,碎落台宽2m。

(2)边坡高度$13m<H<23m$者,按二级设坡,坡率1:1,一级坡高10m,平台宽2m,设平台截水沟。

(3)边坡高度$H>23m$者,按三级设坡,各级坡1:1,一~二级坡级高10m。

(4)地形陡峻地段,按上述坡率设坡将增加边坡总高度($H>30m$)时,仍按三级设坡,各级坡坡率1:1,一级坡高10m,二级坡高10m,尽量控制总高度$H\leq30m$,碎落台及平台宽2m,并设平台截水沟。

(5)顺层边坡,根据产状要素及地形地貌采用放坡或加固处理。

(6)岩性特别软弱(如泥质岩类)和受构造影响强烈路段,采用锚杆或锚索加固。

3. 中风化以上硬质岩边坡

(1)边坡高度 $H<15m$ 按 1∶0.75 一坡到顶。

(2)边坡高度 $15m<H<30m$ 者,按二级设坡,坡率一级 1∶0.5～1∶0.75,二级 1∶0.75,一级坡高 15m,平台宽 2m,设平台截水沟,视情况对二级坡作适当加固。

(3)顺层边坡,根据产状坡率进行设计并加固处理。

五 支挡加固工程

支挡加固工程是边坡设计的主体,对边坡工程的安全可靠性、经济性起决定性作用,因此务必全面考虑,充分比选,精心设计。在设计中应充分体现"以人为本"的设计理念,力争方案安全可靠、结构适用耐久、造价经济合理、施工方便快捷、图件清晰易懂。公路边坡支挡加固工程设计应重点考虑以下几个方面。

(1)工程措施应与抗滑荷载相匹配。依据坡体变形规模和计算剩余下滑力,以及单位工程强度所对应的支挡荷载,合理确定工程措施截面、长度、强度等参数,然后计算应设计的工程数量。

(2)工程措施应适应边坡地形地质条件。边坡的地质条件应能满足设计荷载标准,如锚固段地层强度、抗滑桩锚固地层及深度、注浆加固地层渗透性等,必要时应在现场开展必要的参数试验,以防地质条件无法满足设计参数而影响工程效果。另外,也应充分重视现场地形条件,设计的工程措施是否具备实施条件,否则应调整设计方案。

(3)工程措施设置部位应合理。工程措施布置方案应满足三个条件,一是保证边坡整体稳定,二是保证边坡局部稳定,三是工程措施应最大限度发挥作用。

(4)工程结构性价比高。工程结构由设计荷载确定,也是影响工程造价的基础因素,一方面应充分考虑各种不利因素影响,预留一定安全储备,另一方面也不能造成过度浪费。为此,需要准确分析工程地质特性,了解工程结构作用机理,然后合理设计结构类型、截面尺寸、长度或深度。

(5)工程造价经济合理。包括方案比选、精心布置、结构优化、材料选型等方面,均对造价产生差异,应系统考虑,尽量细化完善。

(6)工程方案具备施工可行性。路边边坡设计最终需要通过施工来实现对边坡的有效处治,因此施工可行性也具有重要地位。主要包括施工机械设备是否普及、性能是否可靠,材料供应是否充足、价格是否合适,施工技术是否成熟,施工场地是否满足要求等。

在支挡加固工程设计工作中,应充分结合地形地质条件和当地材料特点,尽量避免大规模的圬工,以轻型加固和植物防护为主,方案选择上要兼顾加固技术的可靠性及其经济性、施工的便捷性、运营期的维修养护和检查。加固措施要以加固效果好、实用性普遍的措施为主,如全长黏结注浆锚杆、预应力锚索等。结合石料来源及边坡地质情况,也可以适当采用混凝土圬工支挡结构。

(1)全长黏结注浆锚杆格梁:主要应用在边坡固脚、坡面的浅层加固防护及边坡顶部自然边坡的预加固处理等。锚杆采用直径为 ϕ28mm 的 HRB400 钢筋制作，钻孔直径为 ϕ110mm。锚杆长度采用 5.5m、8.5m 或 11.5m（不含工作长度 50cm），灌 M30 水泥浆。锚杆端部与格梁钢筋相连接，格梁截面尺寸为 0.3m×0.3m，C30 混凝土浇筑。

（2）预应力锚索格梁：主要应用在可能产生深层滑动破坏的边坡。一般边坡加固以小吨位为主，针对滑坡、顺层边坡且锚固条件较好时可采用大吨位锚索，锚索采用高强低松弛 ϕ15.20钢绞线。当地质情况较差、加固吨位较大时，为减少预应力损失，可通过调整锚索间距（纵、横向）降低锚固吨位。锚索孔径根据组成锚索体的钢绞线束数确定，单根锚索体钢绞线少于 4（含 4）束时，锚索体直径宜选用 ϕ130mm，格梁截面尺寸为 0.4m×0.4m；单根锚索体钢绞线在 5～6 束时，锚索体直径宜选用 ϕ150mm，格梁截面尺寸为 0.4m×0.5m。格梁采用 C30 混凝土灌筑，锚索孔灌 M40 水泥浆。

（3）锚固工程其他加固措施：特殊路段可采用十字地锚、钢锚管格梁、垫墩锚杆（索）、抗滑桩、柔性防护网等。

（4）抗滑挡墙（桩）等支挡措施：根据工点地形、地质实际情况，结合详勘成果，合理选用支挡加固措施，如：抗滑挡墙、抗滑桩、预应力锚索抗滑桩等，当选择抗滑桩加固时，应尽量设置成埋入式抗滑桩，保证桩前抗力。

六 绿化防护工程

1. 生态防护机理与可持续发展

边坡生态（植被）防护主要依靠坡面植物的地下根系及地上茎叶的作用护坡，其作用可概括为根系的力学效应和植被的水文效应两方面，生态（植被）防护的机理如图 3-23 所示。根系的力学效应分为草本类植物根系和木本类植物根系两种，植被的水文效应包括降雨截留、削弱溅蚀和抑制地表径流，图中点划线框内描述的植被功能主要用来控制坡面岩土的侵蚀，双虚线框内描述的植被功能主要用来提高边坡浅层岩土体的稳定。

2. 土质边坡绿化技术

撒播植草是人工将根据设计比例处理好的草种和混合料拌和后均匀地撒播到已备好的表土区内的坡面上，必要时再撒土覆盖并滚压。

液压喷播植草是指将经过技术处理的植物种子、纤维覆盖物、黏合剂、保水剂及植物生长所需的营养物质，经过喷播机混合、搅拌并喷洒到所需种植的地方，从而形成初级生态植被的绿化技术。

铺草皮是将培育的生长优良的健壮的草坪，用平板铲或起草皮机铲起来，运至需绿化的坡面，按照一定的大小规格重新铺植，使坡面迅速形成草坪的护坡绿化技术。

植生带是采用专用机械设备，依据特定的生产工艺，把草种、肥料、保水剂等按一定的密度定植在可自然降解的无纺布或其他材料上，并经过机器的滚压和针刺的复合定位工序，形成的一定规格的产品的绿化技术。

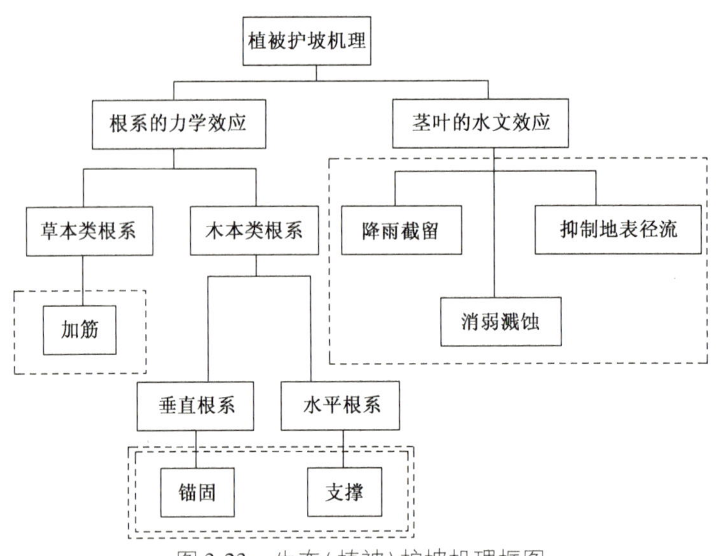

图 3-23　生态(植被)护坡机理框图

三维网植草护坡是指利用活性植物并结合土工合成材料等工程材料,在坡面构建一个具有自身生长能力的防护系统,通过植物的生长对边坡进行加固的一门新技术。根据边坡地形地貌、土质和区域气候的特点,在边坡表面覆盖一层土工合成材料并按一定的组合与间距种植多种植物。通过植物的生长活动达到根系加筋、茎叶防冲蚀的目的,经过生态护坡技术处理,可在坡面形成茂密的植被覆盖,在表土层形成盘根错节的根系,有效抑制暴雨径流对边坡的侵蚀,增加土体的抗剪强度,减小孔隙水压力和土体自重力,从而大幅度提高边坡的稳定性和抗冲刷能力。

浆砌片石骨架植草护坡是指采用浆砌片石在坡面形成框架,还和铺草皮、三维网植草、土工格室植草、喷播植草、栽植苗木等方法形成的一种护坡技术。浆砌片石骨架根据形状的不同,可以分为方格形、拱形、人字形等。

3. 岩质边坡绿化技术

土工格室植草护坡是指在展开并固定在坡面上的土工格室内填充改良客土,然后在格室上挂三维植被网,进行喷播施工的一种护坡技术。

客土喷播是以团粒剂使客土形成团粒化结构,加筋纤维在其中起到类似植物根茎的网络加筋作用,从而造就有一定厚度的具有耐雨水、风侵蚀,牢固透气,与自然表土相类似或更优的多孔稳定土壤结构。

七　排水工程

水是影响边坡稳定性最普遍、也是主要因素之一,排水工程在边坡治理中占有重要地位。排水工程包括地表排水工程、地下排水工程和临时排水工程。地表排水工程的作用表现为两个方面,一是拦截边坡上部及两侧汇水,二是汇集坡面表水并及时引排至边坡范围以外;地下排水工程也包括拦截上游地下水补给和疏排坡体地下水,从而实现降低地下水位、减少边坡岩土体含水量、提高岩土体强度、增强边坡稳定性的目的;临时排水工程主要是施工期排水,可由施工单位设计实施,但设计单位应提供方案与费用。

永久排水工程设计包括六个方面内容:一是确定地表汇水面积,计算洪峰流量,由此确定排水系统截面尺寸;二是合理设置截水区域和位置,如设计几道截水沟,平面位置如何布置,纵坡坡率,截水沟断面形式采用何种类型,截水沟截面积多大;三是设计完善坡面地表水排水系统,包括平台排水沟、坡脚边坡、急流槽等,以及各纵坡坡率;四是地下水引排措施及设置部位、布置方式;五是相关排水工程结构设计。

地表排水系统包括边坡区以外的山坡截水沟、边坡区的排水沟及自然沟的疏通和铺砌等,形成一个统一的排水网络。边坡区以外的山坡截水沟应布设在边坡堑顶线以外至少5m处,其断面尺寸取决于汇水面积、地面土质和坡度、植被情况和当地的年降雨量和集中暴雨量。排水沟纵坡一般不小于2%,陡坡地段设置跌水或急流槽。泉眼的引排,多采用明沟与盲(暗)沟相结合的方式引入就近的排水沟。自然沟是历史上已形成的排水通道,要充分利用,其沟岸坍塌、堵塞段应进行疏通,使排水顺畅。

地下排水工程是治理边坡的主要措施之一,特别是地下水发育的大型滑坡,地下排水工程应是优先考虑的措施。地下排水工程主要截断了补给滑面(带)的水源,降低地下水位,减少滑带土的孔隙水压力,提高其抗剪强度,从而增大边坡的稳定性,因而可减少甚至取消支挡加固工程,节约投资。

地下排水工程依据不同边坡的地下水分布和补给情况,常用的措施有:截水盲沟、截水盲(隧)洞、仰斜孔群排水、垂直钻孔群排水、井点抽水、虹吸排水、支撑盲沟等。

临时排水工程不可忽视,在工序工艺设计时必须提出要求。

八 弃土场

弃土场尽管属于线外辅助工程,但对环境生态景观产生重大影响,而且处治不当还可能引发水土流失、滑坡、泥石流等地质灾害,因此,现在多个行业管理部门和地方政府越来越重视取弃土场的设计工作。弃土场的设计任务主要有场地选址、弃方边坡设计、弃土场截排水工程设计和绿化防护设计、施工便道设计。

当前高速公路用地极为紧张,土地资源十分宝贵。设计应根据经济、环保、可行的原则进行弃土设计。弃土场设计应遵循以下原则:

(1)采取集中弃土,将弃土场地尽量选择在荒地或山间沟谷中,少占耕地。

(2)充分评估次生灾害,预防因弃土不当或处治不到位诱发滑坡、泥石流等地质灾害。

(3)弃土场应在填方周界设置截水沟,一般截水沟应设置在原状地层上,填方平台应设计纵坡和横坡,便于排水。

(4)结合当地生态特点,对弃土场进行植树、植草绿化设计,恢复生态景观。

(5)当弃土场与线路之间无既有道路设施时,还应设计施工便道,一是确保施工安全,二是避免乱开挖,破坏生态,甚至诱发地质灾害。

弃土场的设计需明确施工组织要求,主要强调如下几点:

一是弃土时，禁止随意堆放，使用完后，应做好排水设施和场地清理工作，防止水土流失，以便于场地恢复或复垦。

二是做好施工组织计划，合理安排工期，将临近隧道的填方路基安排在隧道后面开工，尽量利用隧道弃渣填筑路基，减少废方数量。

三是将硬质岩路段边坡开挖石方用作防护、排水工程的块石、片石石料，减少废方数量。

四是弃土场压实度一般不宜低于90%，特殊条件下不应低于85%。

五是合理规划和布置取土场地，以便于取土场地的二次利用或场地恢复，禁止乱掘乱挖，严重破坏环境，取土完毕，应按绿化与环保设计的要求，进行生态恢复。

九 设计管理与技术审核

公路边坡设计高效管理是设计质量的有力保证，应明确管理机构和管理职能，制定相关管理办法，规范管理程序，依据边坡实际情况，实行全周期系统性管理。结合设计各阶段的任务和要求，分阶段评审验收，保证设计工作始终保持在高质量水平。为了尽可能提高边坡设计精度，保证设计质量，需要加强以下六个方面工作。

1. 完善机构，规范程序，明确责任

管理的核心是机构和人，公路边坡设计的管理首先也需要项目业主建立专门机构分管设计工作，一般多由技术部负责，并制定相关管理办法，规定设计工作的管理程序，明确各方的职责，以确保边坡设计工作顺利、高效开展。

2. 务求基础资料真实、全面

公路边坡设计的依据是相关标准规范，基础资料主要是勘察报告和其他参考资料，设计工作必须按照规范要求，全面分析勘察报告，依据真实的地质资料进行设计，切忌脱离边坡实际地质条件的模糊设计。

3. 加强过程监督

边坡设计开始前应提前确定基本原则，如设计理念、技术标准等，然后在设计过程中及时检查中间成果，在满足规范要求的前提下，充分收集各方意见，结合地区特点，兼顾线路主体特色，以提高设计工作效率。

4. 突出专业特点

公路边坡设计是一项专业性很强的工作，由于地质复杂多边性导致边坡设计方案也会多样性。边坡设计应坚持“安全、耐久、生态、经济、美观”和“一坡一图、动态设计、逐步深化”的基本原则，合理确定边坡的坡形(坡高和平台宽度)、坡率和防护工程类型，既要避免防护设计不到位，造成边坡安全稳定性储备不足而出现坍塌；也要避免过度防护设计，造成不必要的浪费。

5. 强化审查

公路边坡设计成果应及时组织评审或审查，借助必要的外围专业力量，检查地质资料采用

是否全面、地质资料是否真实、边坡基础分析是否正确、设计方案是否合理等，并充分消化吸收评审会意见，用来指导设计文件的修编。

6. 及时开展工后评估

公路边坡施工完成后，应及时组织参建各方进行全面回访调查，结合边坡建设过程中的动态设计变更、技术问题处理工作，对边坡设计成果进行系统总结评估，重点是设计参数的验证、复杂边坡的处治技术、特殊技术问题的解决方法等，以积累经验，并为类似工程提供参考依据，推动边坡设计技术不断进步。

公路边坡设计管理流程图见图 3-24。

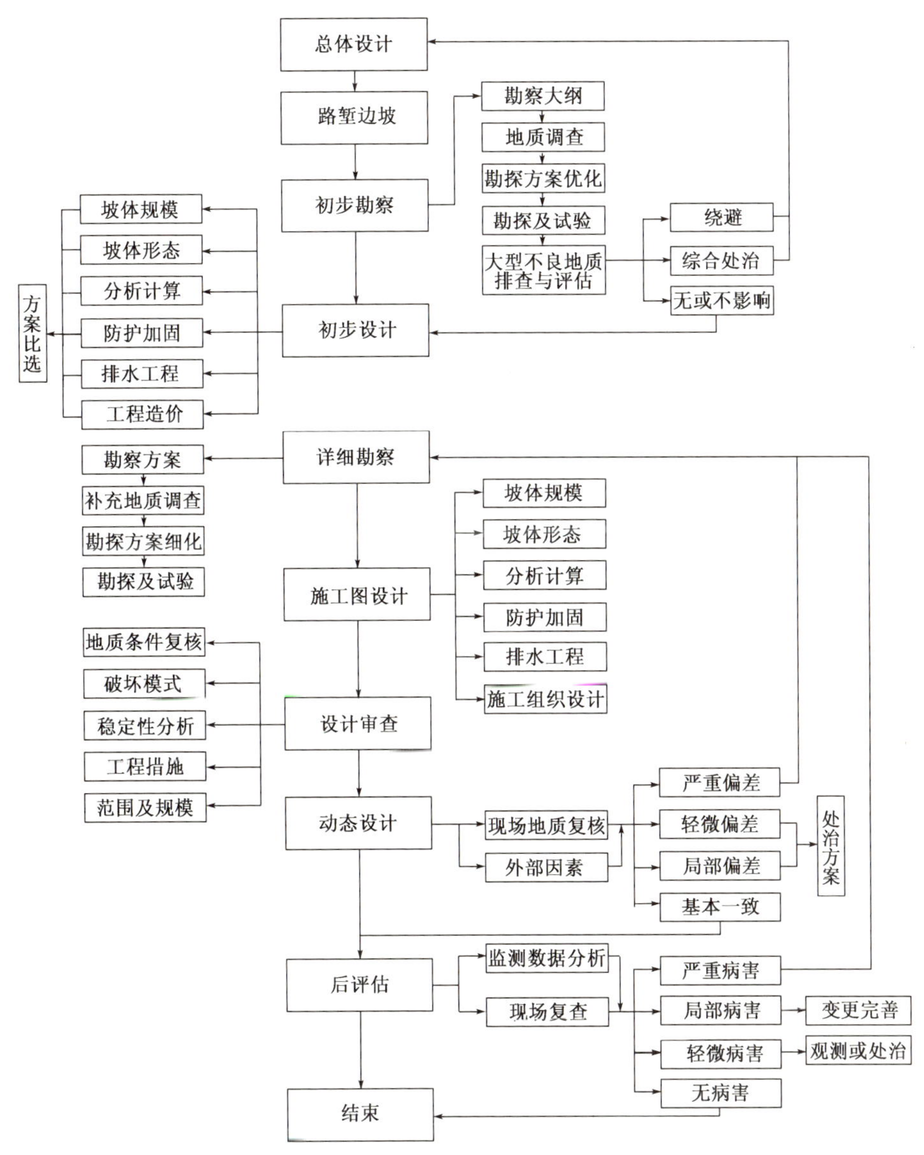

图 3-24　公路边坡设计管理流程图

Chapter 04

第四章

公路路堑边坡风险识别与对策

公路边坡工程的风险是指事先不确定的由内部或外部干扰因素激发并产生一种或多种损失的事件。由于边坡工程建设过程中,状态和影响因素不断发生变化,因此风险过程具有渐变性、突发性;在边坡建设和运营过程中,经常会受到多种因素的影响与干扰,而这些因素又大多具有相当的不确定性,因此风险发生时机具有随机性和不确定性;风险往往会引起安全事故、经济损失等,因此风险后果具有破坏性、危害性。风险管理已成为边坡建设工程管理中不可或缺的一环,边坡工程风险的识别、评估与防控对策技术日益重要。

目前,工程界对建设工程风险源的识别开展的工作较多,有关行业部门也制定了相关规范规程,明确了必要的风险评估要求与建议方法,但总体上来说,专门针对边坡工程的风险管理仍不完善。

第一节　风险类型

公路边坡风险涵盖面很广,分类标准也很多。常见的分类标准主要有以下几种:

(1)按风险来源,可将边坡工程风险划分为自然风险、人员风险、社会风险和经济风险。

①自然风险。一是实际地质条件与前期勘察资料比较,发生较大不利变化,如大型不良地质、构造带、断层、软弱带等;二是自然灾害,如地震、台风暴雨等极端气候条件;三是气象条件,如持续强降雨气候等;四是周边自然环境恶劣,易诱发不可控的突发灾害,如泥石流、滚石等。

②人员风险。人员风险包括管理风险、技术风险、实施风险等。人员风险是边坡工程整个风险体系最复杂也是最难控制的,与人的综合素质、管理体系的完整性、专业技术水平和操作技能及熟练程度、个体之间以及个体与群体之间的协调配合等均有关。

③社会风险。包括政策法规调整风险、生态文明特殊规定风险和当地习俗影响等风险。

④经济风险。包括国家经济政策的变化;材料供应市场、劳动力市场的变动以及金融风险、外汇汇率变化的风险等。

(2)按风险激发因素,参照《建设工程项目管理规范》(GB/T 50326—2017),可将边坡工程风险划分为组织风险、经济与管理风险、工程环境风险和技术风险。

①组织风险。组织风险指参与边坡工程建设的各团体的组织方面的风险,主要包括八个方面:一是各单位组织结构模式;二是工作流程组织;三是任务分工和管理职能分工;四是建设方(包括代表业主利益的项目管理方)人员的构成和能力;五是设计人员和监理工程师的能力;六是承包方管理人员和一般技工的能力;七是施工机械操作人员的能力和经验;八是损失控制和安全管理人员的资历和能力等。

②经济与管理风险。如工程资金供应的条件、合同风险、事故防范措施和计划、人身安全控制计划、信息安全控制计划等。

③工程环境风险。如自然灾害、岩土地质条件和水文地质条件、气象条件等。

④技术风险。如工程勘测资料和有关文件、工程设计及变更设计文件、施工组织方案、工程物资、工程机械等。

(3)按风险影响范围,可将边坡工程风险划分为局部风险和总体风险。

①局部风险。局部风险是指边坡某一区域、某一个或有限几个因素导致的风险,其损失的影响范围较小。

②总体风险。总体风险是指影响边坡整体或潜在影响到整体的风险,损失范围大,危害性高,其风险因素往往错综复杂,难以控制。

(4)按风险可控程度,可将边坡工程风险划分为可控风险与不可控风险。

①可控风险。可控风险是指通过充分收集资料、现场全面调查、依据专业知识科学分析等一系列措施,对边坡工程风险进行事前识别、预测,并通过科学的方案以及先进的机械设备和合适的结构、材料、规范的实施程序等措施来防范、化解风险,以减少遭受损失的可能性。

②不可控风险。不可控风险是指超出专业水平与实践经验,用人的智能、专业知识等无法预测和无法控制的风险。该类风险取决于风险自身的特点,具有隐蔽性、突发性、破坏性。随着人类科技的进步、工作的全面深入程度尤其是所收集资料的多少和掌握管理技术水平的提高,可逐步将部分不可控风险转化为可控风险。

(5)按风险危害程度,可将边坡工程风险划分为可接受风险与不可接受风险。

①可接受风险。可接受风险是指预期的风险事故的最大损失程度在安全指标的最大限度之内。该指标是经过长期积累或反复验证并被规范或公众接受的风险值。

②不可接受风险。不可接受风险通常是指超出安全指标的风险,边坡工程多表现为三个方面:一是超出组织的方针、目标和规章等;二是超出了人们普遍接受的要求;三是超出了法律、法规和规定等的要求。

(6)按风险等级,依据《高速公路路堑高边坡工程施工安全风险评估指南》,可将边坡工程风险划分为低度风险、中度风险、高度风险和极高风险四个等级。

①低度(风险Ⅰ级):指危害性很小、可忽略的风险,一般不需采取特别的风险防控措施。

②中度(风险Ⅱ级):指具有一定危害性但处于可接受范围内的风险,通常需采取适当的风险防控措施。

③高度(风险Ⅲ级):指危害性较大、超出可接受程度不严重的风险,必须采取合理措施降低风险。

④极高(风险Ⅳ级):指危害性极大、不可接受的风险,必须采取切实可行的管控或规避措施降低风险。

第二节　风险源识别

风险源是指一个系统中具有潜在能量和物质释放危险的、可造成人员伤害、在一定的触发因素作用下可转化为事故的区域、部位、场所、空间、岗位、设备及其位置。它的实质是具有潜在危险的源点或部位,是爆发事故的源头,是能量、危险物质集中的核心,是能量从那里传出来或爆发的地方。危险源存在于确定的系统中,不同的系统范围,危险源的区域也不同。

危险源由三个要素构成:潜在危险性、存在条件和触发因素。危险源的潜在危险性是指一旦触发事故,可能带来的危害程度或损失大小,或者说危险源可能释放的能量强度或危险物质量的大小。危险源的存在条件是指危险源所处的物理、化学状态和约束条件状态。例如,边坡的地质条件、稳定性、结构的可靠性、周围环境等情况。触发因素虽然不属于危险源的固有属性,但它是危险源转化为事故的外因,而且每一类型的危险源都有相应的敏感触发因素。如台风暴雨、地震、边坡开挖、排水不畅、防护加固工程滞后或措施不足等均是触发因素。一定的危险源总是与相应的触发因素相关联,在触发因素的作用下,危险源转化为危险状态,继而转化为事故。

风险源的识别是利用既有标准规范、专业知识和实践经验,充分收集资料、调查研究,按照一定规则来对整个边坡工程进行全面梳理、排查分析、统计分类的系统工程,包括识别路径和识别方法。通常情况下,按照时间顺序、空间分布、人员群体进行分类,再按照静态参数、人为因素和外界不确定因素统计,形成风险源的识别路径。风险源的识别方法多采用风险因素分析法。风险因素分析法是指对可能导致风险发生的因素进行评价分析,从而确定风险发生概率大小的风险评估方法。其一般思路是:调查风险源→识别风险转化条件→确定转化条件是否具备→估计风险发生的后果→风险评价。

公路边坡工程的风险源识别可按照工程环境、工程技术、组织管理和外界干扰四大类进行开展工作,全面梳理风险内容,建立风险源数据库。公路边坡工程风险源分类统计见表4-1。

公路边坡工程风险源辨识表　　表4-1

风险源类别	风险因素	风险内容	风险说明
工程环境	场区地貌	不良地质(古滑坡、堆积体、岩堆、岩溶等);危岩体;断裂带	古滑坡、大型堆积体具有很强的隐蔽性,在边坡开挖过程中极易诱发大规模变形,危害性极大,调查论证专业性极强;岩堆、危岩体受边坡开挖影响,可能发生岩体、岩块失稳坠落事故;岩溶、断裂带等区域地质条件差,边坡开挖后易发生较大规模变形失稳。均属于重大危险源
	切坡位置	自然山体滑坡;坡体自身变形失稳	工程边坡在自然山体的上部、中部和下部切坡,对自然山体的影响差异较大。一般情况下,自然山体上部切坡对其影响不大;中部和下部切坡对其影响较大,可能诱发山体覆盖层或基岩顶面滑坡甚至大规模顺层滑坡。风险不但危及自然山体,同时也会加剧边坡自身变形破坏
	周边建筑物	坡顶建筑物变形;坡脚建筑物破坏	边坡开挖后,一定范围内坡顶建筑物和坡体稳定互为不利作用:建筑物对边坡顶部加载不利于坡体稳定,而边坡一旦变形将诱发建筑物变形甚至破坏。对于坡脚建筑物,表现为两个方面的风险:一是边坡施工过程中坠落物体对建筑物及人类、其他生物的伤害;二是坡体变形失稳将对下部建筑物形成巨大危害。属于重大风险源
	地质构造	断层;褶皱	与坡向垂直横切或小角度斜切边坡中后部的断层将边坡与后部自然山体切割开来,不利于边坡稳定;坡体内褶皱发育时,易依附褶皱轴导致边坡变形失稳并沿着褶皱构造快速发展。构造规模和地下水共同控制坡体变形规模,属于重要风险源
	地层岩性	软弱岩层(黏土岩、煤系地层等);风化剧烈岩层;高液限土	泥岩、页岩、板岩等黏土岩以及煤系地层均为易滑地层,极易诱发边坡发生较大规模失稳变形;岩层风化剧烈成土层后,岩土体强度显著降低,边坡稳定性降低;高液限土边坡水敏感性极强,地表水下渗后极易诱发边坡失稳。该类地层均属于重大风险源

续上表

风险源类别	风险因素	风险内容	风险说明
工程环境	坡体结构	层面产状;不利组合面;软弱夹层	顺坡向或小角度斜交顺倾的层面易诱发顺层滑坡,尤其是中等倾角范围内极易导致边坡发生大规模顺层滑坡;节理不利组合面易诱发坡体楔形体破坏甚至较大规模变形失稳;岩层中软弱夹层随着厚度的变化,一方面对上部岩层形成空洞效应,导致岩层断裂失稳,另一方面软弱夹层本身易形成滑面,不利于坡体稳定。该类结构面均属于重大风险源
	地下水	地下水位;腐蚀性	地下水对边坡稳定性的影响表现在三个方面:一是软化岩土体,降低其强度;二是静水压力;三是动水压力。另外具有腐蚀性的地下水对钢材、水泥耐久性影响较大
	边坡高度	边坡失稳	对于一定强度的岩土体,在相同坡率条件下,边坡高度越大越易变形失稳,变形范围越大,危害性也越高
	坡形坡率	局部失稳;整体失稳	对应一定岩土体强度和坡高条件下,边坡的稳定性一般对应有临界平衡坡率。当边坡实际坡率陡于该临界坡率时,边坡易发生变形失稳,且坡率越陡,变形体范围越大
	弃渣场	稳定性;水土保持	弃渣场多设置在山间沟槽或洼地,一般结构较松散,自然汇水面积较大,在地表水冲刷与地下水浸润作用下,易诱发弃渣场边坡变形失稳,严重时还会形成泥石流,不但破坏生态环境,还对下游人员生命财产构成极大威胁
工程技术	勘察资料	勘察范围;勘察精度	边坡勘察专业性较强,勘察方案不当、范围不足、深度不够以及对地质资料的分析不全等均导致对坡体整体的了解不透,影响对边坡的分析判断,引起设计偏差,存在较大风险
	设计方案	机理分析;指标选取;分析计算;方案措施;布设范围;结构设计	设计方案是边坡工程最重要最关键的环节,机理分析是对边坡破坏模式、变形规模的判断,是设计的基础;指标选取是对坡体岩土体和滑面工程性质的界定;分析计算是边坡设计的理论依据;方案措施确保治理工程的安全性、合理性、经济性;布设范围不足易诱发边坡发生局部变形失稳,甚至影响既有工程失效;结构设计则是为了保障工程措施的可靠性、可行性和耐久性
	设计变更	现场调查;补勘方案;变更方案	边坡开挖后,以微地貌调查、地质条件复核和变形特征调查分析为主要内容的现场调查工作的全面性、专业性决定边坡的分析判断精度,也对补勘方案、变更方案产生较大影响,若潜在变形范围判断不足,将导致变更设计失败,甚至引起已实施的工程措施被报废
	安全监控	监控方案(监测内容、测点布设、测试方法、监测频率等);预警标准	边坡的安全监控主要包括调查巡视、地表位移观测、深部位移观测、结构应力监测、土压力监测和地下水观测等,是预警预防坡体失稳滑动的重要技术手段,方案的合理性,预警标准的准确性,对保证边坡施工过程中坡体及人员财产安全具有重要作用
	施工组织	总平面布置;资源配置;进度控制;质量控制;专项方案(测量、边坡开挖、锚固工程、人工挖孔桩、圬工、注浆、排水、绿化等);应急方案	施工组织是在充分理解建设管理要求和设计文件的基础上,遵照有关标准、规范、规程等要求,合理调配资源、规范管理流程、制定专业工艺,在规避、解决施工过程问题的路线上实现设计意图,一旦施工组织不合理或预案不充分,将引起返工、经济、质量、安全等多种风险

续上表

风险源类别	风险因素	风险内容	风险说明
工程技术	爆破	爆破方案;爆破参数;爆破器材;爆破操作;安全警戒	爆破器材管理、爆破参数、爆破方式是边坡岩层爆破开挖的关键技术,任何失误、偏差以及操作不当均可能诱发安全事故;另外,设置合理的安全警戒是预防爆破对周边人员、设备等的危害
	运输	运输线路;运输调度	边坡施工场地狭窄、高差起伏大,交通运输线路设置的合理性是基础保障,运输管理、调度对于指挥车辆规范安全运行、减少并防止交通安全事故具有控制性作用
组织管理	管理制度	决策制度;协调机制;人员管理;设备管理;质量管理;安全管理;技术管理;岗位职责	制度与职责明确了边坡建设各方、各环节的目标要求,对于实现边坡建设的规范化、标准化、程序化具有重要作用,管理制度的完备程度以及制度的执行情况对防范并减少边坡建设的各种风险具有指导性地位
	经济投资	合同变更;材料价格;劳动力价格	合同变更、违约等相关条款可以在一定程度上规避无效投资的风险;材料、劳动力价格是边坡工程造价的基础因素,其价格变动对边坡造价影响较大,也会对工程进度、质量产生显著影响
	合同履约	单位资质;个人能力;资源配置	勘察设计、监理和施工等边坡参建单位的资质决定了其综合能力和资源储备;个人能力则直接影响现场的管控与成果质量;资源配置水平对整个边坡工程的实施具有决定性作用,资源不足极易在多环节诱发安全、质量、进度等风险
	工序衔接	截排水;防护加固;注浆	边坡开挖后若不及时完成截排水措施,受降雨作用后可能导致坡面冲刷、地表水下渗降低岩土体强度,不利于坡体稳定;另外,开挖后的坡面若不及时实施防护加固工程,受卸荷松弛影响易诱发坡体变形失稳,对于泥岩、页岩、板岩及泥质粉砂岩等岩层还会加剧风化速度,降低岩土体强度,不利于坡体稳定。对于含有注浆工艺的支挡加固工程(如微型桩、锚固工程等),注浆工艺滞后时,不但影响工程质量,还会因无法及时发挥加固支挡效果,存在坡体变形失稳风险
	施工工艺	危石清理;脚手架;钻孔;注浆;人工挖孔桩;集水井;排水隧洞	坡顶危岩及坡面危石在重力及施工震动作用下,易发生掉块落石伤人、毁坏设备风险;脚手架自身的稳定性及物体坠落均对人员、设备危险较大;钻孔、注浆等工艺存在机械设备故障或操作不当伤人事故;人工挖孔桩、集水井和排水隧洞施工存在高空坠物、塌方、毒气和涌水突泥等安全风险
	人员素质	管理协调能力;专业技术;操作技能;组织纪律	人是边坡工程系统中最不确定的风险因素,能力、素质、精神状态等均会对风险产生较大影响。制度执行、沟通协调、组织纪律是个体之间组成有机整体的纽带,专业技术水平、操作技能是工作水平与质量的保证
	结构材料	结构合理性(可靠性、耐久性、可行性);材料质量及经济性	工程结构是保证边坡工程治理方案有效性的基础,结构设计水平决定边坡工程的经济造价和稳定性能;材料则是工程结构的细胞,其质量水平、加工水平和价格是决定工程结构寿命及经济性的主要因素
	机械设备	设备性能;操作规范性	机械设备的性能、人工操作技能及规范性是机械事故与机械伤害事故发生频率与事故严重程度的决定性因素
	驻地建设	地质灾害;电;水;火;交通	边坡工程多处于山地丘陵地区,地形复杂,驻地周边潜在的崩塌、滑坡、泥石流、地表沉陷等对人员财产危害极大;驻地内因人员密集,触电、火灾、水灾等安全事故隐患也较大;临时交通安全风险程度也较高

续上表

风险源类别	风险因素	风险内容	风险说明
外界干扰	地震	地震	地震属于重大风险源，可诱发自然界岩体断裂、山体开裂而突发滑坡、地陷、建筑物倒塌等病害；同时伴随集中强降雨还会诱发泥石流等灾害，破坏性极大
	集中降雨	降雨量；降雨强度	大气降雨对边坡影响主要指标就是连续降雨量和最大降雨强度，对边坡影响表现为四大方面：一是冲刷破坏坡表面；二是地表水下渗抬高地下水位，增加坡体静水压力；三是增大岩土体含水量，软化岩土体降低强度指标；四是在坡体内形成动水压力。该四个方面均不利于坡体稳定，易形成滑坡病害
	坡顶加载	加载方式；加载量	坡顶连续加载与突然加载方式不同，岩土体协调变形差异较大，后者易诱发坡体失稳；当坡顶加载超过承受能力后，也会导致坡体变形破坏
	坡脚开挖	开挖部位；开挖方式；开挖量	坡脚开挖削弱坡体抗滑力，开挖部位离坡脚越近，开挖坡率越陡，开挖方量越多，削弱作用越强，越易引起坡体失稳变形

第三节　风险评估

边坡工程风险评估是采用定性或定量的方法，对事故发生的可能性及严重程度进行估算，也就是对风险因素按一定规则进行预测分析，并根据风险分级标准和接受准则，对工程风险进行等级排序。交通运输部发布的《高速公路路堑高边坡施工安全风险评估指南》规定，公路边坡施工风险评估分两阶段实施，总体风险评估和专项风险评估。

目前，公路边坡风险分析主要有定性分析方法和定量分析方法。定性分析方法主要有专家调查评估法（经验法），定量分析方法主要有指标体系法、层次分析法（AHP 法）及可靠度分析法等。

1. 专家调查评估法（经验法）

专家调查评估法，是以专家作为索取信息的对象，依靠专家对公路高边坡的知识和经验，在现场调查的基础上，根据建设规模、地质条件、工程特点、诱发因素、施工环境、资料完整性对高边坡风险做出评估和预测的一种方法。采用专家调查评估法时，应当成立评估专家组，专家组成员不得少于 3 人。评估方法如下：

第一步，专家组每个成员，首先分别对建设规模、地质条件、诱发因素、施工环境、资料完整性 5 个分项，分别按 4 个风险等级给出分项评定分值 R_{ij}，即：等级Ⅳ（极高风险）（4 分）、等级Ⅲ（高度风险）（3 分）、等级Ⅱ（中度风险）（2 分）、等级Ⅰ（低度风险）（1 分）。

第二步，专家对各分项评估分值给出专家信心指数 W_{ij}。专家信心指数可根据对评估对象的认识程度、类似工作经验、专业技术水平等给出。如认为自己的评估结果可靠，信心指数高，

给出 $W_{ij}=1$；对评估分项完全没有概念，给出 $W_{ij}=0$；在两种情况之间，可视具体情况给出 $W_{ij}=0\sim1$（小数点后取1位）。

第三步，按式(4-1)计算出各专家评估的风险值 D_{rj}。

$$D_{rj}=\frac{\sum W_{ij}\times R_{ij}}{\sum W_{ij}} \tag{4-1}$$

第四步，对各专家成员评定的风险值取平均值作为最终风险值 $D_r=\frac{\sum D_{rj}}{n}$，并按下列界限划分公路高边坡施工安全风险等级：

$D_r\geq3.5$，等级Ⅳ（极高风险）；

$2.5\leq D_r<3.5$，等级Ⅲ（高度风险）；

$1.5\leq D_r<2.5$，等级Ⅱ（中度风险）；

$D_r<1.5$，等级Ⅰ（低度风险）。

2. 指标体系法

指标体系法，根据建设规模、地质条件、诱发因素、工程环境、资料完整性将指标分为5个主要反映公路高边坡风险的大类。在指标分类的基础上，提出评估指标。具体方法如下：

第一步，将指标体系划分为5类：建设规模、地质条件、诱发因素、工程环境、资料完整性，分别建立各类指标的具体评估指标体系。笔者根据工程实践，结合《高速公路路堑高边坡施工安全风险评估指南》中推荐的指标体系，推荐15个指标体系，参见表4-2。在对具体公路高边坡进行评估时，表4-2所列15个指标不一定全部参与评估，需选出比较重要的指标进行排序。

公路高边坡评估指标体系 表4-2

分　类	评估指标	基本分值(R_{ij})	权重系数(γ_{ij})	评估值($X_{ij}=R_{ij}\times\gamma_{ij}$)
建设规模	边坡高度			
	坡形坡率			
地质条件	地质构造			
	地层岩性			
	坡体结构			
	地下水			
诱发因素	施工季节			
	自然灾害频率			
	人类活动			
工程环境	场区地貌			
	切坡位置			
	工程措施			
	周边建筑物			
资料完整性	勘察资料			
	设计文件			

第二步，按照边坡对应特征指标分别对各评估指标基本分值进行评分，《高速公路路堑高边坡施工安全风险评估指南》中已有评分标准的可直接对应评分，建议新增加的评估指标，可本着影响程度的分级情况对应评分，也可参考笔者推荐的评分标准（表4-3）。

第三步，将各评估指标按重要性从高到低进行排序，然后采用重要性排序确定权重取值的方法，计算各评估指标的权重系数和评估值。计算公式如式（4-2）、式（4-3）所示。

公路边坡评估指标体系风险基本分值参考标准表 表4-3

评估指标	分级	分值	说明
场区地貌	大型不良地质场区	75～100	1. 有调查记录、勘察成果证实边坡位于古滑坡、古堆积体、大型错落体等不良地质范围内，且在该不良地质体前缘切坡，分值为100； 2. 有陡缓台阶地貌、"双沟同源""醉汉林"、坡表大范围松散块碎石土、地下水集中发育等特征时，定义为疑似不良地质场区
	疑似不良地质场区	50～74	
	折线型横断面地貌	25～49	
	顺坡型横断面地貌	0～24	
切坡位置	山底切坡	75～100	1. 当切坡坡口线距离自然山顶高度 H 与边坡高度 H_0 之比 $\frac{H}{H_0}\geq1.0$ 时，分值为100，其余可根据比值赋值； 2. 当坡体坡残积层和全风化土层厚度超过30m时，切坡坡口线距离自然山顶20m时，分值为100，其余内插； 3. 自然山脚地下水呈泉眼常年渗水时，尽管坡口线距离山顶距离不满足上述条件，其分值也为100
	山体中下部切坡	50～74	
	山体中上部切坡	25～49	
	山顶切坡	0～24	
地质构造	构造带宽度 $W\geq20$m，构造带与线路夹角小于30°，构造带距离坡口线 L 与坡高 H_0 之比 $\frac{L}{H_0}\leq3.0$	75～100	1. 构造带含水量高、风化程度严重、含有泥化夹层等特征时取高值； 2. 构造带倾向与坡向一致时取高值，并随着夹角的增大逐渐减小； 3. 边坡地层为易滑地层时，取高值
	构造带宽度 $5\text{m}\leq W<20$m，构造带与线路夹角介于30°～45°，构造带距离坡口线 L 与坡高 H_0 之比 $3.0\leq\frac{L}{H_0}<5.0$	50～74	
	构造带宽度 $2\text{m}\leq W<5$m，构造带与线路夹角介于45°～60°，构造带距离坡口线 L 与坡高 H_0 之比 $5.0\leq\frac{L}{H_0}<10.0$	25～49	
	构造带宽度 $W<2$m，构造带与线路夹角大于60°，构造带距离坡口线 L 与坡高 H_0 之比 $\frac{L}{H_0}\geq10.0$	0～24	

续上表

评估指标	分　级	分值	说　明
人类活动	严重影响	75 ~ 100	1. 坡顶加载荷载换算高度超过两级坡高且该换算坡高与加载边界距离坡口线水平距离之比小于或等于1.5时，分值为100，其余内插赋值； 2. 坡脚开挖高度与开挖线距离坡脚水平距离之比大于或等于0.5时，分值为100，其余内插赋值； 3. 其他影响可结合坡体稳定性影响程度进行赋值
	较严重影响	50 ~ 74	
	一般影响	25 ~ 49	
	轻微影响	0 ~ 24	

$$\gamma = \frac{2n - 2m + 1}{n^2} \tag{4-2}$$

式中：γ——权重系数；

n——评估指标（重要指标）项数；

m——重要性排序号，$m \leq n$。

$$X_{ij} = R_{ij} \cdot \gamma_{ij} \tag{4-3}$$

式中：X_{ij}——评估指标的评估值；

R_{ij}——评估指标的基本分值（按100分制打分）。

第四步，将各评估指标评估值累计相加，即为边坡的风险值 F，计算公式如式（4-4）所示。

$$F = \sum X_{ij} \tag{4-4}$$

第五步，确定公路边坡风险等级（参见表4-4，可根据评估工点风险的具体情况，结合地区经验，对表中的数值区间进行适当调整）。

公路边坡风险分级标准　　表4-4

风险等级	风险值 F
等级Ⅳ（极高风险）	$F > 60$
等级Ⅲ（高度风险）	$45 < F \leq 60$
等级Ⅱ（中度风险）	$30 < F \leq 45$
等级Ⅰ（低度风险）	$F \leq 30$

3. 层次分析法（AHP法）

层次分析法简称AHP（The Analytic Hierarchy Process）法，是美国匹兹堡大学运筹学家T. L. Saaty于20世纪70年代中期提出的一种多层次权重分析决策方法，是一种定性分析与定量分析相结合的决策分析方法，它将人的主观判断用数量的形式表达和处理。其特点是具有高度的逻辑性、系统性、简洁性和实用性，结合了专家打分法定性分析的优点，又采用适当的数学模型进行定量分析，弥补了定性分析与定量分析的不足，比较适合于既具有定性指标，又具有定量指标的评价领域。

该方法的特点是在对复杂的决策问题的本质、影响因素及其内在关系等进行深入分析的基础上，利用较少的定量信息使决策的思维过程数学化，从而为多目标、多准则或无结构特性的复杂决策问题提供简便的决策方法。具体步骤如下：

第一步，建立层次结构。对考虑的风险因子，分析其相互关联、逻辑归属及重要性级别，进行分层排序，构成一个由上而下的递阶层次结构，最高层称为目标层；若干中间层次，称为准则层；最底层，一般称为指标层。

第二步，构造判断矩阵。在层次分析法中，为了使判断定量化，必须使任意两个风险因子对于某一准则的相对优越程度得到定量描述。对单一准则来说，两个因子进行比较总能判断出优劣，层次分析法采用1～9标度方法（表4-5），对不同情况的评比给出数量标度，通过评判标度可建立判断矩阵。判断是表示针对上一准则层而言，本层与它有关联的各要素之间的相对优越程度。建立关于准则层B的判断矩阵为：

$$\boldsymbol{B}=\begin{bmatrix} B_{11} & \cdots & B_{n1} \\ \vdots & \ddots & \vdots \\ B_{n1} & \cdots & B_{nn} \end{bmatrix} \tag{4-5}$$

其中 B_{ij} 表示对于目标层而言，要素 B_i 与 B_j 比较而得到的相对重要程度或优越性。

1～9级判断矩阵标准度 表4-5

标　度	含　义
1	两个元素相比，同等重要
3	两个元素相比，前者比后者稍微重要
5	两个元素相比，前者比后者明显重要
7	两个元素相比，前者比后者强烈重要
9	两个元素相比，前者比后者极端重要
2,4,6,8	表示上述相邻判断的中值

第三步，判断矩阵排序。层次单排序是通过以下特征值得到：

$$\boldsymbol{BW}=\lambda_{\max}\boldsymbol{W} \tag{4-6}$$

式中：$\boldsymbol{B}$——判断矩阵；

$\lambda_{\max}$——$\boldsymbol{B}$ 的最大特征值；

$\boldsymbol{W}$——$\lambda_{\max}$ 对应的特征向量，为各因素相对重要性权重。

第四步，一致性检验。所谓判断一致性，是指判断矩阵具备完全一致性。其可采用一致性指标 CI 评判，计算公式为：

$$CI=\frac{\lambda_{\max}-n}{n-1} \tag{4-7}$$

式中：n——矩阵阶数。

由于矩阵阶数越大，完全一致性越难达到；为确定不同阶的判断矩阵的一致性，可采用平均随机一致性指标 RI 来衡量。RI 值可以通过查表4-6得到。

RI 值 表 4-6

n	RI	n	RI
1	0.00	6	1.24
2	0.00	7	1.32
3	0.58	8	1.41
4	0.90	9	1.45
5	1.12	10	1.49

当随机一致性比率 $CR=\dfrac{CI}{RI}<0.10$ 时，判断矩阵的一致性检验通过，即认为具有满意的一致性。否则就应重新考虑并调整判断矩阵的元素，使之达到满意的一致性为止。

第五步，层次综合排序及一致性检验。利用层次单排序的计算结果，进一步得出对上一层次的优劣顺序，就是层次总排序的任务。同样地，需满足随机一致性比率 $CR<0.1$，否则需重新调整判断矩阵的元素权重，重新计算判断矩阵。

第六步，风险评估。根据各风险因素的损害程度对其赋值，结合由层次综合排序法得到的各风险因素的权重值，计算评估目标的总分值，依据分值确定边坡的风险程度。

4. 可靠度分析法

可靠度分析法就是分析在各风险因素共同作用下，边坡发生风险的概率。可靠度分析法多用于理论研究工作，在工程实践中应用较少，本书只做简单介绍。其基本理论为：

设风险因素集合

$\Omega_r=\{R_1,R_2,R_3,\cdots,R_n\}$

令：$R_1=\{r_{11},r_{12},r_{13},\cdots,r_{1n}\}$

$R_2=\{r_{21},r_{22},r_{23},\cdots,r_{2n}\}$

…

$R_n=\{r_{n1},r_{n2},r_{n3},\cdots,r_{nn}\}$

其中 r_{ij} 为风险因素。风险因素划分与分类应满足：

$R_i\cap R_j=\Phi$

$i=1,2,3,\cdots,n$

$j=1,2,3,\cdots,n$

$i\neq j$

各风险因素对应的失效概率为 P_{ij}，对应的风险分类可靠度 P_i 计算见式(4-8)。

$$P_i=1-\sum_{j=1}^{n}(1-P_{ij}) \tag{4-8}$$

则边坡的风险值

$$P=1-\sum_{i=1}^{n}(1-P_i) \tag{4-9}$$

边坡工程风险的影响因素众多，关系复杂，Morgenstern 将岩土工程分析中包含的不确定因素分为管理因素、模型因素和参数因素三大类。

管理的不确定因素是指由于人们的行为不当导致的岩土工程失事。管理因素在风险分析中难以直接定量评估,但是,所有从事风险分析的技术人员对这类不确定因素都需要有一个清醒的认识,否则,再好的风险分析也是脱离实际的。管理因素最常见的例子是施工质量方面的问题。

模型的不确定因素反映了我们在设计过程中采用的分析方法在模拟实际情况方面的局限性,任何一个数学模型在模拟岩土材料的特性时都存在近似性。在边坡稳定分析领域,还有一些更大的模型不确定性因素,例如对降雨导致的土的饱和或非饱和孔隙水压力特征的模拟,对土在渗流和抗剪强度方面各向异性的模拟,对在地震动力条件下边坡稳定性的模拟等。模型所包含的误差不一定总是不利因素,例如在边坡稳定分析领域,通常采用二维分析方法,所得安全系数通常较实际值偏低。

参数不确定因素是因岩土材料的极不均匀性决定的,在已经确定了数学模型的基础上分析由于参数的变异特征,导致边坡工程结构失效发生的概率,采用可靠度进行分析。

如果定义由管理因素、模型因素、参数因素导致的系统失效概率分别为 $P(A)$、$P(M)$ 和 $P(P)$,则整个系统的失效概率 $P(S)$ 为:

$$P(S)=1-[1-P(A)]\times[1-P(M)]\times[1-P(P)] \tag{4-10}$$

$P(A)$、$P(M)$ 和 $P(P)$ 之间并不独立 例如由于管理上的不确定因素会直接导致参数较大的变异性,因此,上式只是近似公式,实践中可结合经验适当修正后应用。

第四节　风险对策

对于风险分析评估的结果,并不是风险越小越好。减小风险是要付出代价的,无论减小风险发生的概率,还是采取防范措施使发生风险造成的损失降到最小,都要投入资金、技术和劳务。通常的做法是将风险限定在一个合理的、可接受的水平上,根据风险影响因素,经过优化,寻求出最佳方案。“风险与利益间要取得平衡”“接受合理的风险”“投入产出性价比最优”等等,这些都是风险接受的原则。根据《职业健康安全管理体系》(GB/T 45001　2020)标准中的可接受风险定义,根据前述原则,立足区域环境、经济条件,考虑公路边坡运营期的内部和外在条件的变化,合理选择可接受风险界定准则,制定风险对策。

按照公路边坡工程建设、运营期有关风险因子的产生原因、作用机理和危害程度,将风险对策归纳为基础因素、工程因素和干扰因素三类,从管理、技术、经济等方面综合比较分析,提出公路边坡风险对策。

(一)基础因素风险对策

基础因素本身是客观存在的,主要包括边坡环境和地质条件两个方面,风险的产生主要在于对这些客观因素能否掌握全面,分析正确。

1. 边坡环境

(1)资料收集要全面,尤其是区域地质构造、气象条件、地方建设规划等与边坡工程直接相关的资料，务必真实、齐全。

（2）边坡场区环境调查的范围要足够，内容要齐全，历史事件要清晰，重点部位要追踪到位，尤其是大型滑坡体、堆积体、错落体、岩溶（岩堆）等不良地质及其他特殊的微地貌特征要调查全面；地质露头、构造带等的规模、性质、产状要素务必精确；自然山体变形情况应基本查清规模、性质、物质成分、形成机理等。

（3）周边建（构）筑物的分布状况以及与工程边坡的相互影响关系也需要重点调查分析。

（4）加强调查资料的整理、分析与现场再复核，力求全面、真实、科学。

（5）场区地方其他规划建设与边坡的相互干扰也需进行科学论证、分析。

2. 地质条件

（1）在基本掌握区域地质构造的前提下，还应基本查清边坡场区的地质构造发育情况、分布特征、性质、产状与物质成分等。

（2）地质勘察方案应结合边坡场区调查资料突出针对性，原则上主断面能达到控制整个边坡的作用，辅助断面联合主断面应基本能查清坡体地质条件；勘察工作实施务必保质保量、记录专业真实，尤其对钻探过程中出现的卡钻、富水、空洞、软弱层等异常情况要如实记录；大型不良地质还应开展物探工作。

（3）派驻具有专业知识和丰富经验的地质工程师，现场对照钻探岩芯，仔细核查、记录地层岩性及风化程度，并结合钻探过程记录精确标识破碎带、软弱带、富水带等特殊地层的深度和厚度。

（4）结合地质调查工作，完整、真实记录岩层结构面的详细资料，如位置、规模、性质、产状等。

（5）结合地质调查和地质勘探（钻探、物探等）资料，基本查清地表水文条件和地下水补给、排泄途径、水位变化及出露等情况。

（6）力争查清边坡场区范围内（大型不良地质还应向周边延伸一定范围）不良地质发育程度、分布范围、表观特征、形成机理以及对边坡工程的影响程度等。

（7）基本查清边坡场区特殊性岩土（重点是高液限土）的分布范围、分布厚度、物理力学指标和工程性质等。

（8）严格按照相关规范、规程和地方规定要求开展岩土试验工作。

（二）工程因素风险对策

工程因素错综复杂，相互影响，是边坡风险对策中难度最大也是最重要的环节，主要包含人员素质、资源投入、管控效果等方面。

1. 人员素质

（1）应建立明确的岗位人员资质条件和岗位职责，严格履约检查，确保人岗责相符，技术人员具备相应的专业知识和工程经验，操作人员具有一定熟练程度的操作技能。

（2）加强责任签约程序管理，明确管理、技术、实施等相关人员的责任签约，提升实施效率和成果质量。

(3)制定完善的过程管理、培训、监督、纠错机制,加强过程信息的实时反馈与处理,确保工程按照既定措施和目标执行。

(4)提倡设立合理的考核、奖惩与淘汰制度,实现技术、技能创新提升,提高解决现场实际问题的能力与效率。

2. 资源配置与管理

(1)熟悉规范规程标准和设计要求,充分调研项目所在地的交通条件、物价水平、场地条件等实际情况,立足专业技术和工程经验,制订合理可行的优质施工组织方案,重点对施工进度安排、施工方法、技术经济措施、施工平面布置等方案的设计进行充分复核论证。

(2)根据合同要求, 依据审核批复的施工组织设计,科学配置资金、设备、材料等资源,应能满足生产需求并有适当的风险防范余量或应对措施。

(3)在边坡建设过程中,应加强对资金、设备、材料等资源的抽查,确保资金运转正常、设备性能达标、材料质量合格,相关资源数量满足需要,及时处理隐患问题。

(4)鼓励建设单位联合监理单位设立现场资源检查与考核机制,加强现场资源监督,规范管理,确保数量与质量。

3. 设计文件

(1)严格设计文件执行的标准和规范正确、有效、齐全。

(2)加强对勘察资料的复核与分析,必要时开展现场印证调查工作,甚至必要的补充勘察工作,确保地质资料完整、真实,有效提供设计依据。

(3)专业设计人员应充分了解坡体岩土体的主要工程性质,掌握坡体的潜在破坏模式和破坏范围。

(4)结合边坡场区地形、地质条件,充分比较多种形式的坡形坡率,通常条件下,一是应尽量避免"剥山皮"、连续陡开挖式设计;二是对于后部为高陡山体的边坡,合理控制坡高,应在坡口线与自然高陡山坡之间设置有效的卸荷宽度;三是对于自然坡度缓于15°的自然山坡,谨慎大开挖,避免诱发大规模变形病害;四是边坡岩土体强度较低或边坡高度过大时,在场地条件允许的情况下,尽量在边坡中部设置一级或多级卸荷宽平台。

(5)合理分析边坡潜在破坏面,规范理论计算,岩土体物理力学指标原则上应与试验指标、反算指标和地区经验指标检验符合后采用。

(6)边坡的工程措施设计和工程结构设计务必体现安全可靠、便捷可行、经济合理、绿色环保的要求。工程措施覆盖范围、结构尺寸应能实现有效控制潜在变形破坏体。

(7)设计文件应明确工序、工艺及实施技术要点,特殊要求的,还应补充材料材质标准、结构加工制作安装和实施期限要求等。

(8)地质条件复杂或采用新结构的边坡,还应明确有关工程质量检测技术与控制标准的要求。

(9)建议建设单位在设计文件发布前,开展公路边坡设计文件专业咨询评估工作,进一步弥补设计不足,提升设计文件质量,减少边坡建设和运营期的变形病害。

4. 动态变更

(1)紧跟边坡开挖进度,工程管理人员联合地质专业技术人员现场调查,重点复核边坡开挖后揭示的地质条件与勘察设计资料是否存在较大差异,详细记录并及时反馈至设计人员。

(2)对于边坡开挖过程揭示的地质条件变化,不能以点代面,而应开展全面复核调查,原则上追踪法和排除法并举,以期实现对边坡整体信息的把握。

(3)因地质条件差异触发的动态设计变更,应体现主动、合理的原则,不能变更不到位,也不能设置无依据的工程措施。

(4)对于边坡每一项动态变更,均应证据充分、分析科学,并深入分析变更触发原因,及早对其他边坡实施预防性措施。

(5)动态变更原则上应及早开展方案评审,便于缩短设计周期,尽早付诸实施。

5. 工序工艺

(1)边坡工程的工序、工艺必须严格执行相关标准,并结合边坡个性特点,完善实施细则。

(2)加强关键环节、重点部位及特殊要求的工序的方案细化、监督管理,一是及时完善边坡临时或永久排水系统,边坡清表后及时实施坡顶截水沟,开挖过程中有条件的及时跟进排水沟施工,不具备条件的也应及时实施临时排水沟;二是严格控制石方爆破的爆破当量,谨防影响坡体稳定;三是风险较高的边坡开挖后应立即实施防护加固工程;四是边坡抗滑支挡结构的跳槽、分段施工必须严格执行;五是应优化工序,尽快发挥工程措施抑制边坡变形的效果。

(3)普及边坡施工工艺标准化、工厂化、流程化,稳定项目工艺水平,减少偶然因素的不利影响。

(4)提倡边坡建设单位组织相关参建单位共同组织首件标准化观摩交流会,提升边坡工程整体管理、实施水平。

6. 质量管控

(1)制定与项目相适应的完善的质量管理体系与管理制度,明确管理机构和责任人,做到有规可依、执行有人。

(2)充分突出人的能动性,强化素质培训、能力培训、公正执法、有效监督。

(3)严格把控原材料进场关,按照规定及时开展原材料质量检验,未经检验合格的原材料一律不得使用,杜绝不合格材料流入生产现场。

(4)质量管控应体现宏观与微观结合,整体均衡、突出重点,尤其是对于隐蔽性较强的工程措施要加强全过程质量监控,必要时实施旁站监督,在流程上防范不合格工程。

(5)及时有效处理质量缺陷,如补强、返工等措施,并开展必要的警示教育宣传通报等工作,减少同类事故发生的概率,充分保证设计意图的实现。

(6)建议建设单位定期或不定期主持开展质量评比与奖惩活动,在一定范围内开展质量竞赛活动,交流学习先进经验,从质量事故中得到警示,利于提高整体项目质量管控水平。

7. 安全环保

(1)按照规范规程和地方管理规定要求，结合项目实际特点，充分调研论证，制定合理可行的安全环保管理体系与制度，明确管理部门、管理要求和责任人。

(2)定期或不定期开展安全环保学习培训、经验交流活动，从理论上、实践上切实提高从业人员的业务水平，并通过专业从业人员，在全体参建人员中宣传和普及安全环保理念、有关禁令和实施要点，形成全员参与共建的氛围。

(3)加强过程检查与监督管理，提前发现安全隐患和不良苗头，抑制风险源，降低风险发生的概率。

(4)关键工序、重点部位应制订专项安全环保方案，并组织行业专家评审，并严格遵循专项方案实施。

(5)及时严肃处理安全环保问题，加强警示教育，杜绝同类事故再发，降低安全环保事故发生的概率。

(6)定期或不定期开展安全环保考评与奖惩活动，鼓励先进，鞭策后进。

(三)干扰因素风险对策

边坡工程的干扰因素主要包括自然因素和人类活动。

1. 自然因素

(1)地震是破坏性最大、危害性最强的自然灾害之一。可引起地面振动破坏，建筑物与构筑物的破坏，山体等自然物的破坏(如滑坡、泥石流等)等。当前的科技水平很难提前精确预测地震。我国华南地区位于环太平洋地震带边缘，地震较活跃，平时应加强地震避险技能培训、宣传普及，做好必要的应急预案；边坡工程必须在稳定性分析时考虑区域地震烈度对应的加速度值，并尽量避免使用振动效应显著的工程结构。

(2)华南地区年降雨丰沛，尤其集中在每年的4—9月，地表水冲刷、地表水下渗快速抬高地下水位、软化坡体岩土体降低其强度等，均对坡体稳定性产生极强的破坏作用。因此，边坡工程，应高度重视防水治水，需要重点做到以下几点：一是地表排水系统应顺畅，过水断面应满足山洪泄洪能力，有效将边坡周边表表水截排至坡体以外；二是坡体富水带应布置有足够的地下水引排措施，如集水井、仰斜排水孔、泄水孔等；三是经常性检查排水系统，是否存在淤塞、堵塞、破损漏水现象，及时修复排水系统；四是有计划地开展边坡工程措施的有效性检测，合理分析水的作用对边坡稳定性的影响，必要时采取补强措施。

(3)当边坡上游分布有长大自然冲沟且岸坡稳定性较差或地表裸露严重时，在短时强降雨气候作用下，很可能诱发泥石流灾害，一旦形成，将对边坡形成巨大危害。由于华南地区泥石流风险属于偶发，建议做好四方面工作：一是增强边坡及线路范围内的泄洪通过能力，包括增大断面、增陡纵坡等；二是加强潜在泥石流区域的调查工作，在一定范围内开展必要的监测工作，如无人机摄像、气象监测、地表松散物质运动监测等；三是在泥石流形成早期或明显有发育趋势时，尽早开展专项治理工作，包括地表固定、岸坡治理、拦渣坝、沟底桩林固定等；四是加强应急预案，及时疏散甚至封闭交通，减少损失。

2. 人类活动

（1）严格限制坡顶一定范围内的加载。坡顶新增建筑物必须依据边坡当前状态合理评估其影响程度，采取有效措施，如增大与坡口线的距离，边坡补强加固等；对于坡顶堆载行为，应立即清除或经科学评估后采取有效措施。

（2）严格制止影响坡体稳定性的坡脚开挖行为。对于已经形成不利影响的，应立即采取反压应急措施，然后再对坡体进行分析评估、补强处理。

（3）对于其他对边坡构成风险的人类活动，如火灾等，应在日常管理中加强防范，发生后立即实施应急措施，然后及时开展评估和补救措施。

Chapter

第五章 05

公路路堑边坡施工组织与动态设计

第一节　公路边坡施工组织与施工管理

随着社会的发展和公路工程建设的持续推进，大量边坡工程研究成果和新技术不断被推广应用，公路边坡的建设理念和技术标准也不断得到提升，由初期的“安全可靠，经济合理”完善为“安全，耐久，环保，经济，美观”。边坡工程实质上属于岩土工程范畴，不同于桥梁、隧道等结构工程，相比较而言，边坡工程具有隐蔽性、离散性、不确定性，边坡施工与设计互相弥补。在执行设计意图的施工过程中，及时验证设计不足之处，刺激设计及时变更完善；而边坡设计也在指导施工的同时，检验施工是否按规范程序、规范工艺来实施设计意图，及时修正施工过程中的不当行为。因此，施工组织与施工技术在一定程度上决定了边坡工程建造的质量。

一　一般原则

公路边坡施工一般应遵循以下原则：

第一，公路边坡工程施工应紧跟社会进步和技术更新，大力推进新技术、新材料、新结构、新工艺的实践应用。创新驱动发展，实践推动科技进步，当前公路边坡工程建设仍存在诸多制约因素，如地质成因、地质条件、边坡失稳机理等方面仍存在偏差，施工安全、施工效率以及工程投资等方面仍有较大提升空间，这些都需要新技术、新材料、新结构、新工艺等技术创新来实现。

第二，公路边坡工程施工应逐渐完善专业化、规范化作业标准，提高机械化、程序化作业水平。当前我国积累了大量的公路边坡建设经验，机械制造水平也不断提高，越来越多的基础工程建设机械研制成功，为边坡工程施工的专业化、规范化、机械化、程序化奠定了良好的基础，边坡工程施工还应与其他学科交叉融合，如信息工程、机械工程、材料工程、管理工程等，在生产实践中突破重大系统创新。

第三，公路边坡工程施工应加强风险辨识与防控能力，确保施工安全。公路边坡因地质条件复杂多变性、现场环境偶然突发性以及场地狭窄、高空作业、交叉作业等不利因素，难以避免边坡变形、高空坠落、机械事故等安全事故，因此必须加强施工单位的技术人员素质，提高风险辨识本领；加强参建单位尤其是现场操作人员的安全意识，提高基本的安全防范本领；加强施工过程的安全监督、管控，从源头制度、过程指导和监管等方面切实降低边坡施工的安全风险。

第四，公路边坡工程施工应严格贯彻绿色、环保的理念，精心布置，合理调配，厉行节约，文明施工。公路边坡开挖对生态环境影响较大，因此应在边坡建设过程中始终贯彻绿色环保理念，有序开挖，控制排放，加强生态恢复。

第五，公路边坡工程施工应保证全程专业技术指导，包括技术培训与交底、专项施工方案编制、过程技术指导与问题处理等。公路边坡施工是一门综合性专业技术，施工单位应配备配足有力的专业技术人员，包括地质工程、岩土工程、结构工程、施工管理等多种专业人才。项目开工前组织全体边坡施工人员进行技术培训和交底,严格执行不明安全隐患不能进场、不懂操作规程不能进场、不清楚岗位职责不能进场、不遵守劳动纪律不能进场的要求;施工过程中密切配合设计、监理,加强现场人工巡视工作,联合设计单位开展现场地质复核调查工作,发现异常情况及时向建设单位和设计单位反馈。对于施工现场发生的问题,及时分析原因,制定解决办法,不回避问题、拖延问题处理时间等。

第六,边坡工程施工必须严格执行动态设计、动态施工方针,参建各方联动,加强信息沟通反馈,确保边坡建设系统化。对于边坡施工过程中现场揭示的信息,尤其是影响边坡稳定性的重要信息,设计单位应高度重视,立即开展相应专业工作,尽早完成动态变更,施工单位则应及时实施,确保达到动态控制的效果。

第七,公路边坡工程施工必须建立完善的应急反应机制,确保高效应对施工过程中出现的各种紧急情况。现场应急反应机制是一个综合系统工程,包括管理机制、指挥机制、信息沟通机制、反应机制等,一般边坡工程参加各方组成联合应急指挥机构,实施单位组建应急反应实施小组,从人员、技术、物资、设备等多方面予以保障。

二 施工组织设计

公路边坡施工组织设计是一个全面系统工程,编制施工组织设计需要有扎实的专业知识和丰富的工程建设经验,要与总体施工进度相协调,还应熟练掌握现行相关标准、规范和规程,并对地区地质、环境有一定的调查研究。总体上,公路边坡施工组织设计包括现场组织、资源调配和管理制度三大体系,主要内容包含五个方面:第一是施工总体部署和施工程序的合理性;第二是建设工期及施工均衡性;第三是主要工程施工方案的可行性、经济性;第四是质量、安全措施的针对性与有效性;第五是施工总平面布置的合理性及施工用地情况。应在主体项目范围内通盘考虑,并针对边坡工点各自特点,有的放矢,制订切实可行的高效施工组织方案。

1. 现场组织

公路边坡工程的现场组织主要是施工总平面图布置,这是施工组织设计的一个重要组成部分,作为现场平面管理的依据,实现施工组织设计平面规划。施工总平面图包括:水源,电源及材料堆放区,材料加工及半成品周转场地,设备停放区,临时道路系统等。

公路边坡施工总平面图的设计内容包括项目施工用地范围内的地形状况;边坡平面设计图;项目施工用地范围内的加工设施,运输设施,存储设施,供电设施,供水供热设施,施工排污设施,临时施工道路;施工现场必备的安全、消防、保卫和环保设施等,均应在总平面图上合理设计其位置、面积。

公路边坡施工总平面图设计应遵循的原则是:施工平面图设计布置科学合理,尽可能减少施工场地占用面积;合理组织运输,减少二次搬运;施工区内的划分和场地的临时占用应符合总体施工部署和施工流程的要求,减少相互干扰;符合节能、环保、安全、文明和消防等要求。

(1)材料堆放区。材料应分类设置堆放区,如水泥、钢材、砂石料等,材料堆放区应硬化场地,做好排水设施,有防水防潮的还应搭建材料仓库。

(2)材料加工及半成品堆放区。材料加工区应遵循便利原则,宜紧邻材料堆放区,方便材料运输;而半成品堆放区的设置应便捷装运、运输,且不能影响材料加工。

(3)机械停放区。边坡施工机械应分类集中停放,停放场地交通便利,并与材料加工等人员频繁活动的区域保持足够距离,以避免机械活动对材料加工的影响,防范安全风险。

(4)交通组织。公路边坡施工场地狭窄,主要为斜坡立体作业,应结合现场条件精心设计,合理组织机械、人员交通,保证施工便道技术标准和实施质量,必要时设置交通标志,配备专人指挥。

(5)工序组织。公路边坡的工序组织应有系统性、合理性,针对各边坡工点的设计资料和现场实际地质条件,科学设计工序节点、交叉、衔接,提高现场施工的程序化。

(6)生活区。原则上公路边坡施工场区严禁设置集中生活区,当边坡规模过大时,为改善现场条件,可在通过环评、灾评的基础上,适当设置现场临时休息区。临时休息区面积不宜过大,尽量远离机械频繁活动区、材料加工区等污染和安全隐患较大的区域,并充分考虑自然排洪能力。

2. 资源调配

公路边坡工程施工期间的资源调配决定各节点目标的实现能力,也是事关安全、质量、经济、进度的核心因素,务必在人员、材料、机械设备、资金和技术等方面全面考虑,精心组织,科学调配。

(1)人员。公路边坡施工隶属于路基范围,但应组织专业团队进行施工,包括管理人员、技术人员以及测量工、材料工、机械工等多专业、多工种人员。进场人员必须应有专业或技术基础,配备数量合理,种类齐全,进出场调配与生产力曲线相匹配。

(2)材料。材料供应与资金调配是一对矛盾对立的问题,现场库存材料过多将占用资金,现场材料储备不足又将影响生产进度,因此,应根据计划节点工期,结合现场实际生产能力,合理组织材料进场计划,适当留有储备周转。

(3)机械设备。现场机械设备应按施工生产需求配备,种类齐全,性能合格,数量满足要求。

(4)资金。公路边坡施工是一个环环相扣、整体推进的系统工程,而且在过程中经常会遇到突发意外情况,如地质变化、大气强降雨以及现场安全事故等,因此应对边坡施工投入合理充裕的资金,确保现场生产要素高效率运转。

(5)技术。公路边坡工程专业性较强、不确定性较多,施工单位应配备地质、岩土专业技术人员,能辨识现场地质条件、了解岩土工程性质、掌握边坡施工技术和日常巡视工作方法及要求等,真正达到指导生产、解决问题、落实动态施工的标准。

3. 管理制度

公路边坡工程管理制度应与工程主体相匹配,并突出边坡工程的灵活性、适应性和针对性。管理制度主要包括机构岗位职责制度、安全管理制度、质量管理制度、技术管理制度、合同管理制度、节能环保管理制度和应急预案等。管理制度的完善与否及可实施性对施工组织的保证具有控制性作用。

(1)岗位职责制度

包括项目负责人、技术负责人和关键岗位等职责，岗位职责必须遵循国家现行法律法规，如《中华人民共和国劳动法》等。制度内容应简洁明了，责任范围、内容明确，约束条款明晰，与项目施工结合紧密，具有较强的针对性。

(2)安全管理制度

安全是公路边坡施工的重点管理对象，应结合施工场区、工程措施和施工季节等因素，全面排查风险源，科学分析，合理制定安全防控对策，在此基础上制定安全管理制度，建立健全安全管控、监督与防范体系，规范安全机制，明确安全责任人和安全管理程序。公路边坡安全管理一般包括如下内容：

①所有施工人员必须经过专业的安全培训、交底并考核通过获得上岗证后方可进场作业。

②公路边坡施工必须设有专职安全员，负责施工现场日常巡视和安全调度组织。

③施工生产区域尤其是专用功能区尽量实行封闭管理，主要进出口处应设有明显的施工警示标志和安全文明生产规定、禁令。

④严肃作业人员劳动和生活纪律。进入施工现场必须按照作业要求正确穿戴个人防护用品，严禁赤脚或穿高跟鞋、硬底鞋、带钉易滑的鞋和拖鞋进入施工现场。在施工现场行走应注意安全，不得在边坡下方休息或停留。严禁酒后上班，严禁作业现场无故烟火。约束作业人员下班后遵纪守法，不酗酒闹事、无故滋事等。

⑤临边、危险区域、易燃易爆场所，变压器周围应设置围栏和安全警示牌，夜间设红灯示警。施工现场各种防护设施、警示标志未经施工负责人批准，不得移动和拆除。

⑥从事高边坡作业人员应定期体检，经医生诊断凡患高血压、心脏病、贫血病、癫痫病以及其他不适于高空作业的人员，不得从事高边坡作业。

⑦作业所用材料要堆放平稳，工具应随手放入工具袋内，上下传递物件不得抛掷。

⑧当边坡严重变形或变形加速或遇有影响施工安全的恶劣气候时，禁止进行高边坡作业，必须按指挥撤离现场，封闭现场。

(3)质量管理制度

质量管理是公路边坡工程的生命，直接决定边坡工程建设的成败，尤其公路边坡工程大量工程措施属于隐蔽工程，事后检测难度较大，故需建立完善的公路边坡施工质量管理制度，并在施工过程中大力加强质量管理。质量管理制度是质量管理的指导性、纲要性文件，必须立足项目实际，掌控全局，抓住关键因素，切实可行。质量管理制度主要包括质量目标、质量管理机构、质量管理体系、质量管理程序、质量管控监督及保证措施等。

公路边坡质量目标最低标准应满足整体项目质量标准，具体可细化至分部工程和分项工程。

公路边坡质量管理机构应由项目责任人、质量分管负责人和技术负责人担任领导成员，安全专业人员和现场作业组长组成成员。质量管理机构负责研究制定质量目标，完善各种质量控制制度；负责质量事故的调查处理，落实工程项目质量计划，检查督促质量保证措施的实施；定期召开质量管理工作会议，分析、研究、制定改进措施。

质量管理体系根据公路边坡工程特点，将施工投入资源与过程结合，重点加强过程实时管理，全面进行系统管理，一般包括与管理活动、资源提供、原材料检验、工序和中间成果检验、最终成果检验以及质量管理分析与改进活动相关的过程。公路边坡质量管理体系要素分配见表5-1。

质量管理体系要素分配表 表5-1

要素编号	要素	职能部门				
		质量安全部	工程技术部	计划合同部	后勤保障部	施工作业队
1	管理职责	▲	△	△	△	△
2	质量体系	▲	△	△	△	△
3	合同评审		△	▲		
5	文件和资料控制	▲	△	△	△	△
6	采购		△		▲	△
7	客商提供产品的控制	△	△		▲	△
8	产品标识和可追溯性	△			▲	△
9	过程控制	△	▲		△	△
10	检验和试验	▲	△			△
11	检验、测量和试验设备的控制	▲	△			△
12	检验和试验状态	▲				△
13	不合格工程的控制	▲	△			▲
14	纠正和预防措施	▲	▲			△
15	搬运、储存、包装、防护和交付	△	▲		▲	△
16	质量记录控制	▲	△	△	△	△
17	内部质量审核	▲	△	△	△	△
18	培训	▲	△		▲	△
19	服务	▲	△	△	△	△
20	统计技术	△	▲			

注：▲主要职能部门；△相关职能部门；测量组归技术部管理。

公路边坡质量管理程序着重对生产过程和原材料质量进行检查和控制。在施工中，建立操作人员自检、工序交接检和工前检查、工中检查和工后检查以及分项分部检验、定期检和随机抽查的内部检查制度。一般质量管理程序见如图5-1所示。

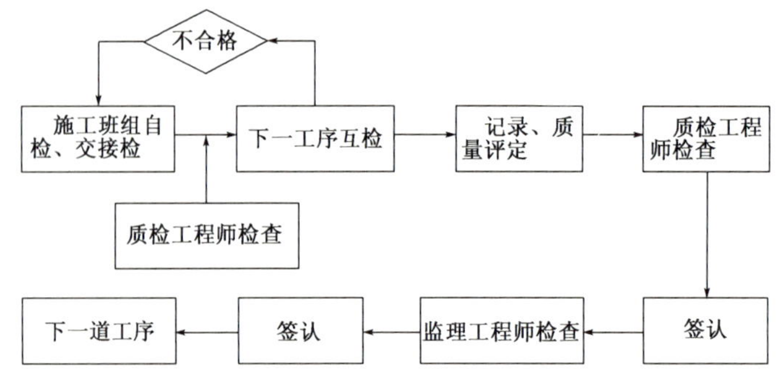

图5-1 公路边坡施工质量管理程序

公路边坡质量管控监督及保证措施就是按规范的质量管理程序严格执行质量管理制度，实现质量目标的系列活动，包括施工准备、材料设备采购及进场、施工过程、试验与检验、总结提高等方面，重点是施工过程的管控监督，如施工工序、施工工艺、现场管理、施工操作等，从源头管理，在过程中监督，真正体现管理实效，提高工程质量水平。

边坡质量保证措施重在落实，主要包括以下几个重点方面：

①开展质量培训和交底教育，增强施工人员质量服务意识和服务水平。

开工前和施工过程中，对施工人员进行质量责任教育和质量管理意识教育，牢固树立"百年大计，质量第一"的观念，加强对各级人员的培训工作，并在施工过程中，由专业技术人员对主要工种施工人员进行技术业务培训和再培训，使施工人员具有保证作业质量的技术业务知识和能力，并要求质量检验人员和特殊工种作业人员持证上岗。

②实行工程质量岗位责任制，严格执行质量奖惩制度。

按科学化、标准化、程序化作业，实行定人、定点、定岗施工。做到奖优罚劣，确保一次达标。对不按施工程序和设计标准施工的班组和个人追究责任，并予以经济惩罚。

③采用标准工法，实行规范化和标准化作业。

提倡并鼓励技术创新，结合工程实际特点，大力推进施工工序作业程序化、标准化、规范化，把新技术、新工艺、新材料运用到各项施工生产中去，切实保证标准化作业质量。

④开展全面质量活动。

制定程序文件如《文件和资料控制程序》《质量记录控制程序》和《内部质量审核程序》，并按其要求认真做好工程的施工记录、资料收集整理，每月写出质量报表，对施工质量进行统计分析，找出质量缺陷原因，及时提出改正措施，从而确保质量目标的实现。

⑤严格执行动态设计、动态施工的理念。在施工中根据地质情况的变化，及时反馈信息，积极提出有建设性的意见，并结合设计资料和现场实际情况及时调整施工方法，利于保证工程质量。

⑥在质量控制的过程中，跟踪收集实际数据并进行整理，并应将项目的实际数据与质量标准和目标进行比较，分析偏差，并采取措施予以纠正和处置，必要时对处置效果和影响进行复查。

公路边坡质量保证体系框图如图5-2所示。

(4)技术管理制度

公路边坡工程施工技术管理，是施工效率的保障，主要是技术培训与交底，研究设计图纸、分解实施技术要点、制订技术指导方案，现场地质、巡视、监测等信息的收集、分析与判断，制订施工过程中现场技术问题的解决方法，以及施工技术资料的整理与归档等方面工作。施工技术管理总体上属于实施技术管理，其前提是严格按照国家现行标准、规范、规程和补充规定、设计资料的要求，实施的线路就是各项操作、各项记录资料的规范执行，技术管理的成果最终体现为现场工程措施和归档资料。施工技术管理应与监理、设计加强沟通，建立联动反应机制，确保整个边坡工程建设技术的系统性。

技术标准的交底与指导实施。开工前，应认真研究设计图纸，确定执行规范、规程等标准文件，然后深入现场开展实地调查，在此基础上制订施工技术方案，报请监理和建设方批准后，组织全体施工人员集体学习培训，达到施工作业人员明白做什么、怎么做、做到什么样。

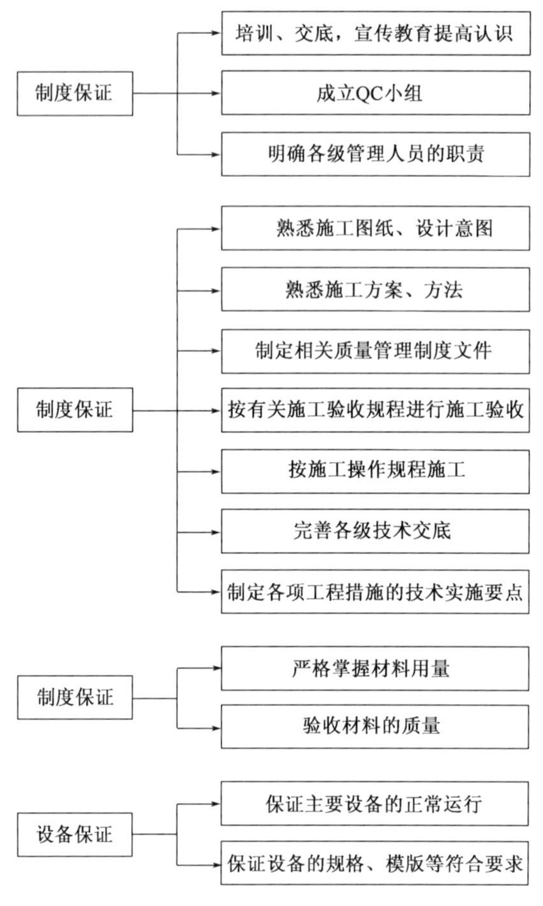

图 5-2　质量保证体系框图

专项技术方案的制订与实施。针对关键控制分部工程、工艺或部位，充分搜集既有工程经验，结合现场实际条件，先制订可能方案，然后全面比较、多方论证后选定最优方案，并在实施过程中及时收集现场信息，不断修正完善，切实保证技术的可行性、最优化。

技术资料的整理与归档。公路边坡施工过程中，应加强现场记录管理，务求真实、完整、及时，严禁事后追忆补做甚至虚假资料；签证完全的资料应及时分类归档保管，并应单独设有档案资料室。

(5)合同管理制度

公路边坡工程实行动态设计、动态施工，设计变更在所难免，自然将产生合同变更，因此，规范合同管理也是边坡施工管理的一个重要方面。合同管理直接关系到项目投资依法合规性和效益水平，包括合同的订立、实施、变更和综合评价等工作。公路边坡施工合同管理需重点落实以下几个方面工作：

①管理机构。合同管理宜设立专门机构，配备法律、工程等方面专业人员进行管理，并建立健全管理制度，明确岗位职责，筑牢合同管理的基础条件。

②合同订立。合同订立前应制定合同条款，主要包括标的、范围、计量支付、双方权利与义务、变更、违约等条款，且应提前组织评审，审查合同的合法、完备性；有关合同双方责任、权益

和项目范围以及合同风险评估等内容。

③合同实施。边坡工程项目实施过程中是否满足合同约束的技术标准,是否完成合同工程量,是否满足达到合同约定的质量标准,是否按合同约定进行计量支付等。

④合同变更。公路边坡启动动态设计的同时,也应启动变更程序,严格按照规范变更程序,做到变更依据充分,变更事项明确,变更程序完备,变更造价及计量方法清晰。

⑤合同综合评价。公路边坡工程交工后,在对边坡工程进行总结评估时,还应包括合同综合评估,如技术标准、约束条款是否合适,经济造价是否合理等,便于积累经验,提高边坡建设综合水平。

(6)节能环保管理制度

公路边坡建设遵循“绿色、环保、文明、节约”的理念,最重要的环节就是施工方面的落实。在公路建设过程中,公路边坡建设对自然生态影响程度最大,因此务必执行国家法律法规,加强节能环保制度建设,并在生产过程中持续指导、监督,切实实现保护生态、文明施工、提高效率、节约能源的目的。总体上讲,公路边坡施工节能环保重点应抓好场地规划、施工便道、弃土场等范围,落实好除尘降噪、水土保持、绿化恢复等措施。

①场地规划。公路边坡场地规划与施工组织总平面图设计一致,应根据设计要求,立足现场实际,因地制宜,按需规划,科学设计。各功能区应独立设置,既要便利工序连续,又要尽量减少不利干扰。

②施工便道。公路边坡施工便道服务整个施工阶段,应充分考虑交通需求,合理设置,线形、宽度满足交通安全要求,路面应采取硬化措施,并在急弯、陡坡地段设置安全护栏和醒目的安全警示标志,岔路口设置方向指示牌。

③弃土场。弃土场应合理选择位置,山坡上不允许乱弃土,废方不得破坏或掩埋路基下侧的林木、农田及其他工程设施;山区有条件的尽量设置在沟谷上游,严禁弃土场阻塞沟谷河道。弃土场应进行专业设计,包括弃土场范围、弃方量、弃土边坡坡形坡率及防护支挡措施、弃土场排水和绿化等;应分层压实,做好防护工程,保护边坡的稳定,防止弃土场引发水土流失和次生地质灾害。

④除尘降噪。公路边坡施工现场机械设备种类众多,土石方装卸与运输量大,均有可能引起尘土飞扬、机械轰鸣等环境污染,应在满足生产能力的前提下,尽量采用性能优良的设备,以及覆盖、洒水、隔离等措施,有效降低机械噪声,减少施工场地和运输过程中的扬尘。

⑤水土保持。公路边坡施工现场开挖作业面范围大,地表裸露时间长,尤其华南地区雨季长,降雨量大,很容易形成表土冲刷,造成水土流失。因此应采取有效措施,对于暴露的坡面及时防护封闭,对于裸露的场地及时修建排水设施,必要时采取覆盖措施,尽量减少水土流失,做好水土保持工作。

⑥绿化恢复。公路边坡绿化恢复包括坡面绿化和临时场地绿化两部分。坡面绿化属于边坡工程分部工程,有设计图纸、技术要求、施工方案和验收标准,一般均能实现绿化恢复要求。对于临时场地的绿化恢复,目前尚无严格的技术验收标准,但相关法律法规以及部分规范也已明确提出要求,也应按照与主体工程同步设计、同步实施、类似标准的要求来执行。

(7)应急预案

公路边坡施工过程中,由于人为过失或自然灾害造成的伤亡或经济损失事故,主要包括三种：一是边坡坍塌和滑坡引起的各类事故；二是因大气降雨等外部因素诱发的自然灾害引起的各类事故；三是施工过程与人的行为有关的各类事故。尤其是前两类，发生范围大，危害性强，破坏后果严重，需在专业技术分析评估的基础上，科学制订应急预案。

公路边坡应急预案应具有快速反应、效果突出、切实可行的特点，坚持"安全第一、预防为主""保护人员安全优先、保护环境优先"的方针，贯彻"常备不懈、统一指挥、高效协调、持续改进"的原则。应急预案首先应适应法律和经济活动的要求，给施工建设人员工作和施工场区周围居民提供更好更安全的环境；方案能保证各种应急资源处于良好的备战状态，应急行动快速、有序、高效，防止应急行动组织不力，充分体现应急救援的"应急精神"。一般应急预案应包括预案目标、培训和演练、保障措施、应急措施和事故处理方法等几个方面。

①应急预案目标就是贯彻安全第一、预防为主的方针，尽力消除一切事故隐患，尽可能确保人员设备安全，尽最大努力减少事故损失和缩小事故影响范围。

②培训和演练宜在开工前、雨季前各按预案要求进行一次演练，培训内容应以潜在重大风险，如边坡滑塌、滑坡及泥石流等为主，加强预警预报、全面布控、快速撤离、自我保护等环节的培训，确保事故发生时能顺利按预案实施。

③保障措施包括组织机构、人力资源保障、物资设备及经费保障、医疗卫生保障和治安保障等，应经常检查应急预案保障系统的在岗状态和运转性能。若有人员外出，必须履行请假程序，并由同等资历、能力的人员代替；若有设备老化、性能不适，应立即予以维修或更换。

④应急措施应贯彻指挥有序、沟通顺畅、反应快速、执行有力、抢险科学、处置有效的方针，务必要认清潜在灾害或次生灾害的危害性，抢在萌芽阶段应急，主要措施包括现场人员疏散、撤离及伤员救治，潜在隐患或事故评估，影响区域警戒，坡体变形抑制或泥石流应急导流，应急监测等，达到早期应急、控制规模、减少损失的目的。开工前对边坡场区和施工生活区进行周围环境调查，评估外部致灾程度及可能性；平时关注天气预报，极端天气前做好现场防范措施；加强日常巡视工作，一旦发现异常应立即上报，采取应对措施；坡体发生较大规模变形时应有序撤离、警戒，并采取反压、截排水等应急工程措施；发现滑坡加速滑动或泥石流征兆前务必全部撤离至安全地带，并立即反馈至地方政府，做好疏散撤离和防范措施，然后在安全地带实施警戒，避免过往人员车辆受灾。

应急预案应对重点风险、频发风险具有针对性，对该类风险的应对达到常态化。华南地区降雨量大，大暴雨次数多，尤其是台风暴雨每年必有，为此，应针对集中强降雨引发的风险进行充分预案，包括雨季滑坡、泥石流、防汛等险情，加强培训、演练、预防、指挥、应对等方面工作。

对于雨季滑坡，首先开挖要按照施工方案进行施工，要保证防护加固工程及时跟进，不能使开挖与防护加固形成脱节。遇到软弱地质、不良地质带施工，开挖要采取小梯段，防护加固完成后再进行下一阶段施工，不能盲目求快，其次安全观测和仪器监测要跟上，遇到隐患要及时采取措施。

一旦发现边坡出现裂缝、变形，条件允许加固的要及时加固，不能加固的要快速撤走人员设备，在危险区域周边设置警戒线，并实行交通管制，禁止人员进入工作面内，随时安排专人进行边坡变形观测。

对于泥石流，首先必须要调查环境地形地质条件，评估泥石流发生可能性；然后随时关注气象预报，加强观察沟谷水流情况，一旦发现泥石流前兆，如上游出现巨大的响声、沟槽断流或流水量突然减少、沟水变浑等现象时,应立即撤离人员至安全地带。

防汛预案主要是经常关注气象预报;检查并确保边坡工程和生活区的排水系统通畅、输电线路牢固稳定、避雷设施完善;雨季期间加强值班,保持通信指挥系统顺畅;加强对施工现场、临时设施以及周边环境的雨前、雨中和雨后巡视,发现异常情况及时上报,立即采取果断有效处理措施。

⑤事故处理方法应按规定程序实施,包括事故调查、事故分析、事故处理程序,客观调查,科学分析,公正处理,严格"四不放过"原则,即事故原因未查清不放过,事故责任人未受到处理不放过,事故责任人和广大群众没有受到教育不放过,事故没有制订切实可行的整改措施不放过。评估应急反应中需改进的问题,补充完善应急预案。

三 施工管理重点

公路边坡施工管理是一个系统工程,旨在提高项目建设管理水平,促进边坡工程项目管理的科学化、规范化、制度化和标准化。投资、质量、安全、进度、环保等建设目标实现的好坏,施工过程风险的防控能力,都与施工管理息息相关。公路边坡施工管理重在前期规划和过程控制,掌控整体,突出重点,举一反三,依托工程地质、岩土工程和结构工程三大工程专业,结合管理、经济、安全等管理专业,实现多专业的协调配合。工程实践中,需重点管理以下几个方面。

1. 分清各方职责

公路边坡施工管理首要的是决策指挥机构和制度建设,建立项目管理组织、明确相关人员的岗位职责,规范项目管理行为,完善考核与奖惩机制。只有完善的制度和健全的指挥机构,才能做到有规可依、令行禁止,确保边坡工程各项目标的实现。

在边坡施工过程中,边坡工程项目管理应有明确的目标、合理的运行程序和完善的工作制度,并以实现项目既定目标为根本目的,坚持创新,采用先进的管理技术和现代化管理手段,通过明确项目有关各方的管理权限、职责界限以及潜在利益和应承担的风险,借助专业技术支持,理顺管理路径,发挥各岗位的主观能动性,以保证项目管理工作的充分性和有效性。建立畅通的信息沟通渠道和各方共享的信息工作平台,保证信息准确、及时和有效地传递。

项目管理组织的建立应遵循下列原则:

(1)组织结构科学合理;

(2)有明确的管理目标和责任制度;

(3)组织成员具备相应的职业资格;

(4)保持相对稳定,并根据实际需要进行调整。

2. 优化技术方案

公路边坡工程具有复杂多变性,施工过程与专业技术密不可分,安全、经济、工期目标等均与技术方案有关,一个安全可靠、经济合理、便捷实施的技术方案是公路边坡工程的核心,为此,需要依据调查资料、勘察资料、专业技术、工程经验、现场条件以及动态揭示的信息不断优化完善技术方案。

公路边坡工程技术方案的优化完善是随着工程进度与动态变更一起完成的，其详细内容见下一节。

3. 落实重点策略

公路边坡工程施工工艺多样、工序繁杂、周期较长，全过程均衡监督管理难度较大，应提前合理设定分类标准，筛选重点工点、重点部位、重点环节，牢牢控制重点部分的管控，监督实施过程和成果水平，兼顾其他方面，从而实现对边坡施工的全面管理。

（1）重点工点。对于边坡工点，可按照地质条件、坡体规模、坡顶地形、周边建（构）筑物等标准划分，一般不良地质或易滑地层、顺层边坡、50m 以上土质边坡或 70m 以上岩质边坡、坡顶以上为风化岩层高陡山体、坡体周边设有重要建（构）筑物的边坡，均应划分为重点边坡。

（2）重点部位。边坡的重点部位包括地质重点部位和形态重点部位。地质重点部位一般包括岩层风化层底部、软弱地层带、构造破碎带、岩性接触带、富水带等；形态重点部位多指边坡中下部。

（3）重点环节。重点环节则指易诱发风险事故或影响工程质量的施工环节，如边坡开挖、石方爆破、防护加固、变形监测、锚固和注浆工程、支挡工程的基坑开挖、钢筋加工和安装等。

4. 快速处理问题

公路边坡施工过程中，经常会出现各种各样的问题，如边坡变形、设计变更、施工难度、安全事故、质量事故以及经济纠纷、人员伤病等其他问题，务必坚持项目为核心的意识，应在做好充分应急预案的基础上，快速反应，尽量在问题刚出现苗头的萌芽状态妥善处理。处理问题过程中，应区分管理、技术、保障线路，分工负责，有条不紊，切忌管理混乱打乱仗。对于指挥不畅、技术薄弱、执行不力的，应及时予以批评教育直至更换人员，一切以满足现场生产需要为目标。另外，对于应急预案无法有效应对的问题，应及时进行修改完善，以不断提高应对现场问题的能力。

对于施工过程中出现的典型代表性问题或易发频发问题，应归纳问题性质、发生条件、危害性及防范措施、管理要求等，并及时组织全线相关参建单位分管、主要实施人员集中学习交流，达到举一反三、预防控制的目的。

5. 质量与工序管理

质量管理是边坡质量保证的关键，特别是隐蔽工程质量管理至关重要；同时为保证边坡工程质量，必要的工序验收管理办法与要求一定要落实，实施每道工序验收制度是质量管理的保证。

6. 及时总结提高

公路边坡施工结束后，一般经历一到两个雨季后应进行回访调查，调查坡体周边及坡面有无变形、工程措施有无损伤或变形、排水系统是否顺畅、绿化防护景观效果等边坡运营质量指标，在此基础上对边坡的运营状况进行评估，并对技术方案、施工质量、管理效果等方面进行总结。并结合运营维养期暴露的问题以及现场维养便利性等需求建议，对技术方案提出针对性完善意见，形成完整的公路边坡工程建设回访总结材料，以不断修正模型，改进方法，积累经验，为其他工程提供借鉴。

公路边坡施工管理流程图如图 5-3 所示。

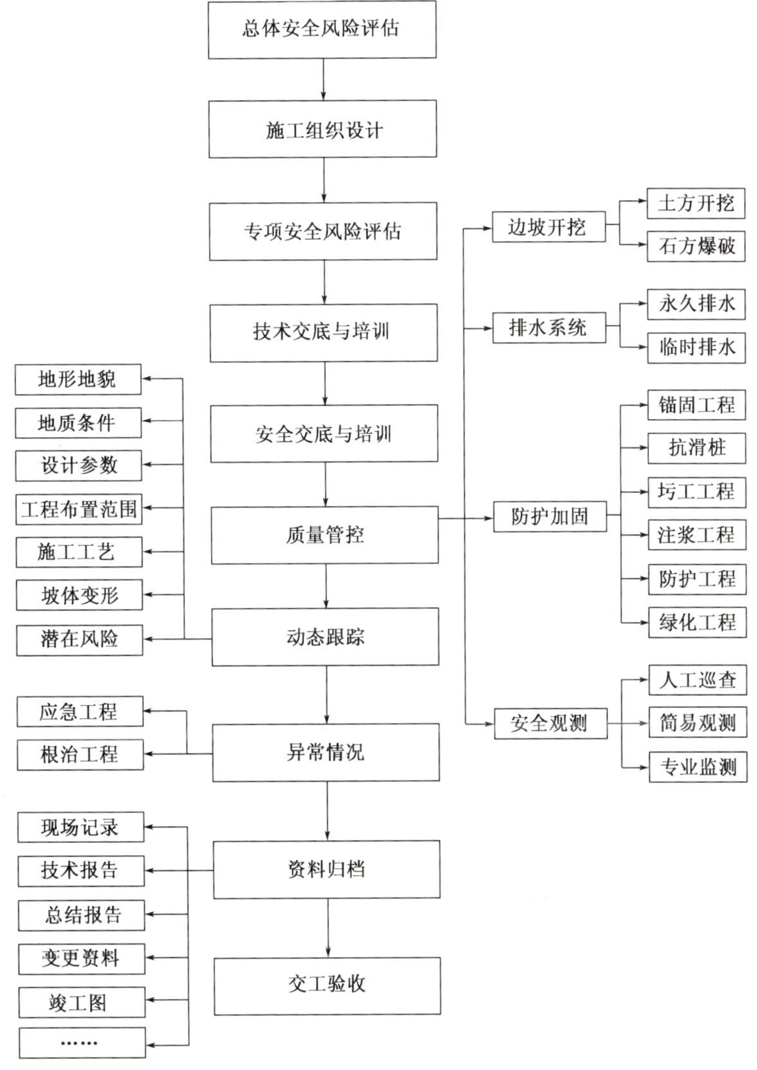

图 5-3　公路边坡施工管理流程图

四　边坡开挖管理要点

公路边坡开挖包括测量放线、土方机械开挖、石方爆破开挖、土石方装运、坡面修整等工艺。

1. 测量放线

（1）根据设计单位移交的测量控制网，增设必要的边坡测量转点，加密导线网。

（2）根据设计图纸，计算放样点的坐标数据，并仔细复核确保无误。

（3）精确放样坡顶开挖线，沿坡顶开挖线按水平10m的间距设置测量桩，并用线绳将各木桩连接起来。

（4）在开挖过程中，按照高程2m的间距复核削坡线，对削坡过程中的误差及时进行修整。

2. 土方开挖

（1）边坡开挖前，应预先进行清表工作和复核测量，与设计图纸基本一致时方可进行边坡开挖。

（2）根据设计文件、工程地质条件、工程量和工期复查施工组织设计，核实（或编制）调整土石方调运图表。

（3）土方开挖采用挖掘机，并派专人指挥。在接近坡面线位置，挖掘机开挖难以达到设计精度要求的，改换人工进行细部修整。

（4）开挖面高度每3～4m在挖掘机作业高度范围内应对开挖坡面进行一次修整，按设计坡率、线形，采用机械进行，同时应采用全站仪对已开挖边坡进行一次复核，以确保开挖坡面不欠挖不超挖，才可继续施工。

（5）公路路堑边坡开挖时，若路堑短深，可采用横挖法施工；若路堑较长，可采用纵挖法施工；若路堑纵向长度和挖深超过20m，宜采用混合式开挖法。

（6）土方开挖过程中，应随时注意坡体的稳定性，一旦有异常情况发生，应立即上报监理工程师、业主及设计代表，并及时采取有效的处理措施。

（7）土方开挖应注重环保要求，严禁乱挖乱弃。

3. 石方开挖

（1）开挖石方应根据岩石的类别、风化程度和节理发育程度，确定开挖方法。禁止使用大爆破施工方法。硬质岩石挖方路基应采用光面爆破、预裂爆破技术，软弱松散岩质路堑，宜采用分层开挖、分层防护和坡脚预加固技术。

（2）石方爆破作业，应以预裂、光面爆破为主，在距设计坡面3～5m范围内必须采用光面爆破，要求竖向炮眼痕迹不低于80%，达到坡面不防护。如因过量超挖，应用浆砌片石衬砌超挖的坑槽。严禁采用洞室爆破。

（3）石质挖方边坡上不得有松石、危石，松动部分的岩石必须清除。凸出于设计边坡线的石块，其凸出尺寸不应大于20cm，超爆凹进部分尺寸也不应大于20cm。对于软质岩石，凸出及凹进尺寸均不应大于10cm，否则应进行处理。对于探头孤石，在评价其稳定性后或考虑景观设置或采取相应技术措施后，确保安全时可考虑予以保留。

4. 边坡开挖流程图

边坡开挖工艺流程如图5-4所示。

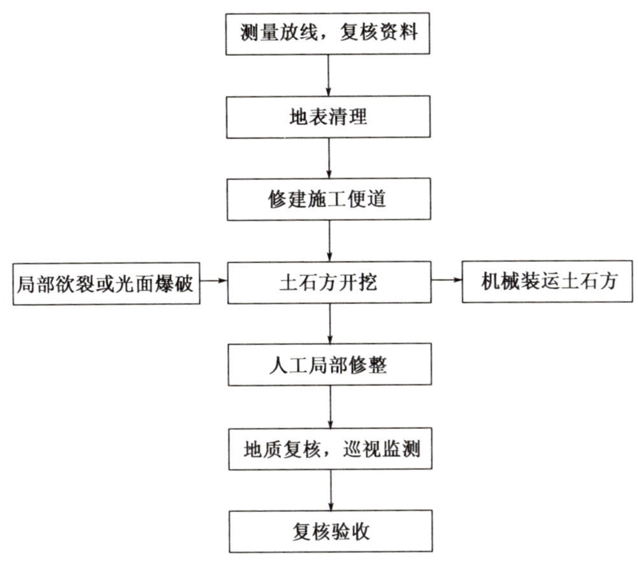

图 5-4　公路边坡开挖工艺流程图

五　圬工加固工程管理要点

这里泛指的是非生态防护的公路边坡的圬工加固工程的管理要点，以区别于后文的讲述，介绍的要点有基于坡面浅层加固的挂网锚喷、支挡工程（挡土墙）、锚固工程、抗滑桩工程等。

1. 挂网锚喷

挂网锚喷支护是依靠锚杆、钢筋网和喷射混凝土共同负荷来提高边坡岩土体的结构强度和抗变形刚度，增强边坡的整体稳定性和耐久性，减缓表层岩体风化速度，防止坡表冲刷破坏。主要适用于土质边坡局部封闭或临时防护以及岩质边坡表层松动破碎岩体加固封闭。缺点是景观较差，目前公路边坡工程仅在少数特殊场合采用。

（1）对受喷面上的松动岩块和强风化土进行彻底清理，对一些凸凹较多的区域应注意局部修坡或采用短钢筋局部锚固，然后采用高压风、高压水彻底清理并润湿表面，同时尽量保持壁面的粗糙，以确保混凝土与岩石间有足够黏结力。对遇水易潮湿、泥化的岩层，则应用高压风清扫岩面；埋设控制喷射混凝土厚度的标志。

（2）喷混凝土的配合比应根据室内试验确定，施工应严格按试验设计配合比配料；喷射过程中经常检查反弹现象，如反弹太大，应调整配合比。

（3）喷射时，喷嘴与受喷面的最佳距离、最佳角度应通过试验确定；网喷混凝土应采取分段、分片，自下而上的次序进行，每片区应留 30cm 暂不喷射，并做成斜面形状，以利于施工搭接；为减少回弹，喷嘴到工作面的距离应保持在 80 ~ 100cm，喷射角度控制在 90° ±5°以内，喷头按螺旋形迹（直径 300mm左右）一圈一圈地移动，混凝土喷射完成后应保证喷射面平整，润湿光滑，无干斑或滑移现象，控制厚度的标志事先做好。喷层厚度均匀，符合设计图纸要求。

(4)喷射时要经常检查喷层表面,查看是否有松动、下坠滑移等现象,喷混凝土达到一定强度后,用锤轻击混凝土面,发现空鼓脱壳现象及时处理。

(5)喷混凝土终凝 2h 后即开始喷水养护,14d 内保持湿润状态并不得受水流直接冲刷。

(6)高度关注挂网锚喷施工安全和作业条件,当出现以下状况时,应停止施工:

①雨天冲刷新喷面上的水泥,造成混凝土脱落时,不得施工;

②气温低于 5℃时,不得施工;

③大风妨碍喷射手工作时,不得施工。

挂网锚喷施工工艺流程如图 5-5 所示。

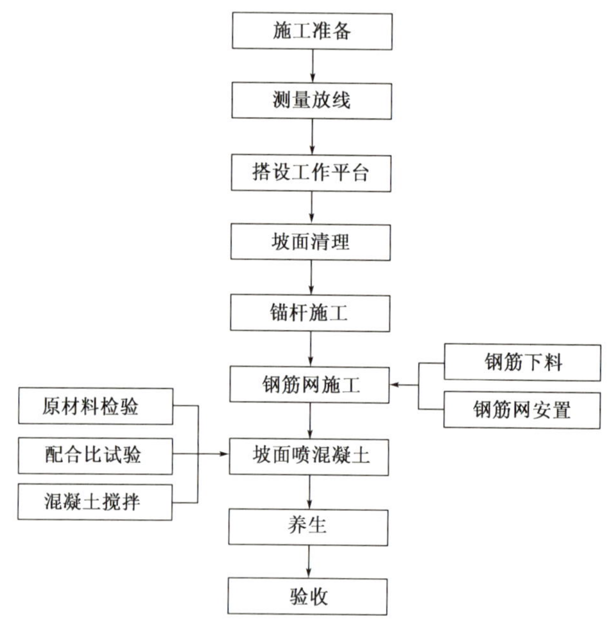

图 5-5　挂网锚喷施工工艺流程图

2. 挡土墙

挡土墙是一种重力式支挡结构,主要用于小型滑坡、坡脚加固,分为衡重式挡土墙和重力式挡土墙,可采用浆砌片石、片石混凝土、素混凝土和钢筋混凝土等多种材料建造。总体上应着重注意以下技术要点:

(1)挡土墙施工前应严格按照设计图纸测量放线,设置放样桩,并用线绳连接起来。

(2)挡土墙基坑应采取跳槽开挖,开挖前应做好场地临时排水;开挖后,应进行基坑承载力检测;当达到设计的基坑承载力要求时,可进行下一道工序施工;否则应进行变更处理。应保持土质基坑干燥,雨天施工坑内积水应随时排除。

(3)挡土墙的基础,应按设计的要求埋入地面以下足够深度。当基础设置在岩石的横坡上时,应清除表面风化层,并做成台阶形,台阶的高宽比不得大于 2∶1,台阶宽度不应小于 0.5m;沿墙长度方向有纵坡时,应沿纵坡按图纸要求做成台阶。

(4)砌筑墙身时，如基底为基岩或混凝土基础，应先将表面加以清洗、湿润，座浆砌筑，砌筑工作中断后再进行砌筑时，应将砌层表面加以清扫和湿润；挡土墙应分段砌筑，工作段的位置宜在伸缩缝或沉降缝处，各段水平缝应一致。分段砌筑挡土墙时，相邻段的高差不宜超过1.2m。

(5)挡土墙的施工质量应满足相关规范验收标准。

挡土墙施工流程如图5-6所示。

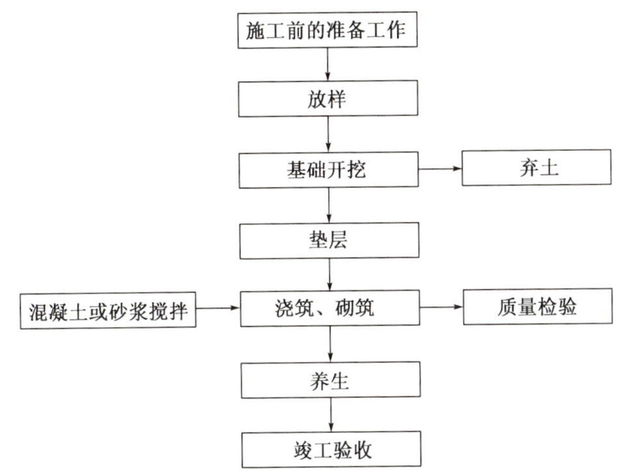

图5-6 挡土墙施工工艺流程图

3. 锚固工程

锚固工程是通过埋设在地层中的锚筋体，将结构物与地层紧紧地联锁在一起，依赖锚筋体与周围地层的抗剪强度传递结构物的拉力使地层得到加固，以保持结构物和岩土体的稳定，具有主动加固、超前支护、控制深层岩体滑动等功能，具有随机补强、灵活支护的特点。概括起来，采用锚固工程抑制或治理公路边坡变形，具有以下几点优势：

(1)能在地层开挖后，迅速提供支护抗力，有利于保护地层的固有强度，阻止对地层的进一步扰动，控制地层变形的发展，提高施工过程的安全性。

(2)提高地层软弱结构面、潜在滑移面的抗剪强度，改善地层的其他力学性能。

(3)改善岩土体的应力状态，使其向有利于稳定的方向转化。

(4)锚筋体的作用部位、方向、结构参数、密度和施作时机可以根据需要方便地设定和调整，能以最小的支护抗力，获得最佳的稳定效果。

(5)将结构物—地层有机地结合成耦合体，形成共同工作的体系。

(6)锚筋体体积小，能显著节约工程材料，有效地提高土地利用率，提高综合经济效益。

(7)对预防、整治滑坡，加固、抢修因地质灾害影响的边坡具有较高的效率，有利于保障人民生命财产安全。

锚固工程自20世纪初发明并于40—50年代引入我国以来，在锚固机理、锚固结构等方面取得了大量研究成果，并在工程实践中得到大量推广应用。锚固工程主要施工工艺及技术要点如下：

(1)坡面开挖成形并经验收合格后,应尽快布置锚固工程施工作业,待锚固工程施工完毕并产生加固作用后,方可进行下级边坡开挖与防护。

(2)在锚固工程施工作业开始前,应按线路分别选择代表地层进行锚固工程的基本试验,若试验参数无法满足设计要求时,应查明原因,确因地质条件无法满足要求时,应及时进行设计调整。

(3)锚孔钻孔的孔位、方位角、倾角和孔深必须满足设计要求,在特殊条件下还应进行防尘处理。

(4)锚筋体安装放入锚孔前,应检查锚筋体制作质量,包括外观检验和锚筋体各部件检查,确保锚筋体组装满足设计要求。

(5)锚孔注浆必须采用孔底返浆方法,直至孔口溢浆充满,严禁抽拔注浆管或孔口注浆。当采用二次高压劈裂注浆提高地层锚固力时,应在第一次注浆初凝后终凝前进行。

(6)锚筋的张拉必须采用专用设备,并在张拉作业前对张拉机具设备进行标定。锚筋锁定工作应采用符合技术要求的机具,按照规范要求分级张拉锁定,并记录张拉荷载和锚筋体伸长量。锚筋锁定后,须用机械切割余露锚筋,严禁电弧烧割,并应留长 5 ~ 10cm 外露锚筋,以防拽滑。

锚固工程施工工艺流程如图 5-7 所示。

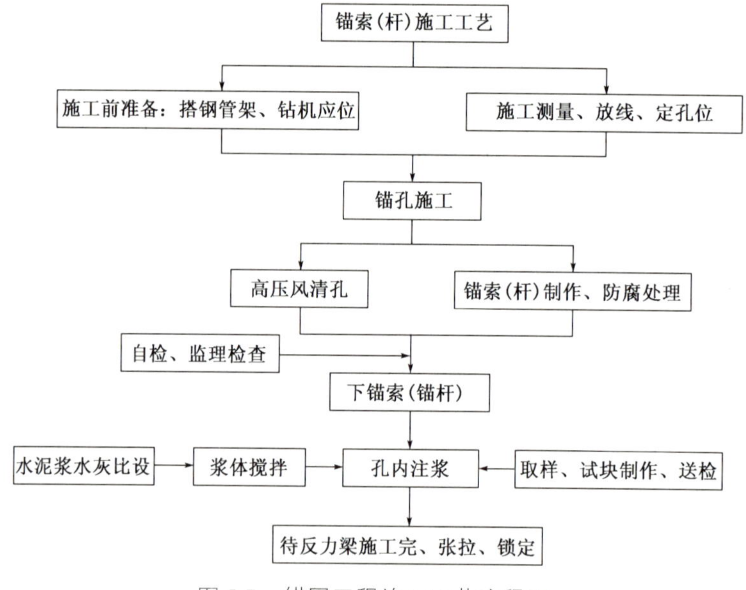

图 5-7　锚固工程施工工艺流程图

4. 抗滑桩工程

抗滑桩属于重型支挡工程,在不良地质、岩性软弱区段的公路边坡加固工程以及大型滑坡或边坡发生较大规模变形时应用较多,其作用是利用抗滑桩插入滑动面以下的稳定地层,以桩的抗力(锚固力)平衡滑动体的推力,增加其稳定性。工程上抗滑桩多为矩形截面的人工挖孔桩,近年来圆截面机械旋挖抗滑桩也得到大量应用。

(1)矩形截面人工挖孔抗滑桩

矩形截面人工挖孔抗滑桩的优点是截面大,抗弯刚度大,抗滑能力强;桩位布置灵活,适应各种地形;根据工程需要可设置较大桩长;经济性较好。不足之处就是主要依靠人力开挖,施工过程安全风险极高,施工进度较慢。其主要施工工艺及技术要点如下:

①施工准备工作。施工前应对地形地貌、场地条件、工程地质条件、水文地质条件有详细的了解,以便对不良地质条件地段采取有效的预防性保护措施。施工作业准备包括编制施工计划并报送批复,测量放线、施工场地清理,孔口及场地截排水设施施工,配合比试验,技术安全交底、桩位搭设安全护栏等。要求所有进场施工人员必须持证上岗。

③桩井开挖。桩井开挖自滑坡体两端向中间推进,采取隔孔施工方式。桩井开挖自上而下分段开挖,分段高度 1.0 ~ 1.5m。开挖一段后,立即做护壁,每次支护高度 1.0m。对于石方,尽量采用风镐开挖,风镐难以开挖的,可采用小规模爆破,减少对基岩的破坏。挖孔过程中要保持排水通畅,对桩周建筑物和桩井内部的变形进行监测,对发现的可能发生坍塌的部位及时加强支撑并上报;挖出的土石方要及时外运至指定地点,不能堆放在桩井周围。

③锁口与护壁。人工挖孔抗滑桩必须设置孔口锁口,护壁紧跟开挖进度,及时浇注。地下水位较高,护壁立模和浇注过程中要注意排水。孔壁土体比较破碎,遇特殊情况,应减小每次开挖、浇注高度。施工过程中注意使模板支撑牢固,避免变形,影响抗滑桩的施工。

④钢筋笼加工。钢筋笼应尽量在钢筋加工厂提前按图加工好,在孔口进行吊装、拼接,特殊情况下方可在孔内进行人工绑扎安装。孔内作业时,施工人员务必头戴安全帽、身系安全带,先固定安全带后作业。

⑤桩身混凝土。桩身混凝土采用混凝土输送泵送入井底,边浇注边提升,泵管出口距离混凝土面不得超过 2m。浇注前应检查井底是否有浮土、积水,应将浮土清除干净,抽干积水;若孔底有渗水还需进行封堵。混凝土一次性连续浇注完成,以保证抗滑桩的整体性,避免出现缩桩和断桩的现象。

矩形截面人工挖孔抗滑桩施工工艺流程如图 5-8 所示。

(2)圆截面机械旋挖抗滑桩

随着科技、经济水平的发展和“以人为本、安全第一”理念的深入,借助于桥梁桩基施工技术,对于一些地质条件复杂、地下水丰富、处于变形发展的公路边坡,越来越多选择圆截面机械旋挖抗滑桩。旋挖桩适用地层范围较广,有较强的适应性,能适应砂岩、灰岩、花岗岩等硬质岩至黏土层、砂层等软弱地层。其优点是施工机械化、工厂化程度高,施工快捷,成孔速度快、成孔质量高,安全风险较低;缺点是施工作业场地要求较高,包括作业平台、通道和地基强度等;桩截面和桩长受机械性能约束,单桩提供抗力有限;工程造价相对较高。该类抗滑桩的主要施工工艺和技术要点如下:

①根据抗滑桩规格选择机械型号,根据地质条件选择合适的钻头。旋挖钻头有螺旋钻头、旋挖斗、筒式取芯钻头、扩底钻头、冲击钻头、冲抓锥钻头、液压抓斗和挤石钻头。

②平整场地、测量定位。按照施工组织设计完成施工场地平整,排水系统设置,供水供电,施工道路,设备、材料堆场的布置,泥浆池(箱)和泥浆循环系统布置以及桩位测量放样定位等工作。

③护筒埋设。护筒有定位、保护孔口和维持水位高差等重要作用,埋设好的护筒应竖立标识牌或彩带圈围,防止人员掉下。

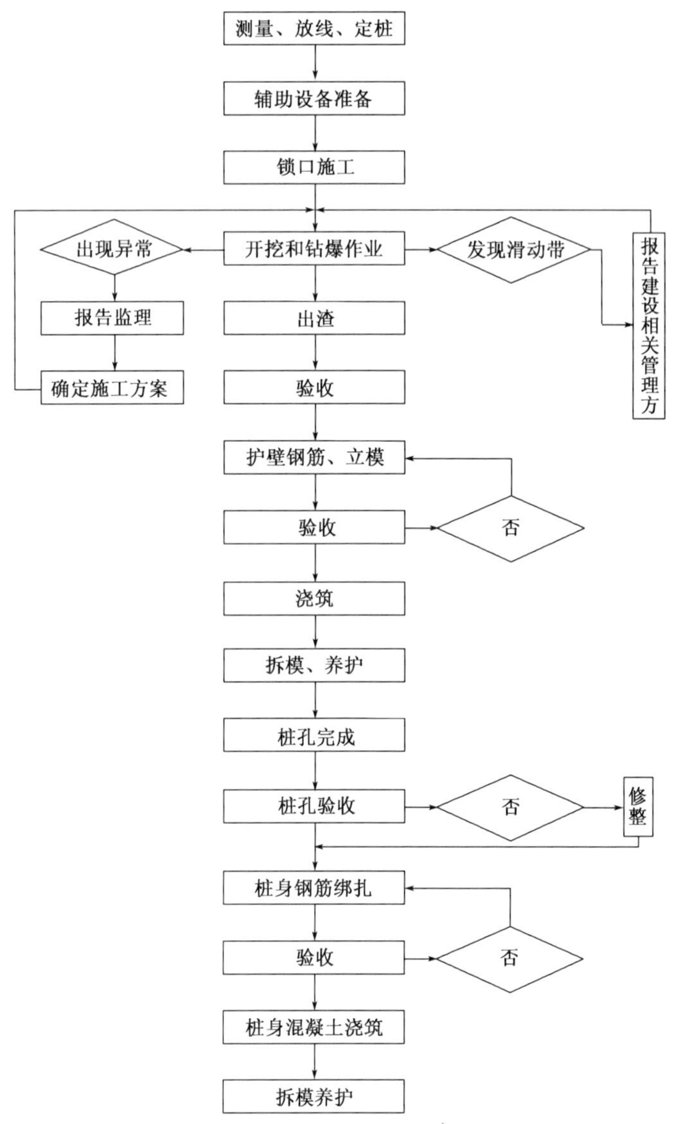

图 5-8　矩形截面人工挖孔抗滑桩施工工艺流程图

④泥浆制备。一般滑坡地区不宜采用泥浆护壁工艺，多直接旋挖。当坡体地下水位较高、滑面处于地下水位以下且旋挖成孔困难时，才可采用黏土或膨润土制备成泥浆进行护壁。泥浆制备的能力应大于钻孔时泥浆的需求量，并在成孔过程中经常疏通和清理泥浆循环槽、泥浆池、沉淀池。

⑤旋挖钻孔。旋挖钻机施工时应保证机械稳定、安全作业，必要时可在场地铺设能保证其安全行走和操作的钢板或垫层。钻孔过程中，如有塌孔情况可采用套管跟管钻进或钢护筒护壁的方法处理。成孔前和每次提出钻斗时应检查钻斗和钻杆连接销子及钢丝绳的状况，并应清除钻斗上的渣土。钻进过程中如发生斜孔、塌孔、护筒周围冒浆时应停钻，采取措施后再进行钻进。

⑥钢筋笼制作安装。钢筋笼在钢筋加工厂进行加工，待钻孔完成后由机械运输至孔口旁边，采用吊装设备起吊安装。钢筋笼的吊装应采用三点起吊，保持笼轴线重合。入孔时，始终需保持垂直状态，对准孔位徐徐轻放，保持稳定，避免碰撞孔壁，一旦遇阻立即查明原因，禁止晃动和强行冲击下放。

⑥桩身混凝土浇注。该工艺与矩形截面人工挖孔抗滑桩相同。

圆截面旋挖抗滑桩施工工艺流程如图5-9所示。

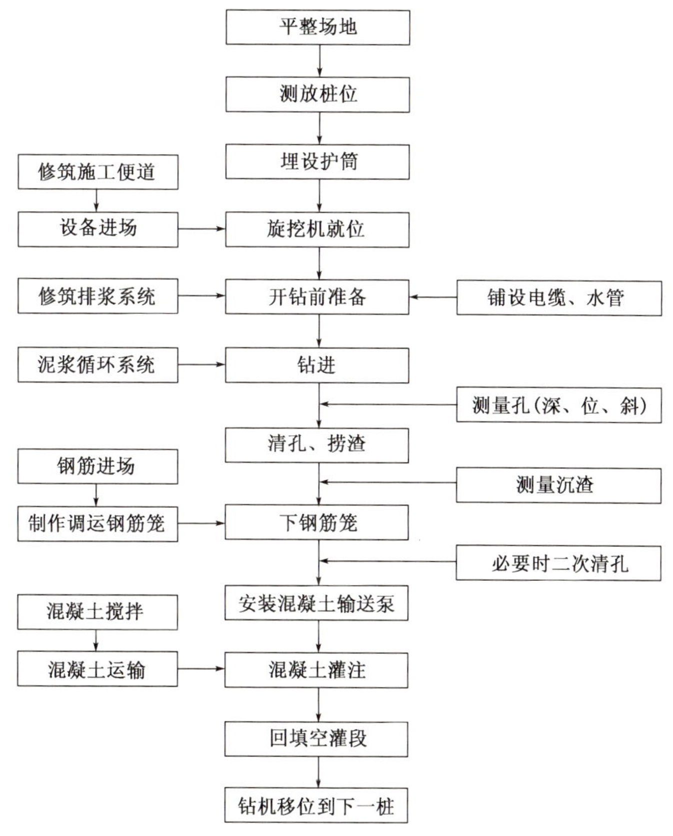

图5-9 圆截面旋挖抗滑桩施工工艺流程图

六 绿化与坡面防护工程管理要点

1. 坡面圬工防护

公路边坡圬工防护主要包括石料砌筑、预制块砌筑和现浇混凝土结构，工程实践中应用较多的有干砌片石护坡、浆砌片石护面墙、预制构件护坡和现浇混凝土框格护坡等。混凝土框格护坡施工工艺与其他现浇混凝土结构工艺一样，此处主要介绍浆砌体和预制构件工艺。

浆砌体施工管理的关键要点有：

(1)原材料必须满足设计要求，严禁采用风化料砌筑，且砌筑前应将石料表面冲洗干净。

(2)水泥砂浆严格按照设计配合比拌制，确保强度满足要求。

(3)砌体基底必须按设计要求清理，严禁砌筑在松动浮土上。

(4)浆砌施工时务必采取座浆工艺，确保砂浆充填饱满，严禁先砌后填砂浆。

(5)砌体厚度务必满足设计要求，石料选材必须合理，严禁基底或表面铺砌碎料。

采用预制构件砌筑时，砌筑工艺与上相同。在预制施工时应重点管控两个方面：一是预制构件应集中工厂化施工，严格控制原材料、配合比；二是构件运输、转运及临时存放时应轻取轻放，有序堆放，不能造成构件破损或表面污染。

2. SNS 柔性网(主动、被动、帘式)

SNS 柔性网防护主要有三类，主动网防护、被动网防护和帘式网防护。主动 SNS 柔性网防护是通过固结锚杆张紧防护网，实现对坡表主动加载防护的功能，既能防止块体松动脱落，又能将掉落块体网住，防止坠落坡脚形成危害。被动 SNS 防护网一般在防护区域下部设置，通过立柱和锚拉绳固定防护网，以拦截上部掉落块体，其实质是允许块体掉落但进行拦截，以防块体危害坡脚公路及车辆人员等。帘式网防护是近年来简化的一种防护措施，是在坡面防护范围至坡脚全部铺设钢绳防护网，仅在顶部固定，坡面掉块在坡面和防护网之间坠落至坡脚，其主要功能是约束、引导块体坠落途径并对下坠势能进行消能，可在一定程度上减小掉块的危害性。

(1)SAN 主动柔性防护网的施工顺序及管理要点

放线确定孔位(根据现场实际条件，孔间距可以有适当的调整量)，在孔间距允许的调整范围内尽可能在低凹处选定锚杆孔位；对非低凹处或不能满足系统安装要求时，应尽可能紧贴坡面选择锚杆孔位(一般连续悬空面积不得大于 5㎡，否则增设长度不小于 0.5m 的锚杆)；锚杆不能设置在松动岩块上，当无法避开时应加深锚杆深度或增设加固锚杆，应在每一孔位处凿一深度不小于锚杆外露环套长度的凹坑，一般口径 30cm，深 30cm。

按设计深度钻凿锚杆孔并清孔，孔深不大于设计锚杆长度 5 ~ 10cm，孔径不小于 $\phi75$。

注浆并插入锚杆，确保浆液饱满，在进行下一道工序前注浆体养护不少于 3d。

安装纵横向支撑绳，张拉紧后，两端各用 2 ~ 4 个(支撑绳长度小于 15m 为 2 个，大于 30m 为 4 个，其间为 3 个)绳卡与锚杆外露换套固定连接。

从上向下铺挂格栅网，格栅网间以及必要时格栅网与支撑绳间用 $\phi1.5$ 铁丝扎结，当坡度小于 45°时，扎结点距离一般不得大于 1m。

从上向下铺设钢绳网并缝合，缝合绳为 $\phi8$ 钢绳，每张钢绳网均用一根长约 31m(或 27m)的缝合绳与四周支撑绳进行缝合并预张拉。

SNS 主动柔性防护网施工工艺流程如图 5-10 所示。

(2)SNS 被动柔性防护网主要施工工艺及管理要点

①基座及拉锚绳施工。

a. 根据设计测量确定拉锚及基座位置，同时清除或就地临时处理坡面防护内的浮土及浮石；在确保系统稳定和所配置拉锚绳长度足够的基础上，允许灵活调整；拉锚锚杆在确保向下的角度不小于 45°的基础上，宜与拉锚绳方位一致。

b. 基坑开挖及基座混凝土浇筑。当基底为岩层难以开挖时,应增设竖向锚固锚杆提高基座抗剪能力。

c. 锚杆安装与注浆。锚杆杆体使用前应平直、除锈、除油;地脚螺栓外露丝口端长度不应小于 80mm;锚杆安装后其外露环套不应高出地面;注浆锚杆长度大于 3m 时,宜采用机械注浆,锚杆安装后不得随意敲击,3d 内不得悬挂重物或进行会使其受载的下道工序施工。

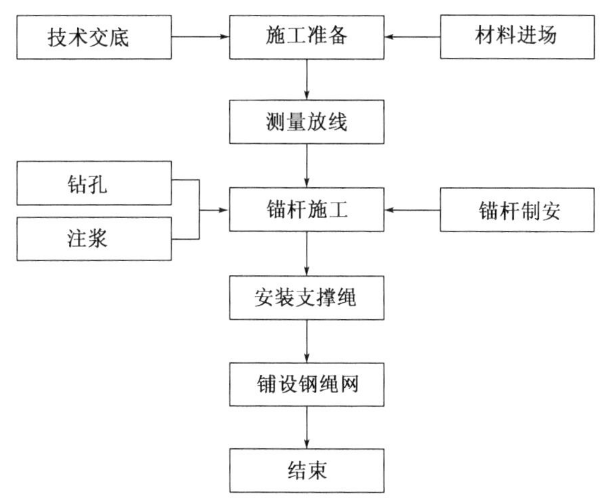

图 5-10　SNS 主动柔性防护网施工工艺流程图

②基座安装。

a. 安装基座的基础顶面应平整,一般不应高出地面 10cm,以使下支撑绳尽可能紧贴地面;但亦不可太深,以免防护网防护高度降低或基座坑积水。

b. 基座安装时必须使其挂座朝向坡下。

③先将上拉锚绳的挂环分别挂于钢柱顶端挂座和锚杆上;然后调整工字钢柱方位并与基座固定,误差不得大于 5°;接着紧上下锚拉绳并最终固定。锚拉绳绳端用不少于 4 个绳卡固定。上锚拉绳上的减压环宜距钢柱顶 0.5 ~ 1.0m。

④上、下支撑绳的安装、调试。上、下支撑绳都是双绳,先安装上支撑绳,再安装下支撑绳,第二根下支撑绳与第一根安装同法反向,最后在距减压环约 40cm 处用一个绳卡将 2 个底部支撑绳相互联结,形成 2 根相互交错的双支撑绳结构。

⑤挂钢绳网并缝合。将钢绳网展开放在两根钢柱之间,用挂在上支撑绳上的五六个紧线器将绳网拉起来,一直把它的上缘拉到与上支撑绳齐平;将缝合绳的中点固定在每一张网的上缘中央,从中点开始分别向左、右一个网眼一个网眼地把钢绳网和支撑绳缝合在一起。到安装消能环的地方,用缝合绳将钢绳网与不带消能环的那一根支撑绳缝合起来。到达柱顶时将缝合绳从挂座的前侧穿过,不要缠绕在挂座上,转向下顺着钢柱继续缝合,到柱底后也从挂座的前侧通过,把钢绳网和下支撑绳缝合在一起。遇到消能环时,同样的只与不带消能环的下支撑绳缝合在一起。到了钢绳网下缘中点,两边的缝合绳各穿过中点 1m,用绳卡在距中点 0.5m 和 1.0m 处固定,使缝合绳在网下缘重叠长度超过 1m。

⑥格栅网的铺设。格栅网铺设在钢绳网的内侧,上缘要高于上支撑绳,并要翻转到钢绳网的外侧,叠盖宽度不小于 15cm。格栅底部要沿边坡面向上铺设 0.5m,封住下支撑绳与地面之

间的缝隙,并用石块压住。相邻两块格栅网之间叠压宽度不小于10cm。用扎丝将格栅网固定在钢绳上,每平方米固定点不少于4个。

SNS被动柔性防护网施工工艺流程如图5-11所示。

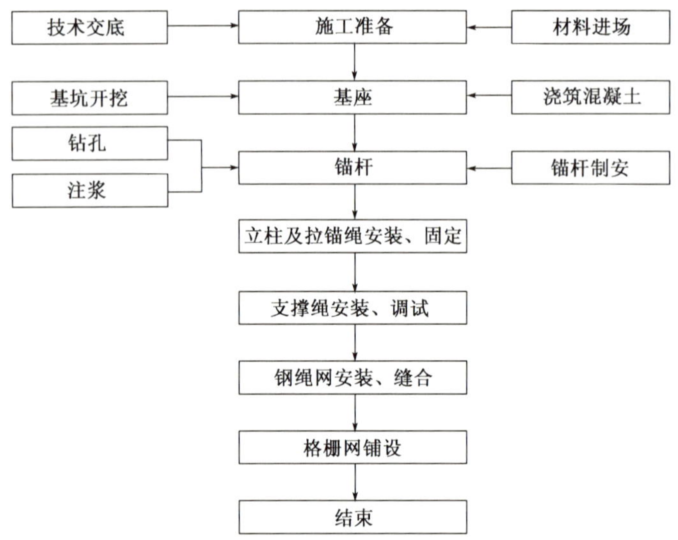

图5-11 SNS被动柔性防护网施工工艺流程图

(3)帘式柔性网施工工艺控制要点

帘式网施工工艺与主动网相似,重点控制好两点:一是顶部固定锚杆务必按设计要求设置在稳定岩层上,确保足够的固定荷载;二是原则上尽量采取单片网延伸至坡脚,确需缝合时,应缝合牢固。

3. 岩面喷混植生

喷混植生是近年来研制成功的一种岩质坡面绿化防护技术,是边坡防护和景观绿化两大功能的完美结合,利用客土掺混黏合剂和锚杆加固铁丝网技术,将土壤、肥料、有机物质、保水材料、黏结材料、植物种子等混合干料加水后喷射到岩面上,形成近10cm厚的具有连续空隙的硬化体。种子可以在空隙中生根、发芽、生长,而一定程度的硬化又可防止雨水冲刷,从而达到恢复植被、改善景观、保护环境的目的。其核心是通过成孔物质的合理配置,在岩石坡面上营造一个既能让植物生长发育,而种植基质又不被冲刷的多孔稳定结构。

岩面喷混植生的主要施工工艺及管理要点如下:

(1)安设锚杆

测量放样,确定锚杆打设位置,然后钻孔安装锚杆,要求先对钻孔注满水泥砂浆后插入锚杆。锚杆一端设置弯钩,弯钩朝向坡面上方,其端部15cm及弯钩部分涂防锈漆防锈。

(2)固定铁丝网

将铁丝网从坡顶沿坡面顺势铺下,铺设时网应拉紧,铺平顺后将网挂在锚杆上,用连接件或铁丝锁紧,并根据需要采用不同厚度的混凝土垫块,使铁丝网与坡面保持3~6cm的距离,完成铁丝网与锚杆的连接工作后,要严格检查铁丝网与锚杆连接的牢固性,确保网与坡面形成稳固的整体。

(3)种植土破碎

种植土经破碎机粉碎后,过5mm筛,去掉粗大的颗粒以便于喷播使用。

(4)混合料拌制

根据现场的气候环境条件、边坡结构类型、土壤条件等因素,先室内后现场试验确定种植土、有机质、肥料、保水剂、黏合剂、pH缓冲剂与混合草籽的配合比,施工时采用强制式搅拌机拌和,拌和时间不小于1min。

(5)喷射混合物

准备工作就绪后,利用混凝土喷射机将混合物喷射于坡面。喷射时应从正面进行,凹凸部及死角要补喷。喷射厚度可根据边坡的岩性进行调整,以保证有机基材能提供足够的养分及水分供草种生长。金属网之上的种植混合基材应保证不小于3cm厚。

(6)覆盖无纺布

喷播完成后,在其表面层覆盖无纺布,减少因强降水对种子造成的冲刷丢失,同时也减少边坡表面水分的蒸发,进一步改善种子的发芽、生长环境。

(7)养护

养护工作应于喷植完成后即日开始,主要针对植被的养分、水分、病虫进行管理工作,同时针对缺苗的地段进行补植。具体养护工作应根据季节、草种类型、基质混合土性质、进度情况、环境条件及植物生长情况合理进行。

岩面喷混植生施工工艺流程如图5-12所示。

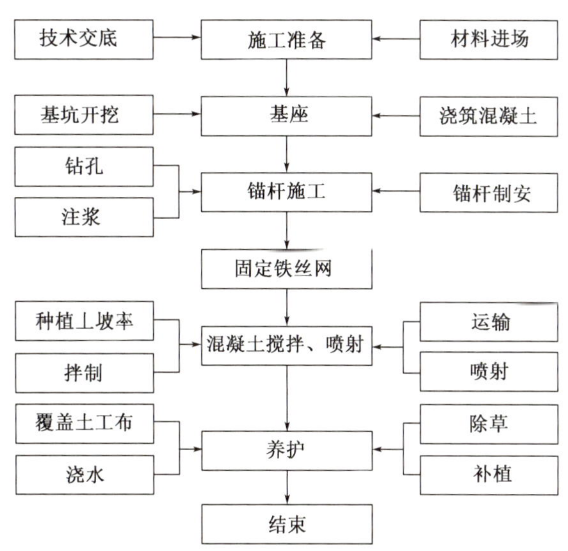

图5-12　岩面喷混植生施工工艺流程图

4. 其他植草防护

公路边坡常规绿化防护措施主要有喷播草籽、铺草皮、骨架植草、三维网喷播植草、土工格室植草等,有些工艺相似,概括起来主要有以下三类工艺。

(1)直接喷播草籽

①边坡处理。边坡平整后,沿等高线挖出高、宽各为5~10cm的水平带,在方便施工的前提下,高度、宽度尽量减小,以保持坡面的平整性,然后回填掺配有肥料的肥土(一般肥料与土壤掺配的比例为1∶3)在边坡坡面。

②草种选择。选择适合当地生长的草种草籽,原则上应适当掺杂野生草籽。

③喷料准备。

需先对草籽经纯度和种子发芽试验,对固着剂、改良剂、色素需做毒性试验;然后按设计要求备足草籽、复合化肥、土壤固着剂、改良剂、保水剂、覆盖材料、色素等。

④液压喷播。将上述材料按设计配合比混合,加水搅拌,混合均匀后将其喷播附着在所要绿化的边坡上,喷播要均匀,一次不宜太厚,厚度不足时可重复喷播2~3次。

⑤覆盖无纺布。无纺布覆盖后应用U形钉固定,一是防止雨水冲刷,避免草籽在发芽生根期的移动损失;二是部分防止水分蒸发,起到保温保湿的作用。

⑥揭布养护。至草苗长到5~6cm或2~3片叶时,揭掉无纺布。揭布之前应适当露苗锻炼,然后逐步揭布,宜在阴天或傍晚揭布,禁止大晴天猛然揭布。养护期根据土壤肥力、湿度、天气情况,酌情追施化肥和灌溉,以后转入常规管理阶段,促使早日成坪。

(2)三维植被网喷播植草

①坡面处理。整理欲铺三维植被网的坡面至平整,清除杂草、石块、草根等。

②挂网。将三维植被网自上而下平铺坡面,搭接宽度不得小于10cm。

③固定。三维植被网在坡顶延伸50cm,坡脚延伸20cm左右,用锚钉固定并埋入土中,四周以U形钉固定,坡顶、坡脚间距50cm,竖向搭接处间距100cm,固定时钉与网紧贴坡面。如需在坡面中间接头,应上幅压下幅,重叠不少于20cm,并加两排U形钉,品字形排列,间距50cm。

④喷播。按设计配合比拌和混合料,然后喷入三维植被网内,喷射时尽量垂直于坡面,要求填土后坡面无网包外露,无悬空、空包现象,严禁人工溜土溜浆。

⑤覆盖养护。工艺及要求与喷播草籽相同。

(3)客土喷播

①根据坡体具体情况可采用挂网或不挂网方式处理。

②挂铁丝网需先在坡体上打入锚杆,钢筋直径和深度必须满足设计要求且位于稳定岩土体上。

③在边坡上间距1m横向安装植生袋,内装木糠和砂子,引导岩石边坡的水分输送路径,有的边坡条件好可以不挂植生袋。

④安装镀锌防锈铁丝网。其产品要经严格检验,挂网要牢固,平贴坡面,减少空鼓,调整平顺。

⑤将黏结剂、泥炭土、有机质、肥料、草籽等基质料按设计配合比拌和,然后均匀喷射在网面上,保证网面达到设计厚度,网面以下的空隙要全部喷实,不得空鼓。

⑥覆盖养护。坡面绿化防护在管养期间,应建立养护班组,配备专职技术人员和工人进行养护管理,开展必要的淋水、松土、除草、修剪、防治病虫害、施肥、防止人为损害及绿化保养措

施，对死苗、枯叶，及时清理与补种，确保植物生长良好，以达到优质、精美的绿化效果。

七 排水工程管理要点

排水系统在公路边坡工程中具有极其重要的地位，边坡工程十害九水，几乎绝大部分边坡变形病害离不开水的作用。边坡排水工程结构相对简单，相对而言施工工艺也比较单一，但是，施工安全、施工时机和施工质量对截排水效果影响很大，应引起足够重视，加强管理。

（1）施工时机。公路边坡排水系统务必贯彻“先截水、后开挖、边挖边排”的原则，对于风化岩层或土质边坡，每级边坡开挖完成后应及时把平台边沟临时排水系统一并开挖到位，并及时封闭。若因其他原因致使边坡开挖到坡级中间需要暂停开挖的，也要在坡脚开挖临时排水沟，严禁坡脚积水。

（2）测量放线。严格按照设计图纸要求对边坡排水系统进行放样并复核，现场地形两侧与线外排水系统或自然水系平顺衔接，要能形成完整的排水系统。一旦发现地形有异、无法把边坡范围内的水顺畅排出或存在隐患时，如边坡中部有负地形导致排水沟架空，沟底地基土体松散易引发排水沟沉降，边坡周边地表水向坡体汇集而截水沟断面不足等，应及时向有关管理单位反馈，完善排水系统。

（3）基坑开挖。基坑开挖根据土质情况，采用机械开挖和人工开挖配合完成。严禁超挖形成倒坡，应保证开挖过程中边沟、排水沟的边坡平整和稳定，严禁贴坡。基坑开挖后，需进行沟底高程复测。基坑开挖土石方应堆置在与公路边坡顶一侧并予以夯实或运出场外，禁止堆放在排水沟外侧，防止产生二次病害或环境污染，影响场地的外观及排水效果，或回流至排水沟内影响正常排水。

（4）沟体砌筑。公路边坡排水沟多采用浆砌片石、浆砌预制构件或混凝土现浇等方式建造。对于浆砌结构，应采用铺浆法砌筑。砌筑时，先铺砂浆后砌筑，砌块分层卧砌，上、下错缝，内外搭砌，分段设置沉降缝。

另外，还需加强排水工程施工过程质量控制，重点抓好几下几点：

（1）排水沟的过水断面不得小于设计断面，按设计图纸设置纵坡，沟底平整，排水畅通，不允许出现倒坡现象，确保水流通畅。

（2）构造物要求坚实、稳定。

（3）对于汇水面积较大的公路边坡急流槽，应考虑加大、加深急流槽尺寸，并在底部设消能设施后，导入路基排水系统。为防止滑动，可在斜坡急流槽背砌防滑平台以阻止下滑。

（4）地下水引排措施应将出水口引排至地表排水系统，不能在坡面漫流，倒灌坡体。

排水系统（地表）施工工艺流程如图5-13所示。

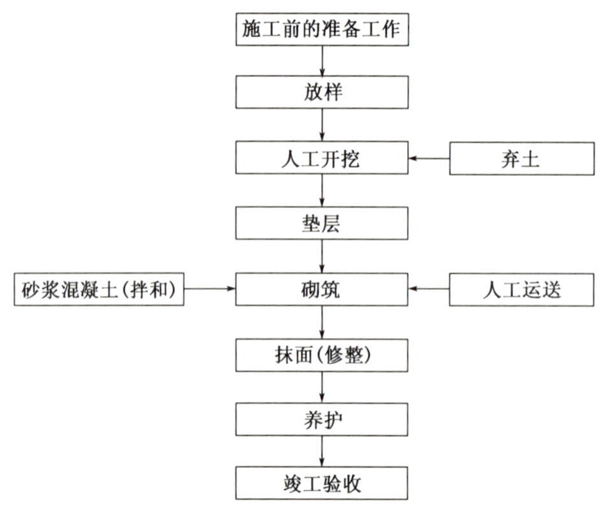

图 5-13　排水系统(地表)施工工艺流程图

第二节　公路边坡动态变更管理

在地质条件复杂区段,由于受现场条件、勘察手段、勘探孔数量及其代表的局限性等多种因素制约,在一定程度上影响了边坡勘察精度。公路建设过程中,大量公路边坡因实际地质条件与勘察成果偏差较大,现场评估分析、应对处理工作不足,造成边坡失稳变形,引起工期耽误、经济损失,甚至酿成安全事故等。为此,需要在边坡建设施工期间加强技术跟踪服务,根据边坡开挖后暴露的坡面,及时进行地质条件复核,对比设计资料,分析是否存在潜在风险,并及早进行科学分析,合理进行动态变更。

总的来说,边坡动态变更是一个系统的技术工作,专业性强,时效性高,以现场工作为基础,辅以必要的补充勘测、勘察工作,以完整依据为支撑,最终确定具有明确针对性的处治对策。

一　地形复核

1. 目的

公路边坡地形复核的目的主要有两个,一是复核自然坡表高程是否与设计资料一致,当地形误差较大时及时变更设计,重新确定开挖边界线;二是再次调查是否存在不良地质特征微地貌,以便及时开展相关针对性技术工作,及早完善设计,主动应对,避免后期坡体变形后的被动施策。

2. 一般原则

(1)公路边坡地形复核应在边坡清表后开挖前进行,确保复核工作的及时性、指导性。

(2)当实测地表高程与设计高程误差超过5.0m及以上时,应对原边坡进行变更设计;当误差小于5.0m时,原则上按顶级坡率顺延至地表,若调整后该顶级最大坡高超过13.0m时,宜增设台阶,增加坡级。

(3)当边坡场区具备不良地质微地貌特征时,应加强全面调查,并及时上报至建设方,必要时宜组织专家评审会,开展针对性专项技术工作。

(4)涉及潜在变更的边坡,在变更方案未确定前,不宜盲目施工。

3. 内容

(1)地面高程复核。在地表植被茂密或地形复杂的区域,航拍地形图解译时可能存在一定误差,为此,在公路边坡清表后,应立即进行地面高程复测。当发现误差较大时,应首先检查高程控制桩是否正确并没有被破坏,然后扩大复测范围,当周边影响较小区域高程基本一致时,才可判定公路边坡区域地表实测高程与设计高程之间的偏差。

(2)边坡场区地形及微地貌复查。在一定程度上,航拍地形图对微地貌的识别精度有限,而植被茂盛或地形复杂区域,勘察设计阶段人工测量难度极大,因此,地形图上微地貌很难标识清晰。边坡清表后,应在地形高程复测的过程中,复查微地貌,如冲沟、支沟、陡坎、水池等,并据实修正地形图。然后对照不良地质的典型微地貌特征,初步辨识是否发育不良地质,一旦发现有大型不良地质的可疑特征,应及时上报建设单位,然后按照要求开展相关专项技术工作。

(3)地质露头调绘,初步预判其影响性,并制定后续跟踪工作计划。结合坡表高程复测、地形复查,同步开展地质补充调绘工作,如构造带、基岩结构面、地下水出露等。若新发现构造带时,应追踪其延伸长度,调查其规模、位置、性质、产状、构造带内物质成分及地下水发育情况,分析其对边坡稳定性的影响程度;对于基岩结构面,则应分辨结构面类型,即是层面还是节理面,结构面延伸长度、分布密度、闭合程度、充填情况、产状及变化情况,结构面与坡向之间的关系,基岩露头代表性等。当基岩露头代表范围较大时应及时作出变更调整,避免边坡施工过程中因方案不当诱发变形病害;当基岩仅零星分布且规律性不足时,则应分析潜在可能影响性,并制定后期跟踪工作计划,提前制定可能的应对策略。

(4)结合现场实地调查,针对地形差异较大、地勘资料不足的工点,及时提出补勘建议。

4. 技术要点

(1)在全面复核设计院提供的高程控制网的基础上,重新对边坡附近至少两个高程控制桩进行检查与复测,确认无误后方可进行边坡地表高程测量。

(2)边坡地表高程测量范围应覆盖全坡面,两侧延伸至边坡范围以外的高程控制桩,原则上应复核至坡顶开挖线以外不少于100m。测量时,应从一个高程控制桩起测,测至另一个高程控制桩进行闭合差计算、复核,满足要求时方可结束,否则应现场核查原因,重新复测。

(3)横断面间距一般可按20m控制,地形复杂时应加密至10m,极其复杂或有其他特征微地貌、变形体时还应进一步加密。边坡断面复测宜结合地形复测同步进行。

(4)微地貌测量应在全面调查之后确定测量方案,当排除较大规模不良地质后,可按常规地形测量标准执行,即断面 1∶500、地形 1∶2000;当存在疑似较大规模不良地质时,应提高至不良地质测量标准,即断面 1∶200、地形 1∶500,且对特征微地貌进行完整测量。

(5)坡表的比较重要的地物均应全部测量,如高压塔、通信塔、水池、房屋、坟墓、水渠、地方公路等。

(6)完成现场测量工作后,应及时整理图件,然后结合前期勘察资料,对照现场微地貌特征,推测其可能形成机理,并详细记录,作为后续工作指导依据。

(7)在地表高程和场区地形复测的同时,还应重新开展地质构造带和基岩结构面产状等有关地质调查工作,调查范围、调查内容及执行标准均不低于勘察要求。

(8)地质构造带调查应掌握必要的技巧,一般地表出露的构造带多为断层崖、断层面、硅化带或凹陷带等,在边坡临空面尤其是沟谷岸坡区域方可调查构造带断面形态、宽度、产状和物质。发现构造带断面后,应结合必要的挖探,进一步查清断层性质、构造擦痕和富水情况等。

(9)基岩露头调查一方面应记录其位置、岩性、风化程度,便于分析其代表性;另一方面是结构面调查,包括产状、性质、延伸长度、分布密度、闭合程度、充填情况以及结构面与坡向之间的关系等,以便用于分析其对边坡的影响程度。

二　地质跟踪调查分析与补勘

地质跟踪调查分析贯穿于边坡建设全过程,当边坡开挖后实际揭露的地质条件与勘察资料相差较大,且形成机理复杂、对边坡稳定性不利时,应及时开展专项补勘工作。

1. 目的

公路边坡建设过程中,根据开挖暴露的坡面,及时开展地质跟踪调查工作,主要目的有三个方面:一是复核开挖后实际揭露的地质条件是否与勘察资料基本一致,若存在偏差,则主要偏差是哪些,并在初步定性评估其对边坡稳定性影响程度的基础上,开展必要的加强地质调查工作;二是进一步补充或验证前期地质条件的推测,不断完善地质基础资料,并针对性地提出或修订完善后续的工作计划,如补充专项勘察或继续加强跟踪调查;三是根据实际揭示的地质条件,及时复核原设计方案是否合适,启动必要的优化或加强类的设计变更。

2. 一般原则

(1)边坡每级开挖后应及时进行现场地质跟踪调查分析工作,并贯穿至边坡建设全过程。对于地质条件复杂的边坡,如地质构造作用强烈,构造规模较大,结构面变化频繁,地下水丰富等,还应适当加密调查工作。

(2)公路边坡建设期地质跟踪调查分析还应突出重点部位和重点时期。重点部位一般指基岩风化顶面、构造带出露部位、地下水集中渗出带、软弱夹层密集带以及坡脚附近区域;重点时期多指集中降雨期、台风暴雨期以及地震发生后的影响期等。对于重点部位和重点时期的地质调查工作,应有针对性,重点核查地质条件变化情况。

(3)公路边坡地质跟踪调查应安排专业技术人员系统开展工作,具备一定的理论基础和实践经验,应能满足现场调查、现场对比分析、现场印证的要求。

(4)对于地质条件极其复杂的区段,应由建设方牵头,联合项目参加各方技术人员,必要时邀请外部专家,在现场调查的基础上,举行联合会诊研讨会,提高工作效率和精度。

(5)现场地质调查发现的隐患问题,应有有效应对措施及时处理,尽量防范风险的发生。

3. 内容

现场主要采用追踪法及穿越法开展调查,调查时主要是对工点所在场区的重要地质现象及地质点进行现场鉴定、描述和测量;边坡工程调查包括拟建边坡的切坡位置、堑顶自然山坡地形地貌、边坡周边地表水和地下水等。野外观测除作好地质记录外,并对典型地质点或地质现象进行拍照,当发生病害时需结合调查结果确定已发边坡病害的性质、影响并进行简要分析。边坡现场地质跟踪调查主要包括以下三项内容。

(1)边坡环境调查。边坡所在地自然山坡的走向、坡向、坡形、坡度、植被情况、变形情况;边坡的位置、走向、坡向、坡形、坡高等要素调查。

(2)边坡地质条件调查。包括地质构造、地层岩性、地下水三个方面的调查记录,地质构造包括断层、褶皱、错动、层面、节理、片理等的产状、性质、分布位置、影响范围及其与临空面的关系;地层岩性包括岩性类别、构造、结构、风化程度、物质成分及风化界限分布情况;地下水包括出露位置、出露形式和出(含)水量等。

(3)边坡变形特征调查。边坡已发生变形(滑坡、坍塌或崩塌等病害)的部位、类型、规模、变形历史过程和动态,及其和人类工程活动的关系等。

4. 技术要点

(1)公路边坡施工期地质跟踪调查分析具有极其重要的地位,对于及时主动查清边坡地质条件、合理分析其潜在危害、有效控制边坡变形具有重要作用,因此,必须严格实施人员素质要求,确保能力与工作相匹配。

(2)边坡区域内地质构造作用强烈、地质条件复杂时,边坡范围内地质信息变化较快,真正控制边坡稳定性的信息隐蔽性较强,现场调查范围的合理性、掌握信息的全面性是开展边坡咨询工作的首要重点。

(3)调查范围的覆盖程度影响评估分析的全面性和精度,现场地质跟踪调查的范围,顶部至少超过明显地形坡度变化线后50m或自然山顶、两侧至少越过边坡端头对应自然沟谷另一侧20m或侧坡坡脚、线路下方至自然坡脚或对应宽大台地外侧边缘。

(4)构造带规模和产状、岩体结构面产状、地层岩性、风化层厚度、基岩顶面产状及地下水等因素是边坡稳定性的控制因素,现场必须逐项调查记录,务求真实可靠。

(5)对于坡体规模高大,地质条件极其复杂,场区地形陡峻、坡体一旦变形将快速牵引急剧发展成大规模病害,以及周边分布有重要建(构)筑物,如坡顶分布有高压电塔,坡脚分布有村庄或紧邻桥隧等重要建筑物等(简称高危险重)的重点复杂边坡,应提前建立信息数据库,紧密跟踪现场施工进度,及时开展现场调查、复核完善地质信息,及早完。

(6)华南地区年降雨量较高,尤其是雨季集中降雨雨强、雨量均较大,短期内迅速降低边坡稳定性,极易诱发边坡变形失稳。在边坡建设期对极端不利因素影响下超前预判预处理、过程中的快速跟踪应对处理以及事后的应急处理等应有完整的技术系统,从而实现最大化地提高边坡应对极端不利因素作用的能力。

(7)边坡建设期间的地质跟踪调查还应与边坡变形特征调查工作相结合,重点查清变形体范围、裂缝性质、延伸长度、裂缝宽度、形态特征、分布位置以及变形体的物质成分等信息。

(8)现场调查应及时准确详细记录并在平面图上标记出来,包括各调查点的位置以及地形地貌、构造带信息、结构面产状、地层岩性、风化界线、物质成分、水文资料、坡体变形特征等信息。

三 动态设计

因地质基础资料、地形资料或边坡形态与设计出现了偏差,影响了公路边坡的设计意图执行和边坡稳定,为此,需要在施工期间依据现场地质跟踪复核调查的资料,及时对原设计方案进行评估分析,对不适方案及时进行动态变更设计。

1. 一般原则

(1)动态设计务必立足现场揭示的客观真实地质条件,不能随意遗漏、篡改现场真实信息。对于影响边坡稳定性的因素,应全部考虑进去,并进行多种形式叠加组合,按最不利条件作为控制设计的条件;对于对边坡稳定性无影响的因素,原则上也应在设计资料中简要分析。

(2)动态设计中的边坡变形机理、变形规模、破坏模式、潜在失稳面形态等基础理论分析应依据充分,逻辑严谨,当存在疑点时应再次深入现场调查取证,必要时补充其他技术手段,如变形监测、应力测试等。

(3)公路边坡的动态设计宜采取定性与定量相结合的多途径进行分析计算,如工程类比法、赤平投影法、刚体极限平衡法等,便于相互复核、验证,提高设计精度。尤其是滑面力学参数,应与地区经验指标和试验指标充分比较,并根据现场特征予以确定。

(4)动态设计应结合现场实际情况,进行多方案比选,常见的公路边坡处治思路有平面线位调整、线路纵断面调整、隧道或明洞或棚洞替代方案、边坡大卸载、原位加固、上部局部卸载与适当加固相结合等多种方式,然后从经济造价、社会影响、实施便捷性及后期营运管理等多方面进行综合比较后确定合理的处治方案。

(5)公路边坡的动态设计应根据变更规模和审批权限,由相应管理部门进行审核批复,对于大规模变更,应组织专家评审会进行评估论证后再予以批复实施。

2. 技术要点

(1)依据地质条件,合理分析边坡破坏模式、失稳机理、破坏规模和滑面形态,是动态设计的基础工作。破坏模式、失稳机理是前提工作,而滑面形态是基础工作,变形机理复杂的边坡,可能存在多级多层滑面,应逐一分析清楚,然后按控制滑面进行分析计算、工程设计。

(2)滑面岩土物理力学指标是边坡动态设计的关键工作。滑面岩土物理力学指标受岩体切割、地层岩性、风化程度、地下水含量以及坡体变形状态等多因素影响,应根据现场实际情况,类比地区经验,参照试验指标,综合确定。

(3)因地制宜、合理制定边坡处治方案是动态设计的根本工作。边坡的处治方案应与地质条件和变形机理相适应,还应同步考虑边坡周边环境条件和边坡稳定性程度,在尽量实现环境协调自然的前提下采取针对性较强的治理措施,工程措施应齐全,包括坡形坡率变更设计、主体支挡加固措施、排水措施、坡表绿化措施等,加强工程设计与景观设计相结合。

(4)工程结构的可靠性、经济性和耐久性是动态设计的细化工作。设计方案确定后,还应完善结构设计,包括结构形式、材料、截面规格、长度、布设范围和布置方式等,在确保安全可靠的前提下,充分兼顾经济性、耐久性,达到经济合理、安全耐久、绿色环保的目标。

(5)工程措施实施的适应性、便捷性是动态设计的完善工作。动态设计的方案最终要通过实施来达到意图,为此,一个设计方案的质量还应包括其现场的适应性、实施操作的便捷性。只有充分适应现场交通、场地、气候等条件,便于机械化、标准化施作的方案,才能有利于整体推进,有利于质量和安全管控。

四 变更设计管理要点

有了动态设计,自然就有了变更,而变更管理就是避免不了的工作。所谓管理就是要加强对变更的控制,总体来讲就是遵循"当变则变,趋优优先"的原则,即技术与安全上要求变的一定要变,其他原因变更应保证越变越优的前提。

1.一般原则

(1)全面性。公路边坡施工期的动态设计方案变更要具备全面控制性,也就是变更方案要能实现对边坡整体的把握与控制,对于极其复杂的边坡,变更方案可以适当考虑分期分步对策,但主体方案应提前确定。否则将严重影响变更的有效性,甚至造成反复变更,不但造成经济损失,也浪费了施工时间。

(2)针对性。边坡的动态变更设计应紧密结合现场地质条件和实际情况,具有明确的针对性。现场存在什么问题,或有可能诱发什么问题,变更设计的措施是什么,能解决到什么程度,通过认真细致的分析、比选,切实解决好这几个问题,就能实现变更设计的针对性。

(3)完整性。动态变更设计应按边坡工点设计的要求,提供变更背景、变更依据、地质条件、现场情况、分析计算、措施设计、图件及造价等方面资料,而且工程措施应包括刷方、支挡加固、排水、绿化封闭等内容,对应变形边坡还应有应急措施。

(4)时效性。公路边坡之所以开展动态变更,就是为了根据边坡开挖揭示的实际地质条件,及时评估原设计方案的适应性,对于偏于保守的方案,应进行合理优化,防止工程浪费;对于无法满足坡体稳定的方案,应及早预判,重新分析计算,完善设计,避免坡体变形失稳,造成既有工程破坏。

(5)合理性。一般情况下,公路边坡的动态变更应实行专业审核制,力求变更方案的合理性。

2. 技术要点

动态变更设计的技术要点，除应重视现场开挖的破坏性及交通组织特殊性外，与一般设计要求基本相同。

(1)其破坏性指的是由于施工而导致的现场与原坡面的不一致及不规则会对设计有一定影响，同时由于处于已施工阶段，会有部分废弃工程存在，这些工程如何用，怎么用，都会对变更方案有一定影响。

(2)所谓交通组织的特殊性主要是指变更设计应注意原有交通道路的可通达与可用性，实际中很多由于边坡的变更施工会造成既有道路中断，对工程本体和其他工程带来不利影响。

(3)公路边坡动态设计工作的专业性是决定设计质量的保障，应严格要求技术人员的专业素质和经验水平，一般要求不但有岩土工程、边坡工程的理论基础，也应有一定的地质专业分析能力。

(4)公路边坡动态设计应严格执行工点设计要求，一坡一图，提交资料包含的内容应完整齐全，设计说明条理清晰、分析严谨、阐述客观、表格直观，设计图件一应俱全，能清晰表达设计意图和技术标准，利于指导现场施工。

(5)公路边坡动态设计应保证相关依据的充分性，包括现场调查资料、前期勘察资料和专项补勘资料、监测资料、测试资料等，还应对依据资料进行联合系统性分析，相互印证。

当发生不一致时，应分析原因，按各信息的代表控制范围、确定性程度排位主次顺序，然后以主要因素确定边坡变形规模和滑面形态，按其他信息进行修正完善。如确定滑面时，首先参考深部位移监测资料，第二是地表变形特征，第三是钻探揭示的地层信息，第四是岩层结构面产状，第五是地表微地貌，第六是其他特征信息(如集中渗水带、坡底河谷阶地或河床等)。

(6)公路边坡动态设计的理论分析应科学严谨，不能脱离专业常识，为了计算而计算。

公路边坡的理论计算包括三个方面，一是滑面岩土物理力学指标反算，二是当前状态剩余下滑力计算，三是设计方案对应的稳定系数。滑面岩土物理力学指标反算是一个不断试算、不断完善的过程，应与边坡的地质条件和当前的变形阶段严格对应。边坡当前状态剩余下滑力，对于具有多层滑面的，应分别按不同滑面计算，然后按最大荷载控制设计。设计方案对应的稳定系数，也是设计方案质量的检验指标，应在反复比较计算多种坡形坡率的基础上，结合现场实际条件确定最合理的坡形坡率后，再设置支挡加固措施，原则上设计方案对应的稳定系数不得低于规范要求的标准，但也不宜过高，造成浪费。

(7)公路边坡动态设计的方案和工程结构应合理，与现场实际情况匹配，符合“安全、耐久、环保、经济、美观”的要求。

工程措施及结构设计应与坡体地质条件、变形规模相适应，并充分考虑后期变化的影响。如厚层风化地层，需慎用岩土锚固结构，改用刷房或支挡结构为主；硬质破碎岩层边坡，采用预应力锚索时应注意其抗剪能力极弱，需结合锚杆束应用；强风化泥岩、板岩、页岩及含炭质岩层中，应充分考虑其后期风化速度快、强度降低显著的特点，适当提高安全储备；坡表富水呈软塑状态的边坡，则应采取有效引排疏干地下水与坡表土体改良相结合的措施等。

另外，动态设计的施工组织应有明确的针对性，并注意加强对大气集中降雨、边坡开挖爆破等外界较显著的不利因素影响的调查与分析评估工作，必要时还需立即开展应急措施，尽量实现对边坡变形失稳安全风险的预判、预控，减少损失。

第三节　常用监测技术与管理

公路边坡施工过程中，监测工作必不可少，具有极重要作用，原则上边坡监测是边坡设计的一项内容，也是边坡施工的一项内容，更是安全管理中必不可少的内容。应在设计文件中明确监测方案和技术要求。

一　公路边坡常用监测技术

1. 监测目的

公路边坡监测目的有以下几个方面：

(1)掌握边坡的变形范围、位置、速率和累计变形量，确定边坡的滑动面深度、滑动范围，分析边坡变形发展趋势；并评估开挖施工对边坡自身稳定性和周围构筑物的影响，提供预警信息，确保边坡施工人员、设备等安全。

(2)通过动态监测，依据实际情况进行工序和工艺的调整，以便采取更为合理、有效的支护措施和施工工艺，及时指导施工，优化施工方案，并在边坡变形加速前及时采取应急处理措施。

(3)对于机理复杂的边坡，还可通过深部位移监测资料准确分析边坡变形范围、规模、厚度和滑面形态及位置，为边坡动态变更提供依据。

(4)边坡施工完成后，为营运期评估边坡状态提供支持，同时也可为边坡工程积累数据，总结经验，为同类工程提供参考。

2. 监测内容

公路边坡监测工作内容主要包括以下六项：

(1)人工巡视

人工巡视是边坡监测的一项基础工作，是对边坡坡面及周边一定区域内的地表观察，及时发现变形信息和现场不利影响情况，以及其他重要异常情况，包括坡面及周边开裂变形、结构物变形或异常、工程措施营运状态、地表水截排情况以及地下水出露与引排等情况，从而实现对边坡的全面宏观掌控。

(2)地表位移和沉降监测

地表位移和沉降监测是根据要求在坡面、坡脚等处适当位置预先埋设变形观测桩，并在距离边坡一定范围的稳定地点埋设基点，然后采用全站仪观测观测点的水平坐标变化，掌握边坡变形规律。

(3)深部位移监测

深层位移监测是在边坡岩土体内钻孔至稳定地层,然后安装测斜管,通过专用测斜仪测量测斜管轴线与铅垂线之间夹角变化量,来监测对应深度处土、岩石的侧向位移,由此掌握边坡岩土体的深层位移变化情况。

(4)锚索(杆)应力监测

锚索(杆)锁定前,先安装应力计,然后通过测量应力计的频率变化,再根据应力计标定曲线换算为应力值,即可掌握锚索的应力变化情况,为边坡的变形与安全分析提供依据。

(5)裂缝观测

当坡体表面或周边发生开裂变形后,在裂缝处埋设裂缝观测装置,通过观测裂缝的变化过程和变化规律来分析坡体的变形情况和破坏趋势。

(6)地下水位观测

地下水位观测可单独钻孔布设,也可与深部位移联合共用测孔,直接采用水位计观测地下水位,从而了解坡体的地下水位及其变化情况,为边坡稳定性分析提供资料,也为边坡地下水引排工程提供设计依据。

3. 总体原则

(1)全线调查,全面分析:在开展监测工作前收集全部公路边坡的勘察设计资料和周边环境资料,掌握区域地质和气象条件,总体上把握公路边坡的变形类型和变形特点。然后逐一针对每个边坡的地形地貌、地质构造、底层岩性、地质结构及水文地质资料,结合施工过程地质跟踪复核调查等资料,分段分析个性特点,合理制定监测方案,重点部位实现全部工点监测、常规路段按典型工点和控制路段合理布置代表性监测工点。

(2)科学监测,真实反馈:监测工作应具有计划性、监测方案应具有可行性、操作程序应具有规范性、监测技术应具有先进性、检测数据应具有真实性有效性、监测结论应具有客观性。

(3)动态跟踪,突出重点:加强现场调查巡视,动态跟踪,对重点工点、复杂工点及开挖过程中新揭示的不利工点有计划跟踪分析,及时补充监测措施。

4. 测点埋设

(1)地表位移降监测

水平位移监测桩应按照监测方案的位置布置,监测桩采用C25混凝土预制,埋置深度以地表以下不小于1.5m,桩顶露出地面的高度不应大于20cm。现场先平整场地,然后将观测桩打入预定深度,周边再回填夯实,桩周上部50cm用混凝土浇筑固定。在边桩顶部应预埋不易损坏的金属测头。此外,位移边桩应做好标记并编号。

(2)沉降监测

水准点应设在不受垂直向和水平向变形影响的坚固地基上或永久建筑物上,其位置应尽量满足观测时不转点的要求,每三个月用路线测设中设置的水准点对其校核一次。水准测量控制点尽量利用设计测设网的水准基点,确有困难时可按同等标准引出基准点。

(3)深部位移监测

深部位移监测先采用地质钻机钻孔，变形边坡可结合专项补勘同步实施。埋设时，应采用钻机导孔，导孔的垂直偏差率应不大于1.5%。测斜管底部应穿透潜在滑面以下进入稳定地层不少于3~5m，测斜管内纵向的十字导槽应润滑顺直，管端接口应密合。管内的十字导槽必须对准线路的纵横方向。测斜管高出地面50cm，并注意加盖保护。

(4)锚索(杆)应力监测

用来开展应力测试的锚索(杆)应预留足够长度，以保证安装测力计后能正常张拉锁定。安装时，应先清理好锚索(杆)和格梁承压面，然后安装测力计，再安装锁定锚具，最后安装千斤顶，安装千斤顶时要注意与测力计轻轻接触，否则容易冲击破坏测力计或影响其精度。要求测力计、锚具和千斤顶必须保持同心圆，否则容易造成各股钢绞线受力不均，测力计受剪，严重时还会酿成安全事故。

(5)裂缝观测

边坡裂缝一般多发生在边坡平台和坡顶后缘，并贯穿于坡面，部分分布在边坡体上结构层，地表位移监测或深部位移监测揭示坡体发生变形时，应加强人工巡视，一旦人工巡视发现裂缝后应及时埋设(1~2d内完成)裂缝观测装置。裂缝观测装置有传统型和自动化裂缝计，传统型观测装置是先在裂缝的两边稳定土体内开挖一个A4纸平面大小的洞约50cm深，之后用混凝土浇注至地面高度，用两块长方形铁片分别埋设在裂缝两边的混凝土内，并使这两块铁片在裂缝处互相搭接约50cm长，在搭接处用红油漆涂色。测点间沿裂缝的间距以20~30m为宜，其方向平行滑坡的主滑方向或边坡的位移方向(不一定垂直裂缝)。

(6)地下水位观测

地下水位观测可采用人工观测，也可采用自动化观测。当采用人工观测时，可利用深部位移监测孔同步实施；若采用自动水位计观测，则需单独设置测孔。

5.监测仪器、方法及频率

(1)地表位移降监测

地表位移一般采用全站仪进行观测，精度要求不能大于2″。全站仪的测量包括整平、设置模式、测量、存储数据、导出数据、分析计算等过程。公路边坡地表位移的观测频率见表5-1。

(2)沉降监测

沉降监测采用激光水准仪或数字水准仪进行，精度要求千米往返高差中误差≤3mm。其测试过程包括安置、粗平、瞄准、精平、读数、数据处理等过程。公路边坡沉降监测频率见表5-1。

(3)深部位移监测

深部位移监测采用测斜仪进行，目前工程实践中使用的仪器多为倾斜角精度0.01°，系统精度：±6mm/50个读数。监测时，将探头沿测斜管导槽底自下而上每隔0.5m或1.0m测读读数并提拉而上，直至孔口测读完各读数*AO*；然后再将探头取出旋转180°又放入管底，如上法测完各读数A180°之后以同样的方法测读与之垂直的另一组导槽*BO*及B180°读数。如此在获得该次监测A0、A180、B0、B180四组读数下，A0-A180为A组在每个部位的读数差，

B0-B180 为B 组在每个部位的读数差。将各位置的读数差与初始值相比较，可求得各位置 A 及 B 相对位移变化量，即其差数。然后按照标定曲线计算各测点从孔底累积到该位置的位移值，最后对同一位置两方向位移矢量合成，即求出该部位的位移量及位移方向。

公路边坡深部位移的监测频率见表 5-1。

(4)锚索(杆)应力监测

目前国内外最常用的是采用振弦式锚索测力计对索体在施工各阶段的应力水平进行监测，并对其工后预应力损失状态进行监控。振弦式锚索测力计的工作原理是当被测载荷作用在锚索测力计上，将引起弹性圆筒的变形并传递给振弦，转变成振弦应力的变化，从而改变振弦的振动频率。电磁线圈激振钢弦并测量其振动频率，频率信号经电缆传输至振弦式读数仪上，即可测读出频率值，从而计算出作用在锚索测力计的载荷值。为了减少不均匀和偏心受力影响，设计时锚索测力计的弹性圆筒周边内平均安装了三套振弦系统，测量时只要接上振弦读数仪就可直接读取三根振弦的频率平均值。

公路边坡锚索(杆)的监测频率见表 5-1。

(5)裂缝观测

裂缝观测根据裂缝规模、宽度分别选用不同测量设备，一般地表裂缝采用钢尺测量，结构物裂缝采用游标卡尺测量。裂缝监测主要测其变化量，当裂缝变化时，在搭接处两块铁板的红油漆涂色处就会产生一个变化量，用钢尺或游标卡尺测出这条缝隙的变化量，即为所测边坡裂缝变化的观测数据。公路边坡裂缝观测频率见表 5-2。

公路边坡各监测项目监测频率一览表　　表 5-2

监测时期		人工巡视	地表位移 地表沉降	深部位移 地下水位	锚索(杆)应力	裂　缝
正常	施工期	1 次/天	2 ~ 3 次/周	1 ~ 2 次/月	2 ~ 4 次/月	2 ~ 4 次/周
	施工结束 ~ 交工	1 次/周	1 ~ 2 次/周	1 次/(1 ~ 2)月	1 ~ 2 次/月	1 ~ 2 次/周
雨季	雨季期间	1 ~ 2 次/天	1 次/(1 ~ 2)天	2 ~ 4 次/月	1 ~ 2 次/周	1 次/天
	大、暴雨期及雨后 1 周内	2 次/天	1 ~ 2 次/天	1 ~ 2 次/周	2 次/周	2 次/天

注：坡体变形加速期间，在大暴雨基础上进一步适当加密监测频率。

6. 监测程序

公路边坡监测工作在执行国家、行业和地方现行标准、规范、规程、规定和设计文件要求的基础上，应与边坡现场动态信息紧密结合，加强沟通反馈，建立联动反应机制，以便监测信息及时应用、指导现场。公路边坡的标准化流程图见图 5-14。

7. 监测数据处理及成果整理

(1)数据分析

编制或利用监测软件，输入现场记录数据，建立监测资料数据库，并进行数据处理、分析，以图表的形式输出分析结果。

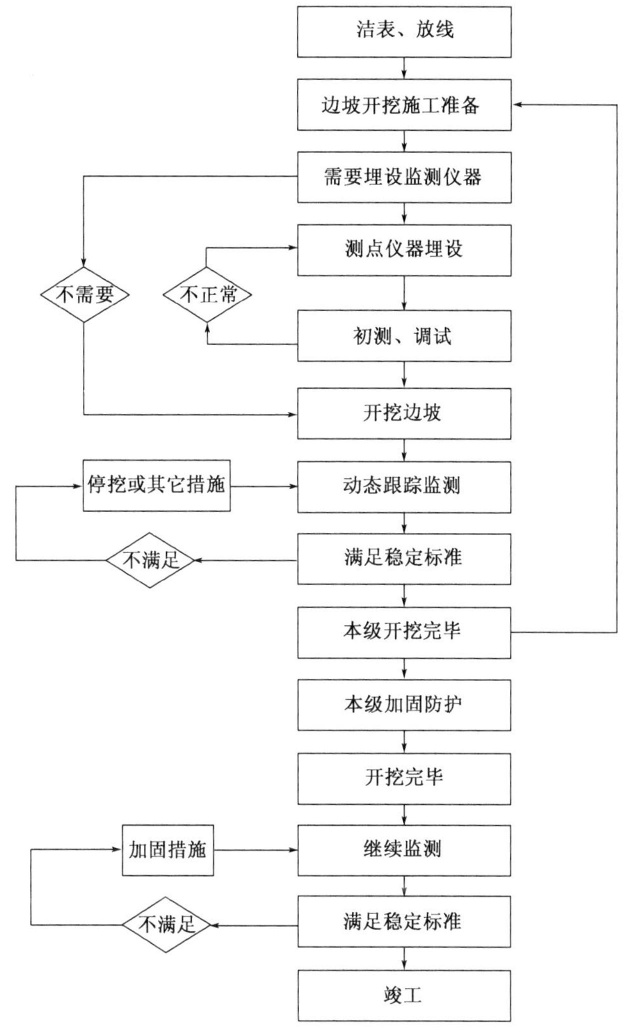

图 5-14　公路边坡监测流程图

(2)报告内容

根据分析结果,整理编制监测报告。每份监测报告包含如下内容:

①监测结果图表。

a. 地面变形(水平位移及沉降)—时间(施工过程)监测曲线;

b. 深部水平位移—时间(施工过程)监测曲线;

c. 锚索应力—时间(施工过程)曲线;

d. 锚杆(索)无损检测及抗拔检测成果表。

②分析说明。

a. 公路边坡的稳定状况;

b. 影响公路边坡变形的因素;

c. 边坡变形机理,滑动的位置、范围、趋势;

d. 锚索应力变化分析。

③综合分析加固工程措施的效果，提出建议措施。

④总结。

(3) 报告形式

①日报。

当有危险时，按流程要求向参加各方提交监控联系单或分析报告，并提出合理化建议。提交的报告在普通报告形式的基础上对监测结果进行精炼的总结，能够给相关单位最直接的信息。避免信息冗余含糊不清造成信息转达的延误。

②周报和月报。

将每周和每月监测工作的进展、仪器埋设、监测成果图表汇总及阶段性的结论、建议汇总，并按正规报告格式提交。

③专项报告。

异常情况或重点项目的专项分析报告。

④总报告。

监测工作结束后，应对整个监测工作进行总结，包括监测方案、监测过程、监测变更情况、监测成果、边坡评估及后续建议等内容。

二 公路边坡监测管理要点

1. 完善监测方案

公路边坡工程具有复杂多变性和不确定性，为了达到实用、高效、经济的原则，监测方案应结合区域地质、地层岩性工程性质和边坡工点实际情况，综合分析评估后进行制定，并在边坡施工过程中适时动态优化完善。

(1) 重要工点逐坡监测。

地质条件复杂(如顺层、不利软弱结构面、煤系地层、岩溶发育区等)、工点规模高大、周边有桥梁、隧道、村庄、电线塔等重要设施、边坡变形破坏易迅速发展规模快速扩大等工点，应对每个工点进行监测。

(2) 次重要工点在地形地质单元按区间选择代表性工点进行监测。

地质条件相对简单、工点规模不大、变形危害性不高的次重要工点，先根据岩性类别进行地质分区，然后再根据里程桩号进行分段，分别在每区每段内选择 1 个典型代表性工点进行监测。

(3) 加强现场跟踪，根据实际需要动态调整。

监测期间加强现场跟踪调查，包括公路高边坡地层岩性、结构面产状、地下水发育状况、排水设施、防护加固跟进情况等，对明显不合理的地方及时提出改进建议。并根据调查情况合理分析评估，对存在较大安全隐患的边坡应及时建议业主进行合理监测。

(4) 重要工点监测点必须能有效全面掌控边坡变形，横断面与纵断面相结合形成监测网。

边坡地质条件、坡高坡长规模、周边环境等因素采取 1 个或 2 个深部位移监测断面加 1 ~ 3 条纵向水平位移监测断面，并根据实际情况重要部位设置应力监测点，形成综合监测体系。深部位移为 1 个断面时，可布置 2 个或 3 个监测孔，深部位移为 2 个监测断面时，主断面布置 3 ~ 4 个监测孔，辅助断面布置 2 个监测孔。

(5)常规工点重点采用表面形变监测方法，即地表位移沉降观测，并根据地质条件分类和区间分布等因素适当选择 3 ~ 5 个边坡进行深部位移监测，每个边坡布置 1 个监测断面、2 个监测深孔。

2. 监测点保护

监测仪器的完好性对监测工作十分重要，必须采取有效措施对现场所埋设的仪器与测点进行保护，对损坏观测点，在监理确认下进行及时修复，并做好修复记录，采取以下保护和恢复措施。

(1)在各监测断面及监测点处竖立标示牌，在标杆上作醒目的警示，尽量减少外露测杆数量，外露沉降标杆用套管加以保护，标杆露出路基面高度不大于 50cm。

(2)做好施工期间现场指挥管理工作，避免仪器或测点破坏，对于坡面测点的损坏应在 2d 内修复，对测斜管及锚力计损坏应及时通知第三方并尽快进行恢复和复测工作，确保监测数据的连续性和有效性。

(3)测斜管按照埋设要点要求精确定位，锚索施工中应保证钻孔方向，避免钻孔时破坏测斜管。

(4)路基填筑时，沉降套管四周用人工夯实，避免机械对沉降套管的碰撞破坏。

3. 加强监测过程管控

(1)规范监测工作实施技术线路，提前做好技术培训和交底工作，确保监测人员的技术素质和工作能力。工程实践中监测工作技术线路图见图 5-15。

(2)为确保监测数据的正确性，监测单位应做好现场技术监督工作，具体为：现场监测工作采用专用的表格记录数据，保留原始资料，并按要求签字、计算、复核。监测固定观测人员、路线和观测方式。首次进行观测，一般取 2 ~ 3 次平均值作为初始值。

(3)外业复核，在进行外业数据采集时要求主测人和记录人相互念一次读数和记录数据，进行地表位移数据采集时要携带上次测量数据对照点位数据完成观测。

(4)内业复核，凡有计算数据的过程需要两人各演算一次，保留演算过程，结果一致后方可进行数据统计处理。

4. 进度保证措施

(1)确保监测人员到位，并根据现场生产需要在高峰期增加人员投入。

(2)确保监测仪器设备配备齐全，并做好仪器设备的计量标定和日常保养工作。

(3)确保交通工具的性能和出勤率，做好安全检查和日常维护工作。

(4)确保现场办公条件和监测人员的福利、安全设施，充分调动监测人员的工作积极性，提高工作效率。

(5)提前制定工作监测工作计划,并在现场跟踪落实;一旦进度滞后,立即采取有效措施进行弥补。

(6)积极主动,加快现场问题的处理效率。

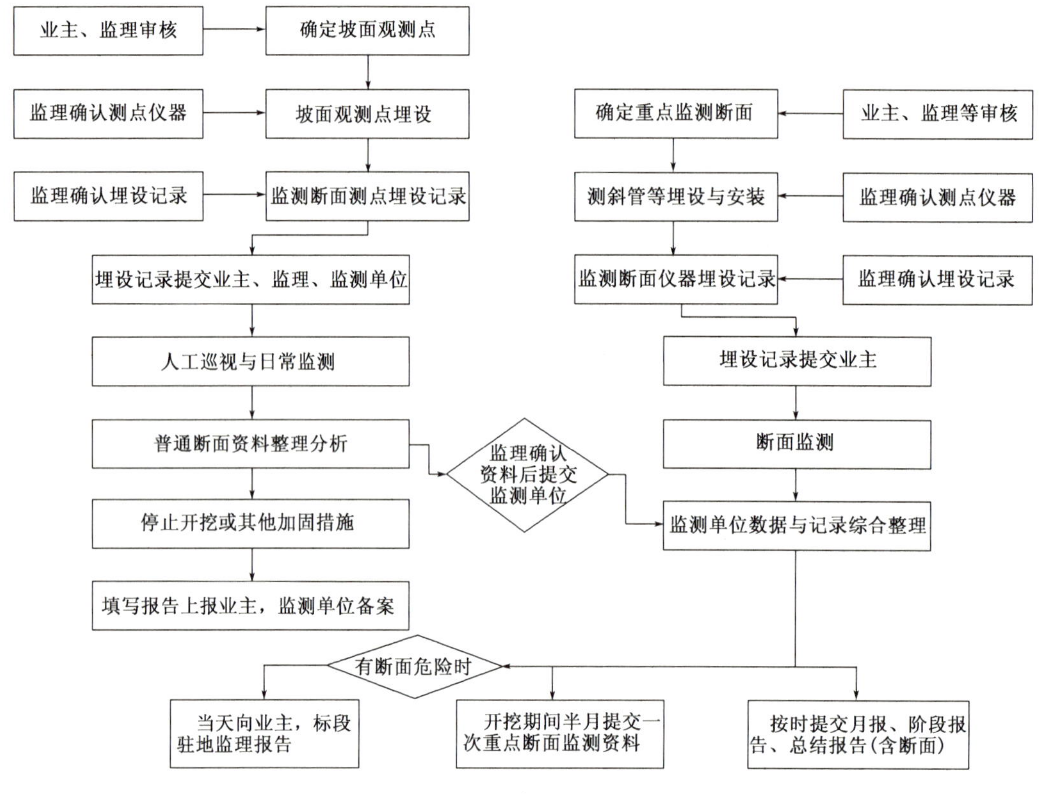

图 5-15　公路边坡监测技术线路图

5. 质量保证措施

(1)建立质量管理机构,加强公司技术支持与监管、审核力度。

(2)完善质量检查与保证体系,落实质量责任到相关责任人。

(3)量化质量考核指标,细化质量考核奖惩制度,不断提高监测质量水平。

(4)保护现场监测设施。

(5)固定监测人员,所有进场人员原则上不得随意更换,有事离开时必须向监理请假。

(6)选用精度较高、性能优良的监测仪器设备。

(7)加强现场监测的相互复核工作,避免人为错误或误差。

(8)及时整理监测成果,保持原始数据完整,当天测量数据当天整理。

6. 紧急情况的应急监测措施

(1)出现溜塌体的监测。边坡出现溜塌体或有迹象表面某段边坡可能出现溜塌体时,立即在溜塌边界布置水平与垂直位移监测点,监测点布置的间距不大于15m。

（2）边坡监测应急方案。暴雨、地震等严重影响边坡稳定性的因素发生后，立即组织监测，并将监测结果尽快编制报告上报业主。

（3）监测发现边坡出现严重变形时，立即加密观测频率，以保证及时发现软土路基及高边坡的变形状态。

（4）雨季或施工刷方时，每日对边坡进行巡查，及时发现软土路基及高边坡出现的变形迹象。

第四节　公路边坡施工期频发问题及常用对策

公路边坡施工期间，往往由于地质条件较差、临时稳定性不足、外界干扰影响以及设计方案缺陷或施工管理不当等原因，频频引发边坡发生变形病害，不但耽误工期，增大投资，而且对施工人员、机械设备构成极大威胁，因此，需要对公路边坡施工期的频发问题进行总结归纳，分析共性原因，找出内在机理，并制定有效防控措施。

公路边坡施工期典型病害，从诱发机理上来分，可分为三类，一是内在机理，如地质条件不利坡体稳定，顺倾结构面发育，构造作用强烈，岩层破碎，岩性软弱，地下水发育等。二是外界干扰，如地震、大气集中强降雨等。三是人为作用，包括设计缺陷和施工管理两个方面，前者主要有边坡过程稳定性不足、措施偏弱和处治范围不足等；后者则比较多，如边坡开挖与防护加固措施衔接不当，超前开挖，防护加固滞后；施工工艺不当，超规格爆破、排水设施缺失或不顺畅、坡顶乱堆乱放、坡脚掏土开挖等；施工质量问题，如长度、深度或强度不足、偷工减料、不按标准控制等。

下面，对工程实践中常见的典型频发病害分别进行阐述。

一　水害

公路边坡的水害机理就是表水形成坡面洪流冲刷坡面，造成浅表破坏，或者直接下渗，抬高坡体地下水位，软化坡体或结构面上岩土体力学指标，降低其强度，并且增大坡体静水压力和动水压力，降低坡体稳定性，当突破临界平衡后诱发边坡变形失稳。地下水的补给主要有以下几种途径：

第一种是受大气降雨影响，边坡场区汇水区域内表水在地表漫流过程中下渗补给，这也是最主要的一种补给方式。自然坡度越陡，下渗量越小，反之，平缓地形易导致大量表水下渗进入坡体。

第二种是构造裂隙水补给。当边坡场区发育较大规模断裂带或褶皱带等构造带时，由于构造带地下水补给范围大，尽管边坡附近未发生降雨，但仍有可能其他地方进行补给，也会显著增加地下水位。

第三种是岩溶水补给。由于岩溶复杂多变，连通形态千变万化，在岩溶发育区域，地下水的补给大量来自岩溶水，其特点是流量大，瞬时急剧抬高地下水位，但一般消散也比较快，当地下水通道不发育时，会迟滞地下水的排泄，影响边坡的稳定。

第四种是上游河流、湖泊、水库等固定水源下渗补给。当边坡场区上游分布有河流、湖泊、水库、水池等储水结构时，若发育有小构造带或岩层破碎、裂隙发育或岩土体较松散时，均将构成固定水源补给坡体地下水。该类补给受储水结构水位影响特征明显，一般枯水时补给量小，丰水时地下水补给量显著增大。

对于公路边坡施工期水害的防治对策，分为主动截排和被动引排两种方式。主动截排主要是由堑顶截水沟、平台排水沟、坡面急流槽和坡脚路基边沟构成的地表排水系统，以及渗沟、仰斜排水孔等形成的地下水排泄系统。被动引排则主要是针对地下水补给丰沛、地下水位高的边坡，在地下水集中汇集区域或集中渗出部位布设仰斜排水孔、集水井甚至泄水隧洞，并采取必要的辅助措施引排至地表排水系统。具体实施时，应注意以下重点环节。

(1)先截水，后开挖。边坡清表并复核测量无误后，在边坡开挖之前，应先实施坡顶截水沟，两端要顺畅排至边坡范围以外的自然沟谷，然后开挖顶级边坡。当边坡中部分布有沟谷时，应在单级边坡开挖完成后立即实施急流槽，并与平台排水沟顺畅连接。

(2)边坡每开挖完一级后，应及时开挖临时排水沟，并有效延伸至边坡范围以外。原则上，公路边坡施工严格遵循规范和设计要求，对于地质条件较差、边坡变形风险较高的边坡，应严格执行开挖一级、防护加固一级，当地质条件简单、边坡开挖后自稳性较好的边坡，开挖可酌情适当超前。每级边坡开挖完成后，应与边坡开挖同步对平台坡脚部位开挖临时排水沟，两侧与坡侧截水沟连接，保证顺畅排水。

(3)开挖完成的坡面应及时防护封闭。边坡开挖完成后，应立即跟进防护加固施工，不但可实现对坡体的及时支挡加固，还能防止坡面冲刷、减小表水下渗、减缓坡表岩层风化作用，有利于坡体稳定。对于地质条件极其复杂或开挖过程中极易发生变形失稳的边坡，还应严格按照设计要求分段半级开挖、及时实施支挡加固措施，此种情况下，更应在开挖过渡坡脚实施临时排水系统，以防边坡底部积水，软化坡脚，影响边坡稳定性。

(4)边坡开挖过程中发现泉眼连续分布、裂隙水集中渗出或局部区域土体饱水时，证明该边坡地下水发育，且存在地下水富集带，对边坡稳定性极为不利。若设计地下水引排措施不足或针对性不强时，应及时反馈至建设单位和设计单位，及时增设地下水引排措施，并复核设计措施是否满足要求。

(5)雨季期间坡体变形后应及时夯填裂缝、覆盖坡面。施工过程中，当边坡发生局部滑塌或开裂变形时，鉴于华南地区经常降雨，为防止表水下渗恶化边坡稳定条件，应及时采用黏土夯填裂缝，必要时可在夯填后的裂缝表面覆盖水泥砂浆，当裂缝宽度较大或伴随明显下错时，还应在裂缝上游实施临时截水沟，并抓紧实施永久截水沟。对已经发生滑塌的坡面，应采用彩条布或土工布覆盖，检查周边排水系统是否完善，确保有效引排地表水。

(6)平台和坡脚严禁积水。边坡平台和坡脚是应力集中区域，也是坡体稳定性的敏感区域，尤其是软岩地层，一旦平台或坡脚积水浸泡，将对该区域岩土体产生软化作用，降低强度，增大压缩性，极易诱发边坡发生溃屈型变形破坏。为此，施工期间，务必加强平台和坡脚疏排水措施，杜绝平台和坡脚积水现象。

(7)堑顶中间区段存在凹槽地形时，应在坡面对应凹槽中心位置设置急流槽，并且上级坡面急流槽未施作完毕，下级坡面不得开挖。急流槽断面应满足洪峰排泄要求，且与每级平台边沟顺畅连接，若边坡坡率较陡，还应在急流槽底部设置跌水结构。否则边坡中部凹槽汇水区域集中的表水将漫流至整个坡面，不但影响边坡稳定性，也对施工现场产生诸多不利，甚至危及施工人员、设备及材料安全。

二 易滑地层识别与对策（堆积体、煤系地层、高液限土、构造带、顺层）

公路边坡易滑地层种类较多，诱发边坡变形的机理也不尽相同，规模差异也较大。总的来说，从地质结构上区分，大致可分为三类：一是黏土岩，如泥岩、页岩、千枚岩、板岩、大理岩、泥灰岩、炭质页岩、炭质灰岩等，属于软岩～极软岩，亲水性强，受水作用后，易发生软化、水化作用，强度降低幅度较大；二是风化物，包括所有岩性的残积层、全风化层和软岩的强风化层，共性典型特点就是强度低，其中受母岩岩性、所处位置、地下水作用程度等影响，又有较大差异，如石英砂岩、中粗粒花岗岩风化产物强度较高，边坡自稳性也较高，而灰岩、凝灰岩、泥质砂岩、片岩等风化物降低很低；三是地质构造作用，又可细分为区域断裂带、大型褶皱带轴部等区域构造，小型次生构造带对坡体的不利切割，岩层顺层和不利结构面组合等四种种类。这三种类型在工程实践中大多是同步出现的，也造成边坡的变形机理多因素、复杂化，应针对实际情况，区分各自影响程度，按主要因素控制边坡分析计算和措施设计，否则容易造成偏差，影响设计精度，甚至导致设计不足而失效。

基于上述三种类型的叠合作用，在工程实践中极易诱发边坡大规模变形的常见的易滑地层有堆积体、错落体、煤系地层、高液限土和大规模构造带、顺层等。有关其作用机理在第二章中已阐述，此处不再赘述，下面结合当前的研究和实践成果，主要就工程实践中的技术要点工作，包括识别和对策，提出几点实用策略。

（1）堆积体。堆积体的成因主要有坡积、冲积、洪积、崩积以及崩坡积、坡洪积、冲洪积等，一般多具有结构松散、成分复杂、多期多层、地下水丰富、强度较低等特点，并在分层界面上形成连续或透镜体状的泥质夹层，属于不良地质。位于堆积体上的公路边坡，一般稳定性都较差，而且边坡一旦发生变形，将快速牵引发展，因此应引起足够的重视，提前做好必要的防范与处治工作。

堆积体可以从发育位置、地表形态、物质成分和地下水四个方面的典型特征予以识别。一般堆积体多发育于山前坡麓、沟谷宽缓地带，有时在山地、丘陵封闭洼地也有分布。堆积体多呈舒缓、扇状缓坡地形，受成因和后期改造影响，差异较大，沟谷宽缓地带或沟口冲积、洪积、冲洪积堆积体，多呈扇形分布；崩积多以三角锥形态分布；坡积、崩坡积、坡洪积多依附下伏原状地层，整体上呈连续缓坡或台阶缓坡分布；堆积体下游延伸至河谷的，还有明显的舌状突出地形。堆积体是自然岩体经风化剥落、剥蚀或受表水冲刷形成的散体材料，受重力作用或水流搬运后，在动能消散区域减缓及至静止堆积下来形成的，其物质成分主要为碎石土，间夹块石和有机物；在运动方向上多具有层选特性，上游颗粒较下游颗粒粗，在剖面上可见明显分层特征；块体材料还具有明显翻转、搬运特征，部分颗粒材料呈次棱角状；各层之间多见泥质夹层，厚薄不一，近似呈波浪形或水平状延伸。除崩积成因以外，其余堆积体一般地下水较丰富，在堆积体中部或前缘分布有泉眼。

堆积体对工程的影响除了受自身范围、规模和工程性质影响外,还与工程结构、相对位置、工程规模等有关。总体上,小型堆积体对工程影响有限,对于大型堆积体,堆积体前缘堆填路堤、后缘开挖公路边坡改善了其稳定条件;反之,在堆积体前缘开挖公路边坡、后缘堆填路堤则会恶化其稳定条件;另外,边坡高度也决定了对堆积体的影响程度。为此,公路边坡建设过程中,可参照以下几条原则制定相应对策。

一是基本原则。凡在大型及巨型堆积体范围以内修建公路边坡时,首先应尽可能降低边坡高度,减少开挖量;其次还应加强地下水的排泄措施;最后是加强坡脚加固措施,如坡脚挡墙、坡脚刚花管注浆等。

二是根据堆积体规模区分对待。当堆积体规模较小时,可采取全部挖除、主体挖除或适当挖除与合理加固相结合的处理方法,视现场具体情况确定。当堆积体规模较大或巨大时,因处于施工期,绝大多数很难通过线位调整来绕避,只能采取工程措施加以处理。此时应通过必要的勘察工作,摸清堆积体范围、厚度和变化特征,合理选取支挡加固措施,如厚度为中等厚度、下伏强~中风化基岩埋深不大时,可比选抗滑桩、微型桩、锚固工程;当厚度为厚层或巨厚层或者下伏强~中风化基岩埋深较深时,则主要采取抗滑桩处治,且在桩位适当小规模开挖以减小桩长,开挖后应验算潜在变形体在桩顶越顶的可能性。另外,大型堆积体底面坡度较大时,应采取分段处治措施,如双排抗滑桩或抗滑桩与锚固工程相结合。

三是根据边坡与堆积体的相对位置关系,区别对待。公路在大型堆积体的不同位置修建,对堆积体稳定性的影响程度不一样,故处治措施相差较大。当公路在堆积体中上部开挖时,可比选三种处治思路:一是坡顶开挖线在堆积体范围以外,在堆积体范围内设置缓坡、宽平台,充分提高工程边坡自身稳定程度,再根据开挖后的坡形坡率计算其稳定性,合理支挡加固;二是开挖线在堆积体范围以内,以缓坡为主,适当位置设置宽平台,尽量提高工程边坡自身稳定程度,然后支挡加固;三是在堆积体范围内小规模适当开挖,以支挡加固措施为主。当公路边坡在堆积体中下部通过时,应尽量减小开挖量,多以1:1.0~1:1.25坡率(设置抗滑桩的坡级可根据需要进一步收陡坡率)开挖,配合抗滑桩、微型桩、预应力锚索等支挡加固工程处治,对于临时稳定性难以满足要求的,还应采取预加固措施,先加固后开挖。

四是根据堆积体的成因,制定不同对策。对于冲击、洪积、冲洪积形成的堆积体,由于其形成动力是水的搬运,一般地下水丰富,公路边坡主要采取地下水排泄和支挡工程为主,尽量少用锚固工程。对于崩积、崩坡积堆积体,主要是重力作用形成,岩土体扰动程度较小,堆积体稳定性偏于利好,可优先考虑微型桩与锚固工程相结合的处治措施。对于坡积、坡洪积堆积体,既有重力作用,也有水力搬运,工程性质介于前述两者之间,可视具体情况比选坡形坡率为主还是支挡加固为主的综合处治措施。

五是根据堆积体的物质成分,有效制定策略。堆积体均为岩土体经过运动后重新堆积而成,物质成分复杂,结构松散,但是不同成因的堆积体物质成分差异也较大。对于以松散碎石土为主的松散堆积体,以缓坡、坡体下部注浆固结和适度支挡加固为主;对于以粉质黏土为主的堆积体,一般成分不均,机理复杂,应根据现场实际情况和地质条件,综合比选,合理制定对策,多偏重于微型桩、抗滑桩等支挡措施,还应根据地下水的影响程度,合理设置地下水排泄措施,如渗沟、仰斜排水孔、集水井甚至泄水隧洞等;对于以岩块为主的堆积体,则应采取原地固结、挡墙、桩跺等支挡措施与坡面主动防护网或被动防护网相结合的措施。

最后一条就是在堆积体上进行公路边坡施工时，务必加强边坡巡视与监测工作，一旦发现边坡发生变形，应立即采取有效抑制变形发展的应急措施，否则变形将会在短期内快速牵引发展。常用应急措施包括坡脚反压、坡体变形范围以外截排水、坡体排水，堆积体上应谨慎刷方减载。

(2)错落体。错落体的识别需要一定的专业基础，在地表形态、物质成分上具有一定的典型特征：一是后部有明显下错台阶，多为数米至数十米，上部陡坎基岩裸露或浅表风化覆盖层很薄，台阶表层分布有松散堆积物；二是台阶向两侧延伸至沟槽地带，沟槽多呈直线型，沟口与坡脚河谷连通；三是坡脚向河谷呈舌状突出，且坡脚分布有松散堆积岩块。错落体上一般地下水不太发育，多为表水下渗后短时内渗出，具有季节性特征。由于错落体地层岩性层序基本没改变，因此在边坡开挖过程中很难及时发现、识别，应在清表后的地形复核、地质调查期加强排查工作，并提出疑点，在边坡施工过程中加强复核，如岩层裂隙张开程度、裂隙面新鲜程度、过水痕迹、结构面或软弱夹层表面有无擦痕、风化土层有无早期裂隙(后期充填，颜色明显不一致)等现象。

公路边坡在错落体下部开挖，也极容易诱发错落体大规模失稳。在边坡施工过程中，一旦在疑似错落体上发生变形，应及时采取有效处理措施，包括应急措施和根治措施。应急措施是坡脚反压、错落台阶处开始刷方减载、坡顶截排水、坡面封闭、裂缝夯填，并视地下水发育情况确定是否实施仰斜排水孔等。处治措施应结合错落体规模，首选刷方减载，然后采用抗滑桩、微型桩、锚固过程或注浆固结过程等；当错落体规模过大时，应合理刷方，分级治理。

(3)煤系地层。煤系地层属于极软岩，工程性质极差，尤其煤炭、炭质页岩、炭质泥岩工程性质极差，边坡开挖过程中往往因临时稳定性不足而导致边坡开裂变形。由于华南地区煤系地层分布极不规律，大多呈鸡窝状或线状分布，地质勘察容易存在偏差，因此，在边坡开挖过程中务必加强跟踪，及时反馈，快速制定措施并立即实施。煤系地层显著特点就是边坡开挖后，坡面出现黑褐色物质，手搓后掌面污染呈黑色，多伴光泽镜面，富水潮湿。边坡开挖一旦揭示煤系地层，应及时反馈至建设方和设计单位，若原设计未揭示有煤系地层，则宜停止开挖，待设计专业人员现场复核并提出技术要求或变更意见后，方可按设计要求施工。

煤系地层务必严格执行开挖一级、防护加固一级，若炭质页岩、炭质泥岩、煤炭层连续呈厚层分布时，还应对单级边坡分段分步开挖，及时跟进支挡加固措施，待工程发挥效果后再进行下一步开挖工作，必要时应采取预加固措施，先加固，后开挖，尽量保持边坡稳定。煤系地层边坡施工期间，应布设地表位移监测点，规模较大时还应设置深部位移监测孔，且设专人每天不少于一次的坡面及周围巡视。万一施工期边坡发生开裂变形，应在以设计院和建设方为主的参加各方共同现场调查后，根据变形规模、特点合理选用处治方案：若变形一次性范围较大或发展速度较快时，应立即采取回填反压、裂缝夯填、截排水和坡面封闭等应急处理；若煤系地层零星分布且仅发生局部变形时，可结合放缓边坡对变形体适当清除后采用钢锚管注浆、锚杆或预应力锚索、挡墙、护面墙等措施；对于根治工程，则建议有条件时尽量设置为矮坡级、缓坡率、宽平台的坡形坡率，然后首先抗滑桩、微型桩、钢锚管、抗滑挡墙等支挡措施，下伏强~中风化基岩面不深或者煤系地层规模不大时，也可采用锚索、锚杆等锚固工程。

(4)高液限土。高液限土的特点为含水量高、强度低、稳定性差，多具有弱膨胀性。当现场边坡开挖后，若发现风化土层大面积呈潮湿状态，或坡面短时间内出现大量龟裂纹时，应引起高度重视，及时反馈至建设单位和业主，并立即取原状土进行试验。一旦确认为高液限土后，还应开展专项补勘，摸清高液限土分布范围和厚度，在此基础上制定应对措施。

高液限土的边坡处治对策，主要根据其分布规模和厚度，结合现场实际条件，比选坡率法和加固法：坡率法就是降低每级坡级高度至6～8m，坡率1：1.5～1：2.0，每隔2～4级设置一道宽平台，然后在中下部坡面设置支撑渗沟，坡脚设置坡脚挡墙，坡面辅以必要的防护加固措施；加固法则适用于地形限制（如坡顶上方延绵较长或上部依附有高陡山体等）或高液限土呈厚层分布（多超过30m）条件，多以埋入式抗滑桩为主，结合必要的地下水引排措施。

高液限土边坡首先必须做好地表水截排工作，然后逐级开挖、逐级防护加固，严禁坡脚积水。施工期间必须加强坡面和周边巡视及必要的变形监测工作。

（5）大规模构造带。构造带包括断层或褶皱，因褶皱现场容易识别，不再赘述，主要针对大规模断裂带的辨别技巧和应对策略开展。由于大规模断裂带可能覆盖整个边坡范围，因此现场开挖坡面不一定能找到断层面，为此，需要掌握断裂带的几个典型特征。一是颜色，通常情况下断裂带因动力变质和高温变质作用，颜色多呈深色，如褐色、黑色、黑褐色等；二是物质成分，大规模断裂带内分布有构造角砾岩或糜棱岩，部分碎石呈次棱角状，岩体极破碎，节理面延伸长度不大，杂乱分布，多呈土夹石或碎石土状，结构较松散；三是地下水均较发育，断裂带内岩土体多为饱水或潮湿状，渗水现象较突出；四是构造镜面发育，在主裂隙面或连续软弱夹层部位，往往容易发现光滑镜面，并分布有擦痕。

大规模构造带的工程特性就是岩体极其破碎，风化程度较高，地下水丰富，且发育有变质易滑物质的软弱面，如高岭石、绿泥石、滑石等，因此边坡开挖后极易发生变形失稳病害。边坡施工期间开挖坡面具有前述特征时，因引起高度重视，及时反馈至建设单位和设计单位，尽快开展针对性处治措施。构造带的处治措施也是坡率法和支挡加固法，可视具体情况合理选用。

（6）顺层边坡。顺层边坡主要指沉积岩，变质岩和火成岩的大规模顺坡向贯通发育裂隙面也可近似当做顺层边坡。顺层边坡现场容易识别，边坡开挖过程中，层面倾向坡外，且在线路纵向上连续分布时，即为顺层边坡。顺层边坡采用坡率法时，坡面坡率应不陡于层面倾角，而且当岩层为薄层～中厚层时，还应在坡面设置锚杆加固；若不具备坡率法时，应尽量减少边坡开挖量，宜采用重型支挡加固措施，必要时应结合适当预加固措施。

边坡施工过程中，一旦发现为顺层边坡，立即反馈至建设单位和设计单位，设计单位应派专业技术人员全程跟踪指导，根据层面岩土物理力学指标和倾角变化等信息，适时动态调整方案，及时施作。顺层边坡必须严格执行开挖一级、加固一级，严禁大开挖、坡脚掏土等不当工艺。

三 处治范围不足

由于目前公路高边坡的一坡一图设计多按典型主断面整体稳定性进行分析计算，然后向两侧坡面延伸，视边坡高度按工程类比确定工程布置区域。这种方法多依赖设计人员技术素质和实践经验，对现场风化程度差异、岩性变化、坡顶条件均没有充分考虑，容易造成三类隐患：第一种是支挡加固措施布置范围向边坡两端延伸不足或两端工程措施不当，边坡主体没有变形而两端发生变形失稳；第二种就是设计计算只考虑边坡整体稳定性，没有考虑局部稳定性，导致边坡局部失稳并牵引发展影响周边支挡加固工程；第三种就是只考虑最终状态边坡稳定性，没有复核边坡施工过程中因支挡加固措施滞后引起的临时稳定性。

对于因边坡处治范围不足而引发的边坡变形或潜在变形病害，根源在于设计质量。因此，应从加强设计工作管理、提升设计专业化水平和全面性作为主导措施，施工方现场信息收集反馈进行配合，一方面是在设计阶段在边坡两端布设勘察断面，除了对典型主断面进行最终整体计算外，还应对施工过程的最危险状态进行复核计算，并且还需对两端地质断面进行分析计算，分段设计，综合协调整体连贯性。另一方面则应结合动态设计，及时对边坡周边区域进行地质复核，动态完善设计。为了有效贯彻执行，建议将边坡周边区域及施工过程的稳定性复核计算作为边坡设计内容之一，切实起到公路边坡全面设计的目的。

四 处治深度不足

公路边坡工程处治措施深度不足，也是工程中边坡变形失稳的主要诱因之一。引起边坡处治措施深度不足的原因有多个方面，主要的有：一是边坡地质条件复杂多变，勘察断面代表性不足，如灰岩基岩面起伏剧烈，控制边坡稳定性的岩层结构面产状发生变化，花岗岩差异风化严重，构造带或岩性接触带区域风化加剧等，均将造成设计深度存在偏差；二是边坡变形机理分析不全，选用设计控制滑面存在偏差，或者对现场环境条件下地层岩性工程性质特点把握不当，如坡体存在多层软弱面且风化程度较高时，将存在多层滑动剪出可能，如何选择最不利潜在滑面就是关键工作，又如泥岩、泥灰岩、页岩和煤系地层、高液限土边坡，因边坡建设改变了地下水储存与排泄方式，有可能导致坡体地下水位抬高，对岩层形成软化、水化等不利作用，导致滑面下切，加大坡体变形厚度；三是人为原因，未达到设计意图。

因工程措施处治深度不足引发的边坡变形一般具有滞后性、渐进性的特点，而且在工程结构上也会反映变形特征。对于该类问题，首先需要加强边坡开挖过程中的地质复核、动态设计工作，包括施工过程中的异常现象，如破碎带、软夹层、富水带等的揭示情况，确保变更设计与实际地质条件匹配；其次需要加强坡面及周边日常巡查工作，及早发现变形迹象，及时采取补救措施；第三是加强变更会审工作，多方参与，必要时组织评审会，集思广益，提高动态设计的针对性和整体质量；第四是加强现场管理，确保严格按照现行规范和设计资料的要求实施；第五是对于重点难点边坡，可适当设置一定数量的变形监测和质量检测措施，达到对坡体不利变形的预测预判，并有助于工程效果的评估。

五 施工工序或工艺不正确

公路边坡的施工工艺不当或工序衔接不适，是工程实践中边坡变形比较常见的诱因，如爆破当量过大、截排水系统滞后或不完善、边坡开挖超前而防护加固工作滞后以及特殊复杂区段未严格分段分步施工等。该类问题主因还是工程管理和技术素质，事前技术培训与交底为落实到实处，风险危机未传导压实到作业层；过程中监督管理不严格或疏忽，对现场无序施工、不当施工未能及时制止并有效纠正；技术人员专业素质不高，难以结合现场实际情况科学预测预判潜在风险，未意识到问题后果的严重性；现场施作班组规范作业意识不强，只图自身眼前经济效益，不顾安全风险，不讲整体效益。

对于该类问题，对策的根源在于人，提升人员专业素质，加强参建人员责任意识，强化制度管理、过程监督，总体上严格遵循"地质主导、环境复核、科学评估、各司其责、按图施工、规范操作"的原则，实践中进行分类指导落实，尤其是抓好关键工序的控制管理。

第一是爆破开挖，严格控制爆破炸药用量，其计算公式为(5-1)：

$$Q = q \times V \tag{5-1}$$

式中：Q——石方爆破炸药量(kg)；

q——炸药单耗(kg/m^3)；

V——单次计划爆破石方体积(m^3)。

其中，炸药单耗 q 与地层岩性、风化程度、岩层裂隙发育程度、爆破方法等因素有关，需结合现场实际条件和地区经验确定。

爆破震动速度的计算方法见式(5-2)：

$$v = k\left(\frac{\sqrt[3]{Q}}{R}\right)^{\alpha} \tag{5-2}$$

式中：v——石方爆破引起的测点峰值震动速度(cm/s)；

R——测点与爆破中心的距离(m)；

k——与地质条件、爆破方法等因素有关的参数；

α——与地质条件有关的地震波衰减系数。

由此可看出，单次爆破方量越大，炸药用量也越大，产生的爆破峰值震动速度也越大，对坡体的不利作用也越强。工程实践中应基于边坡稳定性的要求，结合地区经验，综合确定爆破炸药用量并严格控制上限。

第二是严格落实"治坡先治水"理念，加强现场地表水截排系统的实施与完善，开挖前先截水，开挖过程中同步实施排水系统，尽量降低水对边坡稳定性的影响。

第三是边坡开挖与坡面防护加固的进度匹配，原则上严格执行设计要求，分级开挖、分级防护加固，上级边坡防护加固未发挥效果前，不能开挖下级边坡。对于地质条件简单、边坡稳定程度较高的，可在充分复核计算的前提下适当超强开挖一至两级，但坡体下部尤其是一级边坡应严格控制超前开挖。另外，对于地质条件极差的边坡，务必严格执行分段分布开挖、立即跟进支挡加固措施的技术控制要求。

第四是大型支挡加固工程，提前做好施工组织设计，尽量提高标准化、工厂化、流程化，缩短施工时间，尽早发挥工程效果。

第五是对于控制性边坡工程，当大量采用锚固工程时，一方面尽量推广格梁预制构件拼装化工艺，另一方面可适当结合预张拉措施，在保证边坡稳定安全的前提下加快工程建设进度。

六 工程质量缺陷

公路边坡工程施工质量是贯彻设计意图、保障边坡稳定安全的基本因素。因工程质量缺陷而引发的边坡破坏大量存在,因此加强边坡施工质量管理是保证边坡稳定的关键。质量问题主要是因人而起的问题,也包括材料质量、操作质量、控制标准等,涉及质量管理制度、质量保障措施以及质量检测、处理和补救措施多方面,主要通过强化责任意识、加强现场过程监督管理、严格从严从重及时处理质量问题等手段予以控制甚至杜绝质量问题、提高工程质量水平,可参考有关标准、规范要求执行。

Chapter 第六章 06

公路路堑边坡信息自动化监测技术

当前科技进步日新月异,基于卫星通信技术、物联网、云平台、大数据和各种元器件的快速发展,基础建设自动化信息系统也得到了快速发展,各种监测系统、检测系统、智能管理系统不断研发,并在一定范围内得到应用。本章收集与整理了部分成熟的前沿信息技术,供大家参考使用。

第一节　公路边坡信息自动化基本原理

公路边坡信息化与自动化是两个概念,收集信息与利用信息是目前大数据时代的紧迫要求,如何能够在公路边坡中应用信息化、做到自动化监测与分析,是公路人矢志不渝的追求。变形监测最终的目的是分析变形体的形变规律,并进行科学的预报,避免灾害事故的发生。公路边坡信息自动化技术目前多为监测领域,根据监测原理总体上可分为坐标监测体系和传感器监测体系,下面对其基本工作原理进行介绍。

一　坐标监测体系

坐标监测技术就是指通过必要的监测设备获取监测点的绝对或相对坐标,根据监测点坐标随时间变化而发生的改变量。当前市场上技术较成熟的坐标自动化监测技术主要是美国的GPS卫星监测体系和我国的北斗卫星监测体系。

1. GPS 系统

GPS(Global Positioning System, 全球定位系统)是20世纪70年代由美国陆、海、空三军联合研制的新一代空间卫星导航定位系统。利用GPS进行变形监测的实质就是对比被监测对象的坐标变化,数据处理主要工作是观测资料的解算,如进行GPS差分求解、GPS监测网平差计算,提供高精度高分辨率的相对位置信息。而变形分析的重点包括变形基准点的确定,合理可靠的区分变形与误差,变形特征信息的提取,变形原因和规律的分析。在变形监测过程中,GPS的测量工作模型一般有两种:静态定位模式和RTK工作模式。GPS测量过程中也不可避免地会受到外界因素的影响,导致GPS测量数据也会包含有误差。当前工程界多用传统的数据分析方法广泛应用于变形监测的分析和预报,如回归分析、卡尔曼滤波理论、线性平滑理论等。随着现代数学理论的发展以及传统理论深化和应用,神经网络、灰色系统分析理论、小波分析等现代数据分析方法也被广泛地应用于公路边坡变形监测中。

GPS系统由空间部分、地面控制系统和用户设备部分三大部分组成。

(1)空间部分

GPS的空间部分是由24颗卫星组成(21颗工作卫星,3颗备用卫星),它位于距地表20200km的上空,均匀分布在6个轨道面上(每个轨道面4颗),轨道倾角为550°。卫星的分布使得在全球任何地方、任何时间都可观测到4颗以上的卫星,并能在卫星中预存导航信息;

随着时间的推移，导航精度会逐渐降低。

(2)地面控制系统

地面控制系统由主控制站(Master Monitor Station)、地面天线(Ground Antenna)和监测站(Monitor Station)所组成，主控制站位于美国科罗拉多州春田市(Colorado Spring)，是地面监控部分的协调和管理中心，其主要任务是计算编制卫星星历、大气改正参数，提供时间基准，调整偏移轨道的卫星并启用备用卫星等。地面天线站受主控站的控制，其主要任务是将卫星星历、卫星钟差、导航电文以及其他数据文件储存在相应的卫星系统内，同时对这些信息进行检测并判断筛选。监测站也在主控站的直接控制之下，其任务是采集数据并分析处理后送交主控站，以确定卫星的轨道参数。

(3)用户设备部分

用户设备部分即 GPS 信号接收机。其主要功能是能够捕获到按一定卫星截止角所选择的待测卫星，并跟踪这些卫星的运行。当接收机捕获到跟踪的卫星信号后，就可测量出接收天线至卫星的伪距离和距离的变化率，解调出卫星轨道参数等数据。根据这些数据，接收机中的微处理计算机就可按定位解算方法进行定位计算，计算出用户所在地理位置的经纬度、高度、速度、时间等信息。

2. 北斗系统

中国北斗卫星导航系统(BeiDou Navigation Satellite System，BDS)是我国独立自主发展的全球卫星导航系统，是继美国全球定位系统(GPS)、俄罗斯格洛纳斯卫星导航系统(GLONASS)、欧洲伽利略卫星导航系统(Galileo Satellite Navigation System)之后第四个成熟的卫星导航系统。不同于 GPS 全星座采用 MEO 轨道以及现代化后目前只有部分卫星播发三频信号，北斗在空间星座部分由三种不同轨道卫星构建，且还是全球首个全星座卫星播发三频信号的卫星导航系统。多频信号的出现不仅增加了多余观测值，提高了卫星定位精度的稳定性和可靠性，还可以形成更多波长较长、电离层延迟系数和观测值噪声系数较小的优良组合，可以更加快速准确地进行周跳探测和模糊度的固定。

GNSS 定位技术不仅从最初的单一系统发展到多系统组合定位，其播发信号也从双频发展到三频及以上。北斗系统不仅空间星座部分采用地球同步轨道(GEO)、倾斜地球同步轨(IGS O)和中地球轨道(MEO)三种不同轨道卫星构建，更是全球首个所有星座卫星均播发三频信号(其频率大小分别为 B1:1561.098，B2:1207.14，B3:1268.52)的卫星导航系统。三频观测值较双频观测值而言，可通过不同频率观测值之间的线性组合得到波长更长、电离层延迟系数更小以及组合观测值噪声更低的较优组合，在利用载波相位观测值进行高精度定位时三频观测值组合可以更加快速、准确地探测和修复周跳以及求解整周模糊度。周跳的探测与修复和整周模糊度的固定是 GNSS 数据高精度解算的关键，故研究北斗三频周跳探测和模糊度固定可以更好地提高北斗系统的定位精度。随着北斗卫星导航定位系统全球组网序幕的拉开，以及数据处理软件的不断更新，研究高精度的北斗数据处理，可逐步打破 GPS 在高精度定位领域中的垄断。同时，中国地震局一直在积极开展高精度北斗卫星导航系统在地壳形变监测中的观测实验与示范应用，积累了丰富的数据，对推广我国自主知识产权的北斗系统在地学领域中的应用有重大意义。

随着北斗卫星导航定位系统的不断建设和免费公开服务，大量学者就 BDS 信号质量、基线解算、伪距定位、BDS 的静态和动态精密单点定位（PPP）以及 BDS/GPS 双系统数据融合处理等方面做了许多研究。研究结果表明 BDS 的伪距单点定位精度优于 1cm；静态 PPP 可达 cm 级精度；静态相对定位精度与 GPS 相当，均为 mm 级；BDS 与 GPS 组合定位时，模糊度解算的固定率和可靠性均显著提高；在短基线情况下，BDS/GPS 组合载波相位差分动态定位精度相对于单一的 GPS 定位的改善可达 20% 以上。

二 传感器监测体系

传感器监测技术是指在监测点安装传感器，通过测试传感器信号随时间的变化量，如电信号、波信号等，按照事先标定曲线换算为监测点监测信息的变化量。目前应用于公路边坡的传感器监测种类较多，有应变类的应变计、裂缝计，还有应力类的钢筋计、轴力计、土压力计、混凝土压力计等，另外还有孔隙水压力计、雨量计等，这里主要介绍近年来新研制成功且与自动化监测技术密切相关的测斜传感器。

1. 倾斜传感器

（1）工作原理：传感器内装有电解液和导电触点，当传感器发生倾斜变化时，电解液的液面始终处于水平，但液面相对触点的部位发生了改变，也同时引起了输出电量的改变。倾斜仪随结构物的倾斜变形量与输出的电量呈对应关系，以此可测出被测结构物的倾斜角度，同时它的测量值可显示出以零点为基准值的倾斜角变化的正负方向。

倾斜仪可布设为一个测量单元独立工作，亦可多支连点布设测出被测结构物的各段倾斜量，以此将结构物的变形曲线描述出来。若在被测物上装成二维方向，可测量结构物的二维变形。倾斜仪可以回收重复使用，并且可方便实现倾斜测量的自动化。

（2）计算方法：当被测结构物体发生倾斜变形时，其倾斜角度 θ 与输出的电量读数 F 可用如下计算公式：

$$\theta = \arcsin(a + b \times F + c \times F^2 + d \times F^3) \tag{6-1}$$

式中：θ——被测结构物的倾斜角度（°）；

F——倾斜仪的实时电量测量值（F）；

a、b、c、d——倾斜仪的标定系数。

（3）常用传感器：目前倾斜仪在工程上成功应用于边坡、基坑、桥梁、建筑物、大坝等倾斜测量，多采用不锈钢结构。常见的倾斜传感器有 BGK-8101M 遥测双轴倾斜仪、BGK-6150 型（MEMS）倾角计、6150/6155 型（MEMS）固定式测斜仪等，分别见图 6-1a）~图 6-1c）。

2. 光栅传感器（Optical Grating Transducer）

采用光栅叠栅条纹原理测量位移的传感器。光栅是在一块长条形的光学玻璃上密集等间距平行的刻线，刻线密度为 10～100 线/mm。由光栅形成的叠栅条纹具有光学放大作用和误差平均效应，因而能提高测量精度。传感器由标尺光栅、指示光栅、光路系统和测量系统四部分组成(图6-2)。标尺光栅相对于指示光栅移动时,便形成大致按正弦规律分布的明暗相间的叠栅条纹。这些条纹以光栅的相对运动速度移动,并直接照射到光电元件上,在它们的输出端得到一串电脉冲,通过放大、整形、辨向和计数系统产生数字信号输出,直接显示被测的位移量。

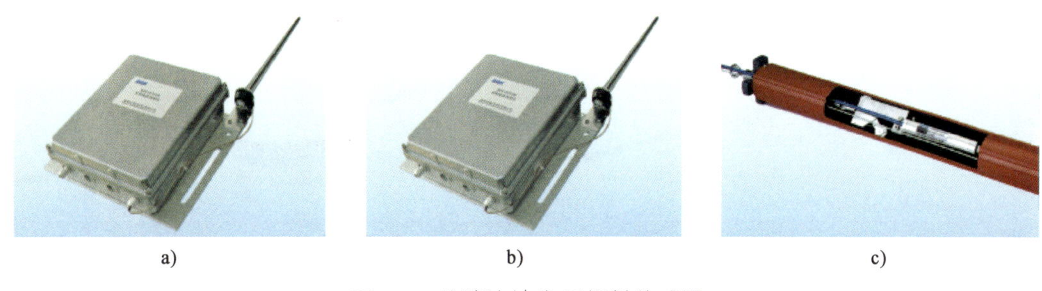

图6-1 公路边坡常用倾斜传感器

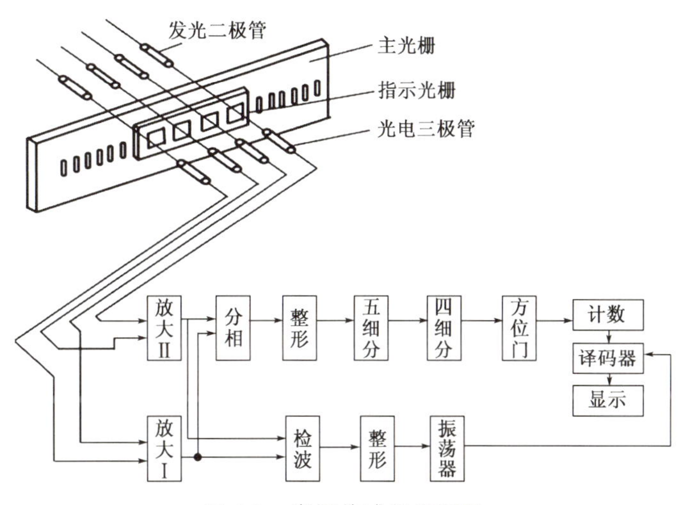

图6-2 光栅传感器原理图

传感器的光路形式有两种:一种是透射式光栅,它的栅线刻在透明材料(如工业用白玻璃、光学玻璃等)上;另一种是反射式光栅,它的栅线刻在具有强反射的金属(不锈钢)或玻璃镀金属膜(铝膜)上。这种传感器的优点是量程大和精度高。光栅式传感器应用在程控、数控机床和三坐标测量机构中,可测量静、动态的直线位移和整圆角位移。在机械振动测量、变形测量等领域也有应用。

当光纤光栅所处环境的温度、应力、应变或其他物理量发生变化时,光栅的周期或纤芯折射率将发生变化,从而使反射光的波长发生变化,通过测量物理量变化前后反射光波长的变化,就可以获得待测物理量的变化情况。如利用磁场诱导的左右旋极化波的折射率变化不同,可实现对磁场的直接测量。此外,通过特定的技术,还可实现对应力和温度的分别测量和同时测量。通过在光栅上涂敷特定的功能材料(如压电材料),对电场等物理量的间接测量也能实现。

目前光栅传感器主要用于应力应变监测,公路边坡工程常用的传感器有BGK-FBG-4000/4000T型光纤光栅大量程表面应变计、BGK-FBG-4800SGT型光纤光栅应变式土压力计、BGK-

FBG-4911 系列光纤光栅式钢筋计、BGK-FBG-4420/4420T 型光纤光栅式表面裂缝计，分别见图 6-3a) ~ 图 6-3d) 等。

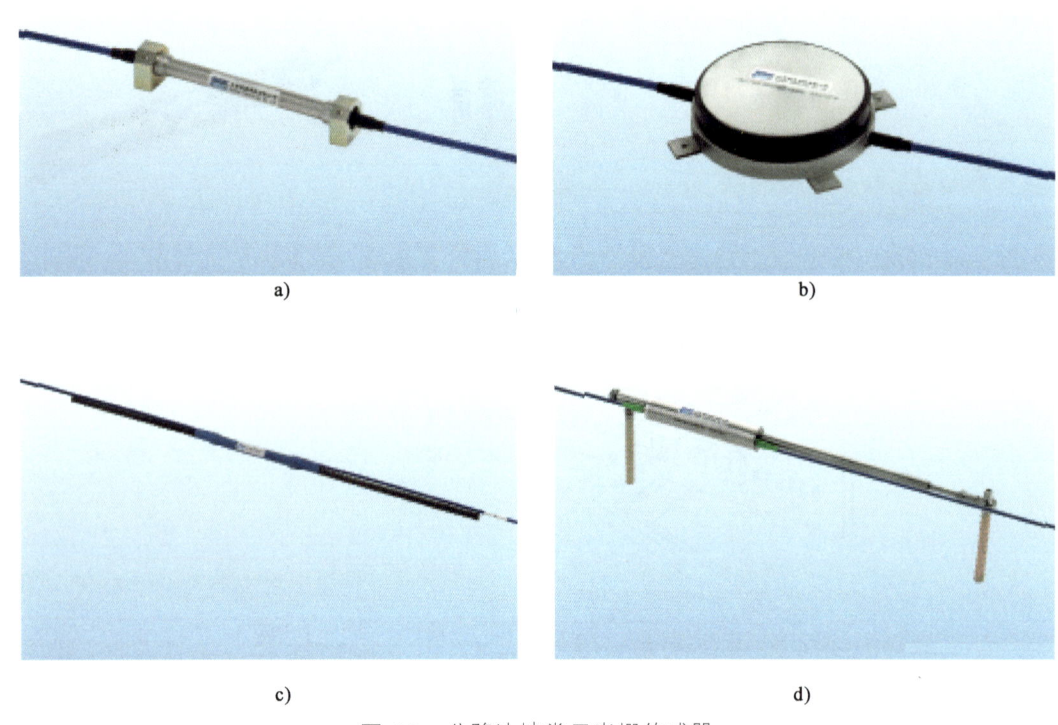

图 6-3　公路边坡常用光栅传感器

第二节　遥感/无人机自动监测技术

无人机遥感技术是无人驾驶飞行器技术与遥感技术的结合，具有采集速度快、精度高、成本低、可控制性好等优点。近年来，随着技术与性能不断提高，无人机遥感技术被广泛应用于地质灾害监测及评估之中。

一　基本原理

1. 无人机遥感系统

无人机遥感技术是利用先进的无人驾驶飞行器技术、遥感传感器技术、遥测遥控技术、通信技术、GPS 差分定位技术和遥感应用技术，具有自动化、专用化、智能化快速获取空间遥感信息，完成遥感数据处理、建模和应用分析的一门应用技术。无人机遥感系统组成可以分为硬件系统和软件系统两大部分，而硬件系统由机载系统和监控系统两个子系统组成，其中机载系统包括动力系统、摄影系统、导航与飞行控制系统和通信系统，监控系统包括通信系统与任务系统；软件系统有航线规划设计、飞行控制、远程监控、航摄质量检查和数据预处理，具体组成如图6-4所示。

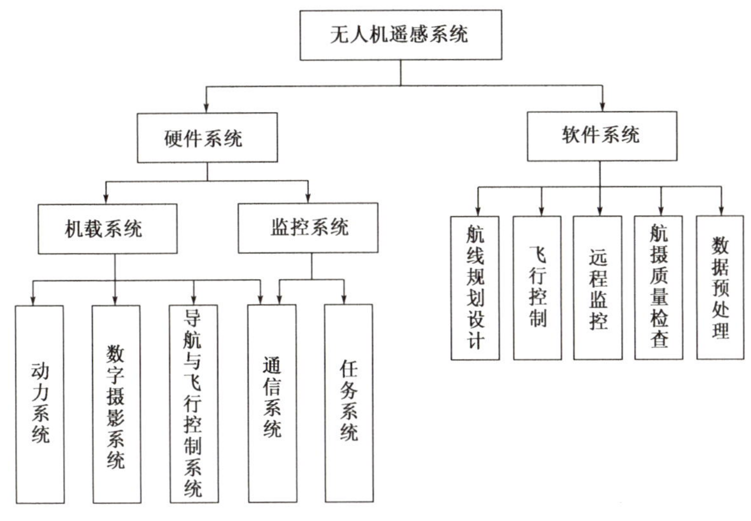

图6-4　无人机遥感系统组成图

相比传统遥感，该系统具有明显特点，主要体现在较强机动性、能快速获取数据和可以低空飞行三方面，获得的遥感影像和数字高程模型具有高空间分辨率和时间分辨率，由此可以制作高时效的大比例尺4D产品，结合遥感数据处理和GIS应用分析技术，将无人机遥感应用于地质灾害监测、应急救援和灾情评估方面有着明显优势，可为地质灾害的防灾减灾与救援方案的制定提供准确依据。

2.关键技术

无人机遥感地质灾害调查应用是一个新的领域，同时把它应用于地质灾害应急与监测也是一种挑战。与卫星、载人航空等现代遥感平台相比，它突破了传统方式的局限，无人机遥感技术安全性高、适应能力强、费用低，尤其是分辨率高，系统获取图像的空间分辨率达到了分米级，另外，高时效性，获取及时也是无人机遥感一大特点，特别是在突发地质灾害的应急救援中，及时获取灾害现场的影像至关重要。能否提高无人机遥感数据精度与准确性，拓宽应用领域，其关键技术有以下几个方面：

(1)遥感设备承载平台的稳定性。由于无人机质量较轻，而且工作地点常受天气影响，尤其西南地区多山地沟谷，在飞行作业时往往难以维持机身平衡，保证影像的质量。所以，为获取更加准确的姿态控制数据，解决这一问题需提高遥感设备承载平台的稳定。

(2)传感器的小型多元化发展。目前，地质灾害监测系统多采用CCD数码相机，将数码相机作为传感器，一次可获取到大量数据，像片色彩深度和感光度好，另外，由于广角镜头可对焦至无穷远处，基于此特点获取到的全色影像具有高分辨率。然而，随着应用领域不断扩大，单一的传感器无法满足各领域的要求。根据具体航拍任务的不同，除CCD数码相机以外，还可选择多种传感器集成应用,如红外扫描仪、合成孔径雷达等,以获取不同类型的遥感影像。另一方面,也能克服恶劣的环境影响,提高传感器夜间及恶劣气候的成像质量。

(3)数据的实时下载与下传。高时效是无人机遥感的重要特点,在地质环境应急抢险任务中,更需要保证获取的数据能迅速被利用。解决这一关键技术,高压缩率高保真数据压缩技术可以起到明显作用,一定程度上能提高数据实时传输速度与准确率。

(4)智能快速的图像数据处理软件。无人机处理后数据只有被及时应用到地质灾害应急抢险领域,才能发挥其作用,这就要求数据的快速处理能力高。由于无人机数据获取方式的特殊,获取到的数据图幅多,并且图幅小,简单的人机特征点匹配法无法满足需求。这就要求在现有的无人机数据处理软件基础上,不断研发新的处理软件,提高数据处理速度与精度。

二 技术方案

无人机遥感技术在边坡自动化监测的整个过程中,航拍过程至关重要。航拍过程的顺利进行直接关系到数据的成功获取,航拍过程的技术控制直接影响数据的质量。数据获取主要分为航拍前准备、组织飞行作业和航拍后数据整理三个步骤,航拍流程图如图6-5所示。

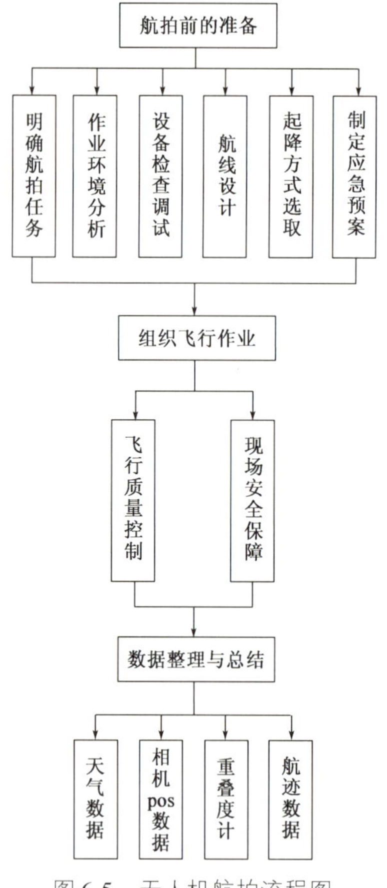

图6-5 无人机航拍流程图

三 主要成果

我国的无人机遥感应用技术研究开发已有十余年之久。2008 年年初，我国发生了严重雨雪冰冻灾害，在这次灾害面前，无人机遥感第一次被应用于救灾抢险，取得效果十分突出；在 2008 年的汶川大地震中，无人机遥感同样发挥了重要的作用，一方面，利用无人机数据及时快速地了解到了震后房屋、道路等的损毁程度与空间分布情况，另一方面，还获取到了滑坡、崩塌以及堰塞湖等地震次生灾害的分布状况与动态变化等，这些重要信息的及时获取，为紧急救援、灾情评估、地震次生灾害防治和灾后重建工作等提供了第一手信息，以及较科学的决策依据。在地质灾害监测领域，对于无人机遥感的研究应用也颇多。梁京涛采用六期遥感影像数据，通过对比分析，研究了文家沟震后的 6 次泥石流灾害过程，阐述并讨论了无人机遥感技术在高位泥石流动态变化监测方面的具体应用方法及应用效果；研究证明将无人机遥感技术应用于地质环境调查和地质灾害防治领域，通过获取灾害发生的危险范围、危险度高低和源头等信息，对地质灾害进行实时调查监测，利用效果突出，可为有关部门及时提供准确的数据。尹鹏飞等利用无人机航空遥感系统，对地震形成的山体滑坡、崩塌等地貌变化造成的堰塞湖和其他次生地质灾害，进行了高空间、高时间分辨率的低空遥感探测；曾涛、杨武年等在对比分析了低空遥感影像的特点的基础上，对无人机遥感影像处理方法做了深入探讨，快速确定汶川震区泥石流等次生地质灾害的分布位置，实现了灾后地质灾害信息快速勘测中的信息提取；在无人机数据处理方面，李永树针对利用无人机航空摄影测量技术制作大比例尺地形图的重要步骤做了具体介绍，并且制作了大比例尺 4D 产品。

第三节　物联网 -3S/北斗系统

一 基本原理

1. 关键技术

物联网的主要技术有：二维码技术、传感器技术、RFID 技术、红外感知技术、定位技术、无线通信与组网技术、互联网接入技术（如 IPV6 技术）、物联网中间件技术、云计算技术、语义网技术、数据挖掘、智能决策、信息安全与隐私保护、应用系统开发技术等（如嵌入式开发技术、系统开发集成技术等）。

物联网要顺利实现全面感知、可靠传输、智能处理、自动控制，就需要对关键技术的研究开发，包括感知与识别技术、通信与网络技术、信息处理与服务技术。

(1)感知与识别技术

感知与识别技术主要有 RFID 技术和传感器技术。

①RFID 技术又称射频识别技术,是一种非接触式的自动识别技术,其原理是利用射频信号和空间耦合传输特性,实现对动态或静止物体的自动识别。RFID 技术能够实现无接触的自动识别,具备全天候工作、识别穿透能力强、无接触磨损、可同时对多个物品进行标记并自动识别等特点。在商品的开发生产中,产品的电子代码(EPC)就是采用了 RFID 技术作为信息载体,极大地推动了物联网的发展和应用。而现有的 RFID 技术市场应用较为成熟,标签成本低廉,但一般的电子标签不具备数据采集功能,大多用来进行物品的区分和属性的存储。目前,我国的 RFID 技术已经在身份证、电子收费系统和物流管理等领域有了广泛应用。

②传感器技术是一种涵盖了物理学、化学、生物学、材料科学、电子学以及通信与网络技术等多学科综合的高新技术。其中,传感器是一种物理设备,可以根据系统预先设置,去探测、感受外界的各种物理量(如光、热、湿度)、化学量(如烟雾、气体等)、生物量,以及未定义的自然参量等。将传感器技术与无线网络技术相结合,并综合传感器技术、纳米技术、分布式信息处理技术、无线通信技术等,让安装到任何标记物的微型传感器相互协作,实现对监测区域的实时监控与信息采集,形成一种集成了感知、传输、处理等多种功能的网络。

(2)通信与网络技术

对于物联网而言,无线网络技术是重要的组成部分,这种技术不需要有线设置,适用于移动物体的监测技术。无线网络技术种类丰富多样,根据距离不同,可以组成个域网、局域网和城域网。近距离的无线技术组成个域网是物联网最为活跃的部分,其通信距离可能是几厘米到几百米之间,常用的主要有 WiFi、蓝牙、ZigBee、RFID 等技术。对于各种无线网络技术,结合实际应用的需要可以选择不同的技术。在我国的物流行业,RFID 因为成本低这一优势而占据着核心地位。而在智能家居领域,ZigBee 逐步占据了重要的地位。但对于安保防护使用高清摄像的应用,WiFi 或是直接连接到互联网是目前通常使用的方式。物联网的大多数应用,例如:分散的野外监测点、市政各种传输管道的分散监测点、农业大棚的监测信息汇聚点、无线网关,移动的监测物体(如汽车)等,一般都采用远距离无线通信技术。常用的远距离通信技术主要有 GSM、GPRS、3G 移动通信,甚至卫星通信等。从能耗上看,远距离无线通信比短距离无线通信耗能更高,但远距离通信也使物联网扩大了监测范围。

(3)信息处理与服务技术

物联网的信息处理与服务技术是对数据信息进行智能化处理并为应用层提供服务。对于物联网而言,信息的智能处理是很关键的一部分。物联网不单是采集标记物体的信息,更重要的是利用数据信息对物体进行控制管理。因此,信息处理技术是提供服务与应用的重要组成部分。物联网的信息处理与服务技术主要包括数据存储、融合、挖掘,以及智能决策、计算机云计算等。

2. 系统架构

边坡灾害监测预警物联网系统感知层作为物联网的最基础层,首先利用传感获取边坡信息,再将采集到的信息通过无线通信技术进行短距离传输。传输层则解决了信息远距离传输的难题。物联网通常综合运用北斗卫星/GPRS 双路通信模式,结合网络技术,实现了短距离通信与长距离通信之间的融合。应用层是在对边坡力学信息综合处理分析的基础上,为用户提供边坡稳定性监测预警信息的人机交互平台。另外,边坡力学数据量巨大,通常需要采用专门的数据库软件进行统一存储分析处理。完整的物联网系统架构原理图见图6-6。

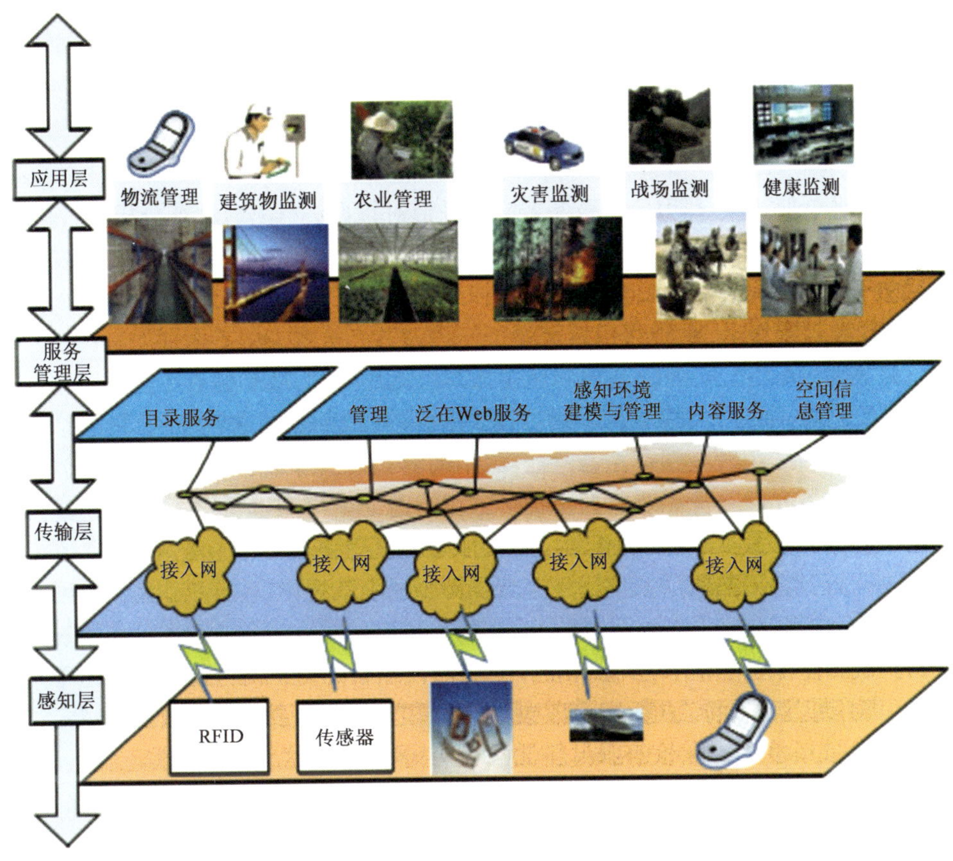

图6-6　物联网典型架构

二　技术方案

由于传感器技术、传输系统、处理系统的类型较多,因而衍生的边坡物联网信息系统也花样繁多。但基本上皆由感知层、传输层及应用层组成。边坡灾害监测预警物联网系统一般包括监测数据采集子系统、数据通信子系统、数据接收处理子系统和智能供电子系统。

1. 监测数据采集子系统

根据监测方案,在边坡现场安装自动测试元器件,并采取有效保护措施。由于公路边坡绝大多数位于荒郊野外,维护管理难度较大,当前主要采用无线自动监测仪器。监测元器件安装完成形成监测子系统后,应及时测试所有元器件是否正常工作,及时检查、维修或更换不合格元器件。

2. 数据通信子系统

工程上多为双路数据通信子系统，首先将自动监测元器件测试信息通过 Zigbee 无线通信技术发送给信号模式识别器，经过模式识别后再通过 GPRS 或北斗方式最终将监测信息传送至计算机网络服务器。双路通信模式实现了两种通信方式的优势互补，大大提高了抗外界干扰能力，增强了通信系统稳定性。

3. 数据接收处理子系统

采用成熟的专业软件，利用后台服务器或云平台对数据进行实时计算分析，通过三维可视化地质成像功能对工程现场的实时动态监测。根据边坡灾害预警准则，系统自动发出监测预警信号，实现了无人化值守，节约了人力物力。

4. 智能供电子系统

智能供电子系统主要是监测数据采集子系统的自动测试元器件、双路通信子系统提供清洁电能保障，该子系统由大容量可充电电池、太阳能电池板、保护开关、7～11V 可调稳压器、电能控制器组成。

智能供电子系统采用太阳能电池板发电，不但充分利用了太阳能资源，还避免了环境污染。在有光照时可以对可充电电池充电，无光或光照强度较弱时可以采用大容量可充电电池中储存的电能对负载供电。电能控制器有效避免了可充电电池过充而造成的损害，保护开关装置具有过载、短路保护功能，可调稳压器能够将智能供电子系统的最终输出电压稳定在恒阻大变形锚索子系统、双路通信子系统所需的电压范围之内。

三　主要成果

随着物联网技术的迅速发展，全球地理定位信息系统（GPS）的精度得到不断的提高，研究人员将其有效地结合到监测系统的数据采集环节中，并逐渐成为不可或缺的部分。如加拿大大地工程中心（Canadian Centre for Geodetic Engineering）和新布伦兹维克大学（University of New Bmnswick）共同研发的基于 GPS 技术的 Alert 自动实时监测系统，已经在加拿大的 Highland Valley 露天铜矿开始使用。而澳大利亚 Curtin 大学空间科学系的专家学者研制出的高陡边坡 GPS 监测系统，已经在澳大利亚的 Mont Keith 露天镍矿边坡上测试。而随着监测的精度要求不断提高，声纳技术被 U-Tokyo 的监测人员作为动态监测大项的研究手段，其研究结果表明该方法能够有效地解决全球地理定位信息系统精度上的弊端，提高大项监测的精准度。

在工程边坡的监测预警系统软件的设计方面，由于监测对象工程边坡的不可控性，监测预警系统软件设计多是针对某一特定的工程边坡，而无法进行通用型软件设计。采集到的数据需要软件做分析处理，而大部分情况下不同的边坡适用于不同的边坡稳定分析方法，研究人员也在不断探索通用型的基础边坡稳定分析方法。目前在物联网技术的综合监测预警运用方面，我国很多科研人员、学者和工程技术人员根据监测需求及监测对象的差异性常设计开发出针对特定对象具有特定功能的系统软件，如孙超设计出一套完整的高速公路监控预警系统，高路提出了广西长洲大顷监测系统的总体设计方案，吴禄等基于成熟的 GPRS 网络技术和可视化 VS 开发平台，开发出一种边坡安全远程监控系统，冉小燕等设计了基于 GPS 边坡监测预警系统的监测软件，何小巧等设计与实现了基于北斗卫星定位系统的公路边坡实时监控系统，张兆义结合工程施工期监测预警手段和技术要求研制出一套适用于山区高速公路施工期间路壁边坡的远程监测预警系统软件，陈祖煜对岩质富边坡稳定分析方法与软件系统做了分析设计等。

第四节　INSAR 系统

一　基本原理

InSAR(Interferometric Synthetic Aperature Radar)技术是利用星载或者机载雷达传感器采集雷达与地面之间的雷达波相位信息，并根据复雷达图像的相位数据来提取地面目标三维空间信息技术，其基本原理是：利用两副天线同时成像或一副天线相隔一定时间重复成像，获取同一区域的复雷达图像对，由于两副天线与地面某一目标之间的距离不等，使得在复雷达图像对同名象点之间产生相位差，形成干涉纹图(Interferogram)，干涉纹图中的相位值即为两次成像的相位差测量值，根据两次成像相位差与地面目标的三维空间位置之间存在的几何关系，利用飞行轨道的参数，即可测定地面目标的三维坐标，它可以用来提供大范围的高精度数字高程模型(DEM)。下面以卫星重复轨道干涉模式为例，其成像几何示意图如图 6-7 所示。

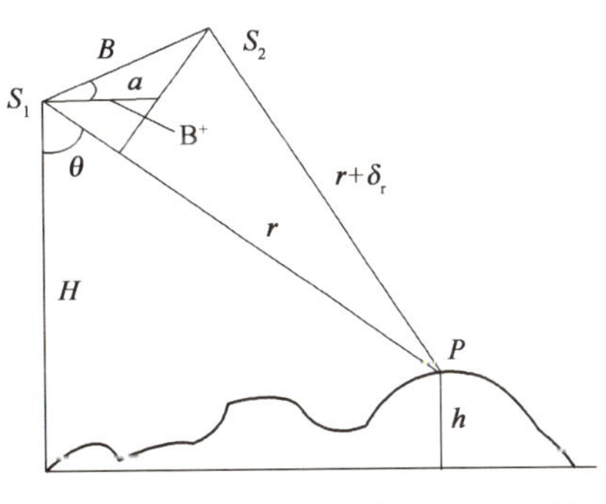

图 6-7　InSAR 的几何关系示意图

S_1、S_2 是卫星两次对同一地区成像的位置(即天线的位置)，S_1 位置的轨道高度为 H，基线(S_1 与 S_2 间的距离)长为 B，基线的水平角为 α，入射角为 θ，地面目标 P 高度为 h，S_1 到地面目标 P 的距离为 r，S_2 到地面目标 P 的距离为 $r+\delta_r$。

结合上面图形，地面目标 P 的高度 h 可以表示为：

$$h = H - r \times \cos\theta \tag{6-2}$$

根据余弦定理可得：

$$\begin{aligned}(r+\delta_r)^2 &= r^2 + B^2 - 2 \times r \times B \times \cos(\alpha + 90 - \theta)\\ &= r^2 + B^2 + 2 \times r \times B \times \sin(\alpha - \theta)\end{aligned} \tag{6-3}$$

所以有：

$$\sin(\alpha - \theta) = [(r+\delta_r)^2 - (r + B^2)]/(2 \times r \times B) \tag{6-4}$$

整理式(6-4)得：

$$r = (\delta_r^2 - B^2)/[2 \times B \times \sin(\alpha - \theta) - 2\delta_r] \tag{6-5}$$

在 InSAR 中,干涉相位是指地面目标 P 经过 $r, r+\delta_r$,雷达在 S_1, S_2 处接收到的回波相位差 $\Delta\Phi$ 中,而相位差 $\Delta\Phi$ 中与距离差 δ_r 和微波波长 λ 有如下关系:

$$\Delta\Phi = 2\pi \times \delta_r \lambda \tag{6-6}$$

考虑到重复轨道雷达所接收的回波信号都是经过发射和返回路程的信号,所以有:

$$\Delta\Phi = 4\pi \times \delta_r \lambda \tag{6-7}$$

将式(6-7)与式(6-5)代入式(6-2)得到下面的表达式:

$$h = H - [(\lambda \times \Delta\Phi/4\pi)^2 - B^2]/[2 \times B \times \sin(\alpha - \theta) - (\lambda \times \Delta\Phi/2\pi)] \times \cos\theta \tag{6-8}$$

上式就是从干涉相位中得到地面高程的原理,各参数说明如下:θ,H 为已知,H 可以由卫星上的雷达高度计算测量得到,基线距 B、天线的连线与水平线的夹角 α 可以由卫星轨道参数确定,但精度不高,可以通过一定数量的地面已知点(控制点),根据其成像原理,来解算成像时的轨道参数,用以提高 B、α 的精度。相位差 $\Delta\Phi$ 的计算方法通常有两种:两复值图像相位直接相减和复值图像共扼相乘,两者之间完全等效,但第二种方法较为常用。通过干涉处理得到的是位于$[-\pi,\pi]$之间的相位主值,必须对其进行相位解缠才能得到 $\Delta\Phi$ 的相位全值。

近些年,在 InSAR 基础上发展出了的差分干涉测量(DInSAR)、永久散射体干涉测量(PSInSAR)和小基线集干涉测量(SBAS-InSAR)等方法,能够探测到地表毫米级别的变形,已经在研究火山运动、地震变形、构造运动、冰川飘移、城市地表沉降、滑坡监测预防等方面展示出强大的优势和应用潜力。

二 系统构成

1. 星载 InSAR

雷达卫星:发射雷达信号,以一定的时间间隔和轻微的轨道偏离(相邻两次轨道间隔为几十米至一公里左右)重复对地区成像。

地面接收站:信息接收与处理,并将处理后的信息传输到计算机系统。

计算机系统:对所获取的信息进行集焦和滤波等处理以形成 SAR 影像,并进行解译与分析。

2. 机载 InSAR

由无人机搭载雷达设备及天线,向目标地面发射电磁波,然后接收其地面反射的回波。

三 监测方法

1. InSAR 技术流程(以机载为例)

(1)数据采集

①观测站选址。

观测站选址应综合考虑持续供电、交通便利、监测距离和范围、通视条件、仪器安放点稳定性、仪器架设场地、植被等因素，选择最优位置进行架设。

②安装反射器。

角反射器宜根据地形地貌条件设置在稳定、临近滑坡的地点。

③航线规划。

根据监测部位确定滑坡大致范围并进行航线规划，注意规划的航线范围必须稍大于被监测体的实际范围。

④设备参数配置。设置天线倾角、雷达系统等其他参数。

⑤飞行作业。

(2)数据处理及结果分析

数据处理分析流程图见图6-8。

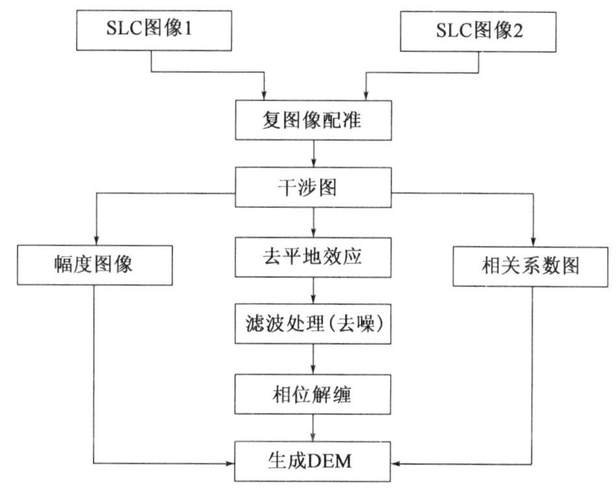

图6-8　InSAR干涉测量生成DEM数据处理流程图

①数据预处理。在这个过程中主要是读取主图像和复图像的图像信息，读取头文件信息、数据体信息和轨道信息。

②SAR图像配准。在干涉测量的过程中，常常会出现两幅图像的多普勒质心不同的情况，也就是2幅图像的相干像元在方位向和距离向上出现一定的偏移、拉伸及扭转。因此为了保证输出的干涉条纹具有良好的相干性，两幅SAR图像必须配准。经过一级轨道配准，二级像素级粗配准，方位向滤波之后再进行三级亚像素级精配准。配准完成后进行复图像重采样，之后生成干涉图。

③去地平效应。“平地效应”是高度不变的平地在干涉纹图中所表现出来的干涉条纹随距离向和方位向的变化呈周期性变化的现象。经过“去平地”之后，图像中的相位近似表示了真实相位与参考面之间的相位差，有利于进行相位解缠。图6-9左边是干涉图，右边是去地平效应之后的效果图，去地平之后图像的辨识度明显增强了。

④相位解缠。由于三角函数的周期性，干涉图中各点的相位值只能落入主值$(-\pi\ \pi]$的范围内，所以干涉纹图中的相位只是真实相位的主值，要得到反映高程信息的真实相位值必须

对每个相位值加上 2 的整数倍。相位解缠是干涉数据处理过程中的关键环节,直接影响数字高程图的精度,常用方法有切枝法、最小二乘法和网络流算法(图 6-10)。

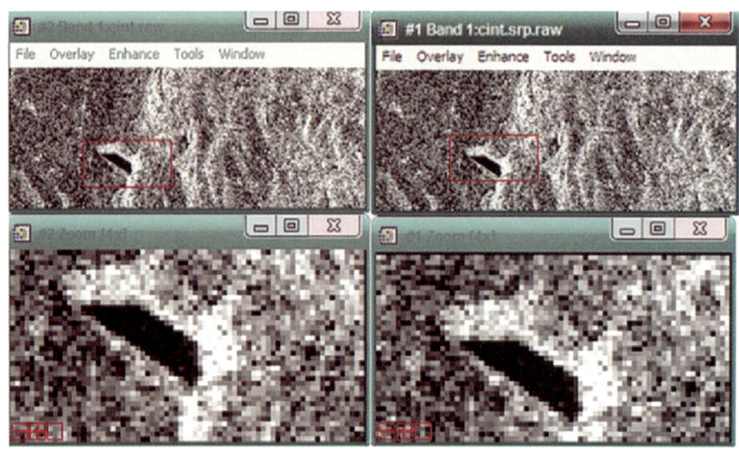

图 6-9　干涉图去地平前后对比图

⑤生成 DEM。理论上,相位解缠得到的真实相位,利用 InSAR 成像基本原理以及轨道参数就可以生成 DEM。要求得高程 z,就必须求解参数 L、R_1、R_2、B、θ_0、λ。先利用高度和相位之间的关系式粗略估计高度,结合给出的参考高度信息,确定每一点的地面坐标,最后根据一定的先验知识对得到的地形图中的重大错误进行修正(图 6-11)。

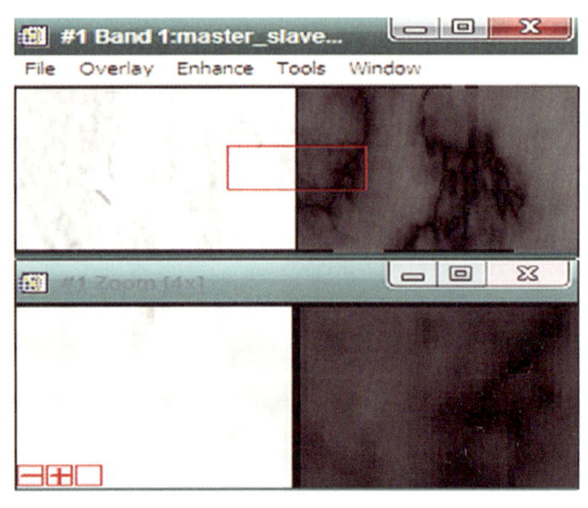

图 6-10　相位解缠后效果图

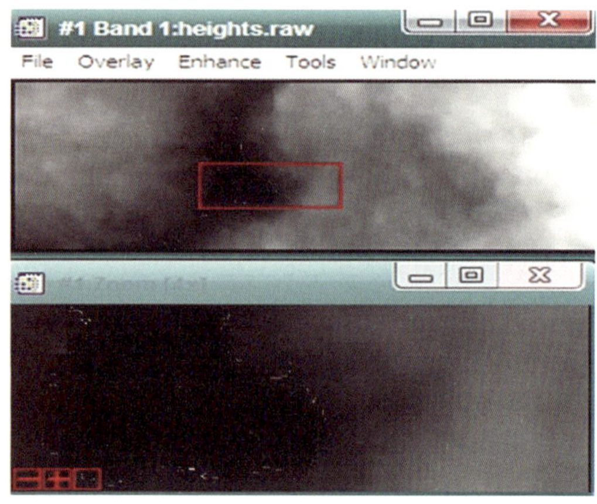

图 6-11　生成的 DEM 图

通过对定期监测获得的遥感影像成果进行对比分析,可以逐渐了解被监测体的变形过程,进而分析其变形特征并掌握其变形规律,从而真正实现防灾减灾。

2. InSAR 的干涉模式

根据 InSAR 平台和使用条件的不同,获取 InSAR 数据的干涉模式主要有 3 种:交叉轨道干涉、沿轨道干涉和重复轨道干涉。

(1)交叉轨道干涉

交叉轨道干涉(Acrosstrack Interferometry)模式要求两副天线安装在同一平台上同时获取数据,因此目前只用于机载 SAR 系统,但人们正在研究在将来的卫星上实现这种方法,它的优势在于精度高而且机动性能好。其干涉几何原理如图 6-12 所示,从图中可以看出,两副天线的安装位置与飞行方向垂直。在该模式下,干涉相位差是由于地面目标的高度变化引起的,所以主要用于地形制图和地形变化监测。但这种干涉形式的计算方法存在着难以区分因区域坡度影响产生的误差与飞机滚动产生的误差。

(2)沿轨道干涉

沿轨道干涉(Alongtrack Interferometry)模式与交叉轨道干涉模式一样,都要求两副天线安装在同一平台上,因此目前也只适用于机载 SAR 系统。其干涉几何原理如图 6-13 所示,此时两副天线沿飞行方向相隔一段距离。采用该模式得到的相应像素的相位差是由于测量时物体的运动产生的,因此它适用于对运动的目标进行监测,如海洋制图、波浪谱测量等。

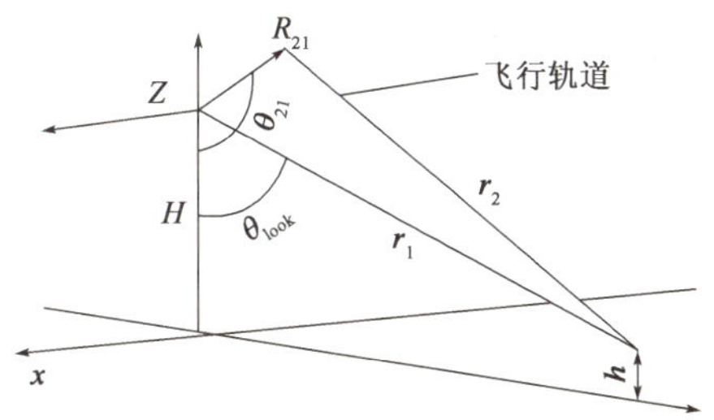

图 6-12　交叉轨道干涉模式几何原理图

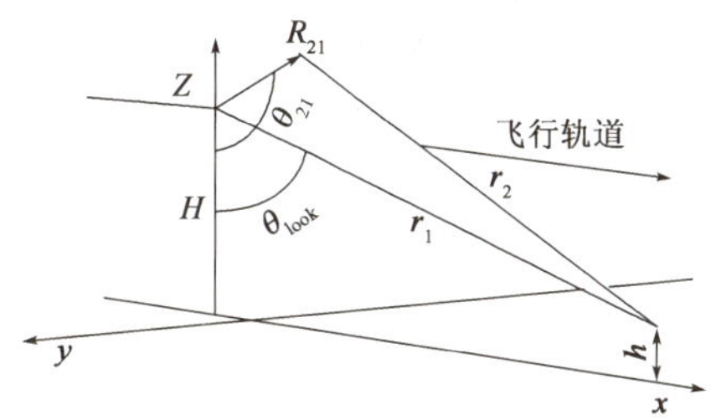

图 6-13　沿轨道干涉模式几何原理图

(3)重复轨道干涉

重复轨道干涉(Repeatpass Interferometry)模式只要求安装一副天线,它采用经过几乎相同的轨道以微小的几何视差对同一地区成像两次的方法来获取数据,因此需要对飞行轨道进行精确定位。由于受大气的影响较小,卫星比飞机具有更准确、稳定的飞行轨道,因此该模式最适合星载 SAR 的干涉,它的优势在于能够快速获取大范围或全球范围的干涉数据。目前此方法已被成功地应用于欧空局的 ERS-1 和 ERS-2 上装载的 SAR,日本 JERS-1 装载的 SAR 和航天飞机上的 SIR-C/X-SAR 也成功地运用该方法进行 InSAR 技术的应用研究,并取得了很好的效果。其干涉几何原理如图 6-14 所示。

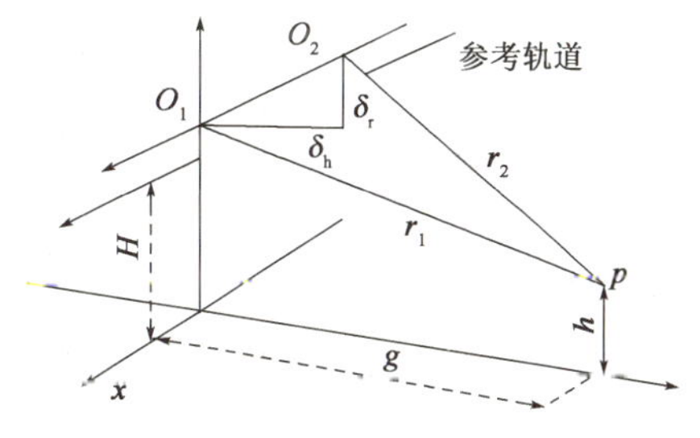

图 6-14　重复轨道干涉模式几何原理图

四　边坡应用

早期用于滑坡动态监测的数据主要是 ERS-1/2 的串行数据,利用传统的 D-InSAR 技术取得了一系列有益的结果。但是由于滑坡所处环境一般比较复杂,如地形起伏严重、植被覆盖较为茂密、部分滑坡滑动快速等，使得 InSAR 观测滑坡较为困难。为了解决这些问题，MT-InSAR 技术逐渐被运用到了滑坡形变的监测中。

第五节　光学智能自动监测系统

一　基本原理

光学测距，欲测定 A、B 两点间的距离 D（图 6-15），安置仪器于 A 点，安置反射镜于 B 点。仪器发射的光束由 A 至 B，经反射镜反射后又返回到仪器。

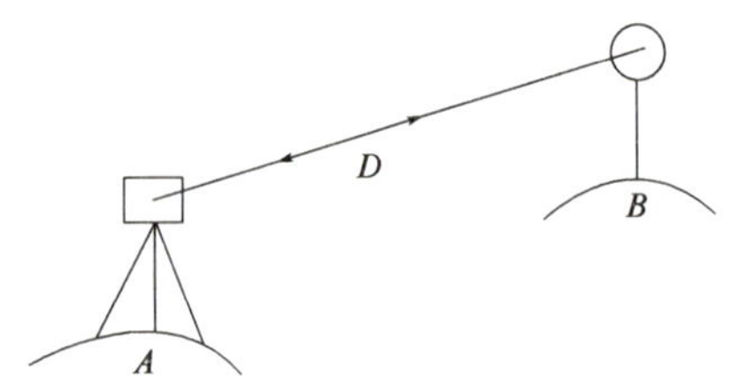

图 6-15　光学测距原理示意图

设光速 c 为已知，如果光束在待测距离 D 上往返传播的时间已知，则距离 D 可由式 $D=ct/2$ 求出，式中 $c=c_0/n$，其中 c_0 为真空中的光速值，其值为 299792458m/s，n 为大气折射率，它与测距仪所用光源的波长、测线上的气温 t、气压 P 和湿度 e 有关。测定距离的精度，主要取决于测定时间的精度，例如要求保证 ±1cm 的测距精度，时间测定要求准确到 6.7×10^{-11}s，这是难以做到的。因此，大多采用间接测定法来测定。间接测定的方法有下列两种：

（1）脉冲式测距：由测距仪的发射系统发出光脉冲，经被测目标反射后，再由测距仪的接收系统接收，测出这一光脉冲往返所需时间间隔的总脉冲的个数以求得距离 D。由于计数器的频率一般为 300MHz（300×10^6Hz），测距精度为 0.5m，精度较低。

（2）相位式测距：由测距仪的发射系统发出一种连续的调制光波测出该调制光波在测线上往返传播所产生的相位移，以测定距离 D。红外光电测距仪一般都采用相位测距法。测距仪在 A 点发出的调制光在待测距离上传播，经反射镜反射后被接收器所接收，然后用相位计将发射信号与接收信号进行相位比较，由显示器显出调制光在待测距离往、返传播所引起的相位移 ϕ。

目前较常用的光学测距仪器有光学经纬仪、激光测距仪、测量机器人等。其中，测量机器人又称自动全站仪，是一种集自动目标识别、自动照准、自动测角与测距、自动目标跟踪、自动记录于一体的测量平台。其最主要的特征是自动识别系统（Automatic Target Recognition，简称 ATR），当全站仪发送的红外光被反射棱镜返回并经仪器内置的 CCD 像机判别接受后，马达就驱动全站仪自动转向棱镜，并自动精确确定棱镜中心的位置，操作人员不再需要精确照准和调焦，一旦粗略照准棱镜后，全站仪就可搜寻到目标，并自动精确照准，大大提高了工作效率，因此得到极为广泛的应用。本小结就以测量机器人为例作说明。

二 系统构成

测量机器人全自动监测系统是指将测量机器人长期固定于监测站上进行自动监测，通过通信、供电等设备，将监测数据传输到控制中心，实现监测、数据处理、报警等过程的全自动化。其监测系统示意图见图 6-16。

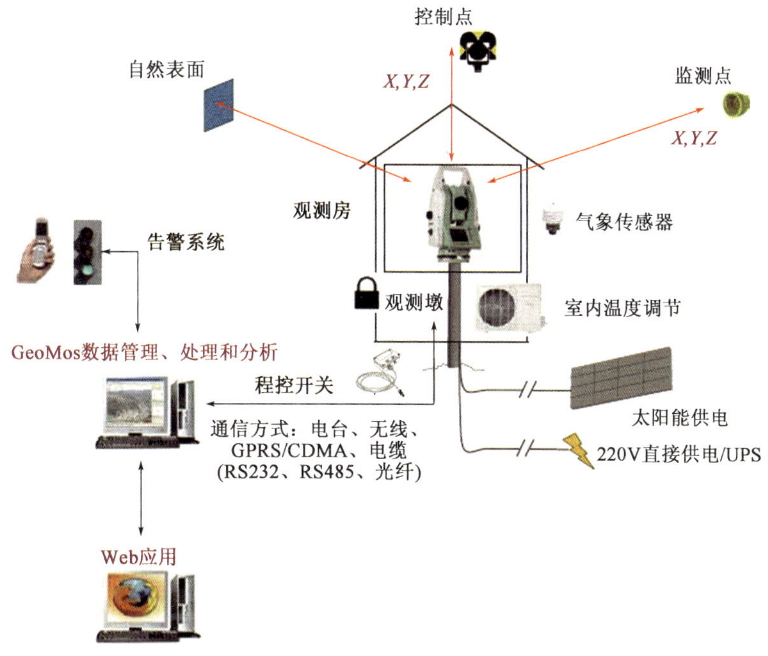

图 6-16　测量机器人边坡变形自动监测系统示意图

测量机器人系统技术组成包括坐标系统、操纵器、换能器、计算机和控制器、闭路控制传感器、决定制作、目标获取和集成传感器等八大部分。

坐标系统为球面坐标系统，望远镜能绕仪器的纵轴和横轴旋转，在水平面 360°、竖面 180°范围内寻找目标；操纵器的作用是控制机器人的转动；换能器可将电能转化为机械能以驱动步进马达运动；计算机和控制器的功能是从设计开始到终止操纵系统、存储观测数据并与其他系统接口，控制方式多采用连续路径或点到点的伺服控制系统；闭路控制传感器将反馈信号传送给操纵器和控制器，以进行跟踪测量或精密定位；决定制作主要用于发现目标，如采用模拟人识别图像的方法(称试探分析)或对目标局部特征分析的方法(称句法分析)进行影像匹配；目标获取用于精确地照准目标，常采用开窗法、阈值法、区域分割法、回光信号最强法以及方形螺旋式扫描法等；集成传感器包括采用距离、角度、温度、气压等传感器获取各种观测值。由影像传感器构成的视频成像系统通过影像生成、影像获取和影像处理，在计算机和控制器的操纵下实现自动跟踪和精确照准目标，从而获取物体或物体某部分的长度、厚度、宽度、方位、二维和三维坐标等信息，进而得到物体的形态及其随时间的变化。

三 监测方法

测量机器人自动化监测系统，主要由监测站、控制机房、基准点、监测点组成，并利用计算机软件实现测量过程、数据记录、数据处理和报表输出的自动化，从而在一定程度上实现了监测自动化和一体化。

1. 监测站

监测站选址，根据现场条件，在有效量程范围内尽可能选择稳定及通视条件俱佳的位置架设。

2. 控制机房

控制计算机房一般选在办公区附近，有较好的供电等条件的地方。在控制机房内和监测站房之间埋设了专用电缆，实现了机房中心计算机和监测站全站仪之间的数据通信，在控制机房能实时全面了解监测站全站仪的运行情况。另外，为了保证观测连续，控制机房通过该专用电缆给监测站全站仪提供不间断电源。

3. 基准点

在稳定性变形移动区以外，有两个稳定的基准点，每个基准点上配有一套对准监测站的反射单棱镜。监测站至各基准点的方向与距离要尽量覆盖整个稳定性监测区，监测站与各基准点之间的已知距离可作为邻边比例法观测距离用。

4. 监测点

根据稳定性观测的需要，在稳定性变形范围内布设多个变形监测点，每个变形监测点上安置类似基准点的对准监测站的反射单棱镜。

5. 数据采集

测量机器人自动化地面控制观测网与数据处理系统专为平面控制量测和变形监测的自动化而开发，它实现了以单台或多台测量机器人，完成大地平面控制网和变形监测网多测回的外业自动测量，高精度测量中往往需要多测回重复观测。根据不同项目观测类型，按不同要求输入不同的限差，启动仪器即自动进行测量，所采集到的数据完全符合限差要求。

6. 数据分析

对监测范围进行定期监测，并通过对定期监测获得的数据、曲线成果进行对比分析，可以逐渐了解被监测体的变形过程，进而分析其变形特征并掌握其变形规律，从而真正实现防灾减灾。

四 边坡应用

测量机器人自动监测系统，对边坡进行长期自动观测，可快速完成边坡体的变形监测，为边坡体的变形状态提供准确的监测数据。监测数据实时传输并存储于监控中心的数据库里，通过数据处理、数据分析计算、生成各种报告，提前做出边坡失稳预警，在边坡自动监测中应用有着明显的优势，值得在边坡自动监测中推广应用。

某公路边坡滑坡变形后，滑坡变形剧烈，发展快速，人工监测无法实施，采取测量机器人对地表位移变形进行自动监测，工程照片见图 6-17。

图 6-17 测量机器人自动监测滑坡位移

实践证明，测量机器人自动监测系统，适合应用于边坡自动监测，且随着测量机器人自动监测系统的完善，其在变形监测领域必将得到更加广泛的应用。

第六节 智能传感器监测管理系统

基于电子、通信、岩土及信息技术的快速发展和相互渗透，近年来多种智能传感器不断研制成功。其中代表性的有中铁科学研究院有限公司深圳公司基于 MEMS 技术、低功耗智能传感技术、物联网技术及可视化交互通信技术自主研发的微动智能传感器及其配套自动化无线监测预警系统，可高精度感知边(滑)坡浅表及深部岩土体等的微量变形，并实时监测预警。

一 基本原理

1. 浅表微动(STS)监测原理

通过在边(滑)坡等岩土体浅表层、边坡危岩表层、建(构)筑物表面及基坑侧壁表面布设岩土微动智能传感器监测点，实时感知各测点的微量变形动态。

2.深部位移(DTS)监测原理

通过在岩土体既有监测孔不同深度间隔布设深部位移传感器，实时感知各监测点位的岩土体微量变形动态。根据传感器的监测数据和传感器布设间距值，通过工作原理公式计算监测孔的整体深层位移变化情况，如图6-18所示。

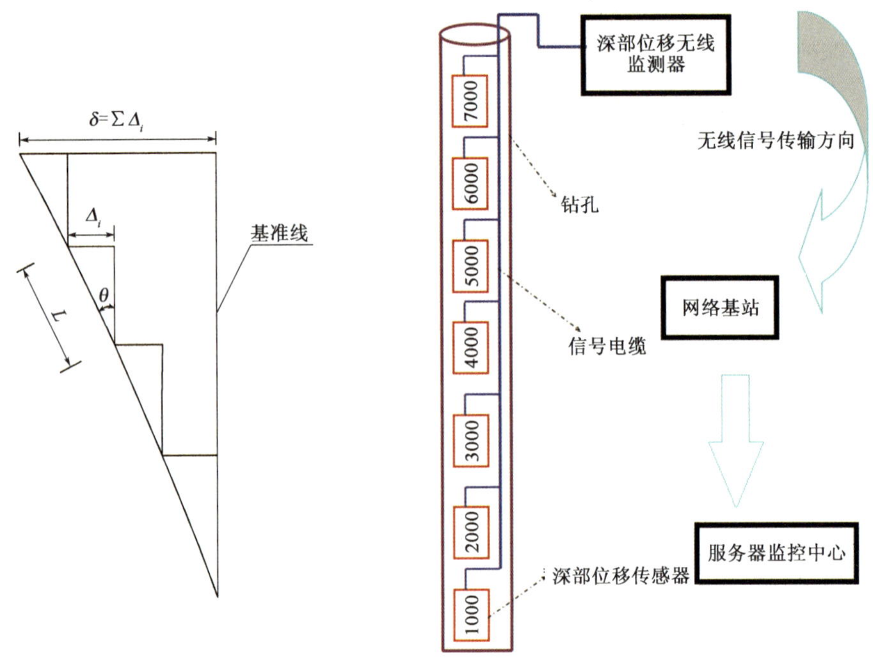

图6-18　深部位移计算原理图

二　系统构成

系统主要包括：

(1)岩土微动智能传感器：高精度感知边(滑)坡浅表岩土体、建(构)筑物表面及基坑侧壁表面等的微量变形。

(2)深部位移传感器：高精度感知边(滑)坡深部岩土体水平位移变形。

(3)无线中继器：接收深部位移传感器传输的变形数据，并将位移信号通过局域网发送至无线监测基站。

(4)无线监测基站：通过GPRS或北斗将无线中继器传来的位移信号远程无线传输到服务器终端。

(5)服务器软件平台：基于Web－GIS技术开发，保存、管理及调用监测数据，并对监测到的异常变形进行预警。

系统示意模型见图6-19。

图 6-19　基于智能传感器的边坡自动监测系统示意图

三　监测方法

根据边坡地质条件、坡高及潜在变形范围布设监测网，采用自主研发岩土微动智能传感器对边坡浅表岩土体变形状态进行监测，采用深部位移智能传感器对边坡深层岩土体变形状态进行监测，构建立体式自动化监控系统。具体方案为：

1. 地表变形监测

在地表变形监测单元布设 1 个或多个监测断面，包括主断面及辅助断面。

（1）主监测断面：在各级坡面、平台及堑顶后部范围布设多个岩土微动智能传感器。

（2）辅助监测断面：在各级坡面及堑顶后部范围布设多个岩土微动智能传感器。

（3）其他异常部位：异常部位零星布设岩土微动智能传感器。

2. 深部变形监测

在地表变形监测单元布设 1 个或多个监测断面，包括主断面及辅助断面。

（1）主监测断面：在平台及堑顶后部范围布设多个监测孔，按 1 ~ 3m 间距的原则布置深部位移传感器。

（2）辅助监测断面：每个断面在平台布设 1 个监测孔，按 1 ~ 3m 间距的原则布置深部位移传感器。

四　边坡应用

1. 边坡地表变形监测

采用单点阵列式将多个传感器布设于勘探孔中，实时直接监测坡体深部岩土体深层水平位移变形动态，实时预警预报。可作为取代当前地表变形全站仪或水准仪人工监测的手段，实现自动化监测预警，解决人工监测效率低、实时性差、现场施工环境干扰大、现场作业环境无法保证等问题。测点安装及监测曲线见图6-20。

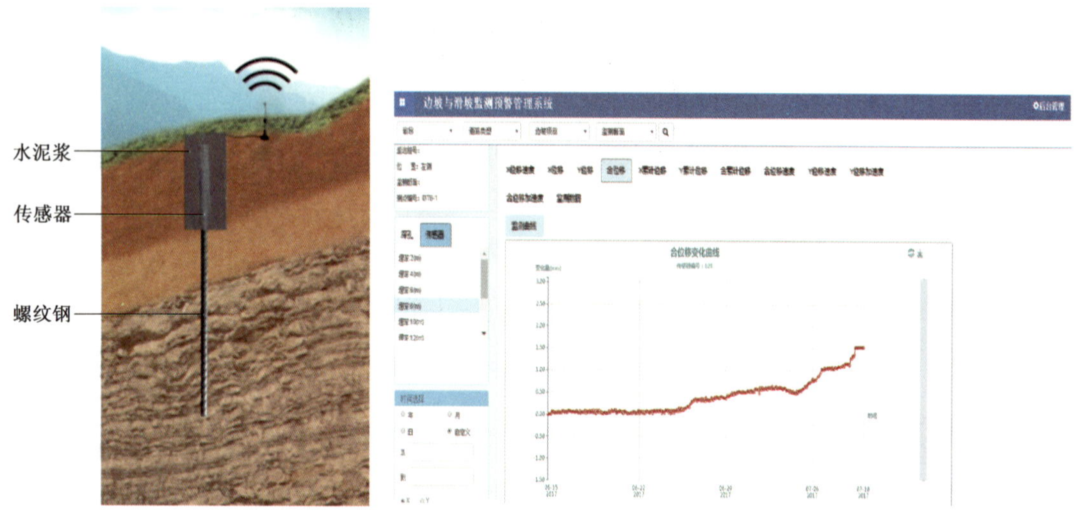

图6-20　边坡地表位移智能传感器埋设示意图及监测曲线

2. 边坡深部位移变形情况

采用单点阵列式将多个传感器布设于勘探孔中，实时直接监测坡体深部岩土体深层水平位移变形动态，实时预警预报，可作为当前高速公路深孔人工监测的替代手段，实现全天候全天时自动化监测预警，彻底解决人工监测效率低、操作人为影响大、实时性差等问题。测孔内智能传感器安装及监测曲线见图6-21。

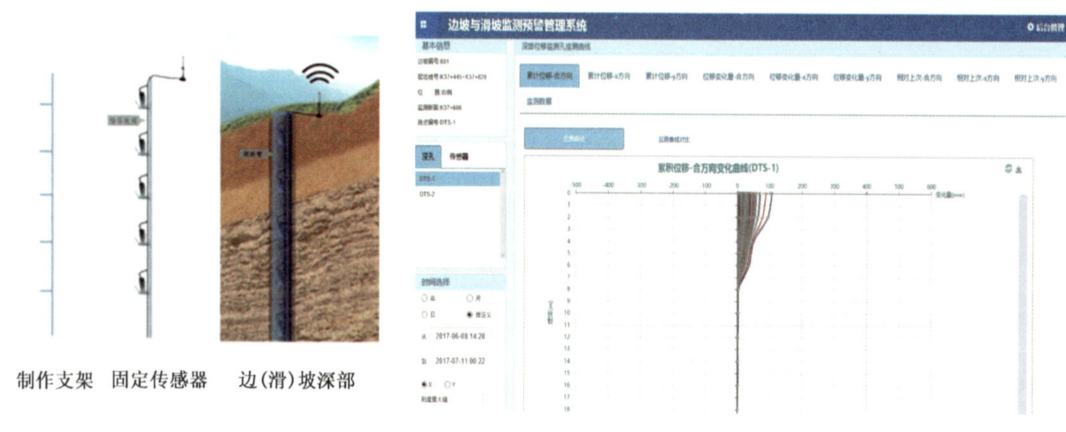

图6-21　边坡深部位移智能传感器埋设示意图及监测曲线

Chapter 07

第七章

典型复杂边坡工程实例

第一节　古滑坡治理工程典型实例

学术上古滑坡指全新世以前发生的滑坡，全新世以来发生的滑坡为老滑坡，现今正在发生滑动的滑坡为新滑坡，工程上一般将古滑坡和老滑坡统称为古滑坡。它是历史上已经发生过滑动，当前处于临界稳定至基本稳定状态，并受滑体物质成分、固结程度影响。

工程性质上，古滑坡具有几个显著特点：一是大多数古滑坡范围较广、规模较大，经历多期滑动，往往具有多级多块特征，变形机理复杂。二是存在贯通古滑动面，甚至存在多层滑动面，在不利因素作用下古滑坡体很容易沿某一层或多层滑面复活变形滑动。三是不同古滑坡体稳定状态不同，稳定程度越低，越容易复活。古滑坡的稳定状态可通过调查自然条件下古滑坡后缘陡坎是否存在新近错动、滑坡周界一带尤其是滑坡前缘是否有局部滑塌变形等现象加以判断。四是古滑坡滑面地层岩性对古滑坡的稳定状态影响较大，岩性越软，指标越低，亲水性越强，越容易复活。五是古滑坡滑面形态也是复杂多变，不同形态对其稳定状态有较大影响，滑面越陡顺，越容易复活。

为此，对于通过古滑坡的公路边坡，尽量利用地表形态场或其他专业技术加强早期排查、识别、评估工作，实在无法绕避或在施工期才发现，并且很有可能因公路开挖引起古滑坡局部或整体复活，在治理古滑坡时需重点解决三个问题：一是务必查清古滑坡范围，以便准确判断公路边坡对古滑坡的影响范围；二是要查清各层滑面位置、形态，防止治理措施治理深度不足，形成“坐船效应”；三是要查清滑坡工程地质和水文地质条件，便于分析滑坡作用机理，并预测可能发展趋势，便于实现合理根治的目的；四是明确施工顺序和施工工艺，严防因不当工艺诱发坡体变形。

下面列举广东省的一个古滑坡治理工程实例。

1. 工程概况

广东某新建高速某巨型古滑坡处于中亚热带季风气候区，多年年平均降水量为 1779.7mm，雨量充沛。场区地震动峰值加速度为 0.05g，地震动反应谱特征周期为 0.35s，对应的地震基本烈度为Ⅵ度。场区属于剥蚀低山地貌，区内冲沟发育，地形起伏较大，斜坡自然坡度约为 30°～45°，坡向近 180°，地势北高南低，具北部呈陡坡向南呈缓坡状延伸的特征，高速公路从缓坡处切坡通过。山体坡脚为常年流水河流，河面宽约 10m，主要靠大气降水补给；滑坡区冲沟发育，主要通过 4 条冲沟汇水。

地质勘察揭示，滑坡区地层由新到老依次为：第四系全新统人工填土（Q_4^{me}）素填土，更新统坡积成因（Q_p^{dl}）含碎石粉质黏土，下伏石炭系下统测水组（C_1^{dc}）泥岩、页岩、砂质页岩、砂岩、泥质砂岩；石炭系下统石凳子组（C_1^{ds}）灰岩、泥灰岩；以及由构造运动产生的构造角砾岩。线路南侧（临河侧）岩层产状为 305～350°∠15～53°，线路北侧边坡区域（靠山侧）岩层产状为 200～230°∠19～61°，坡脚河岸及边坡范围以外两侧岩层产状均为 309～325°∠19～23°。根据开挖面基岩出露情况，地层岩性主要为砂岩、泥质砂岩、页岩、炭质页岩，多呈透镜体状分布。

滑坡区地下水类型主要为孔隙水及裂隙水。裂隙水主要赋存于滑坡裂缝及滑动层中，滑坡前缘位置可见地下水泉眼11处，水量6～30L/h不等。孔隙水赋存于斜坡局部坡积碎石土较厚地段，主要接受大气降水的补给，以下降泉及潜流形式分散排泄，因地形较陡、碎石土的赋水能力差，降雨后补给快、排泄快，水量较小。

滑坡工点由两段挖方边坡构成，K+210～K+520及K+520～K+630，K+520附近为自然冲沟。K+210～+520右侧边坡，原设计4级边坡，最大边坡高度44m，单级边坡高度10m，第四级边坡高14m，平台宽2m，二级边坡坡顶平台8m，边坡坡率第一级为1:1，其余为1:1.25。第一、三级边坡采用锚杆框架梁支护，第二、四级边坡采用人字形骨架植草防护。K+520～K+630右侧边坡，原设计三级边坡，最大边坡高度31m，边坡按10m分级，第一、二级边坡坡率为1:1，采用锚杆框架梁支护，第三级坡率为1:1.25，采用人字形骨架防护。

滑坡全景照片见图7-1。

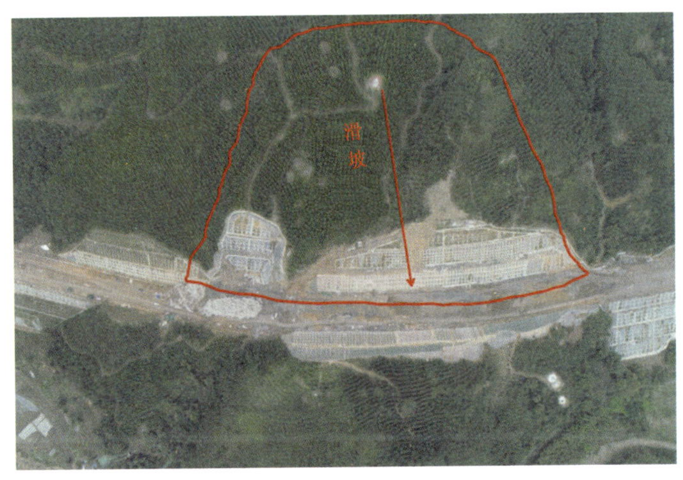

图7-1　滑坡全景鸟瞰图

2. 变形特征

两段边坡在施工开挖过程中，受地质条件及降水的影响，均发生了不同程度的开裂和变形，并最终连接、贯通形成一处滑坡体。滑坡产生的裂缝共75条。

滑坡周界裂缝呈簸箕形，前缘至后缘的水平距离约300m，滑坡上部宽约200m，下部宽约390m。滑坡体后缘高程约359m，滑坡后缘张拉裂缝下错呈陡坎状，裂缝宽度10～100cm，陡坎高度最大可达1.8m。剪出口高程约264m，已开挖边坡的前缘部位可见明显剪出口及地下水流出。滑坡中部发育有规模不一的张拉裂缝和羽状裂缝，局部凹陷。滑坡后缘及剪出口照片分别见图7-2、图7-3。

3. 监测资料

本段滑坡利用地质补充钻孔，共布设21个测斜孔，形成4个典型的监测断面，分别为K+310、K+360、K+430正向垂直路线走向断面，以及K+575与路线斜交(主滑方向)断面。深部位移监测资料揭示滑坡主滑方向为175°，局部临近边坡堑顶线附近受较大临空面影响，滑动方向以211°为主。

图7-2 后缘张拉裂缝

图7-3 滑坡剪出口

主滑断面K+575以斜向断面为主,共布置了6个测斜孔,滑坡区5个,线路下游临河侧1个。监测曲线揭示滑面位置分别为29m、31m、29.5m、30.5m;坡脚监测孔揭示上下两层滑面,其位置分别为10m和20m。

K+310断面共4个监测孔,滑坡区3个测孔滑动面位置分别为7.5m、10.5(13.5)m、17.5(21.5)m,下游临河侧监测孔变形不明显。

K+350断面共5个监测孔,滑坡区4个测孔揭示滑动面位置分别为7.5(12.5)m、16.5m、22m、30m。

K+430断面共6个监测孔,滑坡区域4个,揭示滑动面位置分别为6.5(15)m、12m、17.5m、31.5m。下游临河侧布置两个测斜孔,监测期间无明显变形。

4.机理分析

地质勘察揭示本滑坡体的物质组成主要为含碎石粉质黏土、全风化页岩、全风化泥质砂岩、强风化泥质砂岩等,滑坡体中部厚度较大,一般25~30m,下部及上部厚度略小,一般8.0~9.0m,总体平均厚度约20m,滑体方量近310万m^3,属于巨型滑坡。滑坡滑床主要由石炭系下统大塘阶测水组(C1dc)强—中风化砂岩、泥质砂岩、石磴子段(C1ds)灰岩、泥质灰岩等组成。

滑动带主要为全风化页岩、炭质页岩软弱带。钻孔岩芯可见明显擦痕(图7-4),且含水量明显偏高,土体强度低。剪出口呈软塑~可塑状,滑面光滑、平直。

图7-4 剪出口及滑动面处钻孔岩芯擦痕

综合地质条件和变形特征,分析滑坡作用机理如下:

(1)本工点在微地貌特征、岩层产状、物质成分、地下水出露等多方面证实为古滑坡体,并在勘探过程中揭示古滑面,地质条件极差,自然边坡已接近处于临界滑动状态,在外界干扰下极易诱发古滑坡复活。

(2)地形条件。滑坡发生区域坡体前缓后陡,发生变形的前部缓坡自然坡面坡率为15°~20°,后部陡坡自然坡面坡率为30°~45°,具有古滑坡地貌特征。

(3)地质条件。坡体岩层产状小角度斜交顺倾,易产生顺层滑动;且坡体夹杂多层全风化页岩、炭质页岩,为易滑软弱夹层;另外滑坡取下伏灰岩为隔水层,在基岩顶面容易形成富水带,软化岩土体,易诱发边坡滑动变形。

(4)水的影响。斜坡体上部地形相对低洼,汇水面积大,施工期间遇到持续降雨,地表汇水下渗转化为地下水,增加了岩土体的饱和重度,加大了下滑力,地表水下渗至全风化岩等相对隔水层时,沿该层岩土体顶面渗流,并形成软弱面,降低了抗滑力,导致斜坡体失稳下滑。

(5)公路边坡开挖。切削边坡坡脚,削弱坡脚抗力,破坏了原有斜坡应力平衡,诱发古滑坡复活变形。

5. 稳定性计算

(1)滑面分析

综合深部位移监测资料、岩层产状、软弱夹层分布、坡体富水层、地表变形特征以及微地貌特征,综合确定滑坡范围、各层滑面形态、位置及对应范围。

(2)指标反算及剩余下滑力计算

根据滑坡现场变形特征,判断其已处于临界极限状态,由此确定反算的稳定系数为0.95~1.02。根据不同断面裂缝的发展顺序、剪出口形态、地形特点,采用分区分块的原则,对不同滑面及同一滑面上不同区段的抗剪强度进行反算,反算指标经与试验指标、地区经验指标比较修正后确定。再根据反算参数计算滑坡剩余下滑力,采用简化 Bishop 法进行,计算结果见表7-1。

典型横断面稳定性分析结果

表 7-1

代表断面	滑面	安全系数	阻滑段		挤压过渡段		主滑段		后缘起滑段		牵引段		剩余下滑力(kN)
			c	φ	c	φ	c	φ	c	φ	c	φ	$F=1.2$
K+575 主滑断面	滑面 13	1.003	10	13			10	11	10	13	0	32	5950
	滑面 14	1.005	10	18	10	13	10	11	10	13	0	32	6450
	滑面 23	0.988	10	13			10	11			0	32	5050
	滑面 24	0.993	10	18	10	13	10	11			0	32	5550
K+430	滑面 13	1.013			10	10.5	10	10.5	10	10.5	0	32	4200
	滑面 14	1.036	10	18	10	13.5	10	10.5	10	10.5	0	32	4250
	滑面 23	0.971			10	10.5	10	10.5			0	32	3950
	滑面 24	1.009	10	18	10	13.5	10	10.5			0	32	3950
K+350	滑面 13	0.993	10	18	10	13			10	30	0	32	2400
	滑面 23	1.033	10	18	10	13	10	10.5			0	32	2920
K+310	滑面 13	0.990	10	22			10	19.5			0	32	530
	滑面 23	1.005	10	22	10	19.5	10	12			0	32	3030

注:c 为黏聚力,φ 为内摩擦角。

6. 治理措施

该巨型古滑坡治理工程分为应急措施和治理工程两部分。

(1)应急措施

①地表裂缝处理:裂缝应及时处理,避免雨水下渗。沿裂缝走向开挖不小于 50cm 深度的坑槽,坑槽宽度约 0.5m,先回填黏土夯实 30cm,夯实面找平后,再回填黏土夯实至原始坡面,最后表面采用厚度 15mm 水泥砂浆进行抹面,抹面宽度要求覆盖坑槽两侧不小于 30cm。

②结合永久截水沟的设置,做好临时排水设施,避免坡面水汇入滑坡区。

③确保施工过程中的安全性,需先对滑坡进行坡脚反压。

④应加强滑坡防治的监测工作,并以施工安全监测和防治效果监测为主,施工期间监测数据采集宜为每天一次,营运期间的监测数据采集时间间隔宜为 7~15d。在外界扰动较大时,如暴雨期间,应加密观测次数;并及时分析滑坡监测资料,监测出现异常时,必须及时上报。

(2)坡形坡率

本段滑坡处于山体北部呈陡坡向南呈缓坡状延伸的部位,滑坡后缘裂缝基本位于自然坡体陡缓相交地段,因此卸载的原则为:

①尽可能卸载土方,减少剩余下滑力,减轻抗滑桩的压力。

②卸载后缘形成的新的开挖边坡应与后部山体保持适当安全距离,以防影响后部山体稳定,造成滑坡范围进一步牵引发展。

经反复比较、分析计算后,确定 K+310、K+350、K+430 及 K+575 各典型断面刷方方案。

第一步,整体卸载方案。第一级宽大平台宽度 103m,后部边坡按 8m 分级,控制断面分级坡率为 1:2.0,第二级宽平台宽 30m,其余一般边坡平台宽 3m。边坡卸载后,后部边坡最高 7

级，最大边坡高度 55m。

第二步，细部完善方案。边坡主体卸载形成后，结合抗滑桩的详细设计位置、局部进一步卸载位置处滑面抗剪强度以及最终对剩余下滑力的影响，对第一级宽平台进行二次卸载，以期进一步减小剩余下滑力。对于 K+350、K+430、K+575 断面，主体卸载后的宽平台继续向后卸载 20m，则稳定安全系数提高约 0.007。然而对于 K+280 断面，如宽平台继续向后卸载 20m，则稳定安全系数反而降低 0.003，因此本断面结合场区边坡形式，向后卸载 15m，保证侧界边坡设置合理。

（3）支挡加固

滑坡刷方后，各断面剩余下滑力计算见表 7-2。

典型断面卸载后稳定性分析及剩余下滑力计算　　表 7-2

代表断面	滑面	卸载后安全系数	阻滑段		挤压过渡段		主滑段		后缘起滑段		牵引段		桩位剩余下滑力(kN)	支挡后安全系数
			c	φ	c	φ	c	φ	c	φ	c	φ		
K+575	潜在滑面	1.160	10	18			10	11			0	32	1000	1.205
K+430	潜在滑面	1.157	10	18	10	13.5	10	10.5	10	17	0	32	1000	1.212
K+350	潜在滑面	1.180	10	18	10	13.5	10	10.5	10	16	0	32	500	1.219
K+310	潜在滑面	1.190	10	19.5			10	11	10	13	0	32	50	1.231

注：c 为黏聚力，φ 为内摩擦角。

①滑坡卸载后，后部形成高边坡，稳定性不满足要求，需进行强力支挡。考虑到岩土体工程性质差，基岩面较深，如采用锚索支护则锚索长度近 50m，施工难度大，因此选用钢花管注浆进行处治。考虑 K+210～+520、K+520～+630 两段区域的滑动方向、最大边坡位置，分别于后部边坡第一级边坡平台及第三级宽平台设置两组钢花管注浆，设置范围 45～80m。钢花管长度为 22～30m 不等，实际施工时根据地层情况动态调整。钢花管采用 ϕ89 钢管，壁厚 6mm，孔内注 M30 纯水泥浆。

钢花管横向间距 1.0m，纵向沿路线间距 1.2m，顶部采用 C30 混凝土现浇连系梁连接，宽 2.5m 厚 0.4m。

②由剩余下滑力计算结果，确定抗滑桩的设置及数量，布置形式考虑了分区、分块治理的思路，同时考虑滑坡的滑动方向及滑面、滑床形式。K+210～+520 段落，为 A 区，卸载后剩余下滑力较小，总体设置一排 ϕ260cm 圆桩，设计承载力 500kN/m，共计 42 根，本段滑体下滑方向较为明确，抗滑桩布筋采用非均匀方式，受拉区布筋范围 120°。

A 区抗滑桩悬臂 10～14m，桩顶预留两孔预应力锚索孔。

③K+520～+630 路段以斜向 575 断面为主控断面，作为抗滑桩设置 B 区。按剩余下滑力布置 ϕ260cm 圆桩需 2 排，每排桩设计承担剩余下滑力 500kN/m，分别设置于滑动面的前端阻滑段、中部。

B 区抗滑桩悬臂 20m 左右，为减小桩顶挠度及改善桩身受力，如桩顶设置预应力锚索，则锚索长度 65～75m，施工难度大，为此仅于桩顶预留锚索孔。但为提高桩前土体的强度，B 区抗滑桩前部设置两排钢花管注浆，以加固桩前土体。钢花管排距 1.0m，纵向间距 1.5m，桩顶设置 40cm C30 混凝土连系梁。B 区抗滑桩按下滑角度 175°设置支挡方向，采用非均布配筋，受拉区布筋范围 180°。

④K +597 ~ +615 坡面滑塌，对第一级边坡平台进行加宽至 5m 以便设置 B 区 4 根抗滑桩，平台上部的边坡按 1∶1.25 进行放坡，并与前后边坡进行舒缓过渡。调整后的边坡为四级，其中第二、三级重做锚杆格子梁防护，最上第四级设置骨架护坡。

抗滑桩直径 2.6m，间距 6m，采用旋挖机施工。根据滑动面、滑床基岩位置，确定桩长不小于 1.1 倍的悬臂段长度，实际施工过程中，应根据旋挖出露地层情况，动态调整。每 3 ~4 根抗滑桩桩顶采用横系梁相连，宽 1.5m × 高 1.2m。

⑤K +220 ~ K +500、K +597 ~ K +615 第一级边坡已产生滑塌、错动，剪出口明显，同时考虑提高抗滑桩桩前土抗力，对第一级边坡防护方案进行调整：钢筋混凝土格梁维持不变，取消原设计的锚杆，代之以设置 ϕ89mm 钢花管注浆。钢花管长度 9m，按格梁间距 3m 设置，格梁浇筑时应注意间距避让、错开抗滑桩。K +500 ~ K +597 第一级边坡出水严重，坡面产生滑塌，取消原人字形骨架，采用框格梁 + 钢锚管注浆方案。

⑥K +220 ~ K +500 路段，为减小抗滑桩长度，对第一级边坡平台进行加宽至 5m，以便设置抗滑桩，第二级边坡坡率调整为 1∶1.75，采用人字形骨架植草防护。

(4)排水系统

水是引起边坡滑塌的重要因素，本段滑坡水文条件较差，特别是 K +520 ~ +630 路段，地下水丰富，水量大。需要采取地表水和地下水综合排水系统进行有效截排、引排地表、地下水。

①K +510 ~ K +525 段落边坡坡面出水严重，为疏排坡体内部地下水，采用集水井 + 仰斜式排水孔组合方式；集水井暂设置 2 个。

卸载后形成的后部高边坡坡脚分别设置仰斜式排水孔，间距 6m。视局部段落的出水情况，可动态调整排水孔的间距。

卸载后的坡面排水由截水沟、排水沟构成，形成完备的排水系统。截水沟采用现浇 C20 矩形沟，卸载过程中即结合临时排水措施，在滑坡周界外围设置，避免山体坡面水汇入滑坡处治区。

卸载后坡面场区范围大，为加快场区排水，设置纵、横向排水沟。中部设置 PSG-1 排水沟，尺寸 1.5m ×1.5m，场区与两侧侧面交界处设置 PSG-2 排水沟，尺寸 1m ×1m。PSG-1 和 PSG-2 之间，边坡平台处设置多道 PSG-3 排水沟和 PSG-4 排水沟，尺寸分别为 0.6m ×0.6m、0.4m ×0.4m。排水沟采用 C20 现浇混凝土施工，边坡坡面排水沟设置为踏步形式。

为进一步降低坡体内部水分，排水沟 PSG-1 及 PSG-2 下部增设了大型排水碎石盲沟。

②增大 K +520 ~ K +695 段右侧边沟截面，经计算，采用高 2.2m，沟口宽度 2.1m 的梯形钢筋混凝土边沟。同时边沟底部设置宽 2.0 × 高 1.0m 矩形碎石盲沟，以疏排坡脚渗水。

(5)绿化防护

整个场区边坡坡率较缓，坡面全部采用喷播植草防护。

该滑坡治理工后照片如图 7-5 所示。

图 7-5　工后航拍图

第二节　堆积层边坡典型实例

堆积层为异地搬运堆积，物质成分复杂，稳定性较差，修建于堆积层上的边坡工程，一旦坡体发生变形，将快速牵引形成大规模滑坡，因此，应重点做好以下几个方面基础工作：一是查清堆积体分布范围、厚度变化与基底形态及其形成机理，一般情况下，崩坡积以重力作用为主，相对较密实，基底坡度相对较大；而冲洪积则较松散，多夹有泥质夹层，基底相对平缓。二是摸清堆积体及下伏地层的工程地质条件，重点查清堆积体内、堆积界面和下伏地层的软弱夹层及分布形态、地下水发育情况，便于合理分析潜在滑动面。三是掌握公路边坡与堆积体的相对关系，合理评估边坡开挖对堆积体的影响程度和影响趋势。四是关注公路边坡开挖暴露的软弱夹层数量和位置，务必做到整体与局部均能全面治理的目的，并在施工过程中严格按照施工顺序、施工工艺和技术控制要求。

以下为广东境内某高速一处堆积层滑坡治理工程实例。

一　工程概况

广东境内某高速公路堆积层公路边坡地处南亚热带季风区，区域内降水量丰沛，年降水量为 1410.4～2126.8mm，年平均降水量 1930.8mm，易受台风过境或台风环流影响引起大雨到暴雨。地震抗震设防烈度为 6 度，线路区地震动峰值加速度为 0.05g。

工点地处低缓丘陵地貌，地形起伏较大，坡体地面高程为 106.0～142.0m，相对高差 36m，自然坡角最大约 25°，山体植被发育。边坡范围为 K＋320～＋890，全长 570m，最大坡高为 27m，边坡倾向 60°。坡顶距离线路中心约 200m 处有一高压线塔。

边坡原设计为三级公路边坡，最大坡高为27m。鉴于坡顶地形较陡，坡顶有一高压电塔，设计采用陡坡率强加固措施。K+320～+670段第一～三级边坡坡率分别为1∶0.75、1∶0.75、1∶1，K+670～+890段边坡坡率为1∶1，平台宽均为2m，分级坡高为10m。防护加固形式分别为：第一级采用锚杆格梁加固，第二级采用2～3排预应力锚索框梁加固，第三级采用三维网植草防护。

边坡全景照片及工程横断面图见图7-6、图7-7。

图7-6　边坡全貌

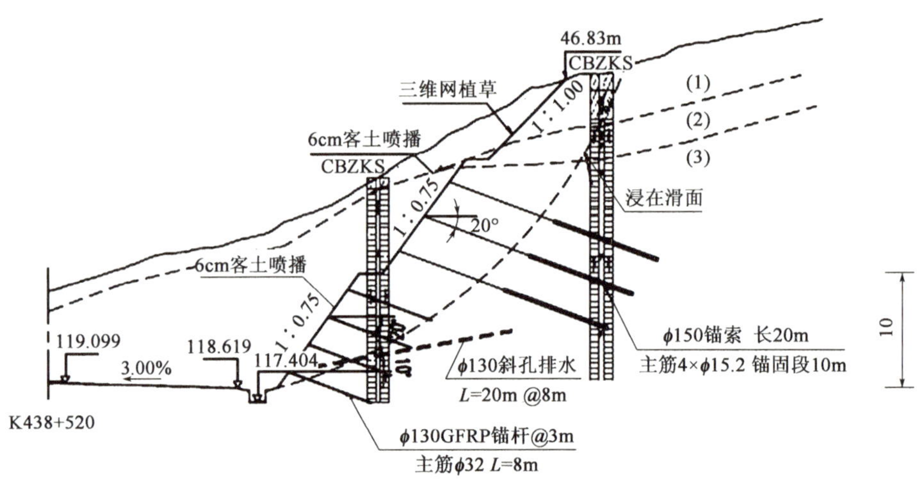

图7-7　边坡原设计断面图(尺寸单位：m；高程单位：m)

二　地质条件

1. 地层岩性

边坡主要由第四系坡残积粉质黏土、碎石土和泥盆系砂岩为主，下覆石炭系灰岩及其风化层，灰岩面起伏较大。各岩土层分述如下：

素植土(Q^{ml}):灰褐色,稍湿,可塑,土质较均匀,含少量植物根系。零星分布,厚度为0.50m。

粉质黏土(Q^{pl}):3.0m以上褐黄色、以下褐红色,湿,可塑,土质不均,含少量碎石。大部分坡表均有分布,厚度0.50~18.00m。该层局部夹饱水软塑状粉质黏土。

碎石(Q^{pl}):褐黄色,稍湿,颗粒级配不均,呈次棱角状,母岩成分为砂岩,含量约为65%,粒径2~5cm,由粉质黏土充填,局部含较多粉质黏土。分布范围较广,厚度7.00~16.90m。

粉质黏土(Q^{el}):灰黄色,湿~饱和,软塑,土质较均匀,含少量碎石。零星分布,厚度1.00~9.00m。

全风化砂岩(C_1ds):褐黄色,结构清晰,岩芯呈硬塑土质,手捏易散,遇水易软化,局部夹少量碎石。局部分布,厚度1.90~8.70m。

强风化砂岩(C_1ds):褐红色,结构可辨,岩芯呈半岩半土状夹大量块状,风化不均匀,岩质较软,易软化。局部分布,厚度8.30~30.00m。

强风化砂岩(C_1ds):棕黄色,岩芯呈土状夹大量块状,风化不均匀,土状岩芯砂感强烈,遇水易散,岩质软。局部分布,厚度0.40~25.60m。

中风化灰岩(C_1ds):灰色,微晶结构,中厚层状构造,节理裂隙较发育。

中风化炭质灰岩(C_1ds):灰黑色,微晶结构,层状构造,节理裂隙较发育。

2. 地质构造

岩层节理裂隙发育,呈碎块状,对边坡稳定性影响较大的为一组顺向的结构面,其产状为45~65°∠40~50°,其密度一般为6~8条/m,可见延伸长度1~5m,以剪节理为主。在K+600m桩号线路右侧160m处见有一小断层,断面产状45°∠60°,较为平直,上盘已被剥蚀掉,断面上可见摩擦镜面及小擦痕,可见延伸长度1~2m。

3. 水文地质

区内气候温和,雨量充沛,地表径流对坡面坡脚的冲刷较大。大气降水为地下水主要补给来源。地下水主要类型为孔隙水及基岩裂隙水。前者主要赋存于第四系松散层中,孔隙含水量随季节变化;后者赋存于岩石裂隙中,其透水性及赋水性极不均匀。地下水以侧向渗流的形式向沟谷排泄或蒸发。

勘探揭示地下水位埋深在3.20~22.20m之间,平均埋深为12.86m。

三 变形特征

1. 地表变形特征

上部两级边坡开挖完成后,受连续强降雨影响,边坡K+490~+670段发生不同程度的开裂变形。

第一段大约在K+500~+650,坡体从坡顶坡口线位置发生大面积沉落,坡面垮塌,后缘形成高达2~3m的垮壁,最上一级已施工的三维网植被坡面破坏垮塌,已施工的锚索钢绞线外端露出坡面数米，坡间急流槽垮断，并在堑顶以上形成多道地表张裂缝。滑坡体轴长10～40m，宽约150m，厚度5～9m，平均厚度8m，总体积约18000m^3，滑动面产状70°∠25°，埋深5～9m，属小型中厚层滑坡，其平面形态呈近似“三角形”。滑坡冠位于开挖边坡顶部再往上2m处，高程约147m，滑坡趾位于坡脚，高程约为108m。滑坡陡坎高（后缘下挫高度）0.2～4.5m，滑坡陡坎附近及后缘裂缝较为发育（其中电塔附近一组后缘裂缝与西侧裂缝已相连贯通），裂缝主要发育有3组，近平行分布，均为张裂缝，与滑动方向垂直，裂缝宽度2～10cm，大者可达40cm，可见延伸长度1～10m不等，连续性较好。滑坡体的物质组成主要为坡积、残积物（以坡积物为主），由砂岩、泥岩岩块和残积粉质黏土、砂质黏土组成，土质结构松散，呈饱水软塑状态。

第二段大约位于K+770～+820，为坡体上部含碎石粉质黏土层坡面崩塌，崩塌体堆积于一级坡面和坡脚，崩塌体轴长4～12m，宽约35m，厚度2.5～5.0m，崩塌体体积约1500m^3，属小型崩塌。崩塌体物质成分主要为残坡积物、强风化碎岩块、杂草和树等，其中碎岩块岩性为土黄色薄层状泥岩、页岩，其大小一般为10～40cm，大者可达80cm。残坡积层厚5～6m，其中多含有碎石块，磨圆差，土质结构松散，呈饱水软塑状态。受雨水渗透侵蚀及土体自重等作用大多散落堆积于坡面上，少量堆积于坡脚处，坡顶上仍残留有少量临空面。边坡各段变形情况见图7-8～图7-10。

图7-8　K+490～K438+580段边坡滑塌照片

图7-9　K+580～K438+670段边坡滑塌照片

图 7-10　K +770 ~ +820 段边坡崩塌变形照片

2. 监测资料

该边坡在 K +530 设置监测主断面，两侧 K +480、K +580 和 K +700 处设辅助监测孔，最大深部位移达到 28.5mm，深度为 5m。另外，该断面两个监测孔分别揭示在 12.5m、11.6m 位移发生突变（图 7-11）。

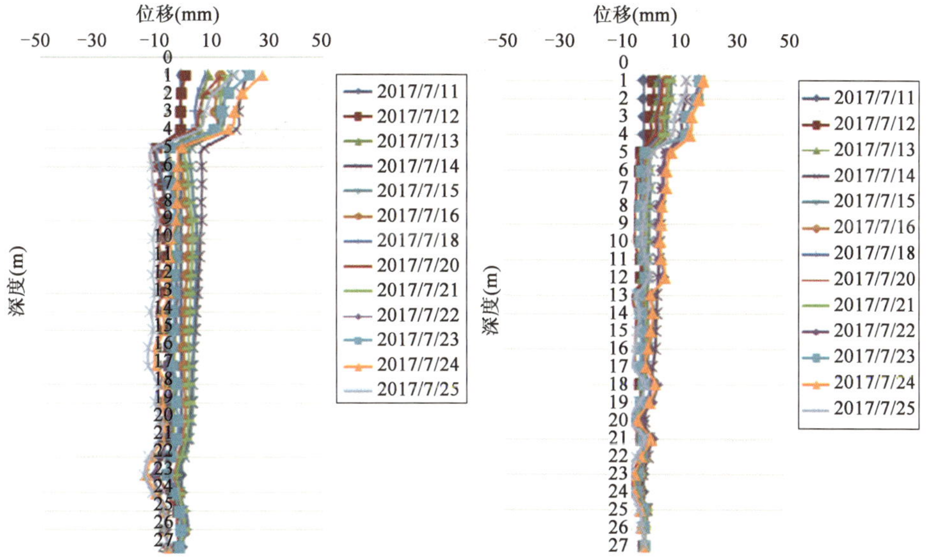

图 7-11　K +530 断面深部位移监测曲线（A、B 方向）

四　机理分析

1. 地形地貌条件

地质勘察资料揭示，滑坡所处位置微地貌上属于一冲沟地形，堆积大量松散坡积物，为沟槽堆积体。且汇水面积较大,为一个主要汇水地带。在雨水浸润、渗透及冲刷作用下,易形成崩塌或滑坡,引起边坡垮塌。

2. 地质条件

该边坡上部为堆积体,主要成分为残积粉质黏土、砂质黏土及碎石块等,结构松散,透水性好,是易失稳地层。在雨水对土体充分饱和后,其凝聚力降低,在强降雨的冲刷作用下边坡发生变形、失稳。

下伏基岩由强风化泥质粉砂岩、泥岩等组成,岩石风化强烈,多呈全~强风化岩,岩层产状:145~183°∠35~55°,节理裂隙发育,发育一组结构面,产状:45~65°∠40~50°。根据边坡坡面与岩层结构面关系赤平投影图,结构面 L 2 顺倾坡面,对边坡稳定极为不利。

总体上,坡残积土的沉积层理面、坡残积土与基岩面的接触面发育,且两者的倾向与边坡的倾向几乎一致,为地表潜水流动提供了极好的渗流通道,为本边坡变形、失稳一个极为重要的内在因素之一。

3. 气象水文条件

该区属暴雨多发区,在强降雨作用诱发下,雨水冲刷坡体表面并沿浅层松散土体裂缝渗入,渗透软化、侵蚀坡内岩土体,造成坡体岩土体黏聚力显著降低,导致坡洪积的碎石混粉质黏土层由坡面产生崩塌,进而引起后侧土体阶梯状牵引式层级滑塌。

4. 人类工程活动

边坡建设过程中,局部开挖边坡形成了削坡地形,坡面植被稀少,长期受雨水和坡面汇水的冲刷、侵蚀,因此开挖高陡边坡是边坡垮塌发生的外在因素。

五 稳定性计算

1. 滑面分析

综合深部位移监测资料、地表变形裂缝、坡体地质条件和微地貌特征,最外延裂缝为滑坡后延位置,边坡一级坡脚为滑面剪出口位置,位移曲线发生突变点深度为滑面控制点,由此综合确定滑坡范围、滑面形态和深度。

2. 指标反算及剩余下滑力计算

根据边坡变形现状,结合工程经验,给边坡稳定性赋值在 0.95~1.02 之间,经多次试算并与现场实际情况核对后,最终反算得出滑面黏聚力 $c = 13\text{kPa}$,内摩擦角 $\varphi = 18°$。由此计算出滑坡剩余下滑力如下:

现有滑面,取安全稳定系数 $K = 1.2$,当前剩余下滑力为 1357.8kN,刷方减载后为 144.2kN。

潜在滑面，取安全稳定系数 $K=1.2$，当前剩余下滑力为 2208.6kN，刷方减载后为 925.2kN。

六 治理措施

1. 应急措施

(1)对 K+480 ~ +730 滑塌段边坡进行紧急反压回填处理，反压体顶宽 10m，高 15m，坡率为 1：1，压实度不小于 90%。

(2)对裂缝及坡顶截水沟沟背采用黏性土回填夯实，用彩条布进行覆盖，防止雨水下渗，做好边坡平台防水工作。

(3)现场设置安全警示标志，做好相应排水措施，并对滑塌区进行相关参数测量。

(4)补充地质勘察，扩大范围对地表调查及专项地质调绘，增设地质钻探孔探明地质情况；利用地质补勘钻孔及时设置边坡深层变形监测点，加强对该边坡的变形监测工作，为后续边坡处治方案提供支撑依据。

2. 坡形坡率

K+320 ~ +450 段(Ⅰ区)：第一 ~ 四级边坡坡率均为 1：1.25，各级坡高分别为 8m、8m、8m、5.6m，总坡高 29.6m，平台均为 2m。

K+450 ~ +670 段(Ⅱ区)：第一级边坡坡率 1：1.00，第二 ~ 四级坡率 1：1.25，二级平台宽 4m，其余均为 2m 宽。各级边坡高分别为 8m、8m、8m、9.9m，总边坡高 33.9m。

K+670 ~ K+890 段(Ⅲ区)：第一、二级边坡坡率均为 1：1.00，各级坡高分别为 8m、6.8m，总坡高 14.8m，平台为 2m。

3. 支挡加固

(1)一级采用 3 排钢锚管格梁加固，钢锚管长 10m。

(2)二级采用 3 锚杆格梁加固，锚杆长 12m；二级平台设锚索抗滑圆桩，共布设 34 根，桩径 2m，桩长 25 ~ 32m，抗滑桩桩桩顶设二根锚索，长 36 ~ 38m。

(3)三级采用 3 排预应力锚索框梁加固，锚索长度 36m。

(4)四级采用 3 排预应力锚索框梁加固，锚索长度 26 ~ 34m。

(5)电塔下边坡 60m 范围采用微型桩，长 22m，桩径 20cm，内置 16 工字钢，间距 1.5m × 1.0m。

4. 排水系统

(1)临时排水：在二级平台抗滑桩前 6m，临时反压体处增设临时排水沟用于排放抗滑桩施工泥浆污水。临时排水沟截面尺寸为 60cm × 60cm，壁厚 20cm。临时排水沟采用 C20 混凝土预制块砌筑，M7.5 水泥砂浆抹面。

(2)坡表排水：边坡外设置两道堑顶截水沟，第一道位于开口线外 3m 处，外侧道最高点外包钢锚管注浆处，两道截水沟与道路排水系统连接，不得将排水散排至山体上。平台截水沟及急流槽采用 C20 混凝土现浇。

(3)深层排水:第一、三级框格梁范围段设置排水斜孔,孔径 ϕ130mm,间距 6m,孔深 20m。排水孔填充硬式透水管(ϕ110mm),内端头用透水土工布包裹。

5. 绿化防护

坡面均采用三维网植草绿化防护。

边坡治理工程工后照片如图 7-12 所示。

图 7-12　工后照片

第三节　煤系地层边坡典型实例

煤系地层工程性质极差,具有岩层软、强度低、抗风化能力差、遇水软化、活化变质等特性,极易诱发边坡发生变形失稳病害。由于华南地区煤系多以鸡窝状或夹层方式存在,导致勘察期间容易漏判,往往在边坡开挖揭露后才能发现,故诱发大量边坡发生变形病害。为了提高煤系地层公路边坡的处治能力,应从以下几点重点管控。

第一是充分认识煤系地层的工程特点。煤炭、全~强风化炭质页岩、炭质泥岩和其他全风化含炭质岩层极软,大家几乎都能意识到。但是对于强~中风化碳质砂岩、炭质灰岩,边坡刚开挖出露时结构较完整,强度较高,很多人误以为地质条件较好,轻视边坡处治问题,其实该类岩层暴露出来后,风化速度极快,往往经历几个月至一到两个雨季就基本完全风化,大幅降低边坡稳定性。

第二是煤系地层边坡对水非常敏感。受水作用后,岩土体物理力学指标急剧减小,快速降低边坡稳定性。工程实践中,经常出现雨季前,煤系地层边坡完好无损,可是在雨季期间或经受连续降雨作用下,边坡大面积滑塌破坏,就是因为煤系地层的亲水性引起的。为此,施工期间对边坡的截排水和坡面及时封闭工作对提高边坡稳定性具有重要作用。

第三是煤系地层公路边坡变形速度极快。在短期内可快速牵引发展为中~大型滑坡,为此，应在边坡开挖后加强巡视，发现变形及早处理。

第四是煤系地层分布方式不同，工程措施适应性也不同。一般情况下，强～中风化砂岩地层夹炭质岩层时，可采取锚固或支挡措施；当煤系地层呈厚层分布或风化厚度较深时，则不宜采用锚固工程。

下面列举一处煤系地层边坡变形病害处治案例。

一 工程概况

边坡长356m，最大坡高约30m，边坡倾向88°。所在区域为亚热带季风型气候，是南亚热带和中亚热带气候区过渡地带，气候温暖潮湿，雨量丰沛，多年平均降雨量1940mm，雨季长，夏季湿热，多有台风暴风雨，冬季干燥，温凉。地震动峰值加速度为0.05g，地震动反应谱特征周期为0.35s，对应的地震基本烈度为Ⅵ度。

边坡场区地貌形态属构造剥蚀丘陵地貌单元，场区植被茂盛，高差起伏不大，微地貌发育。原设计概况如下：

一级：坡高8m，坡率为1∶0.75；采用3排锚杆格梁加固，锚杆长11.0m，间距3×3m。

二级：坡高8m，坡率为1∶1.00；采用3排预应力锚索框梁加固，锚索长26～28m，锚固段长10m，间距3×3m。

三级：坡高8m，坡率为1∶1.25；采用3排锚杆格梁加固，锚杆长11.0m，间距3m×3m。

四级：坡高不等，坡率为1∶1.25；全坡面采用CF生态网植草防护。

各级平台宽均为2m。坡顶开口线位置设置倒角，开挖边坡与自然山坡采用圆顺衔接。坡面采用挂网客土喷播植草防护。

边坡原设计典型断面图见图7-13。

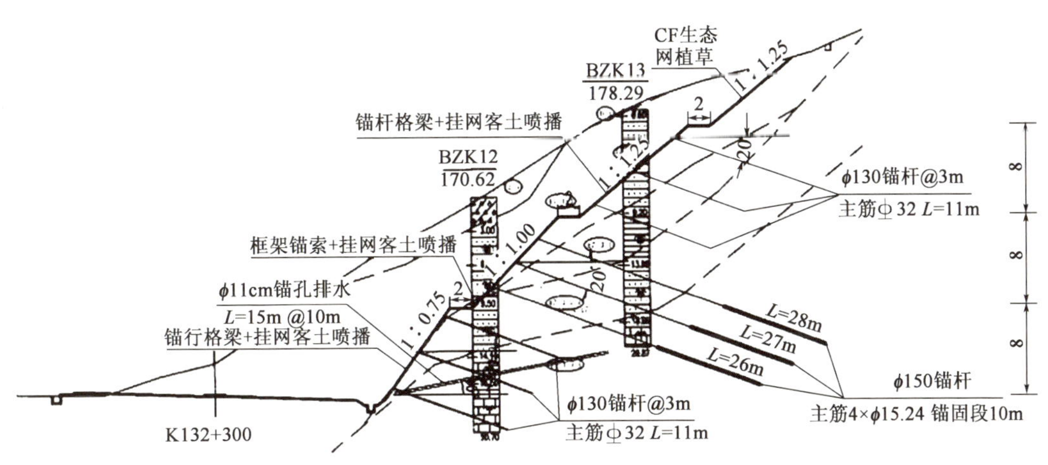

图7-13　K+200～K+556边坡原设计断面图（尺寸单位：m）

二 地质条件

1. 地层岩性

地质勘察揭示边坡地层岩性自上而下如下：

0-1 层素填土：褐黄色，松散，稍湿，主要由泥质砂岩碎屑组成，分布厚度 0.60～0.90m，平均 0.77m。

2-5 层含碎石粉质黏土：黄褐色，松散，稍湿，主要成分为泥质粉砂岩，含少量风化岩屑，黏性土充填，分布厚度：1.00～5.30m，平均 2.82m。

17-1-2-1 层强风化炭质灰岩（D_3m）：灰黑色，风化很强烈，节理裂隙很发育，岩性不均，局部与炭质页岩互层，分布厚度 1.2～8.20m，平均 3.90m。

17-1-2-2 层强风化炭质灰岩（D_3m）：灰黑色，风化强烈，节理裂隙很发育，夹强风化炭质页岩薄层，分布厚度 1.20～18.00m，平均 5.87m。

17-1-3-1 层中风化灰岩（D_3m）：青灰色，隐晶质结构，中厚层构造，节理裂隙发育，分布厚度 0.90～16.80m，平均 7.85m。

17-1-3-2 层中风化灰岩（D_3m）：青灰色，隐晶质结构，层状构造，风化程度中等，节理裂隙稍发育，夹炭质页岩薄层，钻探未穿透该层。

17-3-1 层全风化炭质页岩（D_3m）：灰黑色，原岩结构及构造完全破坏，岩芯呈黏土状，偶见风化碎块，分布厚度 1.20～8.60m，平均 4.53m。

17-3-2-1 层强风化炭质页岩（D_3m）：灰黑色，风化强烈，节理裂隙发育，岩性不均，局部与炭质灰岩互层，夹全风化炭质页岩薄层，呈透镜状分布，最大厚度约 7.60m。

17-3-2-2 层强风化炭质页岩（D_3m）：灰黑色夹灰白色，风化强烈，节理裂隙发育，岩性不均，夹中风化灰岩薄层，呈透镜状分布，最大厚度约 7.80m。

17-4-1 层全风化泥质粉砂岩（D_3m）：黄褐色，原岩结构及构造完全破坏，呈砂土夹碎块状，含浅灰绿色高岭石泥岩，分布厚度 1.10～26.90m，平均 10.11m。

17-4-2-1 层强风化泥质粉砂岩（D_3m）：棕黄色，泥砂质结构，层状构造，节理裂隙发育，分布厚度：1.00～7.90m，平均 4.83m。

17-4-2-2 层强风化泥质粉砂岩（D_3m）：褐黄色，泥质结构，层状构造，节理、裂隙发育。

2. 地质构造

边坡场区未发现有大断裂构造及全新世活动断裂通过迹象，路堑区段构造运动强烈，岩体破碎，节理发育，岩层起伏较大，坡体范围内岩层起伏较大，主要岩层产状有：109～137°∠34～51°。泥质粉砂岩多呈碎块状，其岩体破碎，节理裂隙发育，主要节理产状有：151°∠67°、155°∠15°、177°∠40°等。

3. 水文地质条件

场区雨季地表径流较多，场区地表水系发育；地下水由上部土层孔隙潜水、深部基岩裂隙水组成，含水量较大，其补给来源主要靠大气降水的入渗补给，该区夏季易受暴雨侵袭，降雨集中强度较大。

三 变形特征(含监测资料)

1. 地表变形特征

边坡按原设计施工至一级边坡锚杆格梁时，受雨季连续强降雨影响，K+315~+425段出现整体下滑现象。后缘张拉裂缝距离堑顶以上30m一线，呈弧形延伸长度约80m，下错约120cm，宽约70cm。两侧呈斜向向下延伸，侧界裂缝贯通至坡脚，剪错明显；剪出口位于坡脚一线，挤压溃屈，放射裂缝密布。坡脚明显积水，裂缝界面上岩体泥化现象较严重。另外，变形体范围内锚索框架和锚杆格梁断裂、下错，三级平台钢花管系梁开裂。边坡变形照片见图7-14、图7-15。

图7-14 边坡变形区全貌(K+135~+425)

图7-15 坡脚挤压溃屈、积水，炭质页岩出露

2. 深部位移监测资料

边坡变形后布设两个监测断面共四个深部位移监测孔，K+350断面为HP132-15和HP132-16监测孔；K+400断面为CX132-3和CX132-4监测孔。

HP132-16监测孔：布设在二级平台，在地面以下8m处存在拐点，并在地下23m处有明显深部变形拐点。

HP132-15监测孔：布设在三级平台，在地面以下11m处存在拐点，并在地面以下14m处有明显变形拐点。

CX132-3监测孔：布设在二级平台，在地面以下5m处发生位移拐点，并在地面以下14m处有明显变形拐点。

CX132-4监测孔：布设在三级平台，在地面以下11m处发生位移拐点，并在地面以下19m处有，明显变形拐点。

各监测孔深部位移曲线见图7-16、图7-17。

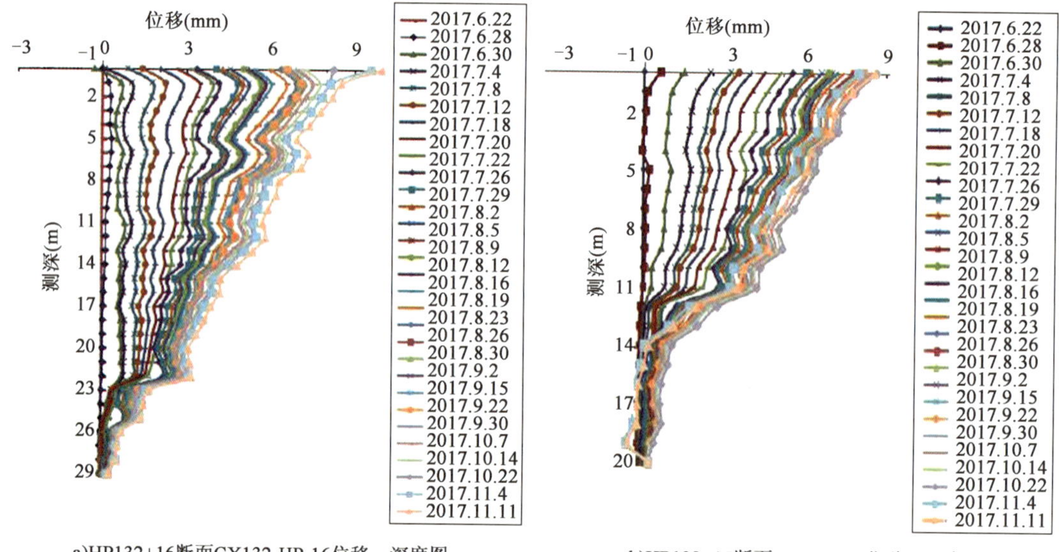

图 7-16　K + 350 断面深部位移曲线

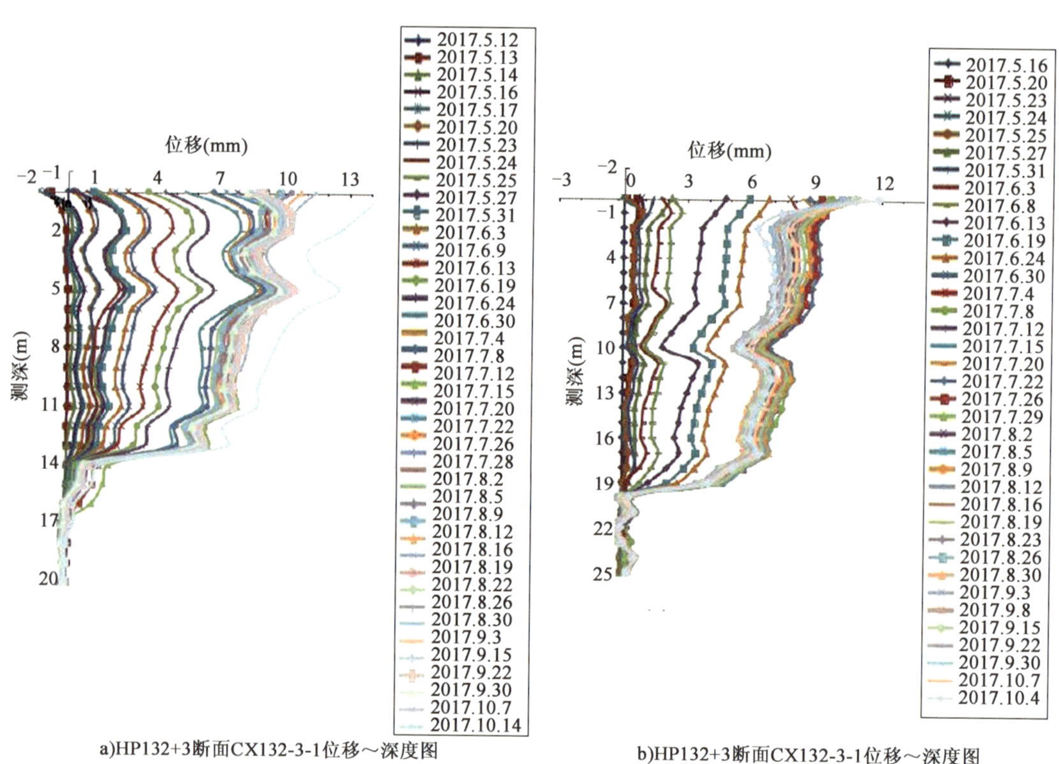

图 7-17　K + 400 断面深部位移曲线

四 机理分析

该边坡为典型的煤系地层，变形失稳的影响因素主要包括内在因素和外在因素两个方面。内在因素包括地形地貌、地层岩性、地质构造等；外在因素包括水文地质条件及人为因素（工程开挖）等。

1. 地层岩性

边坡主体主要由第四系坡残积粉质黏土和基底下伏泥盆系帽子峰组（D_3m）泥质砂岩、炭质页岩及炭质灰岩组成。受构造运动及风化作用影响，坡体全风化泥质砂岩夹薄层高岭石泥岩及全风化炭质页岩，坡体易沿着全风化高岭石泥岩或全风化炭质页岩发生滑动变形，是坡体变形失稳的主要因素之一。

2. 地质构造

边坡岩层产状 109～137°∠34～51°，与坡向 88°呈斜交顺层，不利于边坡稳定，也是坡体变形失稳的另一主要因素。另外陡倾节理面发育，易切割岩层形成侧界。

3. 地下水因素

滑坡区属构造剥蚀丘陵地貌单元，自然坡度 20°～30°，地势起伏不大，总体地形为下陡中上缓，易形成汇水区。大气降水及地下水渗入坡体内，造成坡体内部水位升高，且强、中炭质灰岩渗水性相对较差，导致其顶面区域形成富水带，浸泡、软化、泥化全风化炭质页岩，强度大幅降低，极易形成滑面诱发边坡失稳。

4. 工程因素

公路边坡开挖卸荷形成临空面，削弱坡脚抗力；工程措施尚未完全发挥加固效果，导致坡体抗滑力不足。

综上所述，该边坡依附于全风化泥质砂岩中高岭石泥岩夹层及全风化炭质页岩构成的软弱带以及不利结构面产生的顺层滑动，破坏模式为多级多层的牵引式滑动。

5. 滑坡稳定性综合评价及发展变化趋势预测

通过以上分析可知：整个滑坡体结构已受到破坏，坡体表面裂缝普遍分布，周界剪切裂缝和后缘拉张裂缝明显，现状稳定性差，尤其是在持续降雨条件下，随雨水渗入，可能导致滑坡整体下滑并向上向两侧牵引发展。

五 稳定性计算

1.滑面分析

依据边坡深部位移监测资料,综合该边坡的坡体结构条件与滑坡活动特征,结合其变形活动历史与现状及其发展趋势,综合确定各层滑动面为:

浅层滑面:深度5~11m,对应于全风化泥质砂岩高岭石泥岩夹层。

深层滑面:深度14~23m,主要对应于全风化炭质页岩,局部依附于层面。

2.指标反算

依据该边坡当前的变形活动特点,分析评价各层滑面对应的稳定程度,并以反算指标为主,结合相关试验与经验参数,综合确定各层滑面物理力学参数,见表7-3。

滑带土反算指标一览表

表7-3

滑　面	滑 带 土	天然重度 γ(kN/m^3)	黏聚力 c(kPa)	内摩擦角 φ(°)
浅层滑面	主滑段1	21.5	14	12
	主滑段2	21.5	14	14
	牵引段	21.5	0	32
深层滑面	主滑段1	21.5	15	16
	主滑段2	21.5	14	14
	牵引段	21.5	0	32

3.剩余下滑力计算

根据上述滑带土反算指标,分别计算K+350、K+400两个典型断面的深层控制滑面的剩余下滑力分别为1050kN和1100kN,见图7-18、图7-19。

六 治理措施

1.应急措施

(1)在变形失稳的K+315~+425段坡脚采用填土反压,反压高度10m(至一级平台),反压厚度15m。

(2)坡顶裂缝以上设置临时截水沟,并对裂缝采用黏土进行夯填封闭。

(3)对边坡进行专项补充地质勘察,利用地质补勘钻孔设置深部位移监测孔,另外开展地表裂缝和地表位移监测。

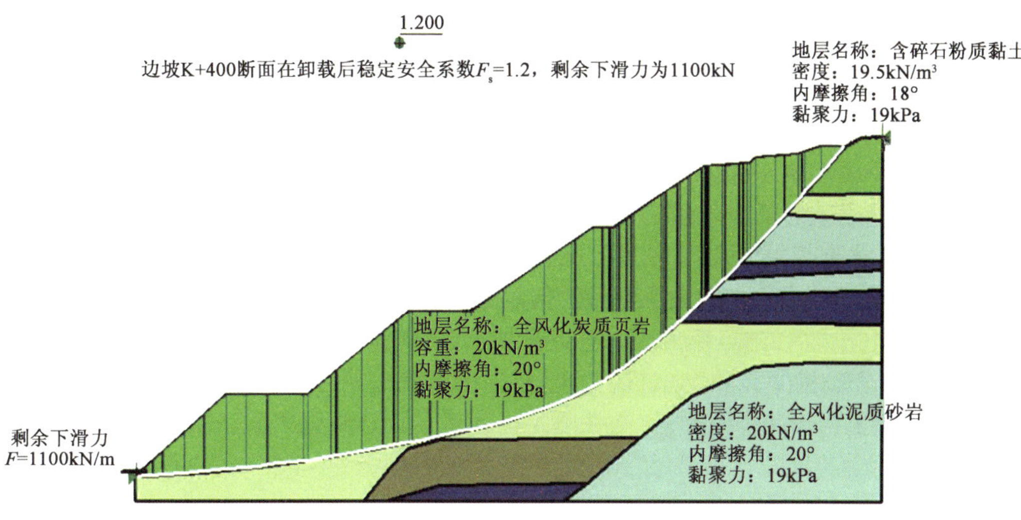

图 7-18　K + 350 断面计算图

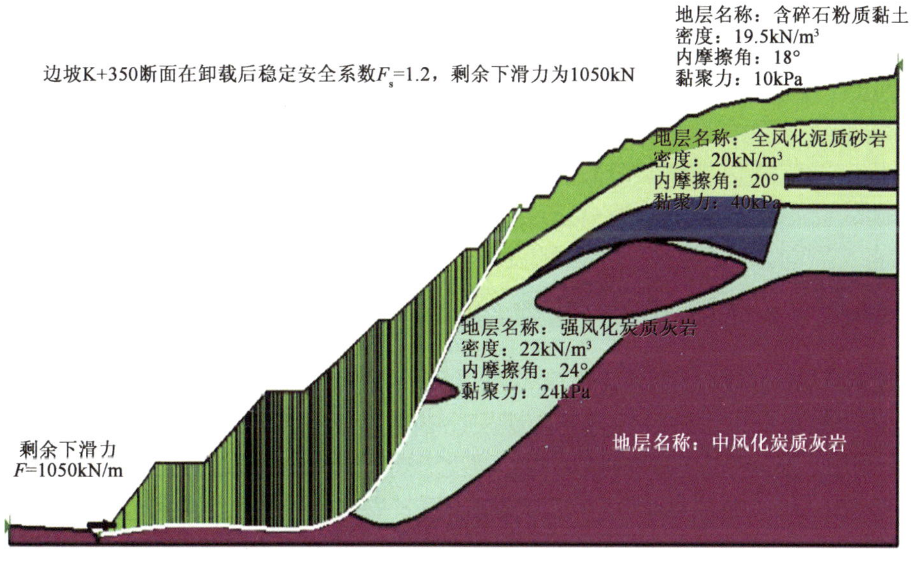

图 7-19　K + 400 断面计算图

2. 坡形坡率

鉴于坡顶自然山体高陡,边坡治理采取适当卸载 + 强加固的方案。

一级边坡坡率为 1∶1;两侧渐变至 1∶0.75。

二级边坡坡率为 1∶1.25;两侧渐变至 1∶1.0。

三级坡坡率为 1∶1.5。

四级坡坡率为 1∶1.5。

五级边坡坡率为1∶1.5。

一级平台变形区宽8m，两侧渐变至2m；二级平台变形区宽16m，两侧渐变至6m。

3. 支挡加固

（1）K+200～+315欠稳定区：

①一级边坡，原设计将锚杆格梁护坡调整为锚索框梁护坡延伸至坡高6m处，锚索长16、18、20m，锚固段10m。

②二级边坡，原设计将锚索框梁护坡延伸至坡高6m处。

③三级边坡，采用14.5m长锚杆格梁护坡。

④四级边坡，采用11.5m长锚杆格梁防护。

⑤坡脚碎落台增加两排钢花管注浆加固，长度6m，纵向间距1.5m，排距0.75m，桩顶布设帽梁。

（2）K+315～K+425主滑区：

①一级边坡采用30cm厚M7.5浆砌片石护坡。

②一级平台设置双排圆形抗滑桩，桩径2.0m，桩长14～21m，桩顶加系梁。

③二级边坡采用15m长斜向钢花管注浆加固。

④三级边坡采用14.5m长锚杆格梁护坡。

⑤四级边坡采用11.5m长锚杆格梁防护。

（3）K132+425～K132+555.7欠稳定区：

①一级边坡，原设计将锚杆格梁护坡延伸至坡高6m处范围。

②二级边坡，原设计将锚索框梁护坡延伸至坡高6m处范围。

③三级边坡，采用14.5m长锚杆格梁护坡。

④四级边坡，采用11.5m长锚杆格梁防护。

⑤坡脚碎落台处增设两排钢花管注浆加固，长度9m，纵向间距1.5m，排距0.75m，桩顶布设帽梁。

4. 排水系统

（1）地表排水系统

堑顶设置截水沟，每级平台设置平台排水沟，变形区凹槽部位增设三道急流槽，所有地表水通过截水沟和坡脚边沟引排至边坡范围以外自然排泄系统。

（2）地下水引排

一、二、三、四级边坡坡脚及边坡中部、五级边坡坡脚位置均增设仰斜式排水孔，间距10m，梅花形布设，排水孔长15m。

5. 绿化防护

全面坡面采用挂网客土喷播植草绿化。

K+200～+556边坡工后全景如图7-20所示。

图 7-20 K+200~+556 边坡工后全景

第四节 顺层边坡典型实例

顺层边坡以沿软弱带顺层剪切方式破坏为主，边坡变形与坡体地质环境密切相关，大型顺层滑坡通常具有以下三大特点：①滑面(带)依附于层间带或软弱夹层，多为泥岩、煤层或遇水极易软化的砂页岩等软弱岩层；②随着边坡向下开挖，滑面不断下切加深，滑动范围也不断扩大；③具有显著的渐进蠕变破坏特点，不仅表现在滑坡的宏观变形上，也体现在滑坡的力学参数的渐进退化方面。其原因为原状坡体层面间为天然强度，发生深层滑动后滑面指标将降低为残余强度。

顺层滑坡规模大，危害性大，应在边坡建设过程中引起足够重视，对于顺层边坡，重点是抓好基础工作，勘察全面，设计合理，然后在施工过程中严格按设计要求实施，具体应着重注意几点：一是加强前期勘察和现场动态调查复核工作，尤其是岩层产状，应全面调查分析，按最不利产状控制，必要时分段设计，不能以点代面，以防措施不足；并在施工过程中及时现场调查复核，存在明显偏差时应立即复核计算，以决定是否需要对原设计方案进行调整完善。二是尽量采取预加固措施控制边坡变形，严禁大开挖。充分考虑施工过程中支挡加固工程的滞后性，加强施工过程状态的边坡稳定性复核，必要时减小开挖高度，及时实施支挡加固工程或采取合适的预加固措施后再进行开挖防护加固。三是对于施工过程出现的变形要快速反应，及时抑制，否则将导致边坡变形范围和变形规模快速扩大。

以下列举一例典型顺层边坡治理案例。

一 工程概况

边坡场区属典型的南亚热带季风气候区，降水丰富，多年平均降雨量为 2139mm，降雨量时空变化不均匀，降雨量主要集中在每年 4—9 月的汛期，约占全年降雨量的 80%，而且多为暴雨。地震动峰值加速度为0.05g,地震基本烈度为Ⅵ度区。

边坡位于溶蚀丘陵斜坡地带处,山体植被发育,主要为灌木丛和刺槐林。地势稍陡,斜坡天然坡率为45°~60°,自然状态下边坡稳定。

边坡坡长265m,最大坡高约34m,坡向163°,原设计为2级边坡,最大高度30.0m。第一级边坡坡高15m,坡率1:0.5,平台宽度为2m,采用光面爆破+10cm客土喷播植草防护;第二级边坡坡高15m,坡率1:0.5,采用光面爆破+10cm客土喷播植草防护。一级边坡坡脚设排水边沟。

二 地质条件

1.地层岩性

地质勘察资料揭示,边坡地层主要为第四系(Q_4^{dl})粉质黏土和石炭系石磴子组(C_1ds)灰岩,地层由新至老如下:

粉质黏土:灰黑色,可塑,土质不均,含有大量的砂粒,黏性较差,分布在低洼地段,工程地质较差。

中风化灰岩:青灰色,矿物成分以方解石为主,隐晶质结构,薄层状构造,节理裂隙较发育,局部夹白色方解石脉。

微风化灰岩:青灰色,矿物成分以方解石为主,隐晶质结构,薄~中厚层状构造,以薄层状为主,节理发育,裂隙稍发育,夹白色方解石脉,轴夹角50°~70°。

2.地质构造

区内地质构造较简单,未发现断裂构造活动迹象。边坡范围内小型褶皱发育,岩层产状140~190°∠30~52°。

3.水文地质条件

(1)地表水

勘察期间路堑区主要为南边低洼处的地表水,流量较小,补给源为大气降水,水流量雨季较大,枯水期地表基本干涸。

(2)地下水

地下水主要为基岩裂隙水和岩溶水,受地表水补给季节性变化大,岩层裂隙发育,地下水排泄途径较短,排泄速度较快。

三 变形特征

边坡施工期间,在边坡开挖至坡脚附近一带时,边坡中间区段发生较大范围的顺层岩层滑塌,滑塌方量约2600m³。滑塌后缘呈参差不齐的锯齿状,为岩层张拉错断形成,上部岩层悬空松弛；滑面光滑，边坡两侧顺层角度较大，中间顺层角度稍小，滑面呈弧形。变形体上部及两侧岩体松弛张开，局部有明显渗水现象。边坡变形照片见图 7-21、图 7-22。

图 7-21　边坡全貌

a)滑塌前

b)滑塌后

图 7-22　边坡滑塌区

四　机理分析

1. 地质条件

边坡主体为薄层~中厚层状灰岩，受褶皱构造作用节理裂隙发育，岩层产状 140~190°∠30~52°，整体上为顺层边坡，层面间为光滑镜面，胶结差，易发生顺层滑塌，这是边坡失稳变形的主要原因。

2. 水的作用

边坡表土较松散，大气降雨形成的表水快速下渗，一方面快速抬高地下水位，增大坡体下滑力；另一方面坡体褶皱发育，层面和节理裂隙面贯通，地表水下渗通道流畅，在水的润滑作用下，岩体层间黏结力被削弱，降低坡体抗滑力。在两大因素作用下，坡体稳定性显著降低，这是诱发边坡变形滑塌的直接原因。

3. 工程活动

边坡开挖卸载和爆破震动等工程活动也在一定程度上对坡体稳定性产生不利影响，这也是坡体变形滑塌的诱因。

五 稳定性计算

1. 滑面分析

从上述坡体变形失稳机理分析可以看出，该边坡为典型的灰岩顺层滑动失稳，为此，控制滑面按坡脚为剪出口，对应该岩层层面即为滑面。

2. 指标反算

根据坡体顺层滑动破坏特征选择边坡稳定性为0.92～0.95，据此进行滑面岩土指标反算，然后参考地区经验指标对比，综合确定该边坡滑面岩土反算指标，见表7-4。

滑面岩土反算指标一览表　　表7-4

滑　　面	滑面岩土	天然重度 γ(kN/m^3)	黏聚力 c(kPa)	内摩擦角 φ(°)
灰岩层面	主滑段	21.5	5	22.5
	牵引段	21.5	0	40

依据该滑面岩土指标，计算该边坡变形体当前剩余下滑力为1070kN；经变更设计刷方后，剩余下滑力为240kN，加固处理后边坡稳定性系数为1.22。

六 治理措施

1. 坡形坡率

边坡分级高度为15m，坡率自下而上分别为第一级1∶1.0，第二级1∶1.0，第三级1∶1.25，第四级1∶1.25，第五级1∶1.25。边坡平台宽2m。

2. 支挡加固

(1)第一～五级边坡坡面均采用光面爆破。

(2)滑塌体范围以外大桩号段：该段山体自稳性较好，山体植被覆盖茂盛，为最大程度的保护环境，避免薄层削方的出现，第二级边坡采用一坡到顶放坡处理，但应加强该范围施工过程中的监测。

(3)滑塌体段：边坡开挖后揭示该段现状地面线与边坡设计线第二级中部相交段岩体产状大概呈1∶1.25坡率，变更设计坡率第二级为1∶1.0，该段在开挖后受小型褶皱影响可能会存在局部顺层滑塌及碎落，若开挖后岩层产状缓于坡角，则需要对该段边坡补充锚杆格梁加固，锚杆长9m。

(4)边坡成型后,应立即对坡面爆破开挖过程中松动的岩体、危岩、孤石等进行排查清理,未避免后续安全隐患,采取如下治理措施:

(5)在第一级、第三级边坡平台各布设一道SNS被动防护网,拦石网采用6m高设置。

(6)根据现场实际施工以及边坡开挖后岩体的破碎情况,适当在坡面设置SNS主动防护网,以起到稳定坡面,防止碎落和局部小坍塌的发生,具体以现场监理确认为准。

3. 排水系统

(1)地表水:每级边坡平台设置平台排水沟,边坡坡脚设置边沟。

(2)地下水:第一、二级边坡设置1排仰斜式排水孔,长18m。

该边坡变更设计典型断面图及处治后照片分别见图7-23和图7-24。

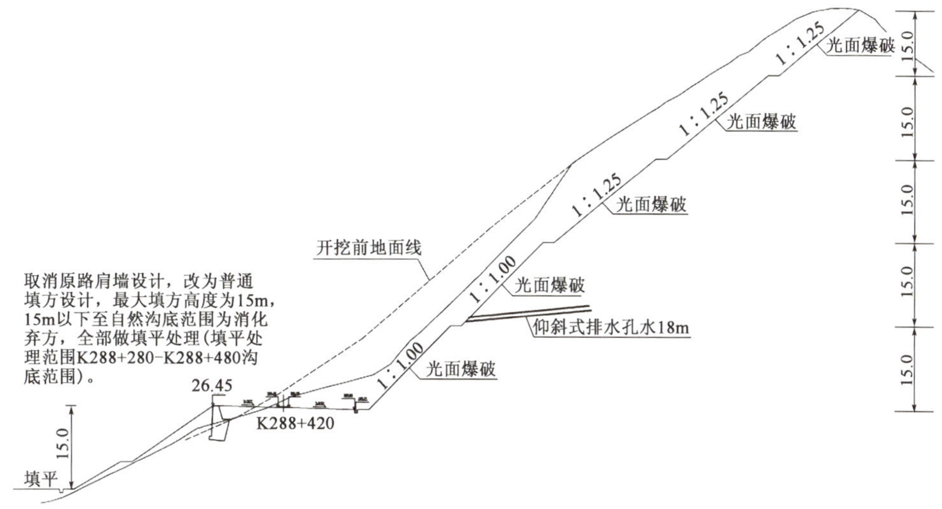

图7-23 边坡变更设计典型断面图(尺寸单位:m)

注:根据现场实际施工以及坡面岩体破碎情况适当设置SNS主动防护网。第1级、第3级边坡平台各设置一道SNS被动防护网。

图7-24 边坡治理过程中全貌

第五节　破碎岩质边坡典型实例

边坡坡体岩层破碎，一种是成岩环境复杂，原生节理发育；第二种是构造作用强烈，构造节理发育；第三种则是边坡直接构造破碎带内。前两种情况边坡以块体变形失稳为主，不过当发育长大贯通不利结构面时，也可发生大规模滑坡；第三种情况大多发生于破碎带极其影响范围内的整体失稳。破碎岩层边坡变形失稳在工程界也较普遍，对于该类边坡治理工程，一是需加强地质调查，包括查清结构面产状、性质、延伸长度和闭合程度，以及破碎带范围、地层岩性等，然后可通过绘制节理玫瑰花图、持平投影等方法进行组合分析。二是应结合边坡开挖情况，按最不利结构面组合来控制边坡变形体，以防措施不足导致边坡变形失稳。三是岩块间剪切作用较强，采用预应力锚索加固时，应复核其抗剪性能，多与抗剪性能较好的锚筋桩联合使用。四是坡体破碎岩层间空隙较大，涉及注浆的工程措施需有针对性解决方案。

下面介绍广东境内某破碎岩层边坡大规模变形病害治理案例。

一　工程概况

该边坡地处亚热带海洋性季风气候，受海洋季风的影响明显，气候温和潮湿，雨量丰沛，雨季长，夏季多台风、暴雨，平均年降雨量达到1688.3mm，每年4—9月雨季雨量占全年的84%。地震设防烈度7度，地震动峰值加速度为0.20g，地震动反映谱特征周期0.40s。边坡地处丘陵，地形起伏大，局部陡峭，自然坡角最大约35°；坡体地面高程为73.48～145.00m，后缘山体最大高程为212.92m。山体植被发育，生长松树及各种灌木、蕨类植物。

该边坡全长635m，最大坡高约60.65m，边坡倾向32°，原设计为六级边坡。分级坡高10m，各级坡坡率均为1∶1.00，分级平台宽度均为2m；第一级坡采用锚杆格梁＋客土喷播防护，第二级坡采用锚索框梁＋客土喷播防护，第三级坡采用锚索框梁＋三维网植草防护，第四级坡采用锚杆格梁＋三维网植草防护，第五级坡采用锚杆格梁＋三维网植草防护，第六级坡采用人字形骨架三维网植草防护。原设计典型断面图见图7-25。

二　地质条件

1.地层岩性

根据地质勘察和边坡开挖剖面揭示，该段边坡地层覆盖层为第四系素填土、坡残积粉质黏土；基底由燕山期花岗岩及其风化层组成，边坡中部揭露砂岩俘虏体。各岩土层特征自上而下分述如下：

(1)粉质黏土(Q^{dl+el}):褐黄色,稍湿,可塑~硬塑,土质不均,坡残积成因,厚度2.90~13.00m。

(2)砂质粉质黏土(Q^{el}):黄褐色,稍湿,可塑~硬塑,残积成因。零星分布,厚度为3.50~5.50m。

(3)全风化花岗岩($\gamma_5^{2(2)}$):灰黄色,风化完全,呈坚硬砂土状,岩质极软,遇水易软化、崩解,厚度3.10~27.00m。

(4)强风化花岗岩($\gamma_5^{2(2)}$):灰褐色,半岩半土状,岩质极软,局部分布,厚度3.40~19.00m。

(5)强风化花岗岩($\gamma_5^{2(2)}$):褐灰色,斑点白色,母岩风化成坚硬土状,土质坚硬,局部夹少量岩块,可见清晰母岩结构,厚度4.50~28.05m。

(6)中风化花岗岩($\gamma_5^{2(2)}$):青灰色,花岗结构,块状构造,节理裂隙较发育,岩体较完整,岩质坚硬,厚度1.50~10.40m。

(7)微风化花岗岩($\gamma_5^{2(2)}$):青灰色,花岗结构,块状构造,节理裂隙较发育。

(8)全风化粉砂岩(T_3J_{1y}):褐红色、褐黄色,结构清晰,岩质极软,遇水易软化,零星分布,厚度1.00~9.50m。

(9)强风化粉砂岩(T_3J_{1y}):灰褐色、灰色,结构可辨,岩质较硬零星分布,厚度22.50~22.70m。

(10)强风化粉砂岩(T_3J_{1y}):褐红色、褐黄色,结构可辨,半岩半土状,局部夹少量碎石状,零星分布,厚度15.60~17.10m。

(11)中风化砂岩(T_3J_{1y}):青灰色,砂质结构,层状构造,节理裂隙发育,岩质较硬,零星分布,最大揭示厚度为3.80m。

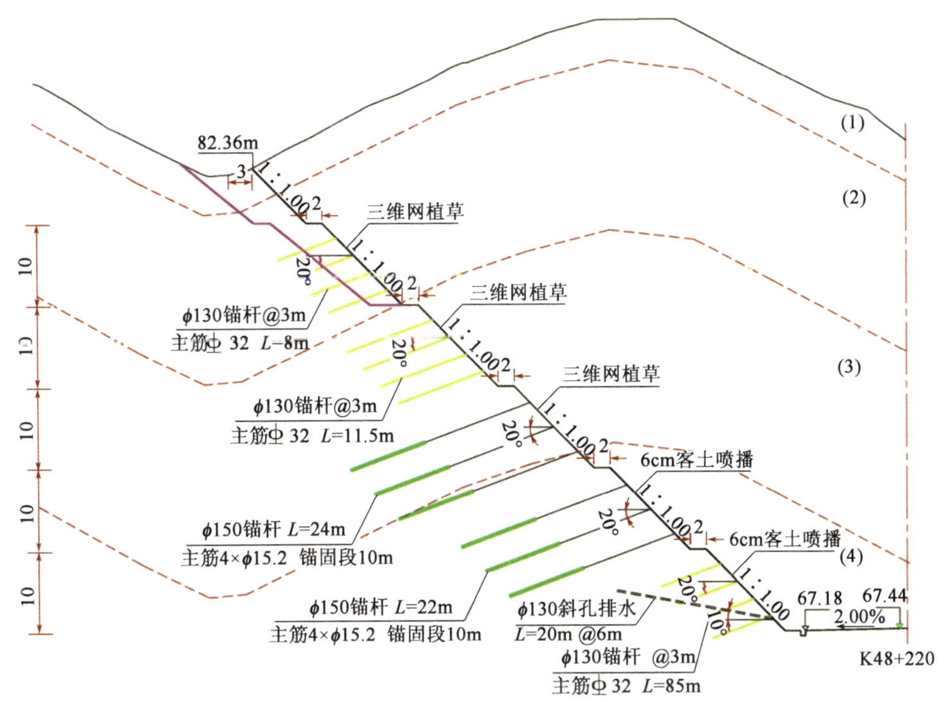

图7-25 边坡原设计典型断面图(尺寸单位:m)

2. 地质构造

该边坡场区区域构造属于新华夏构造带体系，位于北东向区域断裂带附近，该区域断裂带长达210km，两侧分布有一系列的平行断裂束，总体走向北东30°~50°，倾角50°~80°。现场地质调绘，边坡区段揭露3条断裂破碎带，分别为f1~f3，性质如下：

(1)f1断裂：自小桩号二级平台斜向贯穿边坡中部至大桩号侧五级堑顶，性质为正断层，产状20°∠60°，基本顺向，表现为断层破碎带，切割中风化花岗岩与微风化花岗岩界面，岩体破碎。

(2)f2断裂：自小桩号侧五级坡面斜向贯穿至大桩号侧一级坡脚，性质为正断层，产状45~55°∠65°，基本顺向，切割灰色中风化花岗岩与褐黄色中风化夹强风化花岗岩界面，岩体破碎。

(3)f3断裂：在边坡范围内呈多条平行分布，性质为张性正断层，产状350°~0°∠80°，贯穿侵入接触界线，宽度20~40cm，岩体为花岗岩化，有浅~深变质砂岩充填断裂带中，岩体破碎。

另外，边坡中间区段在中级边坡中上部~四级边坡上部，强~中风化花岗岩中可见砂岩俘虏体或斑状灰色闪长岩类包裹体，推测为断裂或者岩浆侵入重融而成。开挖坡面揭示岩层破碎，节理裂隙极发育，主要结构面产状有：

15°~45°∠17°~28°；20°~35°∠40°~54°；10°~20°∠62°~80°；40°~55°∠52°~80°；110°~158°∠70°~80°；200°~220°∠28°~37°；190°~230°∠68°~82°；260°~265°∠65°~81°。

其中15°~45°∠17°~28°组节理面可见3~5cm不等的褐黄色填充物，190°~230°∠68°~82°组节理面间填充灰白色高岭土。

3. 水文地质条件

区内气候温和，雨量充沛，边坡后部为高陡山体，两侧为深大沟谷，具有一定汇水条件，地表径流对坡面坡脚的冲刷较大。

大气降水为地下水主要补给来源。地下水主要类型为孔隙水及基岩裂隙水。前者主要赋存于第四系松散层中，孔隙含水量随季节变化；后者赋存于岩石裂隙中，其透水性及赋水性极不均匀。地下水以侧向渗流的形式向沟谷排泄或蒸发。勘探期间在钻孔深度内未发现地下水。

三 变形特征

1. 地表变形情况

边坡施工期间，自三级边坡开挖完成后，坡体就不断出现变形，主要是坡口线一线整体拉张下错并向坡顶以上10~30m牵引、五级坡脚剪出、四级坡面鼓胀变形等特征，针对该坡体变形进行动态变更设计如下：

(1)五、六级边坡重新刷方减载,坡率均为1∶1.25,四级设20m宽平台。

(2)堑顶增设两排锚索格梁;六级和五级各增设三排锚索格梁。

开挖至一级坡脚附近时,边坡再次出现大规模变形,主要变形特征详述如下:

(1)堑顶截水沟一线沿老裂缝再次开裂,断续延伸长度约130m,裂缝宽1~5cm;

(2)小桩号侧四~六级坡面出现多道贯通裂缝,五、六级边坡部分坡面向下错动,大桩号段四级坡面明显松弛变形;

(3)四、五级坡面出现多处锚索格梁断裂、锚索拉断、锚头崩坏现象;

(4)一、二级坡面出现松弛或鼓胀变形,尤其在软弱夹层处变形明显。

边坡整体及局部变形照片见图7-26~图7-29。

图7-26　边变施工期全貌

a)前期下错裂缝

b)二次开裂变形

图7-27　堑顶拉张下错裂缝

a)横梁剪断

b)梁底脱空

图 7-28　四级坡面锚索格梁变形

a)二级坡面

b)一级坡面软弱夹层

图 7-29　岩质坡面松弛变形

2. 监测资料

本段边坡设置三个监测断面共 10 个监测孔，其中主断面两个典型监测孔监测曲线见图 7-30。

从变形曲线可看出，坡体发生明显滑动变形，五级平台对应滑面深度为 13m，四级平台对应滑面深度为 24m。从变形速率可以分析，坡体当前处于加速变形状态，急需采取有效措施进行抑制。

四　机理分析

1. 地质条件因素

边坡位于区域构造带附近，边坡范围次生构造发育，地质情况极为复杂，不利结构面贯通发育，这是边坡滑动变形的主要因素。

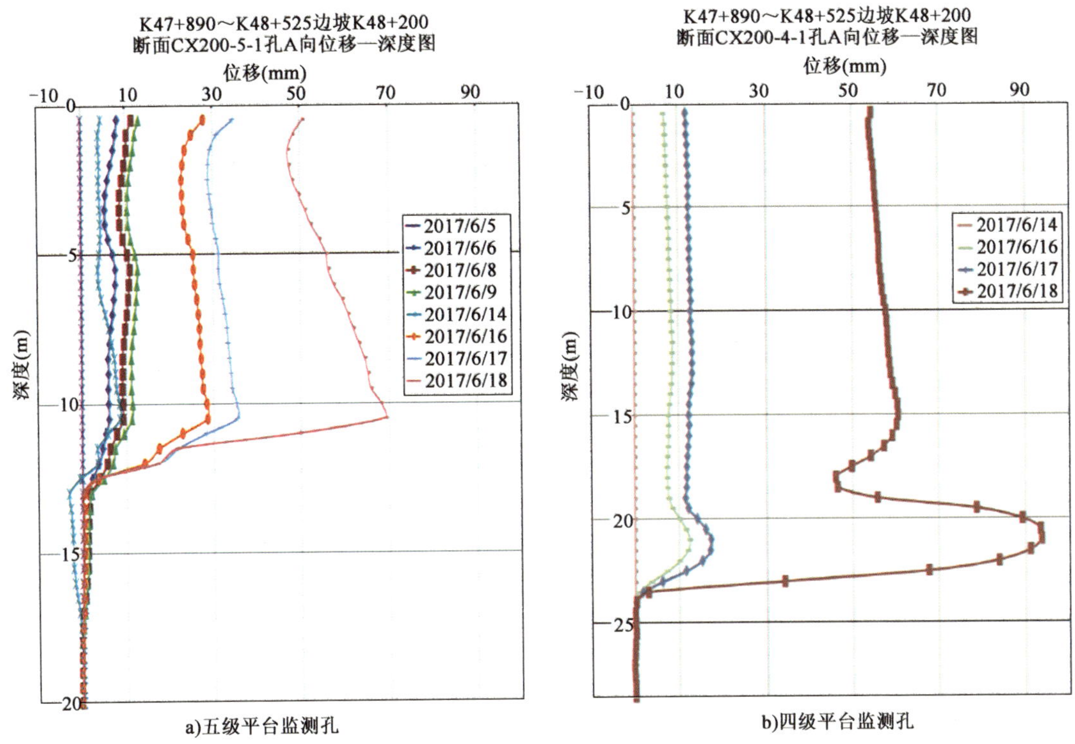

图 7-30　坡体深部位移监测曲线

边坡覆盖层为坡残积粉质黏土、砂质粉质黏土和全风化花岗岩，岩体松散，亲水性强，强度较低；下伏基岩为燕山期花岗岩侵入三叠系砂岩接触带，岩体破碎，节理裂隙极发育，破碎带强度较低；而且岩层夹有全风化高岭土化泥质软弱夹层，浸水后强度急剧降低，前述因素均不利于坡体稳定，这是边坡滑动变形的基础因素。

坡顶地形陡缓交替，组成该坡体的岩土破碎、松散，在连续强降雨或暴雨条件下，具备了大量地表水下渗的条件，这也是边坡滑动变形的原因之一。

2. 水的影响

大气降雨，尤其是持续大暴雨和强降雨期间，地表水大量入渗，造成坡体内含水量增加，一方面加大土体自重，另一方面滑带土长期受浸泡，滑带土软化，抗剪强度会逐渐衰减，再者地下水变化所产生的静动水压对滑体的稳定也会产生一定的不利影响。此是滑坡产生变形的主要诱发因素。

3. 工程活动因素

由于线路切坡，开挖了山体的中前部抗滑部分，破坏了坡体的平衡；边坡开挖增大了临空面，使坡体岩土体松弛，强度降低，稳定性进一步失衡；边坡下部岩层开挖爆破震动，加剧裂隙面张开，降低岩层稳定性，诸多因素导致边坡变形滑动，并持续向后牵引发展。工程活动也是边坡滑动变形的诱因之一。

该边坡滑动变形范围宽约400m,滑坡主滑方向长约120m,平均滑坡厚度约28m,滑动体积约90万m^3,潜在影响变形体积超过100万m^3,为一大型~巨型牵引式岩质滑坡。滑坡当前处于滑动急剧变形阶段,如不及时采取措施进行处理,必将进一步破坏高速公路已施工工程结构,严重危害和威胁在建高速公路的按时通车及今后高速公路运营的畅通与交通安全。若任其发展,很有可能产生大规模的滑动和破坏,造成重大的地质灾害。

五 稳定性计算

1. 滑面分析

考虑到坡体地质条件和变形特征,依据边坡深部位移监测结果(四、五级平台测斜管分别在24m及13m处剪断)及现场裂缝分布情况,考虑坡体变形发展趋势,综合确定该边坡的各层滑面(既有滑面、潜在滑面和控制滑面),具体如下:

既有滑面为三段式,其前缘剪出口倾角为18°,既有滑面的后缘则是依附于断层f3,滑面的中间区段则是根据四、五级平台及堑顶测斜管的变形情况确定。

潜在滑面为两段式,其前缘剪出口倾角为18°,潜在滑面的后缘则是依附于断层f3。

控制滑面为两段式,其前缘剪出口倾角为18°,适当考虑坡脚部位反翘变形,控制滑面的后缘则是在旧有最远裂缝处依附于68°倾角的贯通节理。

各层滑面位置、形态及对应范围见图7-31。

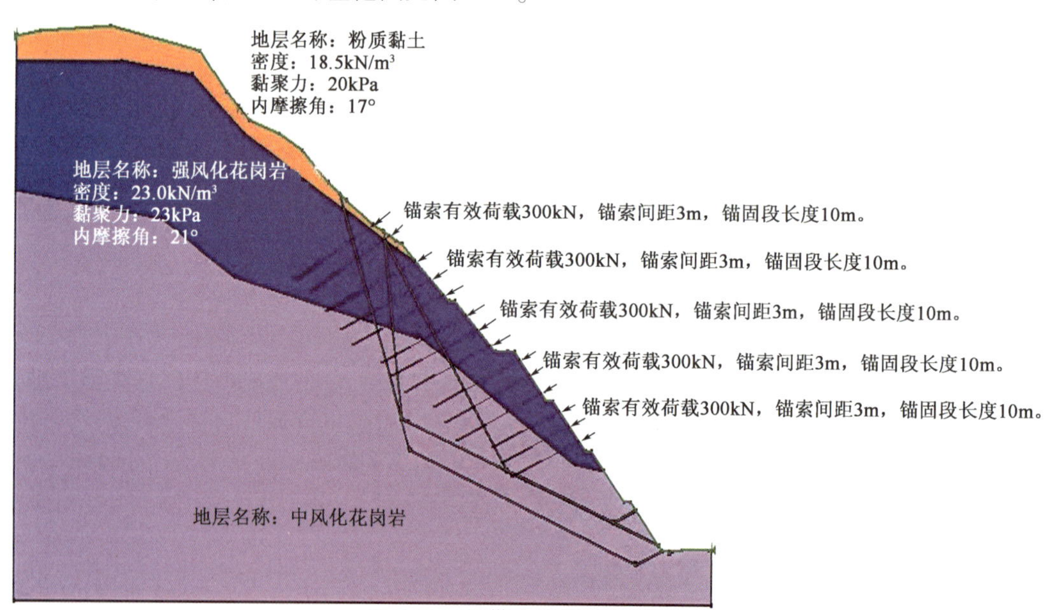

图7-31　滑带土指标反算模型

2. 指标反算

根据边坡当前变形状态选定稳定系数为0.95~0.98,反算滑带土物理力学参数,然后与试验参数和地区经验参数进行对比、修正,综合确定该边坡滑带土反算指标,见表7-5。

滑坡各层岩土力学指标反算结果一览表 表7-5

项　目	反算力学指标				备　注
	岩土名称	γ(kPa/m^3)	c(kPa)	φ(°)	
滑体	粉质黏土	18.5	20	17	
	强风化花岗岩	23	23	21	
滑床	中风化花岗岩				稳定基岩
滑动面(带)	抗滑段	20	21.5	22.5	反算指标
	既有滑面牵引段	20	5	25	经验参数
	既有滑面主滑段1	20	20	20.5	反算指标
	既有滑面主滑段2	20	13	17.5	反算指标
	潜在滑面主滑段	20	15	18.5	反算指标
	潜在滑面牵引段	20	0	30	经验参数
	控制滑面主滑段	20	20.5	21	反算指标
	牵引段(F3断层)	20	10	20	经验参数

根据上述反算指标,各层滑面对应剩余下滑力计算结果见表7-6。

各层滑面剩余下滑力计算一览表 表7-6

滑面编号	滑动体类型	当前状态稳定系数 F_s	剩余下滑力(kN/m)	备　注
1	既有滑动体	0.988	2955	
2	潜在滑动面	1.035	3320	
3	控制滑坡体	1.088	3340	控制设计

六 治理措施

1. 应急抢险工程

(1)应急实施重点变形区段的地表裂缝封闭(三七灰土夯填封闭)。

(2)完善既有坡体范围内地表排水系统,尽快施作修复平台排水沟及堑顶截水沟以减少地表水下渗对坡体稳定的不利影响。

(3)进一步加强地表位移监测和深部位移监测,把握滑坡的变形动态和发展规律,并做好监测预警预案。

2. 坡形坡率

本次变更采取原位加固处理方案,维持原坡形坡率。

3. 支挡加固

(1)一级边坡锚杆长度增长至 11.5m；

(2)二级边坡锚索长度增长至 30～40m,并采用 6 束钢绞线,设计抗拉力 600kN；

(3)二级平台设置两排钢轨桩,钢轨桩长 26m,横向间距 2.0m,纵向间距 1.0m,钻孔直径 300mm,孔内放置 1 根 60kg/m 钢轨,每 6m 范围内形成独立连系梁,连系梁顶设置 2 孔锚索；

(4)三级边坡段增设三排锚索十字架,锚索长度 38m,采用 6 束钢绞线,设计抗拉力 600kN；

(5)四级边坡增设三排锚索十字架,锚索长度 38m,采用 6 束钢绞线,设计抗拉力 600kN；

(6)四级平台设置三排钢轨桩,钢轨桩长 40m,横向间距 2.0m,纵向间距 1.0m,钻孔直径 300mm,孔内放置 1 根 60kg/m 钢轨,每 6m 范围内形成独立连系梁,连系梁顶设置 2 孔锚索；

(7)五级边坡增设三排锚索十字架,锚索长度 38m,采用 6 束钢绞线,设计抗拉力 600kN；

(8)六级边坡增设三排锚索十字架,锚索长度 30m,采用 6 束钢绞线,设计抗拉力 600kN。

4. 排水系统

维持原设计坡顶截水沟、平台和坡脚边沟及坡面急流槽等地表排水系统；一、二级坡脚增设仰斜排水孔,间距 6m,斜孔长度 30m,斜孔角度调整为 5°。

5. 绿化防护

坡面格梁内采取客土喷播植草,两端坡面采用挂网客土喷播植草。

该边坡变更设计典型断面图及工后照片分别见图 7-32 和图 7-33。

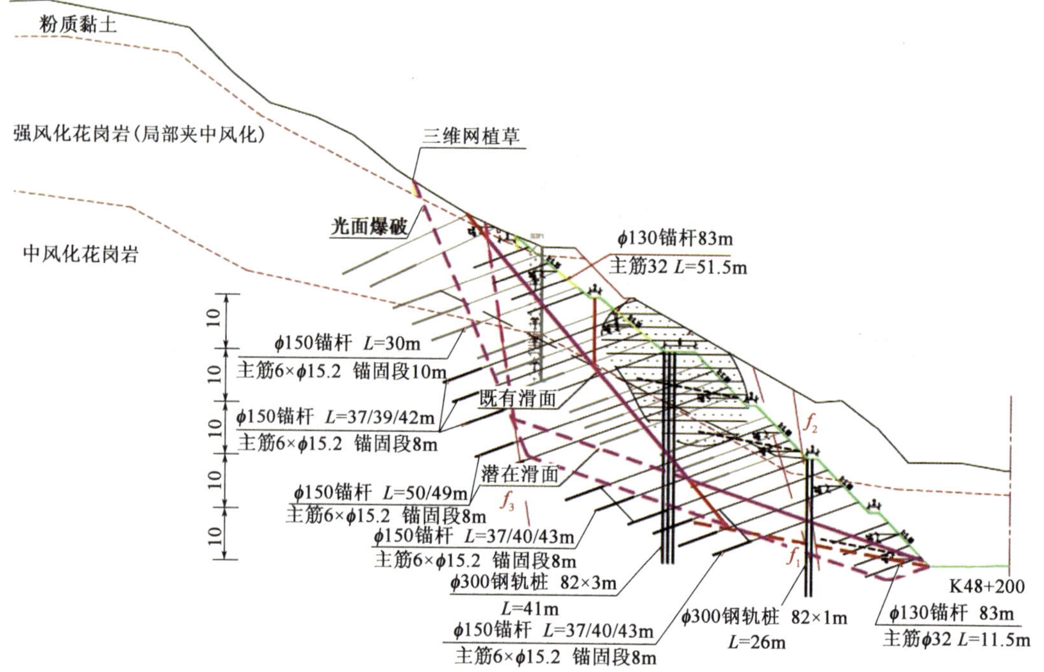

图 7-32 变更设计典型断面图(尺寸单位:m)

图 7-33　边坡工后全景

第六节　厚层风化土质边坡典型实例

不同岩性,风化土层工程性质也可能存在较大差异,如灰岩、泥岩、板岩等风化产物多为红黏土,工程性质很差,而花岗岩、石英砂岩等岩层风化产物则多为砂质亚黏土或砂土,工程性质相对较好。对于厚层风化边坡,首先应查清母岩岩性,以便初步了解其特点,尤其是水敏感性。其次是要查清风化层厚度和基岩顶面产状,因为该类边坡变形规模主要受基岩顶面产状控制,不过顺层边坡或长大发育贯通节理边坡也有可能受结构面控制,可结合实际情况加以分析甄别。最后一点就是要高度重视地下水分布和变化情况,土体含水量不同,强度变化较大,对边坡稳定性影响也较大。

以下为广东省境内某典型厚层风化边坡处治工程实例。

一　工程概况

边坡场区位于广东省北部,南岭山脉南麓,属中纬度亚热带季风性湿润气候,气候温暖、湿润、多雨、水系发育。多年平均降雨量 1487 ~ 2079mm,丰水期 4—8 月,占全年总降雨量的 63.2% ~70.9%。地震动峰值加速度为 0.05g,地震动反应谱特征周期为 0.35s,对应的地震基本烈度为Ⅵ度。

边坡场区地属低山丘陵地貌,山体及其之间的盆地和谷地多呈北东东和北东向展布,部分呈近东西方向和北西—南东方向,盆地和谷地中往往有 3 ~4 级河流阶地发育。地势左低右高,斜坡自然坡度 20～45°,坡向 82°,路堑位于斜坡中下部,山脊狭长呈锯齿状,顶部呈椭圆形,山脊较宽,两侧自然斜坡陡峭,沟谷发育,多呈“V”字形,山体植被发育。

该边坡长约 570m,中间发育两道冲沟,呈连续 M 形边坡,原设计为三级边坡,中间区段堑顶以上为自然高陡山坡,两侧堑顶以上为缓坡地段。

起点段范围约 130m,第一级坡采用锚杆格梁植草,坡率 1 : 1.25;第二级坡采用锚杆格梁植草,坡率 1 : 1.25;第三级坡采用人字形骨架植草,坡率 1 : 1.5。

中间段坡长约 240m,第一级坡采用锚杆格梁植草,坡率 1 : 1;第二级坡采用锚索格梁植草,坡率 1 : 1.25;第三级坡采用锚杆格梁植草,坡率 1 : 1.25。

终点段坡长约 160m,第一级坡采用锚杆格梁植草,坡率 1 : 1;第二级坡采用锚杆格梁植草,坡率 1 : 1.25;第三级坡采用人字形骨架植草,坡率 1 : 1.5。平台宽度均为 2m。

边坡原设计典型断面图见图 7-34。

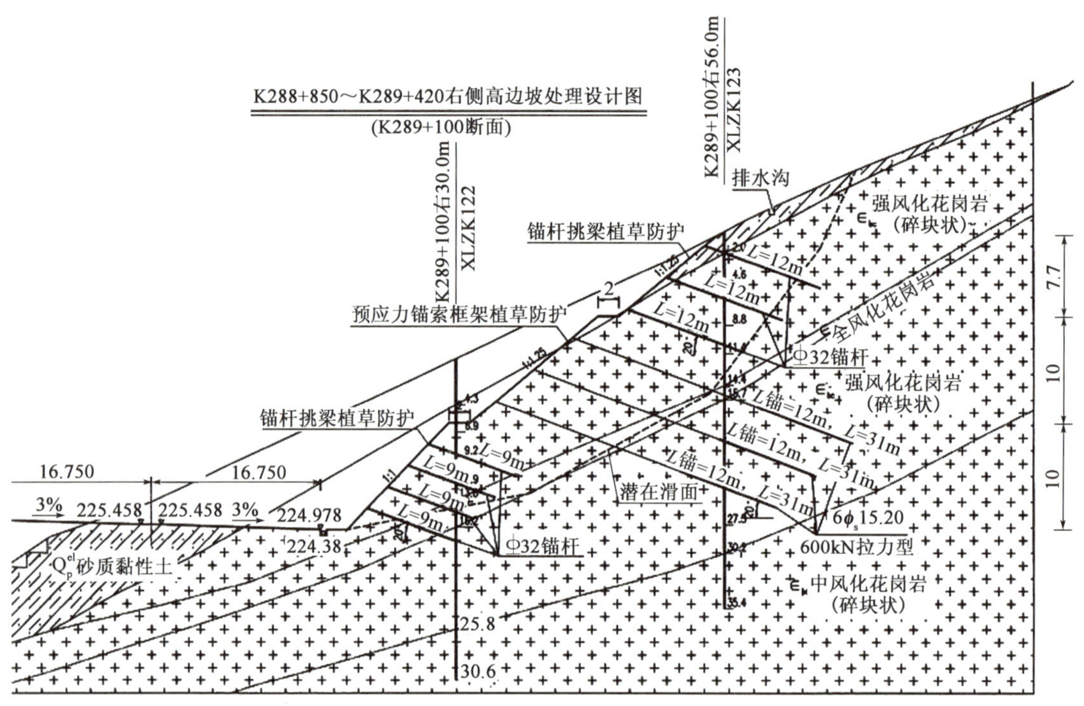

图 7-34　边坡原设计断面图(尺寸单位:m)

二　地质条件

1. 地层岩性

场区内地层揭露为第四系人工填土层(Q^{me})、坡积层(Q^{dl})、残积层(Q^{el})和侏罗系火山岩(J_3c)。其分层特征自上而下为:

1－1 人工填土（Q^{me}）：黄褐色夹灰色，松散，主要由粉质黏土及碎石组成，欠压实，层厚2.40m。

4－2－1 粉质黏土（Q^{dl}）：黄褐色为主，可塑，主要成分为黏粉粒，局部含碎石，黏性一般。

层厚1.00～9.60m，平均4.58m。根据土工试验，该层局部为高液限土。

4－4－3 碎石土（Q^{dl}）：褐色，湿，中密，碎石母岩为安山玢岩，呈棱角状，含量占总质量的60%，粒径20～60mm不等，间隙充填黏性土及砂砾，层厚1.70m。

4－5－2 砂质黏性土（Q^{el}）：黄褐色为主，硬塑，局部可塑，主要由黏粒、粉粒组成，含砂砾。层厚1.40～22.60m，平均7.88m。根据土工试验，该层局部为高液限土。

18－1－1 全风化安山玢岩（J_3c）：黄褐色为主，岩石风化完全，岩芯呈坚硬土柱状，遇水软化。揭露层厚0.40～29.70m（部分未揭穿），平均10.81m。

18－1－2 强风化安山玢岩（J_3c）：褐色、黄褐色，岩体风化强烈，岩芯呈半岩半土状、碎块状。揭露层厚0.50～9.60m。

18－1－3 中风化英安岩（J_3c）：灰色为主，中粗粒结构，块状构造，岩体较完整，岩芯柱状为主，节长10～50cm，岩面新鲜，岩质硬。厚度0.90～20.38m。

该边坡球状风化（孤石）发育，多个钻孔揭露有孤石，成分为中风化英安岩，岩芯呈柱状、块状，岩质硬。

2. 地质构造

本工程区域内地处南岭纬向构造带、区域性南北向构造带、北东向断裂构造带、北西向断裂构造带纵横交错交接复合部位，断裂发育，规模大小不一，其中南岭纬向构造带为贵东～焦岭东西向构造带；区域性南北向构造带为诸广山～热水南北向构造带。边坡表层风化覆盖层较厚，场区未见基岩出露。本路段附近发育两条断裂带F1和F2，具体信息见表7-7。

断裂构造一览表　　表7-7

断裂带	出露位置	与线路关系	规　模	产　状	性　质
F1	起点附近	与线路近似垂直相交	长度不详，宽大于2.0m	走向近东西向，177°∠87°	张性断裂，正断层由硅化带、脉石英组成，断层两侧为侏罗系火山岩类
F2	近起点侧冲沟附近	与线路大角度相交	长度不详，宽大于4.0m	走向为北东—南西向，183°∠86°	张性断裂，正断层由硅化带、脉石英、安山玢岩组成，断层两侧为侏罗系火山岩类

3. 水文地质条件

坡体地下水主要为土层中孔隙水及基岩中的裂隙水。孔隙水主要赋存于砂质黏性土及全风化安山玢岩等地层中；裂隙水主要赋存于岩体的节理裂隙中，其富水性受地形地貌条件和风化裂隙发育程度的影响，富水性不均，岩体深部基岩裂隙富水性、导水性相对较差，其补给来源主要为大气降水的入渗补给，在冲沟等低洼部位以地下径流形式排泄，在斜坡部位以沿裂隙渗流形式或受地形切割排出地表。

三 变形特征

1. 地表变形特征

边坡施工期间，受持续降雨影响，边坡发生较大规模变形，具体表现为：

起点段：第一～三级边坡发生整体滑塌，滑塌体呈圈椅状，滑塌后缘位于坡顶截水沟外侧用地界桩处，缝宽 0.2～0.3m，错台最大高差约 2m，向两侧延伸后 0.5～1m；第二级平台局部出现纵向开裂，裂缝宽度约为 0.5m；第一级平台及坡顶处出现纵向裂缝，缝宽 1～3cm，后继续发展，下沉 0.3～0.5m；滑塌体表面还发育多道下错张裂缝；坡脚鼓胀变形，临近冲沟区段可见明显渗水，土质呈软塑～流塑状。

中间段：二级平台大范围发生纵向开裂下错，裂缝延伸长度约 200m，宽度 0.3～0.7m，最大下错 2.5m，两端发育斜向裂缝向下延伸；坡面解体严重，整体凹陷，裂缝极其发育；剪出口在坡脚以上 2m 一线，目前尚未完全贯通。

终点段：靠近冲沟区段局部滑塌，滑塌体范围长约 60m，高约 15m，滑塌体后缘基本在二级平台一线。

坡体变形照片见图 7-35。

图 7-35　边坡变形后全景

2. 监测资料

本边坡范围大，变形严重，分别在变形严重区域的堑顶和四级平台（应急刷方减重后形成的平台）设有地表位移监测点，各监测点对应位置的位移监测曲线见图 7-36。从测点位移变化曲线明显可看出前期有一个持续变形期间，在边坡应急处治后地表变形区域收敛。

该边坡分别在起点段、中间段和重点段各布置一个深部位移监测断面，其中中间段两个监测孔监测资料表明，坡顶变形深度分别为 14m 和 20m，三级平台变形深度为 14m，深部位移监测曲线见图 7-37。

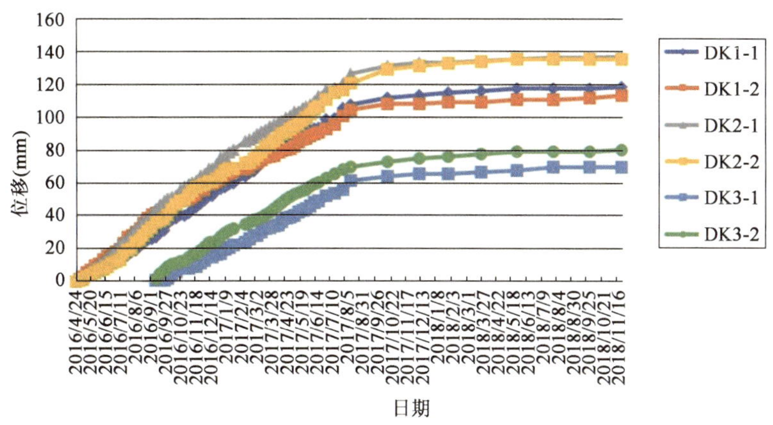

图 7-36　地表位移监测曲线

四　机理分析

1. 地形地貌

边坡现状坡度为 20°~45°,坡形呈折线形,坡向 82°,边坡范围内冲沟发育,汇水面积较大。地表土体较松散,表水易渗透进入坡体,降低边坡稳定性。

2. 地质条件

该段边坡为厚层风化土质边坡,坡体组成物质主要为粉质黏土、砂质黏性土和全风化安山玢岩,粉质黏土和砂质黏土层总厚度 6~18m,全风化安山玢岩厚度超过 20m,崩坡积层较厚。且坡残积粉质黏土渗水性较强,砂质黏性土、全风化岩遇水均易软化、崩解,当坡体含水量较大时,抗剪强度显著降低,易产生滑动变形,这是边坡变形失稳的基础条件。

3. 水的作用

坡面、坡顶松散的土体中存在大量的孔隙,为地表水和地下水的活动提供了良好的空间和运移条件,在连续性强降雨天气作用下,地表水沿浅层松散土体裂缝渗入,降低岩土体强度的同时,也增加了土的重度,抬高地下水位,从而导致坡体滑动,这是边坡变形失稳的主要诱因。

4. 人类工程活动

边坡位于自然山体中部地段,人工切坡形成临空面,削弱坡脚抗力,破坏坡体平衡,这也是边坡变形失稳的诱因之一。

综上所述,坡体自身岩土体性质较差以及坡体临空改变原地质环境是边坡不稳定的内因,雨水的作用、人类工程活动诱发了边坡变形的产生,持续的强降雨是主要的诱发因素。

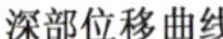

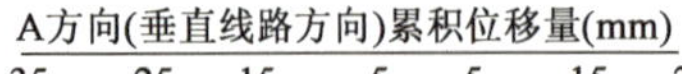

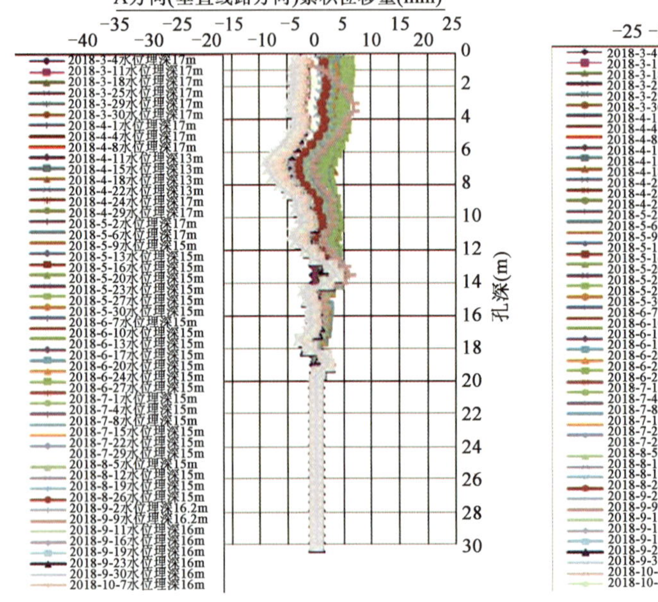

深部位移曲线

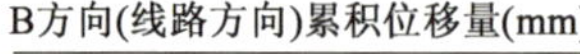

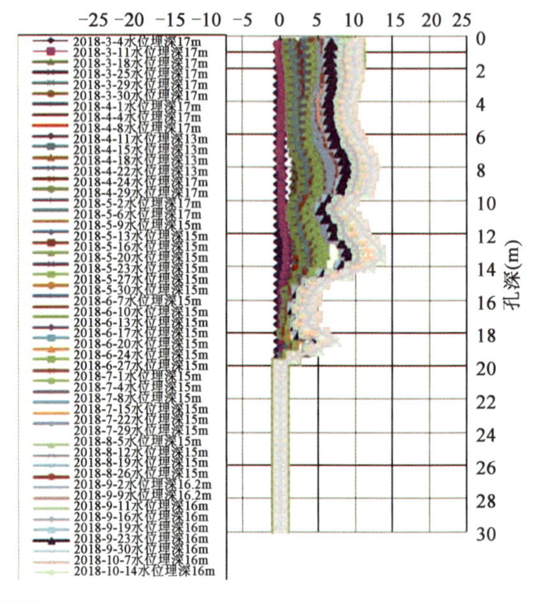

a)坡顶监测孔

深部位移曲线

A方向(垂直线路方向)累积位移量(mm)

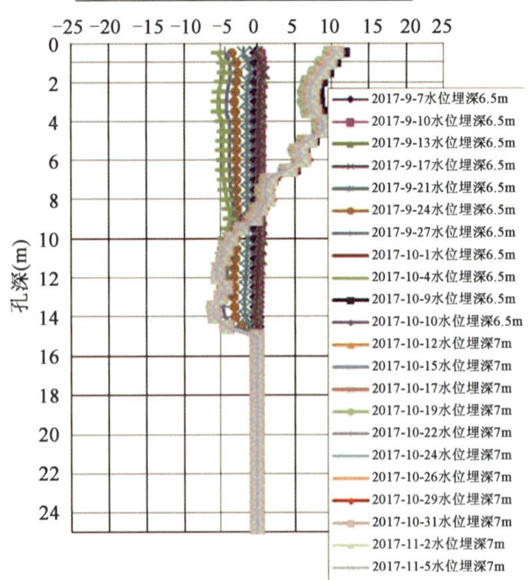

深部位移曲线

B方向(线路方向)累积位移量(mm)

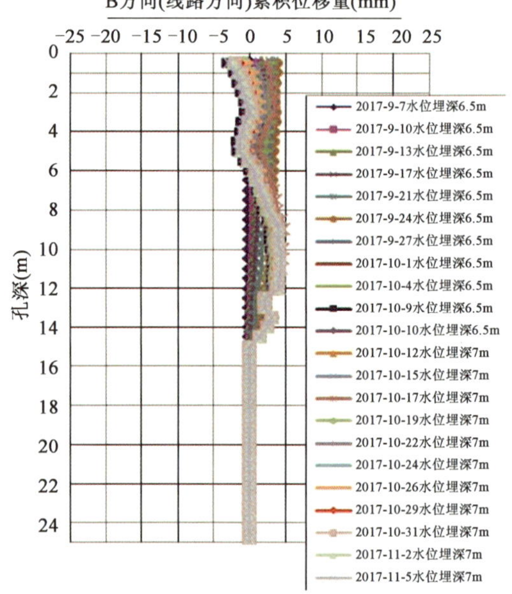

b)三级平台监测孔

图 7-37　深部位移监测曲线

五 稳定性计算

1. 滑面分析

根据边坡深部位移监测资料、坡体地质条件和地表变形特征，结合边坡地形条件，综合分析后，确定边坡滑面位置，并考虑刷方后滑体应力重新调整，在三级坡脚最不利处形成新的剪出口。

2. 滑带土指标反算及变形体剩余下滑力计算

根据边坡当前变形状态对应的稳定系数，反算滑面岩土体物理力学指标，并与试验参数、地区经验值比较、修正后，确定该边坡滑带土反算指标（表7-8）。

根据该反算指标，计算边坡正常工况剩余下滑力为1375.6kN，暴雨工况剩余下滑力为1613.9kN，按暴雨工况剩余下滑力作为变更设计依据。

滑带土反算指标一览表　　表7-8

滑带土	正常工况			暴雨工况		
	天然重度 γ(kN/m^3)	黏聚力 c(kPa)	内摩擦角 φ(°)	天然重度 γ(kN/m^3)	黏聚力 c(kPa)	内摩擦角 φ(°)
牵引段	20.0	0	32	21.0	0	30
主滑段1	20.0	11	14	21.0	10	13
主滑段2	20.0	14	16.3	21.0	13	15.3
阻滑段	20.5	18	20.2	21.5	16	18.2

六 治理措施

1. 应急措施

（1）对变形段边坡坡脚进行反压，反压前在集中渗水点处安装涵管引排地下水，反压高度6～8m，反压厚度10m。

（2）对堑顶裂缝采用黏土夯填封闭，然后对全坡面采用彩条布覆盖，防止表水大量下渗恶化坡体稳定性。

（3）坡脚富水区域实施仰斜排水孔，尽量排除坡体地下水。

（4）对边坡进行专项地质补充勘察，并利用补勘孔开展坡体深部位移监测工作，另外在坡面建立地表位移监测系统，掌握边坡变形量化特征。

2. 坡形坡率

根据边坡厚层风化、局部富水和坡顶微地貌特征，对本边坡进行分段设计。

起点段：共设六级边坡，采用"清方卸载 + 路堑挡土墙 + 人字形骨架植草防护"方案。

一～六级边坡坡率分别为 1∶1.5、1∶1.75、1∶1.75、1∶2、1∶2、1∶2，一～五级坡坡高均为 8m，六级坡最大坡高 10.8m。

一级平台宽 4m，二级设 12m 宽平台，四级设 8m 宽平台，其余平台宽均为 2m。

中间段：共设六级边坡，采用"局部清方卸载 + 路堑挡土墙 + 钢轨桩（设置一级平台）+ 预应力锚索框架梁"方案。

一～五级边坡坡率均为 1∶1.25，坡高均为 8m；六级边坡坡率为 1∶1.5，最大坡高 4.9m。

一级平台宽 6m，二级平台宽 12m，其余各级平台宽度均为 2m。

终点段：共设五级边坡，采用"清方卸载 + 路堑挡土墙 + A 式人字形骨架植草防护"方案。

一～五级边坡坡率分别为 1∶1.5、1∶1.75、1∶1.75、1∶2、1∶2，一～四级坡坡高均为 8m，五级坡最大坡高 4.9m。

一级平台宽 4m，二级平台宽 16m，其余各级平台宽度均为 2m。

3. 支挡加固

（1）一级坡脚通长设置路堑挡土墙。

（2）起点段：

一级边坡垮塌区域坡面平整后采用浆砌片石护面，然后采用 4 排 ϕ60 × 6mm 预应力钢锚管框架加固。

一级平台采用三排 ϕ89 × 5mm 竖向钢花管桩加固，钢花管顶面采用 C25 钢筋混凝土板连接成整体。

（3）中间段：

一级边坡采用锚杆格梁加固防护；

一级平台采用钢轨桩加固，桩顶采用纵、横向钢筋混凝土连接，与第 2 级坡面预应力锚索框架竖梁连接为整体，并在竖梁底部增设预应力锚索；

二～四级边坡采用预应力锚索框架加固防护，并在四级边坡增设斜向钢花管注浆加固，与锚索孔横向交错布置；

五级边坡采用锚杆格梁加固防护。

（4）终点段：放坡后进行坡面绿化防护，除坡脚设置挡墙外未再设置支挡加固工程。

4. 排水系统

坡顶设置截水沟，平台、坡脚设置边沟，自然沟槽地带设置急流槽，坡面中间按不超过 100m 间距增设急流槽，地表排水系统封闭成环，平台采用混凝土封闭。

分别在一～三级坡脚设置仰斜式排水孔；起点段自然沟谷区段富水区一级边坡设置支撑渗沟。

5. 绿化防护

坡面格梁间采用三维网喷播植草防护，其余坡面全部采用人字形骨架植草绿化防护。边坡治理变更设计典型断面图和工后边坡照片分别见图 7-38 和图 7-39。

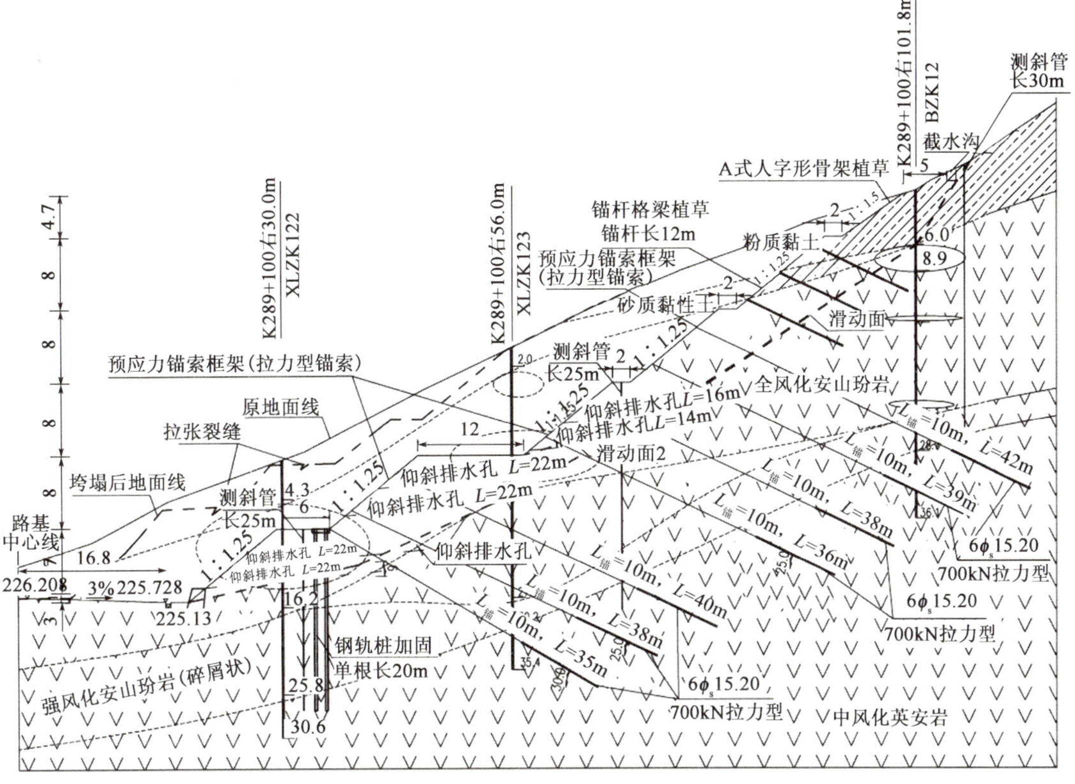

图 7-38　边坡变更设计典型断面图(中间段)(尺寸单位:m)

图 7-39　边坡治理后全貌

参考文献

[1] 陈文昭,胡萍. 边坡工程[M]. 长沙:中南大学出版社,2016.

[2] 张晋玉. 公路边坡稳定性数值模拟研究[D]. 唐山:河北理工大学,2006.

[3] 刘宏宇. 山区公路高边坡稳定性研究[D]. 北京:北京工业大学,2009.

[4] 胡晓军. 边坡加固工程支挡结构研究[D]. 合肥:合肥工业大学,2007.

[5] 刘炜. 公路岩质陡立高边坡稳定分析及控制技术研究[D]. 杭州:浙江大学,2016.

[6] 王恭先,王应先,马惠民. 滑坡防治 100 例[M]. 北京:人民交通出版社,2008.

[7] 王恭先,马惠民,王红兵. 大型复杂滑坡和高边坡变形破坏防治理论与实践[M]. 北京:人民交通出版社,2016.

[8] 张永兴. 边坡工程学[M]. 北京:中国建筑工业出版社,2008:15-16.

[9] 朱大勇,姚兆明. 边坡工程[M]. 武汉:武汉大学出版社,2014:59-78.

[10] 中华人民共和国国家标准. 建设工程项目管理规范:GB/T 50326—2017[S]. 北京:中国建筑工业出版社,2017.

[11] 廖正环. 公路施工技术与管理[M]. 北京:人民交通出版社,2006.

[12] 徐邦栋. 高堑坡设计及病害分析与防治[M]. 北京:中国铁道出版社,2011.

[13] 郑颖人,陈祖煜,王恭先,等. 边坡与滑坡治理工程[M]. 2 版. 北京:人民交通出版社,2010.

[14] 汪晗. 公路边坡工程防治技术[M]. 合肥:合肥工业大学出版社,2014.

[15] 黄润秋著. 岩石高边坡稳定性分析[M]. 北京:科学出版社,2012.

[16] 廖小平,朱本珍,王建松. 路堑边坡工程理论与实践[M]. 北京:中国铁道出版社,2011.

[17] 刘才华. 层状岩质边坡稳定性[M]. 北京:科学出版社,2012.

[18] 王晓雪. 高等级公路运营期边坡风险因素评估及对策研究[D]. 上海:同济大学,2008.

[19] 王根龙. 崩滑地质灾害稳定性评价方法研究[M]. 上海:上海交通大学出版社,2013.

[20] 交通运输部安全与质量监督管理司. 高速公路路堑高边坡工程施工安全风险评估指南(试行)[M]. 北京:人民交通出版社,2015.

[21] 朱杰兵. 山区高速公路边坡施工安全监控实践[M]. 武汉:湖北科学技术出版社,2016.

[22] 赵明阶. 边坡工程处治技术[M]. 北京:人民交通出版社,2008.

[23] 冯明怀. 高速公路施工标准化技术指南　第二分册:路基工程[M]. 北京:人民交通出版社,2012.

[24] 马显春,王雷,赵法锁. 滑坡稳定影响因子敏感性分析及治理方案探讨[J]. 地质力学学报,2008,14(04):381-388.

[25] 晏鄂川,戴光忠,刘昌雄. 碎裂岩石路堑边坡稳定性评价与安全防护设计[J]. 岩土力学,2005,26(S2):257-260.

[26] 邹宗兴,唐辉明,熊承仁,等. 大型顺层岩质滑坡渐进破坏地质力学模型与稳定性分析[J]. 岩石力学与工程学报,2012,31(11):2222-2231.

[27] 唐栋,李典庆,周创兵,等.考虑前期降雨过程的边坡稳定性分析[J].岩土力学,2013,34(11):3239-3248.

[28] 宋章,王科,崔建宏,等.路堑边坡滑坡成因机制浅析及防治对策[J].铁道工程学报,2015,32(04):27-31+53.

[29] 张社荣,谭尧升,王超,等.多层软弱夹层边坡岩体破坏机制与稳定性研究[J].岩土力学,2014,35(06):1695-1702.

[30] 刘华丽,朱大勇,刘德富,等.边坡安全系数的多解性讨论[J].岩土力学,2007(08):1661-1664.

[31] 高谦,薛改利,杨志强,等.等效岩体力学参数识别及边坡稳定性数值模拟研究[J].中国矿业大学学报,2015,44(03):423-429.

[32] 李环禹,陈朝晖,范文亮,等.区域降雨型滑坡风险分析统计模型研究[J].自然灾害学报,2018,27(04):103-111.

[33] 陈忠杰,冯波.公路沿线不良地质现象勘测技术研究[J].山西建筑,2012,38(21):167-168.

[34] 荆升国,鹿利恒,江静.滑动构造区厚煤层巷道锚固结构形成机制研究与应用[J].采矿与安全工程学报,2017,34(05):928-932.

[35] 王占鲁,毛金龙,杨拯,等.煤系地层不良地质条件下公路隧道支护设计方法[J].地下空间与工程学报,2015,11(S2):601-606.

[36] 曹平,欧可,宁果果,等.深部岩层不良地质构造地震层析成像技术研究[J].铁道科学与工程学报,2014,11(03):117-122.

[37] 舒良树,邓平,于津海,等.武夷山西缘流纹岩的形成时代及其地球化学特征[J].中国科学(D辑:地球科学),2008(08):950-959.

[38] 苑宝军,邓荣贵,杨涛.柱状节理岩石的形成特征及其工程性质分析[J].地下空间与工程学报,2016,12(S2):481-487.

[39] 江权,崔洁,冯夏庭,等.玄武岩力学参数的随机性统计与概率分布估计[J].岩土力学,2017,38(03):784-792.

[40] 张晨阳,张泰丽,张明,等.东南沿海地区玄武岩残积土雨水运移特征及滑坡失稳数值模拟[J].水文地质工程地质,2019,46(04):42-50.

[41] 张清照,沈明荣,丁文其.锦屏绿片岩力学特性及长期强度特性研究[J].岩石力学与工程学报,2012,31(08):1642-1649.

[42] 崔凯,王珮,谌文武,等.不同干湿作用下斜坡表层千枚岩劣化实验研究[J].工程地质学报,2019,27(02):230-238.

[43] 赵建军,解明礼,李涛,等.饱水条件下千枚岩软化效应试验分析[J].工程地质学报,2017,25(06):1449-1454.

[44] 李同录,杨德广,张常亮,等.变质片岩区边坡稳定性的块体理论分析[J].工程地质学报,2014,22(05):896-902.

[45] 曾鹏,纪洪广,赵奎,等.绢云母化千枚岩各向异性特性及长期强度试验研究[J].中国矿业,2016,25(04):141-145.

[46] 吴福宝. 云母石英片岩片理面力学特征试验研究[J]. 岩土工程学报,2019,41(S1):117-120.

[47] 邓宏艳,王成华,李秀珍. 地下水与优势结构面对库岸滑坡形成的联合效应——以龙羊峡近坝库岸滑坡为例[J]. 灾害学,2011,26(01):30-35.

[48] 晏鄂川,朱大鹏,宋琨,等. 基于数值模拟的三峡库区典型堆积层滑坡变形预测方法[J]. 吉林大学学报(地球科学版),2012,42(02):422-429.

[49] 唐春龙. 加卸载响应比理论用于滑坡预测的机理分析[J]. 地下空间与工程学报,2012,8(03):645-651.

[50] 王智磊,孙红月,刘永莉,等. 降雨与边坡地下水位关系的时间序列分析[J]. 浙江大学学报(工学版),2011,45(07):1301-1307.

[51] 黄承忠. 考虑地下水作用的滑坡时间预测研究[J]. 工程地质学报,2011,19(06):816-822.

[52] 王国灿,徐义贤,陈旭军,等. 基于地表地质调查剖面网络基础上的复杂造山带三维地质调查与建模方法[J]. 地球科学(中国地质大学学报),2015,40(03):397-406.

[53] 于晓荷,丁克永,李越,等. 美国地质调查局实时数据产品概述[J]. 中国矿业,2018,27(S2):19-22.

[54] 杨宗喜,唐金荣,施俊法. 欧洲地质调查工作的发展方向及启示[J]. 中国矿业,2016,25(04):10-15.

[55] 魏翔,吕晓岚,聂虹,等. 我国地质调查成果评价现状及思考[J]. 中国矿业,2017,26(S2):55-58.

[56] 贾曙光,金爱兵,赵怡晴. 无人机摄影测量在高陡边坡地质调查中的应用[J]. 岩土力学,2018,39(03):1130-1136.

[57] 李超岭,李丰丹,李健强,等. 智能地质调查体系与架构[J]. 中国地质,2015,42(04):828-838.

[58] 赵俊,向龙洲,李忠,等. 综合物探在水文地质调查中的应用及适用性分析[J]. 云南大学学报(自然科学版),2017,39(S2):110-115+123.

[59] 陈康,李世峰,张政杰,等. 高密度电法勘探数据三维处理技术及城市勘察中的应用[J]. 工程地质学报,2015,23(01):170-177.

[60] 胡厚田,王安福,刘涌江,等. 花岗岩类土质高边坡稳定性研究[J]. 岩土工程学报,2009,31(06):824-828.

[61] 周纪军,汪小刚,贾志欣,等. 锚固结构爆破振动规律与损伤的模型试验[J]. 岩石力学与工程学报,2013,32(06):1257-1263.

[62] 朱友焱,林杭,王蒙,等. 剪切作用下锚固结构面应力分布特征分析[J]. 水利水电技术,2017,48(12):174-180.

[63] 章为民,顾行文,任国峰,等. 刚性抗滑桩的桩土相互作用机理与极限阻滑力研究[J]. 土木工程学报,2017,50(10):82-90.

[64] 张永杰,周欢,冯夏庭,等. h型抗滑桩简化计算方法及其影响因素分析[J]. 岩石力学与工程学报,2016,35(S1):2935-2943.

[65] 熊德国,赵忠明,苏承东,等.饱水对煤系地层岩石力学性质影响的试验研究[J].岩石力学与工程学报,2011,30(05):998-1006.

[66] 黄祥谈.高速公路高边坡安全检查与地质灾害风险评价[J].公路交通技术,2012(2):8-11.

[67] 王浩,豆红强,谢永宁,等.路堑边坡全寿命周期风险评估及管理的技术框架[J].岩土力学,2017,38(12):3505-3516.

[68] 李典庆,吴帅兵.考虑时间效应的滑坡风险评估和管理[J].岩土力学,2006,27(12):2237-2249.

[69] A. W. Malone,黄润秋.香港的边坡安全管理与滑坡风险防范[J].山地学报,2000,18(2):187-192.

[70] 宛良朋,许阳,李建林,等.岩体参数敏感性分析对边坡稳定性评价影响研究——以大岗山坝肩边坡为例[J].岩土力学,2016,37(06):1737-1744.

[71] 冯夏庭,周辉,李邵军,等.复杂条件下岩石工程安全性的智能分析评估和时空预测系统[J].岩石力学与工程学报,2008(09):1741-1756.

[72] 何海鹰,胡甜,赵健.基AHP的岩质高边坡风险评估指标体系[J].中南大学学报(自然科学版),2012,43(07):2861-2868.

[73] 何婷婷,尚岳全,吕庆,等.边坡可靠度分析的支持向量机法[J].岩土力学,2013,34(11):3269-3276.

[74] 吴忠广,申瑞君,万福茂,等.岩质高边坡运营安全风险源辨识方法[J].公路交通科技,2018,35(03):8-15+27.

[75] 叶咸,李亚军,李果,等.智能算法在高速公路路堑高边坡工程施工安全总体风险评估中的应用研究[J].公路交通科技(应用技术版),2017,13(01):91-94.

[76] 张雷,王晓雪.边坡工程风险评估与风险因子比率分析[J].地下空间与工程学报,2009,5(02):390-394+412.

[77] 高文学,刘宏宇,刘洪洋,等.爆破开挖对路堑高边坡稳定性影响分析[J].岩石力学与工程学报,2010,29(S1):2982-2987.

[78] 严鹏,邹玉君,卢文波,等.基于爆破振动监测的岩石边坡开挖损伤区预测[J].岩石力学与工程学报,2016,35(03):538-548.

[79] 何满潮.滑坡地质灾害远程监测预报系统及其工程应用[J].岩石力学与工程学报,2009,28(06):1081-1090.

[80] 陈明,郭天阳,卢文波,等.爆破开挖对边坡岩体裂纹扩展的扰动机制[J].岩石力学与工程学报,2015,34(07):1307-1314.

[81] 陈飞宇.无人驾驶飞机在四川国土资源管理中的应用[J].四川地质学报,2011,31(S2).

[82] 金伟,葛宏立,杜华强,等.无人机遥感发展与应用概况[J].遥感信息,2009(1).

[83] 张建石.基于GIS的汶川县城镇泥石流风险性评价研究[D].成都:成都理工大学,2012.

[84] 韩文权,任幼蓉,赵少华.无人机遥感在应对地质灾害中的主要应用[J].地理空间信息,2011(5):6-8.

[85] 曾涛,杨武年,简季.无人机低空遥感影像处理在汶川地震地质灾害信息快速勘测中的

应用[J]. 测绘科学,2009(S2):64-65.

[86] 撒文奇,张社荣,张连明. 基于物联网的大型地下洞室群施工期动态安全评价与预警方法研究[J]. 岩石力学与工程学报,2014(11).

[87] 吴立新,汪云甲,丁恩杰,等. 三论数字矿山——借力物联网保障矿山安全与智能采矿[J]. 煤炭学报,2012,37(03):357-365.

[88] 何相呈. 基于物联网的公路边坡危岩体监控预警系统研究[D]. 重庆:重庆交通大学.2013.

[89] 孙光林,陶志刚,宫伟力. 边坡灾害监测预警物联网系统及工程应用[J]. 中国矿业大学学报,2017(2).

[90] 何满潮,王炯,孙晓明,等. 负泊松比效应锚索的力学特性及其在冲击地压防治中的应用研究[J]. 煤炭学报,2014,39(2):214-221.

[91] 张毅. 基于InSAR技术的地表变形监测与滑坡早期识别研究——以白龙江流域中游为例[D]. 兰州:兰州大学,2018.

[92] 刘斌,葛大庆,李曼,等. 地基InSAR技术及其典型边坡监测应用[J]. 中国地质调查,2018,5(1):73-81.

[93] 黄惠宁,覃辉. InSAR技术基本原理及其数据处理流程[J]. 地理空间信息,2012,10(2):93-95.

[94] 张洁,胡光道,罗宁. InSAR技术在滑坡监测中的应用研究[J]. 工程地球物理学报,2004,(2):147-153.

[95] 朱建军,李志伟,胡俊. InSAR变形监测方法与研究进展[J]. 测绘学报,2017,46(10):1717-1733.

[96] 郭际明,梅文胜,张正禄,等,测量机器人系统构成与精度研究[J]. 武汉测绘科技大学学报,2000,25(5),421-425.

[97] 孙华芬,侯克鹏. 测量机器人自动监测系统在边坡远程监测中的应用[J]. 矿业研究与开发,2013,33(6),84-95.

[98] 曾昌禄,李荣建,关晓迪,等. 不同雨强条件下黄土边坡降雨入渗特性模型试验研究[J]. 岩土工程学报,2020,42(S1):111-115.

[99] 李路,贺超,徐鹏,等. 多因素耦合作用下的边坡滑动机理研究[J]. 矿业研究与开发,2020,40(4):79-84.

[100] 史文兵,李华,梁风,等. 基于临空面特征的采动斜坡变形破坏规律研究[J]. 安全与环境学报,2020,20(4):1315-1320.

[101] 张良以,陈铁林,张顶立. 降雨诱发膨胀土边坡渐进破坏研究[J]. 岩土工程学报,2019,41(1):70-77.

[102] 朱雷,黄润秋,陈国庆,等. 节理岩体边坡破坏路径的等效计算研究[J]. 2020,39(1):22-33.

[103] 王伟,陈国庆,黄润秋,等. 考虑张拉—剪切渐进破坏的边坡强度折减法研究[J]. 岩石力学与工程学报,2018,37(9):2064-2074.

[104] 饶平平,崔纪飞,赵琳学. 土质斜坡坡顶沉桩对指定滑动面安全系数影响分析[J]. 岩土

工程学报,2016,38(9):1720-1726.
[105] 卢应发,张凌晨,张玉芳,等. 边坡渐进破坏多参量评价指标[J]. 工程力学,2021,38(3):132-147.
[106] 高智,顾中华,王浩. 公路边坡与坡顶输电铁塔相互作用与成灾机制的繁衍分析[J]. 水利与建筑工程学报,2020,18(2):184-189.
[107] 周成,王一冰,王涵,等. 含砾土坡坡面降雨和坡脚浸泡模型试验研究[J]. 水利水运工程学报,2019(6):96-106.
[108] 刘汉香,许强,朱星,等. 含软弱夹层斜坡地震动力响应过程的边际谱特征研究[J]. 岩土力学,2019,40(4):1387-1396.
[109] 陈权川,朱爱军,殷博,等. 缓倾顺向软弱夹层岩体边坡变形机理及稳定性研究[J]. 水力发电,2020,46(5):56-61.
[110] 邱恩喜,谢强,赵文,等. 基于岩体质量的红层软岩边坡坡度设计公式研究[J]. 岩土力学,2011,32(2):542-546.
[111] 朱元甲,贺拿,钟卫,等. 间歇型降雨对堆积层斜坡变形破坏的物理模拟研究[J]. 岩土力学,2020,41(12):4035-4044.
[112] 陶志刚,赵俊凯,张海江,等. 坡顶加载对缓倾顺层边坡稳定性影响规律研究[J]. 煤炭技术,2017,36(3):64-67.
[113] 裴向军,袁广,张晓超,等. 坡脚开挖诱发滑坡机理-以沙井驿滑坡为例[J]. 山地学报,2017,35(2):195-202.
[114] 赵晓彦,黄金河,周一文,等. 坡面锚索与坡脚抗滑桩联合加固边坡设计方法[J]. 西南交通大学学报,2017,52(3):489-495.
[115] 曾铃玲,李光裕,史振宁,等. 前期降雨对非饱和覆盖层边坡性状及稳定性的影响[J]. 中南大学学报(自然科学版),2018,49(1):238-246.
[116] 殷跃平,闫国强,黄波林,等. 三峡水库消落带斜坡岩体劣化过程地质强度指标研究[J]. 水利学报,2020,51(8):883-896.
[117] 韩同春,苏钰钦,张宇. 双层结构边坡降雨入渗与坡面径流耦合分析[J]. 工程科学与技术,2020,52(6):145-152.
[118] 周子涵,陈忠辉,包敏,等. 顺倾断续节理岩质边坡的稳定性突变[J]. 煤炭学报,2020,45(S1):161-172.
[119] 赵明华,彭文哲,杨超炜,等. 考虑桩侧及桩后土拱联合作用的抗滑桩桩间距研究[J]. 公路交通科技,2019,36(3):87-94.
[120] 孙婧,张志强,李地元,等. 软层对土质边坡破坏破坏模式及稳定性影响的数值分析[J]. 公路交通科技,2019,36(6):17-24.